03. 小学数学教学法

曹培英◎主编

跨越断层，走出误区

小学数学运算教学研究

张晓芸　曹培英◎著

上海教育出版社
SHANGHAI EDUCATIONAL PUBLISHING HOUSE

丛书序

(一)

教学法是一个多义词。

有作“教学方法”使用的,如讲授教学法、实验教学法等;也有视为多种方法综合的“教学模式”,如情境教学法、四步教学法、五步教学法等。

在教育理论界,有时即指教学论,讲的是教学的一般原理;有时则指某学科的教学法,如语文教学法、数学教学法等[1]。

这与西方近代教育理论似乎相近。例如,著名捷克教育家夸美纽斯(Comenius)早在1632年就已成书的《大教学论》共三十三章中,有五章阐述教学法,如科学教学法、艺术教学法、语文教学法等。可见,各科教学法最初是在“教学论胎内”孕育的,是一般教学论的应用和具体化。

在我国,先于《大教学论》1800多年的《学记》,论及了许多至今仍有指导意义且文化特色鲜明的教学原则与“善教”“善学”之法,但总体上是教育教学的通论。到近代,学校教育兴起,则教学法引进在先,教学论形成在后。清末由日文翻译为教授法。1917年陶行知学成回国,对当时学校像是“教校”,“先生只管教,学生只管学”的状况极为不满,在南京高等师范学校把全部课程中的“教授法”改为“教学法”,从而赋“教学”以“教学生学”的语义[2]。

就小学数学学科而言,较早且较著名的有俞子夷编译的《小学算术教学法》,内容包括教材的编排(书中叫作“学习的组织”)、练习与习惯养成法、思考

[1] 王策三.教学论稿[M].北京:人民教育出版社,1985:2.
[2] 施良方,崔允漷.教学理论:课堂教学的原理、策略与研究[M].上海:华东师范大学出版社,1999:6.

推理、个性的差异、成绩考查等。用今天的目光来看，仍不乏先进性。

至60年代，“学科教学法”改称“教材教法”，如北京出版社于1963年出版的《小学算术教材教法》(北京市教育局中小学教材编审处编)。的确，学科教学法的研究内容大体上可以概括为“教什么”“怎么教”两大问题。杜威(John Dewey)认为，没有脱离教材的方法，“方法乃是将教材有效地导向所希望的结果”。再说，教材怎么处理，其本身也是方法问题。

改革开放后，“普通教学法”陆续改称“教学论”，“理由似乎很简单，就是要提高理论性，区分层次性”[1]。较早且较著名的如王策三著的《教学论稿》，阐述的是“教学的一般原理”。显然，在我国，教学论是在教学法基础上演化而来，是学科教学法共性的提炼与升华。与此同时期，仍然坚称“教学法”的凤毛麟角，比较权威的如胡梦玉主编的《小学数学教学法》。

随后，我国各师范大学纷纷仿效，将“学科教学法”改为“学科教学论”，乃至“学科教育学”。实际上，大多是教学论、教育学的框架或理论加学科的例子。对此，有学者给出尖锐评论：“我国的教学法……到如今，竟走上了末路，成为淡化学科特点的‘学科教育学’。”[2]虽说一家之言，但值得警醒、反思。

美国教育心理学家舒尔曼(Lee S.Shulman)针对美国教师资格认证、培训只关注教育通识而看不到学科的影子这一“缺失的范式”，提出了学科教学知识(Pedagogical Content Knowledge，简称PCK)的概念，认为PCK在教师专业知识结构中处于核心地位。其实，学科教学法言说的就是结合教学内容的学科教学知识。

结合教学内容阐述教学方法的合理性在于：“教育学、教学论、课程论的那些‘教学方法’即使确有根据(即撇开那些杜撰的‘教学方法’)，因游离于具体教材，也就不足以解决教学实践中对具体教材如何处理问题。”[3]

如果说由实践上升为理论是一种创新研究，理论思辨层面的创新研究，那么将理论落地解决操作问题，同样是一种创新研究，实践应用层面的创新研究。

---

[1] 丁邦平.“教学论”与“教学法”的关系探析——(跨文化)比较教学论的视角[J].教育学报，2015，11(05)：53-64.

[2] 陈桂生.教学法的命运[J].全球教育展望，2007，(04)：18-21.

[3] 同[2].

小学数学教学法就是一种将一般的理论应用于小学数学教学实际的研究结晶。它融合了数学的算术、代数、几何、概率统计等分支的基础知识，综合了教育学的德育论、课程论、教学论等分支的基本原理，以及心理学、认识论、数学史的相关研究成果，同时也是广大教师长期积累的实践经验和做法，即学科教学知识去粗取精的筛选、由表及里的分析、由此及彼的提炼。

因此，小学数学教学法能给教师提供“教学生学”的有效指导、有益借鉴，使教学实践少走弯路，更快地“得法”。

（二）

这套“小学数学教学法”丛书各册的主标题都是“跨越断层，走出误区”。什么断层？教育理论与教学实践的断层。正是因为断层的存在，导致认知出现某些偏差，实践进入一些误区，需要厘清，有待走出。为什么会有断层，原因是多方面的，其中很重要的一点，就是我们一直强调理论与教学实践的紧密联系，却不愿、不敢或者说不想直面两者的分野。

有学者撰文指出：“20 世纪 50 年代，在中小学，教学法颇为盛行……以致在很长时间里，从事一般教育理论研究的大学教师，如果不懂中小学教材教法，因同中小学教师缺乏共同语言，而很难走进中小学。”“如今，不懂教学法的‘专家’可以大摇大摆地进出中小学（惭愧，本人就是一例），而教研室的研究人员，大学的教学法教师，不论教育理论的功底如何，却玩起了‘教学理念’。这就叫作‘外行人干起了内行事，内行人干起了外行事’。”[1]

其实，有自知之明、正视研究边界的学者绝非个别。

记得 20 世纪 80 年代，一次教研活动中，一位教育期刊主编与特级教师就分数应用题的两种教法发生辩论，那位特级教师认为主编的对策不可行，说到激动时冒出一句：那你来教给我们看。主编反怼：演员可以不同意批评，但不应反过来要求评论家作示范表演。

前不久听说一位资深教授在同类场合给出相似隐喻：教育理论家是美食家，不是厨师。真是“入木三分”。

---

[1] 陈桂生.教学法的命运[J].全球教育展望，2007，(04)：18－21.

历史地看，在我国，从孔夫子到陶行知，都是理论研究与实践操作集于一身者，都既是美食家，也是厨师。随着学术不断分化、专深，教学理论研究者与实践工作者分处不同场域，形成不同的思维方式和话语系统，难免导致脱节，各说各话。

曾有领导针对师范大学与区教育学院在教师继续教育上的分工与协作问题，拿医学作出类比：师范大学的研究相当于基础医学，区教育学院的研究犹如临床医学。两者的专攻以及相互依存关系，尽在不言之中。

毫无疑问，教育理论研究侧重生成知识，教学实践研究侧重生成技术。研究基础医学的教授绝不会对临床医生立竿见影的手术指手画脚，因为那是拿生命开玩笑。而教育的迟效性使得不研究儿童认知心理和学科教学法的教育理论研究者，脸不红、心不跳地指导小学学科教学的却大有人在。我们必须面对的现实：教育不像自然科学那样，有科学院、工程院之分，教育只有“科学院”没有“工程院”。

说白了，理论就是理论，理论不是说明书，也不是操作指南。教育理论能够在思想层面给我们以启迪、指引，却难以在实践层面告诉一线教师某一学段、某一学科、某一课题该怎么展开教学。如果某一教育理论能够解决小学数学一系列具体的教学操作问题，那么小学语文、中学数学呢？

实际教学中，面对特定的内容、学生，由于各种主客观因素的综合作用，教师会形成自己的教学行为习惯路径，就像一列“自带轨道的火车”，并没按照理论为其编制好的轨道驶向下一个站点[1]。他们会自觉反思，但常因纷繁事务的羁绊而缺乏足够时间，常因深深浸润其中而缺乏跳出来审视的宽阔视野。更由于教学工作的特殊性，不同于工程学有图纸、有工艺规程和各环节质量检测，也不同于医学有治疗标准、有各项监测指标和详细病历记录，以致有效的教学做法与经验常常处在自生自灭状态，很容易失落，得不到传承与发展。因此，作为断层间的行者，有责任“把优秀教师的实践教学法智慧系统地整理并呈现出来”[2]，以方便教师“做中学”，促进“做中悟”。

---

[1] 石中英.论教育实践的逻辑[J].教育研究，2006，(01)：3－9.

[2] 舒尔曼.实践智慧：论教学、学习与学会教学[M].王艳玲，王凯、毛齐明，等译.上海：华东师范大学出版社，2014：158.

(三)

目前,我国教师队伍的实际状况是,职前都有教育学、心理学理论以及学科教学概论之类的学习经历。特别是自20世纪末国务院颁布的《教师资格条例》实施以来,非师范类专业毕业的教师也都通过了教育学、心理学的考试。

鉴于此,这套"小学数学教学法"丛书不再按照学科教学法通常的惯例,从教育目的、课程目标讲起,而是采用教学专题研究的方式确定各册的选题。

专题研究虽然不如分年级的教材教法那样,可以完全对应教师眼前的教学工作,但有助于克服教学的"碎片化"现象与"课时主义"弊端,也有利于教师确立教学的整体观,审视教学的系统及其过程。

我们的专题研究采取回溯式研究与探索式研究相结合的思路,基于历史,与时俱进,并精选、汇集了大量鲜活、典型的案例与课例。

这些立足课堂、源于实践的案例研究与课例研究,其实是一种螺旋上升、不断改进的行动研究。呈现出来的叙事、反思、分析、概括,其实正契合了后现代教育研究走向现象学和描述学的潮流,以及理论研究方式的转型,可谓殊途同归。

我们的专题研究秉承实践性研究的价值观,努力将普遍的教育规律置于具体情境之中,理性地审视教学实践发生的过程与条件,尽可能将默会状态的实践性知识,用教师们熟悉的日常教学语言加以显性化和适度的理论诠释,力求达成理论与实践的通融。因而,本套丛书力图减少非必要的理论阐述。

长期的教师培训经验表明,一个精彩的案例胜过一打理论阐述。这不仅是顺应一线教师的实际需要,更是因为"实例可以把理论具体地表现出来,或者读的人能够自己看了实例体会出理论来。这也是一种近乎归纳的学习法"[1]。为此,我们力求所选实例不仅新颖、独到,更要具有"一叶知秋"的典型意义。

我们相信这样的论述方式,不仅便于教师理解与吸纳,有利于推动教学实践的深入,促进教师专业水平的提升,也是本土教育理论发展的源头活水。

---

[1] 俞子夷.小学算术教学法[M].上海:商务印书馆,1926:1.

与国际上实施全科教学的国家相比,我国小学一以贯之的分科教学体制凸显了教学的专业性,使数以百万计的小学数学教师可以持续几十年地专注于一门学科的教材教法。它的弊端在于时间长了,容易出现思维的固化与眼界的窄化,但瑕不掩瑜,长期的工作、研究聚焦,有利于不断丰富本学段、本学科的教学实践经验。这一群体长期沉淀的学科教学知识是世界其他各国无法比拟的"富矿"。正是因为充分认识并发挥了这一得天独厚的优势,所以我们的回溯式与探索性相结合的研究,实乃"站在巨人肩膀上的攀登"。因此,本套丛书的出版既是一种"反哺""回馈",也是一种"交流""共享"。

愿丛书在惠及教师进而使学生受益的同时,成为繁荣学科教学法研究的引玉之砖。

曾培英

2021年2月

序

（一）

谁都知道小学数学课程的主要内容就是整数、小数、分数的四则运算。从一年级最简单的 1+1 起，一直学到六年级分数乘除法，无疑是教与学费时最多的内容。可是，专门研究小学数学运算教学的著作却一直罕见。

需要深入开展专题研究吗？

有人说，我们的数学，只有在嘲笑外国人买菜都要用计算器时才有用武之地。在人工智能都知道算法比算力更重要的时代，我们还在以血肉之躯比拼计算能力[1]。

殊不知，于 2014 年起启动的中英数学教师交流项目，由英国教育部承担双方全部费用，七年中互访数学教师 830 余人次。上海小学数学教师在英教学时，当地教师最感兴趣的就是观摩数与运算的教学。老牌“帝国主义”如此虔诚取经，足见其提高大众运算能力的迫切愿望。下页呈现了听课现场的一张照片[2]。

容易形成的共识是：数学课程教学改革必须跟上时代的发展步伐，也应当遵循数学教育自身的发展规律。道理很简单：“教育的继承性是很强的，教育

[1] 张释文.我为什么要上一堂“反常识”的数学课[EB/OL].(2018-01-22)[2024-1-27].https://www.sohu.com/a/218274924_100928.

[2] 陈懿懿.上海小学数学教学经验的英国本土化实施研究——以“数与运算”的教学为例[D].上海：上海师范大学，2020：56.

的内容、方法及其结构具有很大的稳定性”[1]。这对数学教育来说更是如此，因为小学数学的绝大部分内容都是人类一两千年之前就已知晓的。

因此，在透视社会发展趋势把握改革方向的同时，还应当从数学教育改革的历史中去寻找线索和前车之鉴。那么，历史能告诉我们什么？

仅从过去的一个世纪中，国际上数学课程改革运动来看。

发生在20世纪初的第一次数学课程改革，史称“克莱因—贝利运动”，由德国数学家、数学教育家克莱因（F. Klein）与英国数学家、数学教育家贝利（J.Perry）等人发起。两人的观点虽有差异，但基本精神是一致的。主要是教材近代化、心理化，强调实践性、应用性，实现数学各科的有机统一等。这些改革影响延续至今。但由于过分强调“儿童中心”“从经验中学”与实用，忽视系统理论知识的学习，导致知识质量下降，加上两次世界大战等外部原因，这场改革运动未能取得较好效果[2]。

从小学的运算教学来看，未见受第一次数学课程改革影响的报道。事实上，克莱因主张“要使应用运算规则可靠无误”[3]，贝利也认为“式子的数字计算，应该熟练”[4]。

---

[1] 王策三.保证基础教育健康发展——关于由“应试教育”向素质教育转轨提法的讨论[J].北京师范大学学报（人文社会科学版），2001，(05)：59-84.

[2] 章建跃.三次国际数学教育改革运动及其启示[J].数学通报，2002，(08)：6-8.

[3] F.克莱因.高观点下的初等数学（第一卷）[M].舒湘芹，陈义章，杨钦樑，译.上海：复旦大学出版社，2008：4.

[4] 陈建功.二十世纪的数学教育[J].中国数学杂志，1952，(01)：1-21.

小学运算基础被削弱的是第二次数学课程改革，史称“新数运动”。发端于美国，起因是苏联卫星率先上天，引起美国朝野震动，军工复合体推波助澜。由此追究落后原因，重新审视科技与数学教育，对科学的基础——数学学科提出了现代化的要求。

“新数运动”倡导的一些改革观点，如强调课程结构，强调教学内容反映现代数学，强调发现式学习，把数学学习看成过程而不是结果等，都有积极的意义。但由于简单否定数学教育的传统，排斥广大数学教师的实践经验，引起教师的抵触情绪；新编教材缺乏先行试教实验；发现学习难度大、对师生要求高，一般教师难以胜任；以及“只强调理解，忽视必要的基本技能训练”等原因[1]，导致课程实施困难，遭到越来越多的质疑。

1973 年，美国著名数学史家、数学教育家 M.克莱因（M. Kline）的小册子《为什么琼尼不会加法》出版，引起社会极大反响。书中记录的大量案例深刻反映出新数运动产生的弊端。例如，学生知道 8 加 5 等于 5 加 8，却不知结果是多少。这类相当普遍的现象显示学生数学基础的薄弱，必将影响他们进一步学习与社会生活。由此又喊出了“回到基础去”的口号。

1975 年，美国国家教育进展评估（National Assessment of Educational Progress，简称 NAEP）发表的一项研究表明，17 岁左右的青少年能够解决简单与现实生活相关运算问题的不到一半。

到了 1980 年代，美国教育部发布的报告《国家处在危机中》，使数学教育再一次引起关注。报告指出，这不仅是一份向教育部部长的汇报，更是一份写给美国人民的公开信：“我们社会的教育基础正在被越来越严重的成绩平庸趋势侵蚀，它将威胁我们民族的前途、人民的未来。”报告列举了多项数学成绩下降的证据，证明教育处在危机中。

这一次，首先响应的不是数学家，而是数学教育工作者。全美数学教师理事会（National Council of Teachers of Mathematics，简称 NCTM）组织研制了新的国家数学课程标准及相关文件。但随着数学家对标准、教材的了解，发现其中内容删减不当，忽视基本技能培养，以及数学错误等问题，于是批评声四起，引发一场“数学战争”。其间，一个由数学家、中小学数学教师、家长、教育研究者和其他

[1] 丁尔升.现代数学课程论[M].南京：江苏教育出版社，1997：33.

人士组成的民间团体，于 2005 年 5 月在《华盛顿邮报》发表了针对 NCTM 的讨伐檄文——《关于数学教育的十大神话，以及为什么你不该信》[1]。

其中与小学数学运算教学有关的“神话 2”：我们期待孩子们自己发明、用自己的方法来完成基本算术运算，而不是对标准运算法则进行学习、理解和练习。这样，他们对数学的理解会更深刻，有更强的归属感。

不该信的理由：没有掌握标准运算法则的儿童在一开始学习代数 I 的时候便会遇到问题。基于 NCTM 标准编写的教材有意淡化，甚至彻底遗漏长除法的训练，必须为学生的数学失败承担责任。“对长除法的熟练掌握是学习代数(多项式除法)、微积分基础(求根、渐近线)和微积分(如有理函数的积分和拉普拉斯变换)必须掌握的一个预备知识”[2]。

经过数学家与数学教育家双方代表的沟通、协商与讨论，2006 年 6 月发布的《从幼儿园到八年级数学的课程焦点：寻求课程的一致性》给这场战争画上了句号。一般认为，该文件是美国建构主义数学课程改革回归基础的转向，数及其运算位列一至七年级课程焦点内容之首[3]，其中的许多提法，如“快速回忆”“运算的流畅性”等，与我国关注“双基”的传统理念相似。

进而于 2010 年 6 月颁布《美国州际核心数学课程标准》，其中对运算教学有不少非常明确的要求。例如，二年级的重点之一是“熟练掌握加减法的运算”，四年级的重点之一是“理解并熟练掌握多位数的乘法，理解被除数是多位数的除法”，五年级的重点之一是“提高对分数加减法运算的熟练程度，理解分数乘除法的意义”。[4]

综观这段历史，运算教学历经波折，最终还是一个“不倒翁”。

(二)

鉴于目前的以下几种倾向，促使笔者局部转变本套丛书少谈理论的初衷。

---

[1] 潘青.关于数学教育的“神话”[J].数学教学，2005，(09)：2－1.

[2] 同[1].

[3] 童莉，宋乃庆.彰显数学教育的基础性——美国数学课程焦点与我国“数学双基”的比较及思考[J].课程·教材·教法，2007，(10)：88－92.

[4] 全美州长协会和首席州立学校官员理事会.美国州际核心数学课程标准：历史、内容和实施[M].蔡金法，孙伟，等译.北京：人民教育出版社，2016：30，41，47.

首先，当下的教师入职考试充斥着大量不求甚解的名词术语考题，且大多是选择唯一答案的客观题。如果不结合教学实际，死记硬背这些形而上的名词术语，难免流于空谈，于事无补。

其次，目前我国的教育理论研究大多是缺乏心理学实证基础的思辨，与国际教育研究日趋明显的心理学化形成反差。不说别的，就从小学数学教师熟悉的教育家杜威、布鲁纳（Jerome Seymour Bruner）、布鲁姆（Benjamin Bloom）来看，他们都是教育心理学家。

事实上，自19世纪瑞士教育家裴斯泰洛齐（Johann Heinrich Pestalozzi）明确提出“教育心理化”思想之后，整个20世纪，心理学家转向教育研究，成就了学习心理学或者说学习科学的发展。从最初把人还原为动物（如巴甫洛夫的“狗”、桑代克的“猫”、斯金纳的“鼠”），形成学习研究的“动物”隐喻，到借鉴计算机信息输入、处理、输出，建立学习研究的“计算机”隐喻，再到如今聚焦具有社会文化属性的“人”，下沉到学习发生的地方“课堂”中研究学习，而不是在实验室场景中模拟学习。

与此形成鲜明对照的是，眼下国内时髦的教学研究热点，从大概念、大观念到大单元、大问题、大情境、大任务、大项目……这些“大”的提出，几乎都未经过实证，几乎都是基于理论演绎，都指向“教”而不是指向“学”，且有悖“大小相宜”的常识。

以“大单元”为例，我们不该忘却数学教育原来一直是算术、代数、平面几何、立体几何、解析几何、三角分科教学的，这是彻底的“大单元”。历经曲折，好不容易才在21世纪初综合成统一的数学，难道还要倒退回去吗？从大单元到统整，各知识领域间的关联、配合更易协调。最简单的实证：无论是图形的测量，还是数据的处理，都需要等待数与运算提供基础。如今习惯了，岂能乐以忘忧？更说不通的是，既然提倡“大单元”，为什么各套教材依然是大小适中的单元，却要一线教师摆脱课本的羁绊自行整合？可行吗？

朝合理方向理解，这些“大”可以为我们提供若干以教学的系统观，着眼整体思考问题的线索。这是成熟教师一贯的专业行为，又何必为了博人眼球，模仿“最新款”商品广告，将朴实的思想与做法统统冠以“大”的新包装呢？

事实上，优秀教师的很多对策是“大单元”无法涵盖的。例如，在几何领域，很难使儿童理解“为什么数学中的点是没有大小的”。暂且放下，等到学了小数，让学生在直线（数轴）上用点标出小数的位置，就很容易使他们由“1与2之间有无数个数”自己悟出“点没有大小”[1]。

幸好本书介绍的那些理论没有“大”的噱头。

对于一线教师来说，相对于教育学，心理学和学习科学的理论以“难懂”著称，而且貌似言之有理，但还是“华而不实”。很多人喜欢引用一位经济学家的话：“从理论上说，理论与实践没有不同，但是到了实践中，二者却有天壤之别。”即便如此，心理学尤其是基于实证的学习心理学，绝不是书桌上的摆设，它对教学的启示意义，对教学研究的理论支撑，都不是可有可无的。关键是如何跨越理论与实践的断层，为我所用，而不是为了应用理论刻意生造符合它的场景，或让教学成为理论的注释。

其实，理论兼具自下而上与自上而下的双重性。实践是理论的土壤，理论是实践的升华；理论指导实践，实践检验理论。这些道理人人都懂，却似乎被我们淡忘了，说课、评课，以及教后反思都在引经据典，充斥着大段的空话、套话。要知道，学习理论的探索不再居高临下，已经演变为“应用引发的基础研究”。再者，我们的教学经验本质上是一种实践性理论，它与学术性理论的区别，主要在于两种不同的话语系统。

因而，在本书的第二章，围绕运算教学研究，侧重历史观照当下、理论走进实践的视角，阐述课程论与心理学的相关内容。

课程论方面，侧重梳理关于运算教学内容选择、编排的历史经验教训，探讨学科、社会、学生三方面制约因素的综合体现，特别是阐述数与运算基于学生认知特点安排四个螺旋上升循环圈的合理性。

笔者之一在参与人民教育出版社组织撰写的《小学数学教材论》过程中，深感我国小学数学教材编制的经验积累是本土化课程论的极佳素材。

心理学方面，侧重运算法则掌握过程及其条件的理论，重点是针对运算教学实际，解读早期与当代的学习迁移理论、认知技能形成理论。进而选择认知心理学和学习理论的新近发展与两个热点“认知负荷”“样例学习”予以展开。试图揭示这些理论对教学实践的解释力，让教师领略学术性实证研究还有印证教学经验有效性的另一面。

[1] 曹培英，顾文.跨越断层，走出误区：小学数学深度学习教学研究[M].上海：上海教育出版社，2022：27－29，253－254.

不难理解，一线教师根本不在乎不同时期、不同学派的门户之见，因而无论是早期的“试误说”“顿悟说”，还是后来的认知科学、现在的学习科学，都能在数学课堂上找到实证，发现它们各自的用武之地。

相信仔细阅读的老师，看到我们习以为常的一些做法、策略，与心理学视域的论述、与学者们精心设计的实验研究结论一致时，定会提升自身专业主体的自信。

（三）

作为教学法专著，本书对小学数学中整数、小数、分数的运算教学，从运算意义、运算顺序、运算性质到运算法则，从教材分析处理、学情调研解读到教学方法比较择优、教学策略筛选提炼，以及练习设计和错误的预防、化解，从运算能力的内涵要素、培育举措到评价框架指标与试题设计，力求全覆盖地探讨。

这种探讨基于作者长期教学、教研的实践积累，也融合了各地教师的成功经验、做法与见解，并力求复归儿童认知过程本身，还原运算学习的真实面目。

本书所精选的一系列教学案例与课例，在力求达到富有“一叶知秋”典型意义这一丛书统一要求的同时，还追求它们的可复制性。当然，由于各地、各校的不同情况、不同学生，决定了教学的复杂性和诸多的不确定性，因此这些实例只能是教师教学同一内容或面对类似问题时的一个“满意解”，而不是一个“最优解”。换句话说，举例的终极目的在于举一反三。

本书结合运算教学的研究，试图针对有争议的教育理念、教学主张以及某些共性问题，如“算理一致性”“算法多样化”等，予以深入剖析。这些一家之言，可供希望独立思考的教师参考，毕竟“兼听则明”。

目前的一些说法，比如与运算相关的“数概念一致性”，推崇计数单位，强调数是由计数单位数出来的。乍一听，颇有道理。小学数学教师都知道华罗庚先生的名言“数是数出来的”，那是指数的起源，当然是对的。从自然数到整数、到分数，构成有理数，都是可数的。但是，从数的起源到后续发展，必然出现嬗变，引进了无理数，发展到实数，就不可数了。再到引进虚数，发展到复数，连通常意义的大小都不能比较了。因此，小学阶段的某些概念名词适可而止为妥。

再说，小学数学计数与记数不分由来已久，混用、统称为计数，未尝不可。

以致数的单位到底是1还是各数位上的位值,早已无人追究,因为N进位制重要的是位值原理,各数位上的计数单位充其量是衍生概念。

在小学,强调单位的好处除了算理解释,还有度量也要讲单位。有意思的是,数学中有不少冠以“单位”的概念,如中学数学中的虚数单位、单位矩阵,群论中的单位元,等等,它们各有各的定义。例如,虚数单位的定义是:它的平方等于-1。单位矩阵是单位元的特例,单位元的定义比较抽象,通俗地说,它是一种在运算中不改变其他元素的特殊元素。若举例,则小学生也能初步理解,如加法的单位元是0,因为$a+0=a$;乘法的单位元是1,因为$a\times1=a$。显见,它们与“计数单位”大相径庭。

说实话,一离开小学,也就很少有人提及计数单位了。这是因为认识非负有理数离不开计数单位,而随着数系的进一步扩充,讲不讲计数单位就无所谓了。

本书也留下了遗憾:由于众多问题的穿插探讨,使得全书难以线性化地单刀直入,而呈现多条线索交织的结构。从而导致同一知识点,如乘法含义、小数乘法等,出现多处举例、多处论及的现象。这就给将本书视为教学操作指南、专题研究手册的老师带来一些不便。

话说回来,如同认识不能一次完成,需要反复,逐步上升一样,某些重要问题的多侧面解剖,就像剥笋一般,层层深入,方能剥茧抽丝、披沙拣金。

例如,四则运算的意义(定义),首先在第一章概述中,就叙说了伴随概念教学被解题训练侵蚀,它被淡化、忽视的现象。而后,从整数阶段的引入,到小数、分数阶段的深化;它的应用,体现在运算法则、运算性质的理解上,也内涵在问题解决、简便运算的过程中,乃至化错、纠错的释疑时。可见,分星擘两是知识本身的内在关联所决定,是展开讨论所需。

在成书的过程中,我们多次请同仁试读,听取意见,反复修改。尽管力图完美,终不免存在瑕疵、失误,恳请读者指正。不胜感激!

2023年末

目　录

第一章

运算教学的研究概述

在小学数学课程教学中，数的运算占有怎样的地位与作用？

从核心素养的视角看，数的运算教学除了培养运算能力，它与数学其他核心素养的主要表现有着哪些内在的有机联系？

以历史与现实交汇的视角，追昔抚今，鉴往知来。100 多年来，小学数学运算教学发生了怎样的变化？

这些运算教学研究绕不过的问题，必须直面以对，给出确切回答。

进而，作为“概述”，除了他人研究的必要汇总，更重要的是以与时俱进的目光，对近年来运算教学六个方面的进退、得失作出客观描述与分析，以求刻画运算教学研究的轮廓与概貌。

第一节　运算教学的地位与作用

自算术成为小学堂的教学科目起，运算教学就一直是小学数学课程的重头戏。

随着时代的发展，以适应个人终身发展和社会发展需要的正确价值观、必备品格与关键能力，即核心素养的视角，重新审视运算教学，秉承儿童、学科和谐统一的立场，深入剖析运算教学的本质，探寻有效的教学策略，把培养符合时代要求的运算能力作为小学数学落实核心素养的重要方面，势在必行。

一、运算与计算的辨析

很多教师问，小学数学原来的“计算”，为什么现在改为“运算”？这似乎并无多少“为什么”可言。

就中文的词源来说，运算的原意是搬运算筹或拨动算珠。《现代汉语词典(第 7 版)》中，“运算”指依照数学法则，求出算题或算式的结果。数学运算的本质是集合之间的映射。

“计算”的含义更为宽泛，有谋虑、核算、算计之意，与小学数学相关的一条是指根据已知数目通过数学方法求得未知数。

由此可以认为，“计算”为日常用语，“运算”系数学用语。

事实上，计算、运算两词经常有混用的现象。即使在高等数学里，微积分运算、微积分计算也常常是同义词。

从使用看，“运算”常作名词，如“四则运算”“代数运算”；“计算”则名词、动词皆常用。例如，加法运算、加法计算，都没问题，但计算加法、运算加法，显然后者不合习惯。同样，可以说“计算微积分”，不会说“运算微积分”。

作为教学研究，注意两者的差异是应该的。以《义务教育数学课程标准(2022 年版)》(以下简称《课标 2022 年版》，相应地《义务教育数学课程标准(2011 年版)》以下简称《课标 2011 年版》，《全日制义务教育数学课程标准(实验稿)》以下简称《课标实验稿》，当泛指三个版本时，简称“课标”）为例，大多使用“运算”。在“内容要求”中只出现了“能借助计算器进行计算”；在“学业要求”中出现了“能计算两位数和三位数的加减法”“解释计算结果的实际意义”“会计算比值”；同样在“教学提示”中也极少使用“计算”。

总之，尽可能采用数学名词“运算”，按习惯用法使用“计算”即可。

二、运算教学在小学数学教学中的地位

1. 从实际应用价值看

毫无疑问，运算能力是应用最为广泛的数学能力。无论是科学研究还是各行各业的运作都离不开数的运算，特别是小学数学的非负数四则运算，早已渗透到每一个人的社会生活中。即便随着计算机的发明和广泛使用，需要人工计算的问题日趋简单，但具备一定的口算、估算能力仍然是现代社会每个公民不可或缺的基本数学素养之一。

2. 从基础教育整体看

正确、灵活地进行四则混合运算是进一步学习的必备基础，它的认知价值不容置疑。

我们曾面向中学数学教师进行调研，问题是：您对小学毕业生的希望，什么能力摆在第一？超过90%的初中数学教师的回答就是运算能力。

确实，整数、分数、小数的四则运算是进一步学习整式、分式等运算的基础，在学习其他理科知识时也会经常用到。

随着社会的发展与基础教育普及程度的提高，小学之后的学习年限，总体上已超过六年。因此，真正为学生的发展着想，就不应仅仅关注数学的生活应用，忽视小学数学对于进一步学习的正迁移作用，就应当加强中小学的衔接研究，更多地考虑算术运算与代数运算的联系。

这恰恰是长期以来小学数学课程教学改革的一个盲区。例如，整数加减乘除的笔算，迄今只强调“计数单位”的内在一致性，却忽视了更为重要的与整式加减乘除的内在一致性。

3. 从小学数学本身看

数的运算历来是小学数学课程最主要的教学内容，无可争议地构成了课程内容主干的核心：

数的认识→数的运算→运算的应用。

其他知识都必须跟随这根主干的进程穿插、展开。

最简单的，教学长方形周长：

$$C=a\times2+b\times2 \text{ 或 } C=(a+b)\times2,$$

必须具备乘、加两级运算顺序的基础知识，还要掌握使用小括号改变运算顺序的技能。在这个基础上才能理解和掌握长方形周长的计算方法。个别教材两级运算顺序与小括号的使用安排在后，则计算长方形周长就只能列成连加算式或分步列式。

类似的典型实例：某教材在“多位数乘一位数”与“多位数除以一位数”两个单元之间插入了“年、月、日”，于是闰年的判断就无法引进“年份数÷4”的通法，改为由已知的闰年年份(如2000年、2020年)，通过连续加4、减4来类推。

运算教学在课程内容比重、结构上的重要地位，决定了它不仅是真正意义上的数学“双基”，还是获得基本数学活动经验，特别是尝试、探究经验的主要渠道，以及感悟数学思想方法，特别是“转化”(化归)、推理的重要载体。

还有必要指出两点。

其一，小学的运算教学不仅仅是培养数值运算能力，还为学习其他领域的数学知识提供不可或缺的基础知识。最为典型的是运算律，它既是导出运算法则的依据，也是其他领域推导计算公式(将在第三章中阐述)以及问题解决的依据。

以解决百分数应用问题为例。

案例 1-1 降价、涨价问题

学习该例(图1-1)，学生能够理解数量关系并完成推算，但很多学生随之而来的疑问“如果先涨价20%，再降价20%，结果会怎样”，常令教师感到“烧脑”。

其实，从例题的综合算式，很容易释疑。

先降、再涨：$1\times(1-20\%)\times(1+20\%)$；

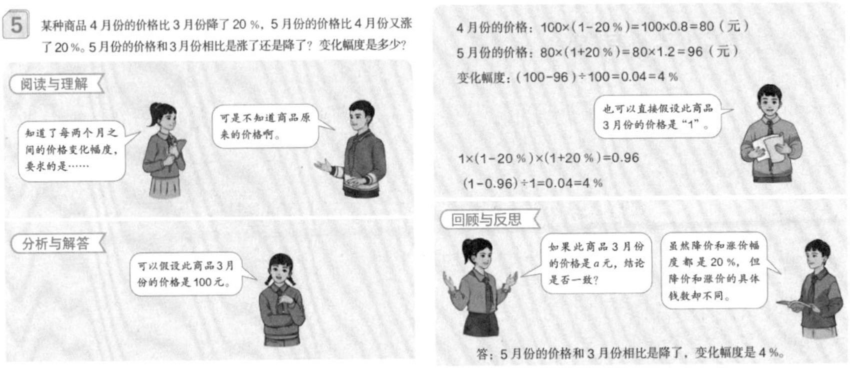

图 1－1

先涨、再降：1×(1＋20%)×(1－20%)。

根据乘法交换律，就能知道结果相等。

于是，多数学生能够想明白：先降20%，单位“1”变小，再涨20%，涨价部分不到原来的20%，变化幅度是4%；先涨20%，单位“1”变大，再降20%，降价部分超过原来的20%，变化幅度还是4%。

运算律广泛的应用性可见一斑。

其二，运算教学一直是中国数学教育的强项。前几年，如本书“序”所介绍，上海每年会派几十名教师到英国各地的学校“支教”。英方常要求中国教师每天上两节计算课给周边学校的教师观摩。英国的教育行政部门希望通过“请进来”“走出去”（每年派教师来上海学校听课学习）的方式，帮助英国教师克服数学教育的短板。这也从一个侧面表明我国在这方面的优势得到了国际上的公认。

三、运算教学中核心素养的培养

自清朝末年开设小学堂起，计算教学就成为“算学”“算术”课的主要内容。至1963年，“计算能力”成为小学算术四大能力之首[1]。21世纪初，“计算能力”曾一度淡出了数学课程标准的“核心”。十年后再次“复出”，成为《课标2011年版》十个核心词中以“能力”冠名的两个之一（运算能力、推理能力）。

---

[1] 1963年的《全日制小学算术教学大纲（草案）》提出：“培养学生正确地、迅速地进行四则计算的能力，正确地解答应用题的能力，以及具有初步的逻辑推理的能力和空间观念。”

《课标 2022 年版》对运算能力作出了更明确的界定。

无须讳言，以往的教学为达成“计算准确、迅速，方法合理、灵活”的要求，常常导致大量的程式化机械训练，熟能生巧与熟而生厌、生笨并存。[1]

随着课改的深入，越来越多的教师认识到运算教学的任务并非仅仅让学生会算、巧算，还要将运算教学内容作为载体，通过学习活动，在培养运算能力的同时，发展学生的数感、推理意识与分析问题、解决问题的能力。这里仅以运算自身的内容为例。

案例 1-2 运算情境下的推理

在括号里填入下面各算式的序号。

$$①\ \frac{1}{2}+0.5\quad ②\ \frac{1}{2}+\frac{3}{4}\quad ③\ 0.25+\frac{2}{3}\quad ④\ \frac{1}{4}+\frac{1}{3}$$

(　　)<(　　)<(　　)<(　　)

学生的思考过程主要有两类。

一类是做加法。多数学生得到①式等于 1，后面三式将小数统一成分数，通分后相加，再比较同分母分数的大小。

另一类是直接比较大小。学生首先发现①式等于 1，②式大于 1，然后判断③④式都小于 1，且③式大于④式，于是得出结果：

④<③<①<②。

其中，②式大于 1 的推理过程是：

$\frac{1}{2}+\frac{3}{4}>\frac{1}{4}+\frac{3}{4}=1$。

③式小于 1 的推理过程是：

因为 $0.25=\frac{1}{4}$，$\frac{1}{4}<\frac{1}{3}$，$\frac{1}{3}+\frac{2}{3}=1$，

所以 $0.25+\frac{2}{3}<1$。

③式大于④式的推理过程是：

因为 $0.25=\frac{1}{4}$，$\frac{2}{3}>\frac{1}{3}$，

---

[1] 曹培英.跨越断层，走出误区：“数学课程标准”核心词的解读与实践研究[M].上海：上海教育出版社，2017：99.

所以 $0.25+\frac{2}{3}>\frac{1}{4}+\frac{1}{3}$。

④式比③式小，而③式小于 1，所以④式更小于 1。

很明显，在此过程中运算能力、数感、推理意识与问题解决能力都得到了很好的锻炼。

诸如此类的实证，充分说明运算教学不仅是培养运算能力这一数学学科关键能力的主渠道，它对于核心素养的其他主要表现，如推理意识，也具有不容小觑的作用。

在后面的各章里，我们还将进一步揭示，即使是运算教学本身的传统内容，也有非常丰富的推理，也能引发高阶思维，走向深度学习。

第二节　运算教学的演变与研究综述

一、运算教学目标的变化发展

我国最早的公立新式小学南洋公学外院开始设算术学科，称为算学，将计算列为首要的学习任务，至今已有 100 多年。

其间，随着教学指导文本的名称从“小学堂章程”到“课程标准”，再到学习苏联改称“教学大纲”，又恢复“课程标准”，运算教学的目标也在不断演化。

中华人民共和国成立前，从最初满足“日用计算”（1904 年《奏定初等小学堂章程》）到三算萌芽（1912 年《小学校教则及课程表》，指笔算、珠算、心算），到首提“计算能力”（1932 年《小学各科课程标准·算术》），计算教学内涵趋于明确。

中华人民共和国成立后，从计算、应用目标分列（1952 年《小学算术教学大纲（草案）》），到计算能力成为小学算术第一能力（1963 年《全日制小学算术教学大纲（草案）》），再到运算能力缺失（《课标实验稿》）与重提（《课标 2011 年版》），运算教学回归本源。《课标 2022 年版》进一步给出了运算能力的明确界定。

100 多年来的演进，大致脉络可借用时间轴表示如下(图 1－2)：

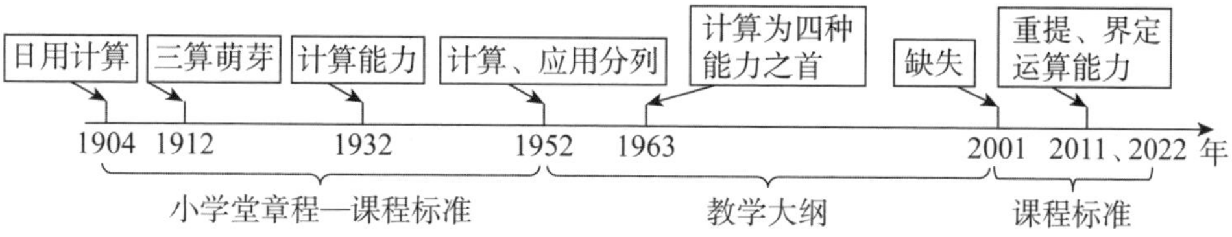

图 1－2

基于以上较为系统的回顾与分析，可以将运算教学的百年嬗变过程作出如下概括：

从计算与应用交融到分列，首要与次要，潮起潮落至今，最终还是一个“不倒翁”。其摇摆而不倒的“定力”，就在于前面阐述的“实用价值”与“基础学力价值”，迄今难以撼动。[1]

二、运算教学内容的变化发展[2]

我国是世界文明古国之一，数学教育有着悠久的历史，早在公元前一千多年周代贵族学校的教学科目“六艺”中就有“数”。春秋战国时期，诸子百家大多带徒讲学，其中或多或少包含着数学的知识内容。秦汉时期，相继出现了《周髀算经》和《九章算术》，这是我国最早使用的数学教材。到了唐代，当时的最高学府国子监中设有算学馆。为了教学的需要，由李淳风等人审定并注释了汉朝以来的十部算经，统称《算经十书》。唐高宗下令将其定为全国通用的数学教材，这是我国国家审定数学教科书的开端。

以《九章算术》为代表的《算经十书》是我国古代数学的经典教材，前后流行 1200 余年，对中国的数学教育产生了深远的影响。其最大的特点，一是以问题为线索，按照由问题归纳“术”的方式进行研究；二是提倡实用，注重计算技能的培养。

例如，《九章算术》第一章“方田”的 40 个问题中，有 14 个问题说明了分数四则运算的法则。其中，分数除法的法则叫“经分”，是采用通分的方法来计算

[1] 曹培英.跨越断层，走出误区：“数学课程标准”核心词的解读与实践研究[M].上海：上海教育出版社，2017：99－100.

[2] 曹培英.小学数学教学改革探析——在规矩方圆中求索[M].北京：人民教育出版社，2004：6.

的。后来刘徽在注释《九章算术》时补充了乘除数倒数的算法。欧洲直到1489年，才有人提出相似的法则，比刘徽晚了1200多年。

尽管我国古代的数学教学有数千年的历史，但由于统治者对大众基础教育采用放教于民间的政策，因此按照现代的学制、课程概念来看，我国真正在小学设置算术课程始于清朝末年，比很多国家要晚。

中华人民共和国成立前的小学算术教材以模仿日本、美国教材为主，其间一、二年级以儿童活动为主的方式随机教一些算术知识，教学效果并不理想。

中华人民共和国中国成立后，计算已经不是小学数学课程唯一学习的内容，很长一段时间受苏联小学数学教学的影响较深，运算教学以学习整数四则运算和简单的小数、分数加减法为主，同时加强了口算。

1958年开始，人民教育出版社在三年内对原教材进行修订，把初中算术下放到小学，在小学六年内学完全部算术基本内容，提高了小学毕业生的数学水平。

自1960年起，人民教育出版社编写了《十年制学校小学课本　算术(试用本)》和《珠算(试用本)》。以后又编写了《十二年制学校小学算术课本》，建立了“以四则计算为中心，其他各方面内容配合着四则计算进行安排”的教材体系。

1966年至1967年“文化大革命”期间，由于“四人帮”的干扰破坏和受“左”的影响，“三算”(口算、珠算与笔算)一度受到热捧，小学算术基础知识和其他基本技能被削弱，教学质量严重下降。

“文化大革命”后，为了适应四个现代化建设的需要，小学引进了“代数初步知识”(重要标志是教学用字母表示数、简易方程)和“统计初步知识”，算术改称小学数学，对运算教学内容作出较大的改动：精选传统算术内容中必需的基础知识和基本技能，予以保留；删减繁难的四则运算；“加强概念与计算间的联系；10以内认数和计算、加法和减法分别穿插编排；加强作为笔算基础的口算，在笔算的基础上进一步提高口算；把珠算作为一种计算方式，不再单编一本，以加强珠算与口算、笔算的配合”[1]。同时，还要求口算教学时注意讲清算理，适当加强简便算法的教学，以提高学生的计算能力。

1992年，按照《中华人民共和国义务教育法》的精神，《九年义务教育全日制小学数学教学大纲(试用)》颁布，运算教学内容进一步更新、调整：精简数据

[1] 曹飞羽，李润泉.四十年来小学数学通用教材的改革[J].课程·教材·教法，1989，(10)：1-8.

过大、过繁的计算和比较复杂的四则混合运算，删去繁分数，加强中、高年级的口算，并增加估算的内容。

进入世纪之交，根据《九年义务教育全日制小学数学教学大纲(试用修订版)》，运算教学内容再作调整，进一步降低四则运算的教学要求。例如，“笔算加减法以三位数为主，一般不超过四位数；笔算乘法中一个乘数不超过两位数，另一个乘数一般不超过三位数；笔算除法中除数不超过两位数。四则混合运算以两步的为主，一般不超过三步”。又如，分数四则运算注明“不包括带分数”并“以分子、分母比较简单的和大部分可以口算的为主”。适当增加了“在中、高年级可以介绍和使用计算器，进行大数目计算或探索有关规律”“在各年级应适当加强估算”[1]。至此，运算教学内容的精简大体完成。

21 世纪初以来的三版“数学课程标准”，基本上延续了精简后的运算教学内容。明显的改进是《课标 2011 年版》《课标 2022 年版》逐步较为明确地界定了运算能力。

三、运算教学与运算能力培养的研究综述

这里先综述运算教学与运算能力培养的概况，具体的将在后面的相关章节展开。

在“中国知网”以小学计(运)算教学为主题检索，得到两幅统计图(图 1－3、图 1－4)。

小学计算教学：

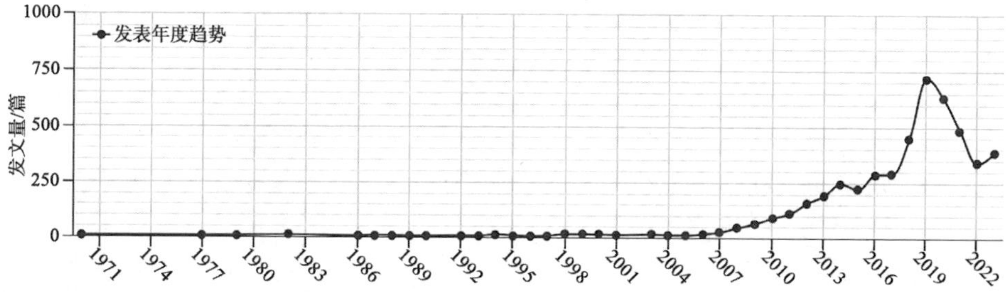

图 1－3

[1] 课程教材研究所.20 世纪中国中小学课程标准·教学大纲汇编(数学卷)[M].北京：人民教育出版社，2001：180.

小学运算教学：

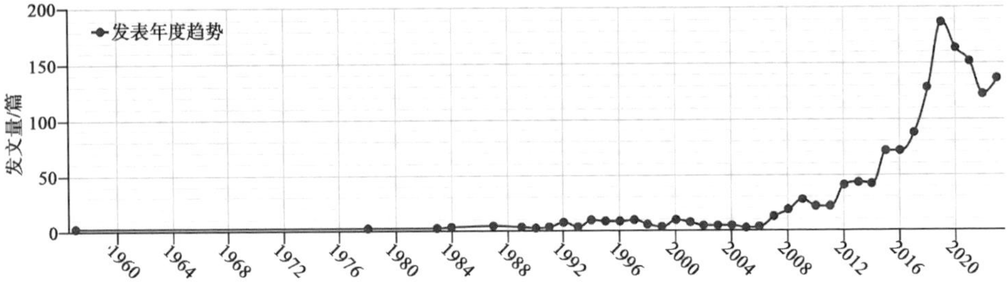

图 1－4

如前所述，自 1963 年《全日制小学算术教学大纲（草案）》起至 21 世纪初启动的课程改革，计算能力一直位居小学数学（算术）四大能力之首。但两图均显示，1987 年至 2006 年相关的教学研究发文数（“中国知网”的收录数）都为个位数。2011 年起发文数出现大幅上升。这显然与《课标 2011 年版》恢复了被《课标实验稿》删去的“运算能力”相关。这也从一个侧面反映了大家对运算教学的重视，积累了许多值得借鉴的经验与研究成果。

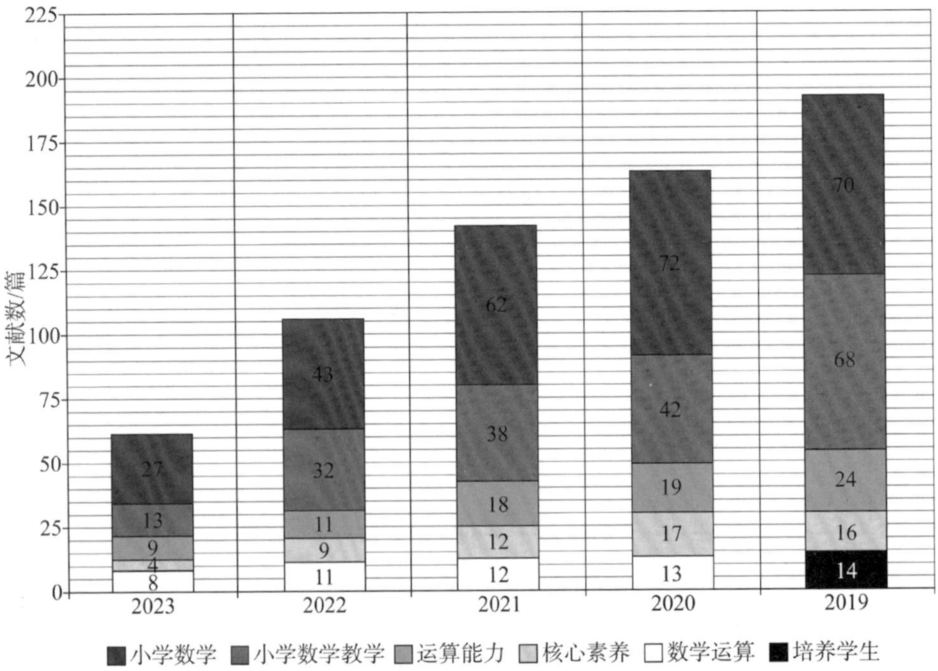

图 1－5

从“中国知网”给出的小学运算教学主要主题与“年度交叉分析”统计图(图1-5)可以看出，篇幅占比前两位的是“数学”“数学教学”，“运算能力”位居第三。

就运算能力研究而言，有学者以“运算能力”为关键词筛选出2011年至2021年间39篇较具代表性的期刊文献和硕士论文，经系统梳理，将入选论文内容维度概括为小学生数学运算能力的结构要素、发展水平、影响因素、培养策略和评价指标五个维度[1]。也有综述研究将内容归结为运算能力的内涵、培养策略、现状、影响因素、结构、形式(指口算、笔算、估算、珠算)六个方面[2]。

总体而言，教学实践层面上培养策略的研究成果较为丰富，而理论层面上的结构、内涵、发展水平、影响因素等方面的研究相对比较薄弱。

国外对小学生数值运算的专门研究在笔者的文献梳理中极为鲜见。当然，这一方面受笔者检索范围、途径的限制，另一方面也有研究者旨趣取向的客观原因。

例如，由来已久的问题解决研究，基本上是以具有现实问题情境的非常规问题为研究对象。其中的一个热点方向“问题表征”研究，同样几乎看不到关于数值运算问题的表征研究。

马立平博士在《小学数学的掌握和教学》中，比较了中美教师对数学运算理解方面的差异，认为这是中美小学生数学学习差异的重要原因[3]。

蔡金法教授关于中美学生数学学习的系列实证研究，数据显示：中国六年级学生在计算方面的明显优越，并没有在复杂问题解决中表现出来[4]。

这两位旅美学者的研究值得借鉴。

---

[1] 淳丹，相冰冰.课程改革以来小学生数学运算能力研究综述[J].基础教育研究，2022，(05)：28-30.

[2] 张莹莹.我国近三十年小学数学运算能力研究综述[J].江苏第二师范学院学报，2016，32(07)：58-61.

[3] 马立平.小学数学的掌握和教学[M].李士锜，吴颖康，等译.上海：华东师范大学出版社，2011：1-81.

[4] 蔡金法.中美学生数学学习的系列实证研究——他山之石，何以攻玉[M].北京：教育科学出版社，2007：70-98.

第三节　运算教学的与时俱进及反思

数学历来是我国基础教育的强势学科。广大数学教师积累的教学经验,有很多历经长期教学实践检验,是行之有效的。因此,对几十年来有关运算教学经验的发展动态、与时俱进的情况,从整体上进行梳理、反思很有必要。

一、重视概念教学,将算理、算法归结为基本概念、基本原理

20世纪70年代起,各期刊上登载的中小学数学特级教师的经验总结,几乎每一篇都强调了加强概念教学的策略或做法。渐渐地,"应试"的功利性渗入,数学学科重视概念教学的特点被解题训练侵蚀。到如今,"应试教育"至少在口头上早已成了"过街老鼠",与此同时,对概念教学的重视却趋于淡忘,并未恢复到原有高度。这里仅举一例,更多忽视基本概念、基本原理的现象,后面各章还会逐步揭示。

案例 1-3　小数乘整数

例题:"风筝每个9.5元,买3个多少钱?"

学生自发的竖式写法,出现了"末尾对齐""数位对齐"两种主张:

```
  9.5         9.5
×   3       × 3
─────       ─────
```

课堂上"个位与个位对齐"的理由占据了上风。教师说"两种都可以",可是学生仍不服气:那为什么课本上是末尾对齐呢?

教师无言以对。学校教研组研讨,亦不得要领,于是辗转咨询笔者。

确实,作为学习小数乘法的首个例题,学生还不知道小数乘法可以转化为

(看作)整数乘法来算,这时最简单的解释就是依据乘法的含义"同数连加",即两个因数一个是相同的加数,一个是相同加数的个数。由此,例题中的9.5是相同加数,单位是"元","3"是"3个",与"元"(个位)或"角"(十分位)对齐,都无所谓。(参见课例4-4小数乘整数)

为什么数学教师面对乘法联想乘法定义,竟然出现如此普遍的阻断?恐怕主要原因之一是"被乘数""乘数"概念的取消。回想世纪之交,批判"被乘数""乘数"的区分,成了小学数学课改的一个"突破口"。岂不知,无论统称为"乘数"还是"因数","相同加数""个数"的区别是无法取消的存在,因为我们没法抛弃"同数连加"的定义。

当然,后续还可以进一步让学生理解:小数乘法可以统一看作整数来乘,因此与整数一样"末尾对齐"或末尾非零数字对齐是合理的。问题在于,由于不重视概念(如同数连加的运算意义)在数学中的地位与作用,致使教师陷入"失语"状态。

与此相关的另一种现象,初学时难以说理,却煞费苦心地启发学生讲道理,等到后续教学有了可作解释的依据,又忘了施展"回马枪"解决遗留问题。

例如,被除数是0的除法,以及除数不能为0的规定,原来的教学处理比较简单:前者联系实际作出解释;后者只对学生说这是数学的规定。上海市课程改革进入二期工程后,有教师想利用建构主义的两大关键技术(创设生活情境、开展对话教学)来突破这个理解的难点。

案例 1-4 除数不能为0的规定

小巧每天去森林给小兔分苹果。

情境1:第一天小巧带去6个苹果,来了3只小兔,平均每只可以得到几个苹果?

学生不假思索地回答6÷3=2(个),且6、3、2各表示什么都能说得清清楚楚。

情境2:第二天小巧没有带去苹果,3只小兔平均每只可以得到几个苹果?

生:0÷3=0(个)。

师:0除以3以前没学过,你是怎么知道等于0呢?

生:肯定等于0,因为小巧没带苹果,每只小兔只能空手而归。

从表面看,教师没有教,被除数是0的除法就被学生自己轻而易举地解决了，似乎是建构主义的情境与对话在起作用。其实，发挥实质性作用的是铺垫与生活经验。

显然，第一天的情境实际上起到了一个复习、启发的作用。学生在此基础上很容易类推，被除数从6变成0，商就应该是0。说理也在他们的生活经验范围内，即“小巧空手来，小兔空手回”。

情境3：第三天小巧带了6个苹果，可是等了很长时间没有小兔来……

听课者还在思考省略号是什么意思，孩子们就迫不及待地说：“那当然啦，谁叫你昨天骗人的！”

教师的本意是小动物不来，分就没有意义了，所以除法没有了。不料学生不买账，怎么除法会没有呢？

一个孩子举手说：“老师，第二天说好分苹果，小巧不带苹果去，这个分也没有意义呀。”言下之意：为什么小巧不带苹果去是有意义的，小兔不来就没意义了？教师理解学生的质疑，但不知说什么好。

又有学生说：“老师，第二天小巧骗人，你允许我们把6改成0，第三天小兔不上当，为什么就不能让我们把3改写成0呢？”

教师无语，只能放弃说服学生的努力：“这是数学家的规定。”

为什么同样是情境、对话，到这里就彻底失效了呢？因为这不是靠教学技术能解决的问题。除数不能为0是由除法的概念（意义）决定的。

我们知道，已知两个因数的积与其中一个因数，求另一个因数的运算叫作除法，所以“除数×商＝被除数”。根据这个关系式：如果被除数不等于0，除数等于0，那么商是不存在的；如果被除数、除数都等于0，那么不是商不存在，而是商不确定，0÷0可以等于任何数。两种情况都说明除数为0没有意义。

可见，即使学生不质疑，接受教师的说辞“小兔不来，分就没有意义了”，也只涉及除数不能为0的一种情况。因此，教学不成功背后的原因，还是教师对概念的理解不够全面。

虽然两方面的理由在初学时候难以解释，但到四年级学了除法的意义和各部分之间关系之后就有了弥补的概念基础。非常遗憾，个别教材不讲四则运算意义，也没有出现加减法乘除法各部分之间的关系。只有人教版教材[1]在总结

[1] 本书所引用的教材，未注明出处的，皆取自人民教育出版社2022年版小学数学教材。

有关 0 的运算时，特别提醒“注意”（图 1-6）：0 不能作除数，并举例作出解释。

3 你知道哪些有关0的运算？具体描述一下这些运算。
一个数加上0，还得原数。当被减数等于减数时，差是0。
一个数和0相乘，仍得0。0除以一个非0的数，还得0。
注意：0不能作除数。例如，5除以0不可能得到商，因为找不到一个数同0相乘得到5。0除以0不可能得到一个确定的商，因为任何数同0相乘都得0。

图 1-6

实践以后发现，这段相当简练的说明，尽管每一句都讲得很到位，但是能够自己读懂的学生却不多。因此，教师做了如下加工：

学生根据因数＝积÷另一个因数，尝试发现 0×□＝6 的方框里填什么数都不对，所以这个方框无解，也就是 6÷0 的商不存在。类似地，根据乘除法的关系，0×□＝0 的方框里面填什么数都能使等式成立，即 0÷0 的商不确定。正是因为这两方面的原因，数学规定除数不能为 0。

这个案例提醒我们：

其一，应当重视数学基本概念的长程教学，重视它的后续巩固与深化，发挥基本概念的长远效应。

初学时没能讲清的道理，待时机成熟就应该利用新学的知识，启发学生消解原有的困惑。

其二，当下颇为流行的单元教学设计，虽比单课时备课进了一步，有助于克服教学的碎片化现象，但仅仅考虑一个单元还是不够的。

教学本就是一项系统工程，确立教学的整体观，着眼于教材的全局，瞻前顾后，是极为有益的。

二、重视理解基础上掌握，循理入法，以理驭法

与重视数学概念教学相仿，以往关于运算教学的经验都非常重视算理教学“循理入法，以理驭法”，这一观点已被越来越多的研究者、教师认同。然而，又经常发现一些相悖的教学处理。

1. 算理教学的异化

主要表现为用不完全归纳替代算理教学。

案例 1－5　教学 120×40

目前流行以找规律的方式进行教学：

$$12\times 4=48$$

$$12\times 4\textcircled{0}=48\textcircled{0}$$

$$12\textcircled{0}\times 4\textcircled{0}=48\textcircled{0}\textcircled{0}$$

观察上面的式子，你有什么发现？根据你的发现再举出几组这样的算式，直接写出计算结果。

既然发现了规律、验证了规律，道理就不讲了，教学止于“知其然”。以为只要总结规律，会照样子算就行了。能否在此基础上让学生试着讲讲算理？怎么讲？有很多方式。比如：

已知 12×4＝48，看作 12 个一乘 4，得 48 个一是 48；

那么 120×4，看作 12 个十乘 4，得 48 个十是 480；

进而 120×40，看作十个 120×4，得 480 个十是 4800。

这种“拾级而上”的说理，其实是典型的数学“递推”。因为嫌麻烦而放弃这样的推理机会，岂不可惜。

如果从本班级学生实际水平出发，觉得初学时降低说理要求比较适宜，那么到学了乘法交换律、结合律，是不是就有机会回过头来补上算理解释呢？比如，

$$120\times 40=12\times 10\times 4\times 10=12\times 4\times 100。$$

可见，根据因数末尾 0 的个数补 0 的算法，或者说“规律”之所以成立，小学生也能依据数学原理加以推导。

这种非形式化（指不用字母表示一般的数）的演绎推理比较适合小学生，应当引起我们的重视。

为什么想不到“回过头来”的说理，除了单元思维的束缚，更主要的原因恐怕还是对“知其所以然”的重视不够。一个有力的证据就是五条运算律的教学，几乎清一色地盛行“发现规律→验证规律”的教学设计。

诚然，小学数学离不开合情推理，在不适合小学生演绎推理的场合，用合情推理来说理是可以的。问题在于，教师必须知道，合情推理无论是不完全归纳还是类比，又都叫作“或然推理”（可能对，也可能错）与“似真推理”（看上去像是真的）。合情推理常常有助于发现，但结论的确认还要靠演绎推理，这才是数学的精髓。因此，数学教学理应不失时机地引入适度的演绎推理。

2. 算理教学的泛化

伴随算理教学受到关注的另一个现象是说理的泛化。

比较典型的，那些不必或不宜说理的知识，前者如运算顺序的规定，后者如除数不能为 0 的规定，也在煞费苦心借助情境作出解释。

又如，10 以内的加减法，4＋3 为什么等于 7？引导学生用数的组成来说理。要知道，“因为 4 和 3 组成 7，所以 4＋3＝7”，实际上是“同语反复”，即“因为”与“所以”说的是同一事实，谁也没有说明谁。

有教师将这两种与数学实质相悖的现象，概括为“重视不该讲的，忽视应该讲的”，虽说不够准确，但也不无道理。透过这些现象，不得不承认算理教学的与时俱进并不尽如人意。至于《课标 2022 年版》强调算理“一致性”带来的新问题，将在后面展开讨论。

三、重视口算基本功的训练，持之以恒，适当拓展

重视口算训练，从简单整数运算的口算到简单小数、分数运算的口算，再到几何计算，甚至解方程、解比、解比例的简单口算，曾经是小学数学落实“双基”的常规举措之一。

自《课标实验稿》去除“运算能力”以来，各套教材都不同程度地削减了口算练习。

上海地区似乎是个例外。一方面，上海自己研制的数学课程标准始终坚持运算能力的培养；另一方面，与教材配套的“听算”磁带、光盘等一直供应至今。尤其是一、二年级取消书面回家作业之后，听算成了每天家庭数学练习的主要内容。“口算天天练”以新的方式延续了下来。

幸运的是，教学传统的强大惯性，使得各地绝大多数教师对于一位数加法

与相应的减法、对于表内乘除法的口算训练，从未松懈。

然而，后续中高年级的口算，似乎都被归入“过剩”的数学基础，处于若有若无状态。关于口算教学的其他问题，将在运算能力培养章节中进一步作出探讨。

四、重视运算错误的心理分析，对症下药

研究学生的学习错误，一向是数学教学研究的重要内容之一。在运算教学中，收集、分析学生的有关错误，目的是更加有效地防止、纠正错误。一般“防止”在先、“纠止”在后。

当下，“化错教学”引来不少专家、学者的好评。首先，将学生自然发生的而不是刻意挖陷阱造成的错误，视为不可多得的教学资源，加以充分利用，无疑是合理且可行的。其次，让学生经受挫折，自己从错误中走出来，也是极其有益的。

新冠病毒的肆虐，引起所有人关注医疗系统的防治举措。尽管教育与医疗是两个不同领域，但是借鉴我国传统中医“治未病”的理念，从源头上将错误消弭于无形，无疑是上策。客观地说，“防患未然”与“经受挫折”两方面兼顾，才是数学教育的正确选择。

从运算内容、学生心理等方面对运算错误作出分析，进而寻找对策，一直受到一线教师与部分研究者的重视，积累了丰富的经验，后续再作介绍。

五、重视激发学习数学的兴趣

这方面各地都有明显进步，特别是 2002 年第 24 届世界数学家大会在中国召开时，华裔数学大师陈省身先生为少年儿童题词“数学好玩”，极大鼓舞、提高了广大数学教师与学生对数学学习、数学应用的热情。

教师们对激发小学生的运算兴趣，动了很多脑筋，大多效果不错。

案例 1-6　扑克牌游戏

为让学生感受数学好玩，上海的一年级教师设计了一种名为“拖拉机”（凑十练习）的游戏。规则是用 1 到 9 的 36 张牌，打乱以后每人依次摸一张牌翻

开“接龙”。如果头尾两张能凑十，那么连同中间一起拿走，谁拿到的牌多谁就赢。

这个游戏的训练功能除了加速反应10以内数的组成，还兼带“凑十”思维的启蒙。例如，翻出8和2，立即反应组成10。而翻出8和7，则存在两种反应：一是8和2组成10，7比2大；二是7和3组成10，8比3大。这无疑是后续学习20以内进位加法的一种准备练习。

一次，甲翻出6，乙翻出7，不能凑10。甲又翻出9，乙翻出4，头尾6和4凑十，本可以四张都拖走。不料甲反应灵敏，趁乙犹豫之际马上翻一张压住：“谁叫你慢吞吞！”乙只能再翻一张，看到1马上说：“我知道可以拖的，你别动。”因为乙发现有两个9，他在思考到底怎么拖。甲有些不耐烦：“有什么好想的，肯定是拖上面那张9，拿走四张喽。”谁知乙说：“我偏不！”原来，乙虽然反应不快，但思维还是缜密的，他发现拖走两张以后4露出来了，接下去还可以弥补前面的遗憾把剩下四张全部拖走。（图1－7）

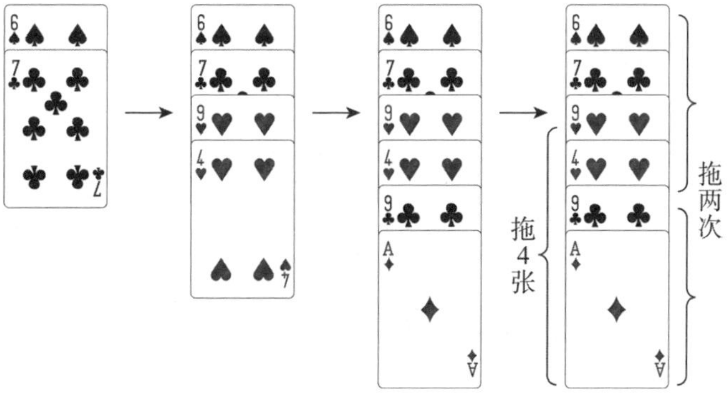

图1－7

看到这个片断，作为旁观者，一方面赞叹孩子们的思维，另一方面也感受到这个质朴的扑克牌游戏不仅能激发学生的练习兴趣，巩固凑十反应，为学习20以内进位加法做好铺垫，还具有一定的思维含量，能激活儿童的博弈机智。

六、重视良好运算习惯的培养

小学教育重视习惯培养已成传统，数学学科也不例外。除了一般的、泛学科的学习习惯，这里着重讨论两种与运算能力息息相关的习惯。

1. 运算审题习惯

运算之前，审视算式结构，注意数据特点，应该从小培养。

但是，长久以来，运算题的审题被一些过分强调的书写操作要求所遮蔽。最突出的是用尺画加减号、等号。大多数低年级数学教师上课时尺不离手，身先士卒，加号、减号、等号一概用尺画，同时要求学生也这么操作。

如此严格的操作规范，利少弊多。对书写工整提要求是应该的，但不是依赖工具，而应靠自觉，靠儿童手的握力、掌控力的自然锻炼和增长。

更为实质性的问题在于，儿童注意力分配的能力有限，让他们把注意力集中在笔与尺的协调动作上（初期并不容易），就无暇思考：我在对什么数进行什么运算？（运算对象的关注与理解）应该得到什么样的结果？（估算意识）这种喧宾夺主的严苛要求，以学生长远发展的眼光来审视，得不偿失。

2. 运算检验习惯

在数学学习习惯中，检验习惯的培养与研究也显得相对滞后。主要原因之一是侧重验算方法的教学。除了常规的根据交换律与逆运算关系进行验算之外，原来还有一些教师会在高年级教学“弃九验算法”。

所谓弃九验算法，主要用于多位整数、小数四则运算，是指用弃九数即一个整数或小数各位数字之和除以 9 的余数（也可以是 0），进行判断。实际上，求一个数的弃九数，只要把该数中的数字 9 以及相加为 9 的那些数字去掉，再把其他数字之和减去 9 或 9 的几倍就行了。例如，9345 中的 9、4、5 可以去掉，它的弃九数是 3。又如，467.83 中的 7、8、3 可以去掉，4＋6 的弃九数是 1。

验算时，先求出所有已知数的弃九数，再求弃九数的和或差、积（除法转化为乘法验算）的弃九数（如大于 9，则再去九），如果与运算结果的弃九数不相等，就说明运算有误。例如：

计算：（1） 3461＋1655－568＝4546　　　（2） 6.8×7.5×3.6＝183.6

　　　　　↓　　↓　　↓　　↓　　　　　　　　↓　　↓　　↓　　↓

弃九数验算：5 ＋ 8 － 1　　1　　　　　　　　5 × 3 × 0 ＝ 0

12 的弃九数是 3，3≠1

第（1）题弃九数运算两边不相等，表明计算肯定有错；第（2）题弃九数运算两边相等，只能说明可能对了，因为存在点错小数点或抄错数的情况，如183.6错抄成18.63，弃九数不变。所以，弃九验算法能发现错误，但不能确认正确。

因此，尽管弃九验算法历史悠久，传播广泛，具有方法简单、速度快的优点，但它的局限性同样明显。而且，它的原理（主要应用了同余性质）也不是小学生都能理解的，所以近年来很少采用。不过，在数学课外活动时作些介绍还是可取的。

培养验算能力的关键在于养成习惯。

例如，运算过程中，应该常回头看看，最后选用适当的方法检验结果是否正确。道理谁都懂，检验的重要性每一位教师也都认同，但在教学中却没有落实并持之以恒。

案例 1-7 四年级小数四则运算的复习课

下面计算结果是17.08的算式是（　　）。

A. 7.08+13.9　　B. 18.9−0.98　　C. 4.2×4.7

D. 2.8×6.06　　E. 42.7÷2.5

面对五道小数运算，学生的本能反应是“能不能不算，看一看，找一找”，亦即自发地想到了“排除法”。通过交流，学生发现，可以选用多种方法排除不正确的答案。比如：

A，利用估算，7加13已经20了，结果怎么会是17多一点呢；

B，18.9减1是17.9，0.98不到1，因此18.9−0.98的差应该大于17.9，等于17.08肯定错了；

C，多数学生用尾数分析的方法，4.2×4.7积的末尾是4，不是8；

D，积的尾数是8，但是两个因数有三位小数，积只有两位小数显然也不对；

最后只剩下E有可能，计算一下，结果确实是17.08。

题目集中呈现的设计，使学生受到很大触动，听课教师也深有感触，大家交口称赞，都说此题令人耳目一新。

群体“久违了”的感受，从一个侧面反映出运算检验教学的“稀缺”，折射出检验习惯的培养有待重视、改进。

以上，从六个方面对近年来的运算教学作了一些进退、得失的客观分析。

尽管不全面，但已经勾勒出多个侧面大致的真实状态，从中折射出较为系统地研究运算教学的现实必要性。同时，激励我们更加踏踏实实地对运算教学的方方面面展开更加深入的实践性探索。

第二章

运算教学的理论研究

本章围绕运算教学，侧重历史，观照当下，以理论走进实践的视角，阐述课程论与心理学的相关内容。

课程论方面，首先回答与教学实践密切相连的系列问题：运算教学内容的选择与编排有哪些历史的经验教训？内容选择有哪些制约因素，它们是怎样综合体现的？内容编排已经形成了哪些成熟、有效的中国特色？进而深入探讨数与运算螺旋上升的四个循环圈，以期帮助教师提升关于教材的感性认识，更加理性地审视教学内容、更加自如地驾驭教材。

心理学方面，首先是心理学有关运算教学的研究概述，然后是有关运算知识掌握过程与条件的理论，重点是早期与当代的学习迁移理论，以及认知技能形成理论。

最后，将“认知负荷理论”“样例学习理论”单列一节予以展开。这是认知心理学与学习理论贴近教学实践的新近发展与当下研究热点，教师可以从中领略心理学放下身段、放低姿态，为揭示学生学习与课堂教学“密码”展开实证研究的另一面。

第一节　运算教学的课程论研究

课程论是教育学的一门分支学科，它的研究领域主要是学校课程的设计、编制、实施和课程评价等方面的理论与实践。我国先秦以来的教育家已有不少相关的论述，但课程论作为一个正式的研究领域在我国还只有简短的历史。

在日常生活中，"课程"这个词的使用常与上什么课相关联。因此，课程最普遍的含义就是指教学内容。

本节主要基于课程设计的一般原理，探讨小学数学运算教学的内容选择、内容编排两方面的问题。

一、运算教学内容的选择

数学课程内容的选择，必须遵循两条基本原则，一是适应社会发展需要，具有前瞻性，二是符合儿童认知规律，具有可行性。两者并非天然合一。因此，概括为一句话，就是协调、处理好需要与可能之间的矛盾。

1. 处理需要与可能的历史考察

前面，我们回顾了小学数学运算教学目标、内容的历史嬗变，这里再就运算教学内容的选择如何协调需要与可能的关系，梳理历史的经验与教训。

清末，《奏定学堂章程》规定小学算术课教授"自谋生计"之必需知识，因此教学内容以计算为主，主要是各类数的加、减、乘、除四则运算。但由于当时的教材模仿国外教材，引进西方的笔算，强调算法忽视算理，运算的数据大且烦琐，因此寻常日用并不需要，"致学生囫囵吞枣，不知用法，常有学算一二年仍不能算家常账目者"[1]。

[1] 吴敏霞.清末民初教育转型弊端之研究[D].长沙：湖南师范大学，2008.

民国时期，“在内容选择上，低年级比较重视从儿童的经验和需要出发，高年级比较注重社会应用”。但存在“教‘升’不知升的大小。教‘尺’不知尺的长短”[1]等现象。

中华人民共和国成立后，运算教学内容的选择很长时期在需要与可能之间摇摆。

最初，百废待兴，教材只能“沿用应急”，即选择现成课本继续使用。

此后在全国学习苏联的总方针下，以苏联教科书为蓝本编写教材，内容选择出现很大偏差。一方面，六年所学算术知识相当于苏联小学四年的内容，分数、小数、百分数等没有出全，降低了小学算术的程度。而另一方面，口算要求偏高，应用题过于复杂，严重脱离我国的社会实际需要和儿童的接受能力。

至20世纪60年代初，才将初中算术逐步下放到小学。在运算教学方面，笔算与口算适当结合。例如，20以内加减法以口算为主，100以内加减法以笔算为主，结合笔算学习简单的口算。这一时期课程内容的缺点主要是程度偏高，增加一些并不十分必要的传统内容，有些计算和应用题又偏于繁难，不仅分量偏重，也偏离了学习基础的需要。

“文化大革命”期间，关注的是所谓的政治需要，根本不顾社会发展与学生发展的需要。

真正重视需要与可能的关系问题，妥善作出处理，始于1978年《全日制十年制学校小学数学教学大纲(试行草案)》。遵循邓小平同志关于教材要“按照中小学生所能接受的程度，用先进的科学知识充实中小学教育内容”的指示，选择学习现代科学技术所必需的数学基础知识作为教学内容。由此，采取“精简、增加、渗透”的策略，更新教学内容，既积极，又稳妥。就运算教学来说，从此开始了删减过繁的四则计算，繁难的应用题，繁杂的名数化法和聚法，以及珠算的历程。

在此基础上，20世纪80年代，人民教育出版社课程教材研究所会同中国教育学会数学教学研究会组织开展了“我国经济和社会的发展对数学基础知识和技能的需要的调查研究”。这是迄今为止最为大型的社会需求调研，涉及

[1] 魏佳.20世纪中国小学数学教科书内容的改革发展研究[D].重庆：西南大学，2009.

电子、机械、冶金、水电、航天、农林、财贸、交通、城建等16类行业近700名工程技术或业务管理人员，以及60多所高校300多个专业的负责人。同时还从全部21个类别的期刊中抽样76种，各取近半年共413期，对其中出现的数学知识进行统计，获得当时各行各业对数学知识的需求情况，为研制中小学数学教学大纲，选择、确定教学内容提供科学的依据。

在开展大规模需求端调研的同时，义务教育数学教学大纲研制组还以学生、教师、教研人员为对象，开展了学生学习与教师教学水平以及教师专业发展未来5年预期的调研，以增强“教学大纲”的可行性、执行力。

这两项持续两年的大型调查研究，为改革数学课程和教学内容提供了比较可靠的依据。由此作出内容精选与调整，包括整数、小数、分数四则运算进一步的删繁就简。如前所述，至《九年义务教育全日制小学数学教学大纲(试用修订版)》，基本上已将运算教学内容精简到了目前的状态。

2. 三方面的制约因素

遵循两条基本原则，处理好需要与可能的关系，归结为三方面的制约因素(图2-1)：

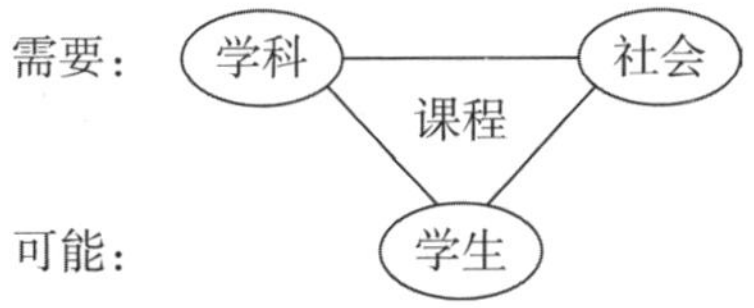

图2-1

(1) 学科制约因素。

学科对选择运算教学内容的制约因素，首先是相关数学知识的基本结构。布鲁纳认为：“不论我们选教什么学科，务必使学生理解该学科的基本结构。”[1]这种结构由基本概念、基本原理及其联系构成，它不仅“使得学科更容易理解”，而且还具有“再生的特性”，“是通向适当的‘训练迁移’的大道”。[2]各国数学课程研究者大多认同布鲁纳的这些观点。

其次是运算知识的应用结构。布鲁纳的基本结构理论只是从知识自身内

---

[1] 布鲁纳.教育过程[M].邵瑞珍，译.北京：文化教育出版社，1982：31.
[2] 布鲁纳.教育过程[M].邵瑞珍，译.北京：文化教育出版社，1982：41-42.

在联系与发展的角度，阐述了个体通过对概念、原理的理解而获得意义的重要性。然而，一个完整的认识过程还必须包括吸收知识之后的应用，况且知识的应用也是检验知识消化的重要手段。由此，给出小学数学学科运算知识及其应用的大体结构（图 2－2）：

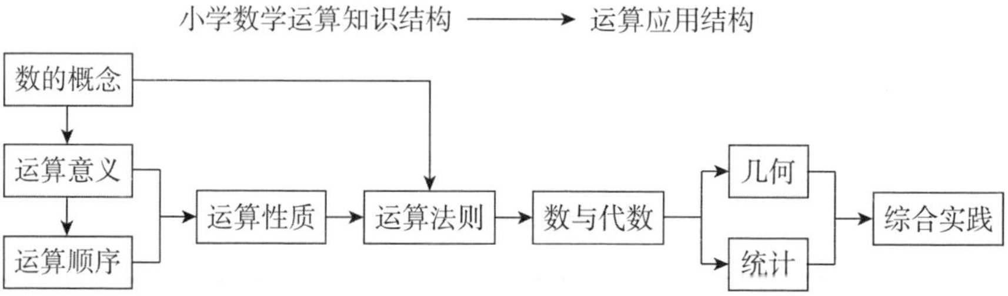

图 2－2

（2）社会制约因素。

社会制约因素比较广泛。其中，最为直接的，一是小学生继续学习乃至终身学习的需要，二是日常生活与未来从事工作的需要。

将继续学习的需要摆在首位，其实是社会发展的必然。一百多年前，清末小学堂开设算术课程的目标非常明确，只为满足“日用”和“自谋生计”之需，与农耕时代小农经济相适应。到如今知识迭代速度越来越快，谁都不可否认，为将来能获取新知识奠定基础要比当下能解决生活问题更重要。况且等待小学毕业生的不是就业，而是至少再继续学习六年，多数是十年。因此，为进一步学习打好基础理应优先考虑，过分强调生活应用需要，无异于倒退。

（3）学生制约因素。

在图 2－1 中，将“学生”置于倒三角的底部，意在形象地隐喻他们是弱势群体，面临来自学科需要、社会需要的双重压力。因此，根据各学段小学生的年龄特征，妥善协调需要与可能的矛盾，对于小学数学课程内容的选择、确定、编排都不可掉以轻心。

例如，从学科结构的视角看，数运算的应用在代数、几何、统计各领域中应该是并列关系，更进一步，又应当从数的运算到式的运算，然后应用于代数及其他若干分支（图 2－3）。

由此可见，图 2－2 中的运算应用结构，由“数与代数”到“几何”“统计”，看似“模糊”，其实更符合小学数学教学实际，有利于调和需要与可能的矛盾。

数的运算应用结构

图 2－3

一方面，考虑到小学生的思维尚处在由形象思维到抽象思维的过渡阶段，式的运算以渗透为宜，系统学习难度过大。“数与代数”是九年义务教育数学课程内容整体划分的领域名称，小学数学中的代数虽已不可或缺，但极其初步，主要是启蒙、孕伏。

另一方面，数的四则运算与日常生活本就有天然的紧密联系，因而运算知识的应用结构最初倾向基于小学生生活经验的数与代数领域中的运算应用，有利于调动、改造儿童自身的数学现实。这些原始的、自发的运算应用与其他有关经验，构成儿童原有认知结构中接纳运算知识的港湾。随着数学学习的进展，再迁移至数与代数之外的图形与几何、统计与概率、综合与实践领域。

必须看到，数学的应用结构具有广泛的现实空间，选择性构造的自由度很大。各式各样的日常生活、国家社会、科学场景，无论牵涉哪个数学内容领域，小学生能适应的，就用，难以适应的，就不用。

然而，运算的知识结构就不能随性而为了，一系列需要与可能的矛盾必须直面以对。

这里，仅阐述比较突出的两点。

其一，运算法则的导出，涉及运算顺序，回避不了的只能先行教学。

其二，运算法则的导出，本质上要依据运算律或其他运算性质的，则暂且不讲。

为便于理解，以一位数的进位加法与相应的退位减法（即 20 以内进位加法与退位减法）的具体实例，予以阐明。

案例 2－1　8＋7 与 15－8 的算法

先看运算顺序。计算 8＋7，所谓的“凑十法”需要用到连加，即 8＋7＝8＋2＋5。相应的减法，需要用到连减或加减混合运算，即 15－8＝15－5－3，或 15－8＝10－8＋5。因此，我们不得不在一年级上学期学生还在幼小过渡期时，就在10以内数的加减法单元插入连加、连减与加减混合两步运算的教学。由于不讲递等式，因此要求学生把第一步运算的结果记在头脑里，这是不得已为之。好在这里的运算都是从左往右的自然顺序，一线教师已经积累了大量的相关教学经验，足以引导一年级小学生顺利跨过这个坎。

再说运算性质(律)。仍以一位数进位加与相应的退位减为例：

8＋7＝8＋(2＋5)＝(8＋2)＋5，依据加法的结合律；

15－8＝15－(5＋3)＝15－5－3，依据减法的性质；

15－8＝(10＋5)－8＝10－8＋5，依据加减运算的性质。

这就不宜"硬着头皮"与儿童对着干了，只能降低理论的学术要求，避开运算性质(律)，启发学生从运算含义(加：合并；减：去掉)出发，凭借生活经验加以理解。

例如，将15－8转化为连减15－5－3的算法，学生是能够独立发现的。我们发现，当要学生从1捆(10根)和5根小棒中拿走8根时，多半是先拿走5根，然后打开一捆再拿走3根。作为教师，应该意识到这是学生自发地运用了减法的性质，理应给予肯定并引导他们将自发的行为自觉地应用于同类计算。

用小学数学教学的"行话"来说，叫作"用而不宣"，即悄悄地用，不明讲。可惜，这样的教学法专有语汇，已经濒临失传了。

(4) 学生制约因素的时代性。

三方面的制约因素都具有时代性，比较而言，学生制约因素的时代性众所周知，却常常被漠视。

随着社会的发展，儿童的认知水平也在外部环境的影响下发生变化。这就要求我们的研究必须更加深入，突破原有的思维定势，把握新时代儿童数学认知的最近发展区。请看一个实例。

试问：对于小学生来说，学习分数与初步认识负数，究竟哪个更难？

小学教学分数及其四则运算，似乎天经地义。而大面积教学负数的认识，在我国始于1978年，但不久即告夭折。直到2001年，才重新恢复负数的教学。

学界趋同的诠释：鉴于人类认识数学的历史，分数及其四则运算的出现远早于负数；在西方，直到16、17世纪，还有很多数学家不承认负数是数。例如，帕斯卡(Blaise Pascal)认为从 0 减去 4 是纯粹的胡说。帕斯卡的一位朋友提出一个有趣的说法来反对负数,他说,(−1):1=1:(−1),怎么可能较小数与较大数的比等于较大数与较小数的比呢?

如今 21 世纪的小学生,在学习负数前,他们的头脑里已有怎样的认知呢?让事实告诉我们。请看多年前的研究案例。

案例 2－2 关于负数的学情调研

上海市实验学校坚持了 30 多年的数学教育改革,低年级就引进负数。教学前的调研(个别访谈:你在哪里见过负数,你觉得负数表示什么意思)表明,一年级学生都已知道或听说过负数,他们对负数的解释,除了联系现实事物,很多孩子还说到了负数的数学意义(表 2－1)[1]:

表 2－1

解释编码	比 0 小	减法出现	正数相反	零下温度	电梯地下层	欠的量	地下部分	找零的钱
人数	21	10	2	5	7	6	2	1
占比	60%	29%	6%	14%	20%	17%	6%	3%

事实胜于雄辩,原来小学生对于负数并不陌生。他们源于生活中的所见所闻,已能对负数的数学意义作出自己的解读。这与目前负数认识的教学只讲引进负数的现实意义(表示相反意义的量),只字不提负数的数学意义,形成鲜明反差。事实上,小学生完全能理解负数是比 0 小的数;负数扩展了数的范围,“半根数轴”发展成完整数轴;有了负数,更小的数就能减更大的数。儿童能够也乐于接受这些数学的事实。

可见,教条主义地比照人类认识的发展顺序,实不足取;由历史上众多数学家排斥负数,类推小学生也会难以认同,并不成立。

原因很简单:现代社会负数应用相当广泛,儿童早期已有大量接触。数学史与数学教育(History and Pedagogy of Mathematics,简称 HPM)的研究应

[1] 曹培英,顾文.跨越断层,走出误区:小学数学深度学习教学研究[M].上海:上海教育出版社,2022:111.

当引以为鉴。

(5) 制约因素的综合性。

三方面的制约因素并非孤立，它们总是你中有我、我中有你地综合发生作用。这种综合性的学理不言而喻，重要的是教学实践中遇到问题时，应当自觉地结合起来全面分析。

案例 2-3 为什么求未知减数的错误率高于求未知加数

在问题解决的教学中，细心的教师发现，下面两题都是减法的应用，但学生理解题意、选择算法的困难程度却大相径庭。

① 妈妈买来 13 个梨和桃，梨有 6 个。桃有几个？

② 妈妈买来 13 个梨，还剩 6 个。吃了几个？

都是分与合的数量关系，难度差异从何而来？问题出现在学生身上，但原因在于学科。原来，这是由加减法教学起始阶段的运算情境所导致的。早在数的认识教学时，数的分与合(组成)就开始了加数与和的渗透(图 2-4)。引入加减法之后，直到一图四式(图 2-5)，整个加减运算教学的背景几乎都是总数与部分数的关系。

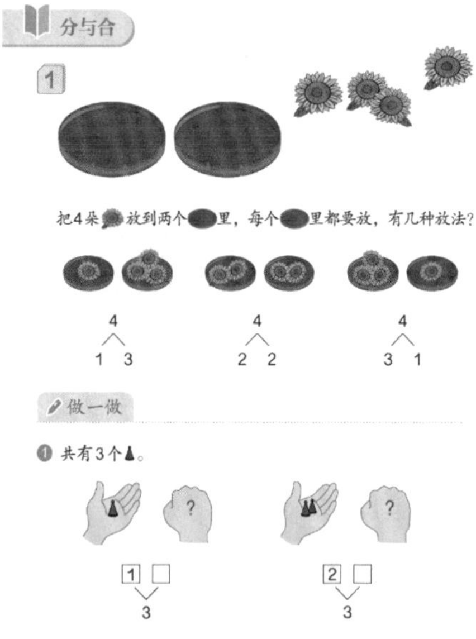

图 2-4

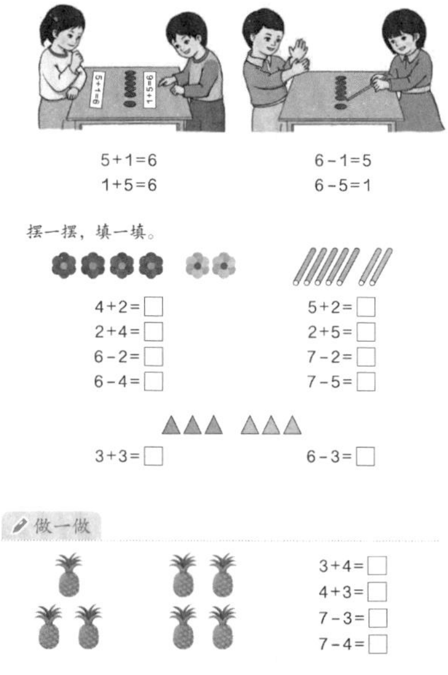

图 2-5

追根溯源，因为加与减结合学习以及练习的图示，直观效果最明显的是加数与和的关系。而且，即使单纯的减法情境，不加说明一眼就能看明白的图示也只能表现“去掉”与“剩下”（图 2－6）。

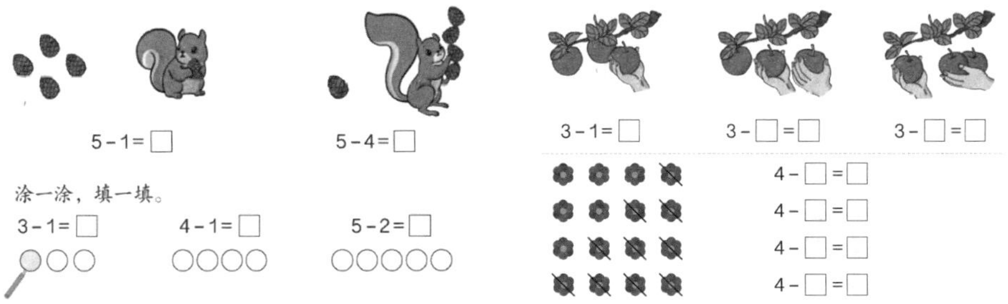

图 2－6

因此，加减数量关系中求加数的变式“求减数”、求和的变式“求被减数”，不应指望在数的认识与运算教学中予以呈现，这是数量关系教学的任务。

这个案例，在揭示学科、学生因素相关联的同时，也能启发我们认识到，运算教学与数量关系、问题解决的教学，既有天然的融合，又有各自不可替代的侧重。

3. 对教师钻研教材的启示

一线教师历来都相当看重教材的研读。随着从课时设计向单元设计的转变，加之大单元、大观念、大概念等一系列以“大”冠名理念的影响，解读教材结构也引起了重视。但存在一种认知偏差，以为教学内容是“课标”规定的，各套教材都不会“越雷池一步”，所以钻研教材结构就是搞清编排结构。殊不知，教材作为课程的重要物化载体，它的内容结构对于教师教什么、为什么要教，学生学什么、为什么要学，起着重要的主导作用。研究教材结构，首先应当弄清内容结构，特别是理解“为什么要在这里学习这个内容”。

例如，案例 2－1 揭示了一年级上学期教学连加、连减、加减两步运算实属无奈的真实理由。曾见过不明就里的教师，硬是将 10 以内数的加减两步运算的三个问题一一演绎成算法多样化。

案例 2－4　10 以内数的加减两步运算的算法多样化

以连加为例（图 2－7），非要学生说清楚三种算法：2＋3＋2；2＋2＋3；3＋2＝5，2＋5＝7（因还没学小括号，只能分步列式）。

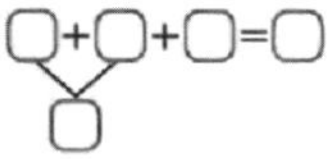

图 2-7

连减、加减混合也是如此。一节课，从头至尾都是师生对话，根本没时间巩固练习。

评课时，本课获得一致点赞"充分体现了课改的追求"。直到最后听了笔者对教材的分析，听课教师才开始觉悟，纷纷反思：要从教材体系结构中把握教学意图与分寸，算法多样化不该不分青红皂白一刀切；个别学生发现可以改变运算顺序应当肯定，但不宜作为一般要求，费尽全力让全班学生学会多种算法，加重不必要的学习负担。

话又说回来，如果个别班级学生 20 以内数的进位加、退位减都已掌握，按照教材本意教学实乃多余，那么节外生枝满足学生对智力挑战的渴望，不失为一种因材施教。显然，这是特例，超出了义务教育面向全体同龄学生的讨论范畴。

在"双减"政策落地的大背景下，诸如此类整班孩子清一色"有效"超前学习的现象，相信会大幅减少。

这个案例给我们的启示：

其一，小学数学教学内容的确定，既要看到学生不是一张白纸，又不能背离义务教育零起点的准则。

其二，教师可以不关心课标、教材确定教学内容的依据与论证，但通过弄清教材内容结构，了解内容的承前启后，进而明确教学内容的地位与作用，多侧面地认识"为什么要教"，却是十分必要的。因为同一内容，不同追求，有可能"南辕北辙"。

二、运算教学内容的编排

确定了教学内容之后，怎样合理编排，以便于学、便于教，也是一个兼具理论性与实践性的研究课题。

教材的编排结构是教师钻研教材时最关注的问题。不同的编排结构生成不同的教学进程，从而必然地影响教与学的效果。

1. 直线式与螺旋式

数学教材的编排有两种典型方式，即“直线式”与“螺旋式”（又叫作圆周式）。

所谓直线式，是指按逻辑上的前后联系将相关内容组织成内容链，犹如一条直线。它的优点是前面的内容后面基本不再重复教学，因而被认为是教学效率较高的教材编排方式，有利于学生有逻辑地思考学习内容。它的局限性在于知识本身的逻辑序列并不一定由易到难，由此常常给学习带来困难。典型的例证如四则运算，若按加、减、乘、除的顺序编排，则连续退位减法，尤其是被减数中间有 0 的连续退位减法，要比两个一位数相乘难得多。

由于目前的数学教材，四大领域的内容交错编排，因此直线式实际上已演变为“板块式”或者说“单元式”。

所谓螺旋式，是指同一内容在不同阶段、年级重复再现，逐步扩大知识面，逐步加大学习难度。它的优点在于前面的内容是后面再次学习该内容的基础，后面的内容是前面学习的扩展与深入，便于由易到难、由浅入深地展开教学。同时也符合人的认识规律，即认识难以一次完成、一步到位，需要多次反复、逐步深化。它的不足主要是对教材编者与教师的要求更高，不论是编还是用，都必须把握前后两次教学的实质性区别，依据广度、深度的递进，作出恰如其分的编写与教学处理。

如果说“直线式”是倾向“论理的”内容组织，那么“螺旋式”就是偏向“心理的”内容组织。更准确地说，“螺旋上升”是追求知识的逻辑序与儿童的认知序两者和谐统一的教材编排策略。

2. 内容编排的历史考察

一般认为，过去的教科书基本上采用直线式编排。但事实上，早在清末就有采用螺旋式编排体系的课本。例如，1904 年上海商务印书馆出版的《最新笔算教科书》（高小），四册内容依次为：十进以外诸名数—小数—分数—小数—比例—分数—比例—分厘法—利息—比例—利息[1]。

其中，小数、分数、利息分别螺旋两次，比例（正、反比例，合、分比例，混合比例）则螺旋了三次。因为传统的比例内容多且复杂，集中起来一次完成教学学生难以消化。

由此可见，学科特点与儿童特点共同决定了小学数学教材采取螺旋式编排方式具有毋庸置疑的合理性。

但是，如何适度螺旋上升却是一个实践性的研究课题。以整数及其四则运算的编排为例：

中华人民共和国成立后，我国第一套统一的教材片面学习苏联，低估儿童的发展水平，整数及其四则运算安排了七个循环：10 以内的数和口算加减，20 以内的数和口算四则，100 以内的数和口算四则，1000 以内的数和口算四则及笔算四则，百万以内的数和四则运算，多位数（十二位以内），整数和四则运算（第七个阶段安排在初中算术中）。实践表明，20 以内的数安排乘、除法，没有必要；忽视我国计数法的特点，生搬硬套学习国外，安排"千"的循环圈，缺乏实际意义。

之后的第二套教材，简化为 20 以内的数、100 以内的数、多位数和整数四次循环，但"多位数"阶段由三位数一下扩展到九位数，导致三年级就出现数学学习的两极分化，相当一部分学生难以形成明确的数概念。

从第三套全国通用教材起，整数及其四则运算的编排调整为 20 以内的数、100 以内的数、万以内的数、多位数四个循环圈。实践表明，效果较好，由此延续至今。

归因分析，其实很简单，我国采用四位分级法，学生建立了万以内（"个级"）数的认知结构，如"几千几百几十几"，万级、亿级数的认识就可以类推，如"几千几百几十几万""几千几百几十几亿"。即使万级、亿级数的认识分开教学，也没有必要将四则运算再循环两次，尤其是精简大数目计算之后，整数四则运算在万以内就能基本解决。

3. 螺旋式编排的合理设计

在螺旋上升的整体结构下，我国的小学数学教材，从译介到自编，从移植

---

[1] 魏佳.20 世纪中国小学数学教科书内容的改革与发展研究[D].重庆：西南大学，2009.

到创生，从学习“日本”、模仿“美国”、照搬“苏联”，再走向自主的“本土化”，不断改革，广泛实践，逐步形成了循环圈内一系列卓有成效的编排方式。例如，认数与计算结合，加与减、乘与除结合，学习计算与解决应用问题结合，几何的定性研究与定量研究结合，统计的数据收集、整理表达与解释应用结合，知识学习与综合实践结合，等等。

这些具有鲜明中国特色的教材编排策略，由于缺乏宣传，难免逐渐被淡忘，以致被误解、被扭曲。

例如，不知道“认数与计算结合”是我国的传统策略，以为将“数的认识”与“数的运算”合并为“数与运算”是一种结构化的创新。岂不知，课程改革历来都是与时俱进的渐变，在课程标准的文本中“剪刀加糨糊”将相关段落归到一起，只是表达一种意愿，它有导向作用，但可能出现误读。事实上，已有不少教师问：今后是不是数的认识与运算放在一个大单元里“一锅煮”？

我们的回答：重要的是数学思想的统领与基本概念的关联；饭只能一口一口地吃，单元过大利少弊多，教学的内容单元不能违背大小相宜的常识。

要想从“认数与计算结合”到“数与运算”，获得有意义的内涵发展，就必须走出“内容搬家”“小家变大家”的形式主义误区。反思目前的教材与教学，关于数与运算的经验教训，仅在一年级就有不少。

（1）从“数的组成”到“加减法运算”。

在小学数学教材中，“认数与运算结合”首次出现在 10 以内数的认识中，即通过直观与操作，教学数的组成（分与合），如 3 和 2 组成 5。

有个别教材中该单元不教数的组成，理由是 3 和 2 组成 5 与 3＋2＝5 是同语反复。这有一定道理，但适合接受了良好学前教育的孩子。

案例 2－5　“10 以内数的组成”认知价值分析

对于尚未摆脱扳手指数数的学生来说，数的认识教学通过操作学具和观察图示学习“组成”，在头脑中形成分与合的表象，运算教学再以数的组成为基础学习加减法，相当于“二次认识”，有利于他们以形象思维为中介，从动作思维进入抽象思维。

更重要的是，有了 3 和 2 组成 5 的表象，如○○○●●，可以解决 3＋2＝5、2＋3＝5、5－2＝3、5－3＝2 四道计算题，如同用一句乘法口诀算四道乘除法计算题。

下面,我们还将看到“认数与运算结合”,还内涵了中国小学数学教学的民族文化特色。

(2) 从“加减结合”到“想加算减”。

21世纪初课程改革启动之时,有学者认为,20以内数的退位减法“想加算减”(如计算 13－9＝?,想 9＋? ＝13)是数学家才能想到的算法。确实,对于不了解小学数学教学实际的人来说,很难想象一年级学生能这样思考。但若进入课堂,就会看到学生大多不用教师启发,就能自发想到。

案例 2－6　为什么儿童能像数学家那样思考

因为在这之前,5以内数的加与减、10以内数的加与减,都是放在一起教学的。同时还配有一系列的练习。例如,看图写算式的练习,从写出一个、两个加法算式,到写出一个、两个减法算式,再到写出两加、两减四个算式。这叫作“一图四式”。如今又简化为“一图三式”,理由是儿童书写速度较慢,加数交换位置的两个加法算式,只写其中的一个,有助于提高练习效率。

由此,学生头脑中加与减的关系不断得到强化,所以学习20以内数的退位减法时就不难产生联想。如果出示例题前先复习 9＋(　　)＝13,相当于搭建了思维的脚手架,想加算减就更自然了。

小学数学学习的真相、天使(甚至魔鬼)都在细节中。

(3) 11～20各数认识单元的加减法。

目前,多数教材在教学时,安排了10加几与相应减法(如 10＋5 与 15－5、15－10)的计算。这是典型的“认数与运算结合”的设计。因为 8＋7 的“凑十法”要用到 10＋5,15－7 的“破十法”要用到 15－5。

而且,对于一年级开设英语课的地区来说,还能让学生体会汉语读数的优势。

汉语:十一,十二,十三……

英语:eleven,twelve,thirteen……

学生只要不是“小和尚念经有口无心”,知道自己在读什么,“十、二”不就是 10＋2 嘛。

然而,不知从何时起,该单元中的加减法扩充了,出现了 15±3 之类的计算。考虑到一年级下学期100以内数的加减法单元,即将教学几十几加减一位数,这时十几加减一位数(不进位、不退位)就“沦为”无足轻重的特例,学生完全能不教自明,又何必提前教学呢?

三、重新认识“四个循环圈”

历经百余年的探索、改革,小学数学关于整数的课程设计定格在“四个循环圈”。但四圈的内涵、结构却少有论述,甚为遗憾,聊作弥补。

1. 20以内的数与运算

如前所述,从第二套全国统编教材起,20以内只学加减法。由此生成习惯说法“20以内的加减法”。仔细推敲,不如“一位数加法与相应减法”更确切。所谓“相应减法”,是指一位数加法的逆运算,如8+7的相应减法是15－7和15－8。两种名称的区别,后者剔除了15±3之类的加减法。换句话说,“一位数加法与相应减法”包括“10以内的加减法”与“20以内的进位加法、退位减法”。

众所周知,一位数加法与相应减法是计算任何多位数加减法都不可或缺的基本技能。例如,358±76,归结为8±6、5+7、15－7的计算。而15±3是20以内的加减法,但不是独立的计算基础,因为15±3归结为5±3的计算。

在实践中,由于教材出现了诸如15±3的内容(编者认为可以通过数数得出结果,因而是认数的辅助练习),致使很多教师以为必须使学生掌握11～20的所有加减法。

小学数学一年级严格遵循“最低限度”“必不可少”的内容精简原则,以利于幼小衔接,但也会招来误解与非议。

案例 2-7　小学数学第一册的“尴尬”

一位教育研究院的资深领导,曾在报告中讲述了去小学听数学课的一个发现:课题是“11～20各数的认识”,新授后进行练习,教师要求学生把课本翻到第79页,只见所有孩子一下就翻到了那一页。课后不禁问道:学生已经认识79,为什么11到20这十个数还要如此细致地教学?只教到20却要出现79,怎样解决这一矛盾?作为领导,本意是提醒在场教师与教研员对此展开研究,能否突破认数范围,以免教育落后学生的发展。没想到,陪同听课的教研员事后“献计”:课前让学生把铅笔夹在练习16处,课堂上改说“把课本翻到夹铅笔的地方”,就能彻底回避说到 79。引起会场哄堂大笑。

数学教研员关注内容的逻辑顺序,忌讳后续教学的知识提前出现,情有可原,但“夹铅笔”的对策实不足取。

直面质疑,本可理直气壮地回答:学生知道 79,与学习 11~20 各数是两回事,并无冲突、矛盾。如同小学语文,学生能认、能读的字,一概不教行吗? 数学教师都知晓,在 1~9 的基础上教学 10 涉及整数的位值与十进制,是学生数学认知的一个关节点。同样,教学 11~20 也是认识十进制数必须经历的步骤。辅导学龄前儿童的经验告诉我们,即便聪慧的孩子知道了 11、12,也只能以此类推数到 19。下一个数是多少? 只有个别儿童能自主创造“十十”。

无须讳言,小学新生认识两三位数并不稀奇,可是一年级整个上学期,认数只学到 20,虽说不尽合理,让局外人觉得“尴尬”,但教材编者与教师应该厘清其中的学理。

此外,运算的引出,需要联系现实或童话形式的虚拟现实;进而运算的应用,即应用加减一步运算解决简单实际问题,也是这一圈内必须展开的学习内容。能够正确翻到“第 79 页”的孩子,仍有必要经历“认数—运算—应用”的系统学习过程。

2. 100 以内的数与运算

100 以内,加减乘除都学。重点无疑是一位数乘法和相应的除法,即表内乘除法。“表内乘除法”是一个没有歧义的说法,除法仅指一位数乘法相应的除法,如 36÷4 和 36÷9 是 4×9 的相应除法,不包括 36÷3 等 100 以内数的除法。众所周知,表内乘除法是任何多位数乘除法都不可或缺的基础运算。

这一圈内的加减法限于两位数加减两位数(和不超过 100),一般只涉及一次进位、一次退位。同时也为学习表内乘除法提供了同数连加、连减,以及乘加、乘减的基础。前者用于乘法口诀的导出,后者用于乘法口诀的递推。例如,8×5+8,8×5−8,旨在由便于记忆的五八四十推出六八四十八、四八三十二。

显然,乘除法的应用,即应用乘除一步运算解决简单实际问题,也是本循环圈的一项重点学习内容。

至于在百以内加减法单元,教学连加、连减、加减混合运算,应适可而止,不宜过度展开。

案例 2-8　加减两步运算教学的反思

如前分析，在一年级上学期教学连加、连减与加减两步运算，是为了满足学习 20 以内进位加、退位减的需要，不得不学。那么，二年级上学期再次学习连加、连减、加减混合，而且以教学竖式为重点，其必要性存疑。

百以内的加减法，口算、笔算都学了，运算顺序无非是从左到右依次计算，学生也会了，再设置 3 或 4 道例题，穷尽竖式书写的各种变式，实在是折腾师生。以 39＋16＋28 为例，有三种书写形式：

(1) $\begin{array}{r} 39 \\ +\ 16 \\ \hline 55 \end{array}$　$\begin{array}{r} 55 \\ +\ 28 \\ \hline 83 \end{array}$　(2) $\begin{array}{r} 39 \\ +\ 16 \\ \hline 55 \\ +\ 28 \\ \hline 83 \end{array}$　(3) $\begin{array}{r} 39 \\ 16 \\ +\ 28 \\ \hline 83 \end{array}$

过去，因为要学习三位数乘三位数的乘法笔算，所以三个数连加的竖式还有存在的理由。现在，乘法笔算精简了，这一折腾却被贴上“算法多样化”的标签，仍在耗费师生的时间与精力。

部分教师还进一步在教材例题侧重竖式的基础上，引导学生区分计算方式选择的四种情况：

(1) 第一步可以口算，如 23＋42－38；

(2) 第二步可以口算，如 23＋49－32；

(3) 两步都可以口算，如 23＋42－32；

(4) 两步都要笔算，如 23＋49－38。

当然，如此展开，一一交代，反复练习，付出总有回报。但选择口算或笔算，还是因人而异为好。事实上，口算能力强的学生，百以内的加减一概口算也没问题。而且这里的两步算式只写一个等号与最后得数，一再强化，反而给后面学习递等式运算带来了负迁移。这样的内容即便彻底删去，对后继学习并无大碍。

一旦内容成了形式的奴仆，内容也就可有可无了。

此外，还有必要记取的教训是，在《课标实验稿》中，一至三年级(当时为第一学段)的口算只要求“能熟练地口算 20 以内的加减法和表内乘除法，会口算百以内的加减法”，遗漏了一位数乘两位数的口算。这就给后续学习除法笔算造成了困难。因为除数是两位数的除法，任何一次试商都必须完成一位数乘

两位数的口算。这一失误，在《课标 2011 年版》中得到了纠正，相应的教学要求改为："能熟练地口算 20 以内的加减法和表内乘除法，能口算简单的百以内的加减法和一位数乘除两位数。"遗憾的是，《课标 2022 年版》又重蹈覆辙，删去了"一位数乘除两位数"的口算要求。

3. 万以内的数与运算

万以内，加减乘除都学。加减法教学的重点与难点都是连续进位、连续退位。乘除法则从表内到两三位数乘、除以一位数，再到两三位数乘、除以两位数。曾经集中在三年级完成（五年制小学），成为数学学习成绩出现"马鞍形"的主要原因之一。现已趋于合理，分布在三年级和四年级上学期。

问题在于四则运算的应用。过去的教学大纲，每个年级教学哪些应用题都有明确规定，现在的课程标准，从"实验稿"到"2022 年版"，都语焉不详。于是，各套教材自己做主，大多延续大纲年代的主要内容，但又显得"名不正言不顺"。以致一线教师更加"说不清道不明"，反正教材有什么例题就教什么，有什么习题就练什么。

跳出来看，在前两循环圈基本解决了加减乘除一步运算应用的基础上，本循环圈应重点解决两步运算的应用问题。

4. 多位数与运算

这是整数及其运算的最后一个循环圈，主要任务是将非负整数的认识扩展至亿级，同时对四则运算的意义、运算顺序、运算律与性质等加以总结，亦即在前面三圈所获感性认识的基础上概括、提升为明言知识。

同时，还应重点教学应用三步运算解决简单实际问题。

四个循环圈数与运算及其应用认知的螺旋上升可图示如下（图 2－8）：

图 2－8

由此不难发现,《课标 2022 年版》的“结构化整合”将数与代数领域的内容归并为数与运算、数量关系两个主题,并非理想的划分、统整方式。其优点是加强了数的认识与运算的关联,缺点是割裂了数的运算与数量关系即运算应用的联系。

事实上,只考虑数与运算的沟通及其形式化解释(如将四则运算统一解释为计数单位的运算),并不切合小学教学实际;我国小学数学教材编排改革的历史积淀“数与运算及其应用三位一体”,更能凸显数与代数领域趋于优化的课程教学结构。

第二节　运算教学的心理学研究

一般认为,1976 年第三届国际数学教育大会上成立的国际数学教育心理学小组(简称 PME),标志着数学教育心理学成为数学教育研究的一个新分支。

但心理学界关注数学学习,则由来已久。近代认知发展研究先驱皮亚杰(Jean Piaget)的大部分实验研究,都指向了数与量方面基础概念的自然发生。

在我国,早在 20 世纪 60 年代,就有不少心理学工作者对学龄前儿童与小学生的数概念的形成和发展,作了不少定量的实验研究。“文化大革命”结束后,更是在全国范围内开展了较大规模的“3～12 岁儿童数概念和运算能力发展”的协作研究(采样的 12 个地区总人口约占全国总人口的 90%以上)[1]。当时,国际上的数学教育心理学(Psychology of Mathematics Education,简称 PME)还未传入国内。

因此,尽管当下数学教育心理学,如同教育心理学、教学心理学、学与教的心理学等,似有被数学学习理论取代之势,本节还是称之为“心理学研究”。事

[1] 刘范.中国现时的发展心理学——兼谈中国 3—12 岁儿童数概念和运算能力的发展[J].心理学报,1981,(02):117-123.

实上，直到今天，国内的 PME 仍然未成气候，与数学教育相关的心理学研究，依旧是心理学研究者的成果远胜于 PME 研究者。

一、运算教学心理学研究的概况

通常，心理学为研究儿童认知结构、儿童的思维，往往以数学的概念、问题为载体。类似地，心理学视域中的数学运算，常常包括数学推理与问题解决。

例如，“国内 7～12 岁儿童数学概念和运算能力发展研究”测试项目中的一题：

一个数的$\frac{1}{2}$等于这个数减去 0.5，求这个数。

按《课标 2022 年版》的内容划分，本题属于典型的“数量关系”，而非“数与运算”。该研究报告披露：解答时部分高年级小学儿童自发绘出两条等长的平行线段，一上一下，两端对齐，在一条上分出一半，标以$\frac{1}{2}$，在另一条上也分出一半，标以 0.5，由此看出线段的$\frac{1}{2}$等于 0.5，从而推断出这个数是 1。[1]

又如，我国著名心理学家林崇德教授关于“小学儿童数概念与运算能力发展的研究”，“研究范围包括各种各类式题与应用题，内容分为十个方面”，除了数与运算，还包括“归纳问题，演绎问题，认识图形及其演算，确定可能性，假设推理与解答问题”[2]。该研究从三方面给出结果与分析：一是小学儿童数概括能力的发展，二是小学儿童掌握数概念和运算能力中思维结构的发展，三是小学儿童思维的智力品质的差异及其发展。

可见，“数概念与运算能力”实际上是整个小学数学的代名词。研究的目的旨在实证“小学儿童掌握数概念和运算能力，整个思维水平，思维结构和思维的智力品质等方面的发展，都存在着年龄特征和关键年龄，都表现出年龄特征的稳定性与可变性的统一。作用于这个年龄特征发展的决定因素是教育，合理适当的教育条件能挖掘小学儿童能力发展的巨大潜力。因此，选择积极

[1] 刘范，吕静，沈家鲜，等.国内十个地区 7～12 岁儿童数学概念和运算能力发展的初步研究[J].心理学报 1981，(02)：135－149.

[2] 林崇德.小学儿童数概念与运算能力发展的研究[J].心理学报，1981，(03)：289－298.

的教育措施有着十分重要的意义”[1]。

国外的相关研究同样存在宽泛现象。特别是“认知心理学的研究并不直接涉及教的过程，也不直接涉及数学课程方面的讨论，而是专注于认知过程。这就构成了它与传统数学教育研究，特别是国内数学教育研究的一个重要差别”[2]。通常，各学派心理学研究的旨趣，大多指向儿童的数学认知结构、数学思维，较少针对数值运算具体内容的学与教，展开具有教学法意义的心理分析。

二、学生掌握运算法则的过程与条件

专门针对四则运算法则学习的心理学研究不多，但可供借鉴的心理学理论倒有不少。例如，概念学习的两种主要方式（概念形成与概念同化），命题学习的三种基本形式（上位学习、下位学习、并列学习），适用于掌握运算法则的认知过程与条件分析。此外，学习迁移理论、认知技能形成理论以及样例学习理论也能为运算教学提供一系列有益的指导。

1. 概念形成与概念同化

小学生认识四则运算的意义，通常采取概念形成的学习方式。例如，首次引进加法（图 2－9）。

从一定的具体例子出发，以学生的感性经验为基础，建立表象，获得初步认识，以后再以归纳方式抽象概括概念本质属性。

概念同化是从学生认知结构中原有的概念出发，以定义或描述的方式揭示概念本质属性。也就是以间接经验为基础，利用已掌握的概念学习新概念的过程。

例如，由“因数”概念出发，发现几个数有共同的因数，引进“公因数”；再由一个数的因数个数有限，其中必有一个最大的因数，推出几个数的公因数中也必有一个最大的，从而引出“最大公因数”。这就使“因数→公因数→最大公因

[1] 林崇德.小学儿童数概念与运算能力发展的研究[J].心理学报，1981，(03)：289－298.
[2] 谢明初，朱新明.认知心理学视角下的数学教育[J].数学教育学报，2007，(01)：12－16.

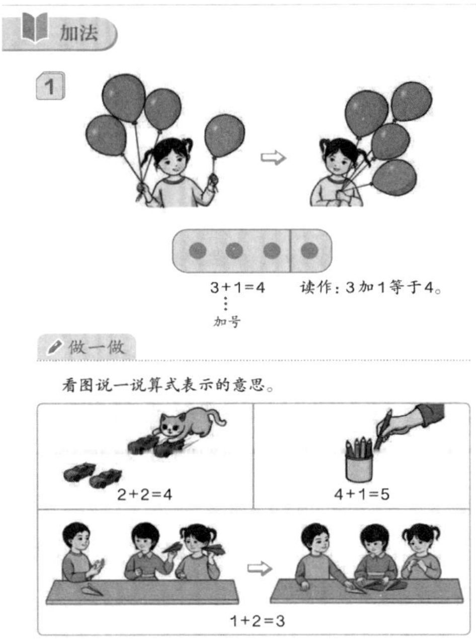

图 2－9

数”三个概念前后贯通，纳入数的整除概念系统。

在小学数学教学中，一直是以概念形成为主，概念同化为辅。但在奥苏贝尔(David Pawl Ausubel)看来，“儿童一旦达到学龄期，概念同化就逐渐成为概念习得的主要方式……这也就是学校之所以要存在的理由”[1]。

其实，奥苏贝尔的“同化论”是对“有意义学习”而言的，“在所要学的新材料和现有的认知结构之间发生的相互作用的结果就是旧意义对新意义的同化”[2]，并不仅指概念同化。而且，奥苏贝尔扩大了“同化”一词的内涵，将皮亚杰讲的“顺应”(个体调整自己的认知结构或行为模式，以适应刺激变化的过程)的含义也纳入“同化”一词。

2. 上位学习、下位学习与并列学习

学生获取运算知识的过程，与其他数学知识的学习一样，是新知识与他们

[1] 奥苏贝尔.教育心理学——认知观点[M].余星南，宋钧，译.北京：人民教育出版社，1994：131－132.

[2] 奥苏贝尔.教育心理学——认知观点[M].余星南，宋钧，译.北京：人民教育出版社，1994：78.

头脑中原有的认知结构相互作用,引起认知结构变化的过程。作用与变化的内在机制,受新旧知识相互关系的制约。这种相互关系,也就是新旧知识在数学知识体系中的相对位置关系。认知心理学将其划分出三种主要类型。

上位关系:当新学内容的概括水平或包容程度高于相关旧知识时,它们的关系称为上位关系。

下位关系:当新学内容的概括水平或包容程度低于相关旧知识时,它们的关系称为下位关系。下位关系又可进一步分为以下两类。

派生类属:即新学习内容仅仅是学生已有的、包容面较广知识的一个例证,或是能从已有命题中直接推演出来的。

相关类属:即新学习内容的纳入可以扩展、修正或限定学生的已有知识,并使其精确化。

简单地说,新旧知识间的上位、下位关系就是知识之间包含或者被包含的关系。

并列关系:当新学内容与学生已有的知识既不产生下位关系,又不产生上位关系时,它们之间可能存在组合关系。

这三种关系揭示了数学学习不同的外部条件(知识客体之间的关系)和内部条件(认知主体头脑中原有的认知结构),使得新旧知识相互作用的过程和结果出现不同。用今天的眼光来看,反映了外因是变化的条件、内因是变化的依据之辩证思想。

上位学习,也称总括学习,是指利用新旧知识间的上位关系,获取新知识的学习形式与过程。所谓概念形成,实质上就是一种上位学习。

下位学习,也称类属学习,是指利用新旧知识间的下位关系,获取新知识的学习形式与过程。所谓概念同化,实质上就是一种下位学习。

并列学习,也称并列结合学习或并列组合学习,是指利用新旧知识间的并列关系,获取新知识的学习形式与过程。

案例 2-9 三类学习的实例

以笔算乘、除法的学习为例(图 2-10)。

显然,多位数乘两位数包含了多位数乘一位数。因此,在掌握了多位数乘一位数的基础上,学习多位数乘两位数是典型的上位学习。同样是在掌握了多位数乘一位数的基础上,学习多位数除以一位数,则是典型的并列学习。

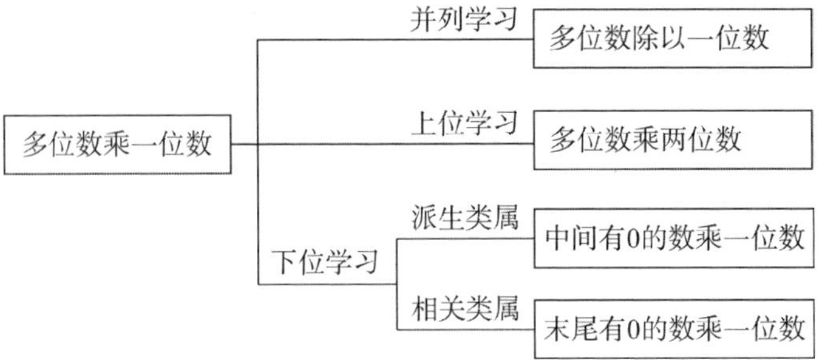

图 2－10

而在掌握了多位数乘一位数与“0和任何数相乘都得0”的基础上，学习中间有0的数乘一位数，可以直接类推（图2－11），是派生类属下位学习；学习末尾有0的数乘一位数，则还生成了简便书写的竖式（图2－12），即扩展了原有运算法则，因此是相关类属的下位学习。

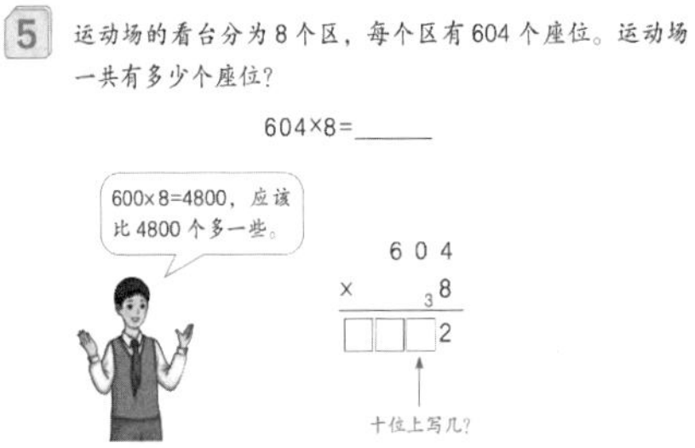

图 2－11

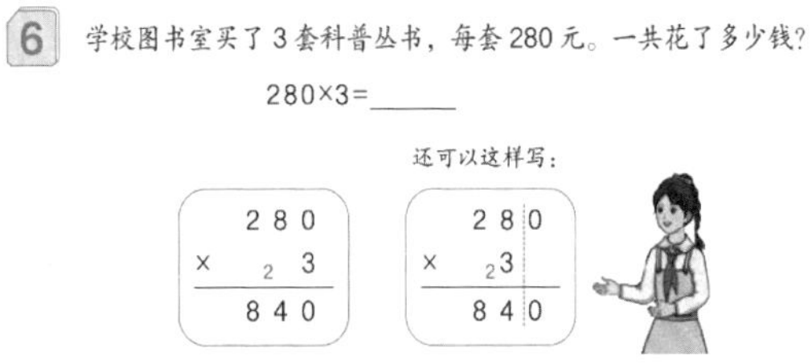

图 2－12

了解心理学这方面的理论，有助于我们更为精准地把握新旧知识内在联系的差异，有的放矢地基于学生已有的认知结构施行新知识的教学。

一般地说，上位、下位与并列是相对的，而不是绝对的。

例如，小数加减法与整数加减法，可以看作并列关系，但“数位对齐、低位算起、满十进一或退一作十”，却是典型的上位知识。诸如此类具有相当程度概括性的基本原理，是学习迁移的最佳认知基础。

3. 学习迁移理论

一般地说，迁移就是一种学习对另一种学习的影响，也包括运用所学知识技能去解决新情境下的问题。

（1）学习迁移的分类。

因为学习是一个连续的过程，所以前后学习间的相互影响具有普遍性。

由此，学习迁移除了根据效果分为正迁移（一种学习对另一种学习产生积极影响）、负迁移（消极影响），还可以按方向分为顺向迁移（先前学习影响后续学习）、逆向迁移（后继学习影响先前学习）；按学习领域分为认知的迁移、技能的迁移、情感态度的迁移；按学习内容分为知识的迁移、问题解决的迁移；按发生水平分为横向迁移（相同水平层面的迁移）、纵向迁移（低水平与高水平之间的迁移）[1]；按后继影响的间隔长短分为近迁移、远迁移。

此外，根据迁移的内在心理机制，把迁移分为同化性迁移（不改变原有认知结构，直接将原有认知经验应用于本质特征相同的事物）、顺应性迁移（调整原有经验，概括新旧经验，形成新的认知结构，以适应外界的变化）与重组性迁移（重新组合原认知结构中某些要素或成分，建立新的联系，以应用于新的问题情境）。

案例 2－10　学习迁移的实例

以分数乘法为例（图 2－13）[2]。

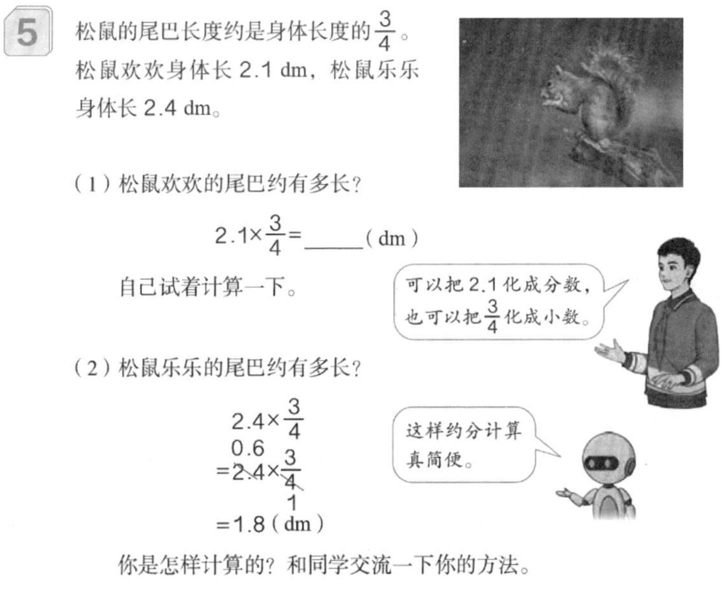
5　松鼠的尾巴长度约是身体长度的$\frac{3}{4}$。松鼠欢欢身体长 2.1 dm，松鼠乐乐身体长 2.4 dm。

（1）松鼠欢欢的尾巴约有多长？

$2.1\times\frac{3}{4}=$______（dm）

自己试着计算一下。

（2）松鼠乐乐的尾巴约有多长？

$2.4\times\frac{3}{4}$

$=\overset{0.6}{\cancel{2.4}}\times\frac{3}{\underset{1}{\cancel{4}}}$

$=1.8$（dm）

你是怎样计算的？和同学交流一下你的方法。

图 2－13

[1] 吴庆麟，等.认知教学心理学[M].上海：上海科学技术出版社，2000：209－211.

[2] 人民教育出版社，课程教材研究所，小学数学教材编委会.义务教育教科书·数学（六年级上册）[M].北京：人民教育出版社，2022：8.

在掌握了小数乘法、分数乘法的基础上学习分数与小数的乘法，是典型的顺向迁移，同时兼有认知迁移与运算技能迁移。例 5(1)采取的策略是统一数的形式，原认知结构、认知水平并未变化，因而是同化迁移、横向迁移。例 5(2)采取直接约分的策略则属于纵向迁移(灵活运用约分，水平有所提高)、重组性迁移(分数乘法综合了小数除法)。

师：为什么 2.4 可以和分母直接约分？

生 1：因为整数可以看作分母是 1 的分数，我想小数也可以看作分母是 1 的分数，1 分之 2.4，2.4 相当于分子。

生 2：也可以根据分数乘整数的法则，把 2.4 乘分子，得到$\frac{7.2}{4}$，再根据分数的基本性质化简，$\frac{7.2}{4}=\frac{72}{40}=\frac{9}{5}$。

这样的说理，在前面教学例 4 时就已出现：

$$\frac{9}{10}\times30=\frac{9}{\cancel{10}}\times\overset{3}{\cancel{30}}=27。$$

为什么整数 30 可以直接和分母 10 约分，学生的说理，一是把 30 看作分母是 1 的分数，二是引用分数乘整数的法则(整数和分子相乘)。

这里，学生的两种说理看似依据相同，但实质已经突破了分数原本的概念系统，将分子的取值从整数扩展为小数(相当于分子或分母是分数的“繁分数”)，可归为纵向迁移。

而后，有学生受到第(2)小题的启发，提出挑战课本的想法，第(1)小题的 2.1 也可以直接和分母约分，或者直接乘分子再化简：

$$2.1\times\frac{3}{4}=\overset{0.525}{\cancel{2.1}}\times\frac{3}{\cancel{4}}=1.575；2.1\times\frac{3}{4}=\frac{6.3}{4}=\frac{63}{40}。$$

有学生由此联想小数乘法 2.1×0.75，转化为分数乘法，可以约分使运算简便。显然，这是典型的逆向迁移(由分数乘法回到小数乘法)、顺应性迁移(原有认知结构得到了新的扩充)。其中也内涵了元认知的迁移，即自觉地审视小数与分数分母是否可约，小数与分子相乘的后续运算是否可行。

似有必要指出，各种维度的分类是理论研究趋于深入、细致的需要。在实际教学中，重点关注迁移的正、负与顺、逆，通常也就可以了。

（2）早期的学习迁移理论。

历史地看，我国古代先哲早就关注到了学习的迁移现象，脍炙人口的“举一反三”“触类旁通”“温故知新”以及“闻一知十”“一通百通”等，都是迁移的意思。

真正对学习迁移进行系统的理论研究始于近代心理学。

以格式塔心理学创始人德国心理学家沃尔夫冈·柯勒（Wolfgang Kohler）为代表的“形式训练说”，认为“心智”可以如同肌肉那样通过训练得到加强，且能无条件广泛迁移至各学科领域。因此，像拉丁文、数学、逻辑学这样难记、难学的课程就被视为训练心智的最佳材料。迁移是学习者突然发现两个学习经验之间关系即顿悟的结果。

以联结主义心理学和教育心理学体系创始人美国心理学家，爱德华·李·桑代克（Edward Lee Thorndike）为代表的“共同要素说”，通过一系列实验证明形式训练不成立，进而认为迁移的条件是两项学习任务之间有相同的元素，由此生成共同的刺激—反应联结，即 S-R 联结。与“顿悟”相对，认为迁移是学习者“试误”的结果。桑代克还提出了练习律和效果律等学习定律。

如果说形式训练说过于相信心智迁移的一般性，那么共同要素说则过于强调联结的特殊性，同样失之偏颇。在美国，还有机能主义心理学认为迁移发生的关键在于学习者能否在两种活动中概括出它们的共同原理，即迁移的“经验类化说”。

案例 2-11 试误、顿悟与经验类化的实例

让学生计算两位数乘 11：23×11、45×11、62×11。学生发现积的规律是“把两位数分开写，中间写两位数两个数字的和”。教师概括为“两边一拉，中间相加”。

而后练习 36×11、64×11、89×11，学生发现“中间相加”有可能满十或超过十，要向百位进一。于是，补充教师的概括为“两边一拉，中间相加，满十进一”。

显然，这是学生经过“试误”获得了“顿悟”。

以此为基础，探究多位数乘法计算规律：

11×11＝121

111×111＝12321

1111×1111＝1234321

……

11111111×11111111＝？

111111111×111111111＝？

一般学生都能在组成因数的1的个数小于10范围内实现“经验类化”，写出最后两题的正确答案123456787654321，12345678987654321。

可见，即便是早期的学习迁移理论，并未完全过时，仍然具有一定的解释力，甚至可能在同一内容的学习中先后出现。

（3）当代的学习迁移理论。

当代心理学的学习迁移研究，小学数学教师最为熟悉的，当数以奥苏贝尔为代表的“认知结构迁移理论”。该理论认为影响新知识学习的主要变量是学生头脑中原有认知结构的三个特征。

可利用性：即原有认知结构中是否具有吸纳新知识的相关知识与观念。良好认知结构的第一个重要特征就是已有知识的概括性与包容性。知识的概括水平越高、包容范围越广，就越有助于迁移的发生。

可辨别性：指相关旧知识与新知识异同的清晰性。学生面对新的学习任务时，能否分辨新旧知识的联系与区别，常常是接受、理解新知识的关键。

稳固性：指已学知识的掌握程度。毫无疑问，原有知识越巩固，就越有利于消化新知识。反之，则可能产生干扰。

对善于反思、总结教学行为得失的数学教师来讲，认知结构这三个特征变量的描述及其意义都是不言自明的“经验性常识”。心理学理论的提炼与确认，有利于我们更加珍视、更加自觉地传承和发扬教学经验。

可以认为，“为迁移而教”的实质就在于塑造良好的认知结构。

此外，还有针对认知技能迁移的产生式迁移理论，针对认知策略的元认知迁移理论。前者认为新旧技能的产生式重叠越多，迁移量越大；后者认为个体对认知过程的监控、调节和协调也能迁移。案例2－10的最后一段描述，提供了这两种理论的例证：分数乘法联想到小数乘法（产生式重叠），笔算题动笔前提醒自己观察数据特点，选择合适的运算方法（认知过程的监控、观察与决策的协调）。同时也反映出产生式迁移、元认知迁移的积极效应。

从某种意义上讲，“产生式迁移理论”是现代版的“共同要素说”，“元认知迁移理论”是“心智训练”与“经验类化说”的综合发展。

值得一提的是，我国学者针对“共同要素说”的不足提出了“迁移的四因素理论”：两种技能之间是否存在迁移，受到过程性知识之间的关系、对陈述性知识的精细加工、对过程性知识的精细加工、被试认知能力（先前知识、认知水平、元认知水平等）四个因素的综合影响。

显然，这是一种更趋完善的理论解释。

下面我们将会看到，认知心理学的其他理论都离不开学习迁移理论的基础。

三、认知技能形成理论

所谓技能，一般认为是通过练习形成的合乎规则的活动方式。通常分为操作技能和认知技能。后者又称心智技能、智力技能、智慧技能。它是一种借助内部语言在人脑中进行的认知活动方式。认知技能又可分为一般的和专门的两大类。一般的认知技能如观察技能、分析问题和解决问题的技能等；专门的认知技能如阅读技能、运算技能等。

这里简要介绍几种较为经典的认知技能形成理论。

1. 加里培林五阶段理论

苏联心理学家加里培林（Pyotr Yakovlevich Halperin）等人，从维果茨基（Lev Vygotsky）人类心理本性的社会、历史主义观点与心理活动内化说等理论出发，于20世纪50年代对智力活动的本质及其形成进行了一系列的实验研究，创立了认知技能按阶段形成理论。加里培林认为认知技能的形成是外部物质活动向知觉、表象和概念转化的结果，其转化过程是通过五个阶段完成的：

①定向（认知准备）阶段，②物质或物质化活动阶段，③有声言语阶段，④无声“外部”言语阶段，⑤内部言语阶段。

加里培林的理论有一定的实验依据，但也引来争议。“有的心理学家对他所提出的‘心智活动’概念有异议，并且认为按阶段形成的公式是否具有普通意义也值得怀疑。”[1]

由于历史的原因，加里培林的认知技能形成五阶段理论，在我国教育心理学界产生了深刻的影响。

就小学数学教学实践看，让学生手脑并用，经历“物质或物质化活动阶段”，让学生口述自己的想法与思考过程，经历“有声言语阶段”，虽说并非“公式”，但常常是必要的。同样，从“有声言语”或“无声外部言语”到“内部言语”的内化过程，大体上也符合小学数学的多数教学过程。

2. 冯忠良三阶段理论

我国教育心理学家冯忠良认为，心智技能的对象具有观念性、动作具有内潜性、结构具有简缩性。他于 1961 年至 1992 年通过理论与实践研究，将加里培林的五阶段归纳归并为原型定向、原型操作和原型内化三个阶段。

这里的“原型”，指心智活动的“原样”，即外化了的实践模式，“物质化”的心智活动方式或活动程序。

① 原型定向阶段，应使学生了解原型的结构（动作要素、动作程序、动作执行要求），在头脑中建立起有关动作的主观表征以及定向映象（活动的程序结构）。

② 原型操作阶段，即依据心智技能的实践模式，主体进行实际的操作。

③ 原型内化阶段，即心智技能的实践模式向头脑内部转化。也就是从外部言语逐步转向内部言语，由展开到压缩。同时还注意活动对象的变式及活动方式的概括[2]。

所谓“原型”“原样”，在某种意义上其实就是将在下一节讨论的“样例”。

3. 安德森三阶段、四阶段理论

（1）安德森理论简介。

美国著名认知心理学家安德森（John Robert Anderson）基于神经生物学研究成果，于 20 世纪 80 年代提出了他的心智技能形成三阶段理论。

① 认知阶段，学生了解问题的结构，即起始状态、目标状态、解决问题的

[1] 潘菽.教育心理学[M].北京：人民教育出版社，1980：142.
[2] 冯忠良.结构—定向教学实验研究总结[J].北京师范大学学报，1992，(05)：95－112.

步骤(算子),从而在头脑里形成最初的问题表征。

② 联结阶段,学生应用具体的方法来解决问题,主要表现在把某一领域的陈述性知识转化为程序性知识,即将“是什么”“为什么”等认识“编辑”为“做什么”“怎么做”。所谓的“编辑”,包括“程序化”和“合成”。合成是指一系列的产生式规则合并成新的产生式规则。

按认知心理学“信息加工”学派的观点,人类是运用产生式来解决问题的。所谓“产生式规则”,是指人们思维中的一种逻辑结构,简单说来,就是“条件—动作”的联结,即在什么条件下可以进行什么动作(怎么做事与怎样判断),达到什么目标的规则系统。一般形式可概括为“如果……那么”(具体如:原因—结果、条件—结论、前提—操作、事实—进展、情况—行为等)。

③ 自动化阶段,学生对特定的程序化知识进行加工、协调,使之准确、流畅和稳定,几乎无须有意识地控制。

安德森三阶段理论的原意为“思维的适应性控制”(Adaptive Control of Thought),旨在模拟人类高级认知过程的产生系统,建立人脑如何进行信息加工活动的理论模型,简称 ACT 模型。ACT 产生式系统的一般框架由 3 个记忆部分组成(图 2-14)。

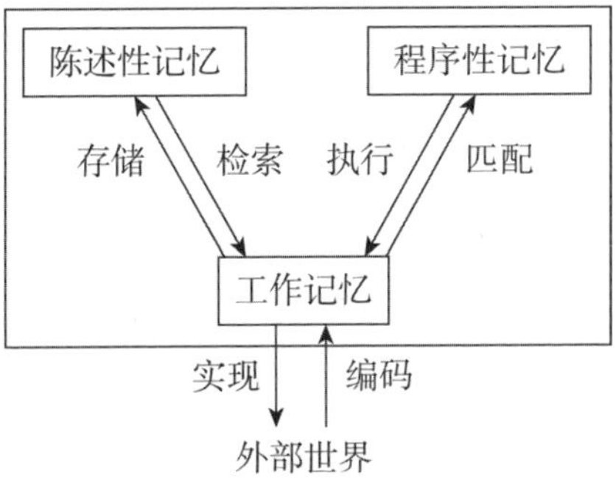

图 2-14

安德森和同事在 1994 年又进一步将 ACT 理论修改为 ACT-R 理论(Adaptive Control of Thought Model,Rational),并以此为基础提出了问题解决技能获得的四阶段模型。这四个阶段分别是:当前问题与样例的类比阶段,规则提取阶段,将产生式规则转变而形成程序性规则阶段,样例储存阶段。安德森等人指出,这四个阶段并没有严格的界限和顺序,更多情况是以相互重叠的方式显现。

安德森的认知技能获得理论自提出以来就备受瞩目，在认知心理学、计算机人工智能和教育教学领域都有深刻的影响。

该理论最大的特点是复杂问题简单化，试图给出人类认知行为的简化解释，其研究进展基于神经生物学研究成果并从中得以验证。ACT-R 已成功地为许多不同认知现象建立起合理的模拟模型，迄今已经历了多次版本的升级。

然而，人的真实认知过程除了"陈述性""程序性"两类知识，还涉及人的情感因素、创造因素，这无疑是简化模型与计算机模拟实验的先天不足。

（2）教学指导意义。

对于小学数学教学研究而言，我们所关注的，能为实践提供理论依据的有以下几点。

其一，ACT 理论强调陈述性知识是程序性知识形成的必要条件。这与我们的常识"无知便无能"，以及教师常挂在嘴边的"知识转化为能力"，内涵的本质是相通的。

其二，安德森认为：复杂技能学习的初级阶段可以进行分解式的学习，即分解成若干个相对简单的子技能（个别成分）的学习；但这些子技能并不是分散、孤立的，而是能够组织成一个大的（复杂）技能学习过程。这其实为小学数学常用的分解练习（如分数除法先练习将除以除数转化为乘它的倒数，再练习约分相乘），以及更一般的"分散难点""小步子前进"策略及其优化处理提供了认知心理学依据。

其三，与 ACT 理论中产生式规则的获得主要靠程序化和合成两个认识过程不同，ACT-R 理论认为类比是获得产生式规则的关键。类比过程的发生需要两个条件：一是需要有一个待解决的目标问题；二是需要有与目标问题类似的样例。由此，类比机制可以从样例中抽象出原理，用以解决当前的问题。产生式规则一旦形成，便可运用到其他情境中[1]。

学生将新问题与先前学习的样例进行比较、匹配，从而寻找解决方法，其实是个类比迁移的过程，有两个主要环节：一是类比源的选取，即搜索记忆中可供参考的解决方法或可供参照的例子，以确定新问题应该用哪个原理去解决；二是关系匹配，即把新问题与样例的各个部分进行对应，根据匹配产生解

[1] 张奇.样例学习理论述评与规则样例学习认知理论的建立[J].辽宁师范大学学报(社会科学版)，2016，39(05)：53－64.

决问题的方法[1]。

这些理论看似抽象，实际上在小学数学教学中也有具体反映。

案例 2－12　小数除法

以人教版教材为例(图 2－15)，典型的“小步子”设计：

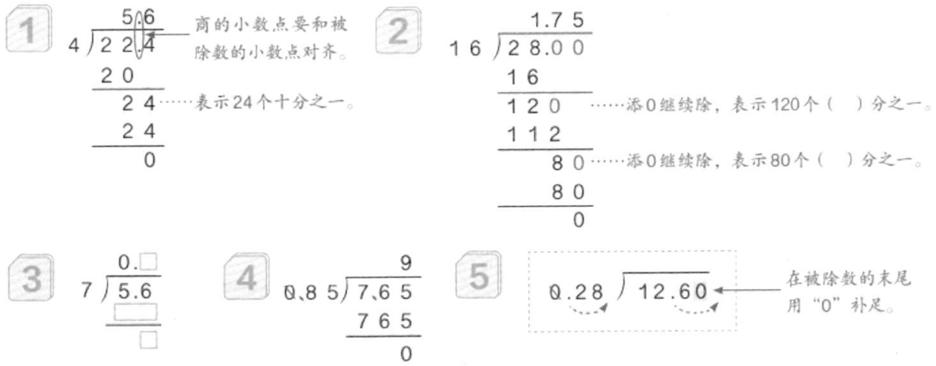

图 2－15

前三例，小数除以整数；后两例，小数除以小数。例 1，商的对位；例 2，添 0 再除；例 3，首位商 0；例 4，除数由小数转化为整数；例 5，转化时被除数用 0 占位。复杂技能的分解式学习，可见一斑。

其中，生成程序性知识必要条件的陈述性知识，主要是数位的概念、小数的性质、除法的性质。产生式规则的得出，既有程序化，也有合成。

不过，这是小数除法运算法则学习初级阶段的化难为易的有效策略，到了单元复习阶段，还有必要组合成完整的技能系统：

除数是小数 $\xrightarrow{\text{转化}}$ 除数是整数(被除数位数不够用 0 补足)

$\longrightarrow$ 按整数除法算 $\begin{cases}\text{首位商 0}\\\text{添 0 再除}\end{cases}$

除了“转化”，与整数除法的区别表现为“三个 0”。这些分散学习的子技能也可以组合成完整过程，如让学生计算 0.2÷0.25，体会、梳理小数除法与整数除法的区别：

[1] 莫雷，唐雪峰.表面概貌对原理运用的影响的实验研究[J].心理学报，2000，(04)：399－408.

转化 用 0 补足	首位商 0	添 0 再除
0.25) 0.20	0 0.25) 0.20	0.8 0.25) 0.20.0 20 0 0

显然，这样的整合是必要的。它能使学生通过 0.2÷0.25 与例题的类比，获得完整的产生式规则。

这种“学究”味十足的解读，只是为了说明理论与实际的联系与应用，并不是日常教学所必需的。

第三节　认知负荷与样例学习理论

认知心理学与学习理论的融合早已是国际上公认的趋势，近年来有不少新的研究方向与实证成果。与本书直接相关且富有借鉴、指导意义的当推认知负荷理论和样例学习理论。特别是后者，国内的研究者不断发布以小学数学为载体的实证报告，值得推介。

一、认知负荷理论

认知负荷理论(Cognitive Load Theory，简称 CLT)是由澳大利亚教育心理学家约翰·斯威勒(John Sweller)在脑力负荷或心理负荷研究基础上，于 1988 年在研究“学习材料和教学方法对学习者概念掌握和认知加工的影响”中首先提出。如今已成为学习与教学研究领域具有重要影响的理论框架之一。

1. 认知负荷及其基本规律

认知负荷至今尚无公认的定义，通常是指人类信息加工过程中能够加工的信息总量。简单地说，就是大脑的“负重”。谁都知道身体负荷过大，会导致腰酸背痛，却很少有人关注认知负荷过高同样会出现问题，如精神疲惫，灵活性降低、失误增加，以及产生挫败情绪。

一项对1081名中学生的调查研究表明，66.5%的中学生认知超负荷。这些学生难免“学而无效”。因此，学生的认知负荷是“以学定教”不应忽视的关注点。

容易形成共识，大脑所能调用的资源是有限的，在学习与问题解决过程中，各认知活动都需要消耗认知资源，如果同时从事几种活动就会出现资源分配问题，基本规律是“总量不变，此多彼少”。

为理解认知负荷理论，有必要先对记忆系统与认知加工，以及图式概念，有一些初步了解。

2. 记忆系统与认知加工

认知负荷理论参考信息处理模型，假设人类的记忆系统由感觉记忆、工作记忆和长时记忆组成。三种记忆模式相互结合以处理各种信息（图2－16）。

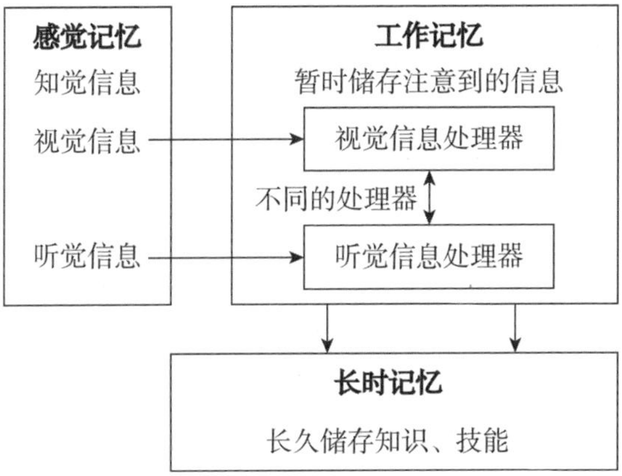

图2－16

工作记忆（短时记忆）在加工新的、陌生信息时的容量有限，一次只能处理几条信息，且保持时间短暂。

长时记忆以图式的形式存储知识，容量可视为几乎无限，一般能保持多年甚至终身，它储存的信息必须被提取到工作记忆中才能进行加工。

认知加工可分为两类：控制加工（有意识的先后加工，速度较慢，占用注意资源）和自动加工（不经意的自动并行加工，快速，几乎不占注意资源）。理论上经过充分练习，所有认知加工过程都可达成自动化。

理论与实践都表明：要使初学的知识进入长时记忆，除了多次重复与采用各种辅助记忆法（如口诀记忆、形象联想、谐音联想等），根本性的教学举措就是提高首次感知的效果，发挥先入为主记忆优势的积极效应（平时更多讨论先入为主的消极效应）。再说，记忆的提取，某种程度上就是回到学习的那个原始场景中。

对照这些近乎常理的共识，小学数学近年来的某些做法却在反其道而行之。例如，初次引进乘法，相同加数与相同加数的个数这两个新名词还处于"朦胧状态"，远未站稳脚跟，就急不可待地要求学生初步感知交换律，理解3个4与4个3相等，留下诸多远迁移的后患。仅就近迁移而言，如此教学，学生先入为主进入长时记忆的，只是3×4与4×3都可以，相同加数与相同加数个数的认知也就烟消云散，得不偿失。

3. 图式理论

所谓的"图式"是一个比较抽象且应用广泛的心理学名词。它是指人脑中已有知识经验的网络，或者说关于某一主题的有关认识、表象等构成的整体。作为一种心理结构，图式帮助人们知觉、组织、获得和利用信息。在认知心理学看来，图式是构成认知结构的基本单元，一个人的全部图式组成了认知结构。可以说教学的主要功能就是使学生在长时记忆中存储以图式表征的知识信息。

大量研究证实，图式从以往经历得来，是对反复出现情况的概括认识，它省略了细节而保留共同特点。例如，人们在生活中形成了关于"桌子"的一般认知而忽略桌子的形状、材料等的细微差别，哪怕遇见新形式的"桌子"，也能依据脑中的图式作出判断。同时，图式还会随着认识的扩展，进行自动修正。

图式是按使用方式组织信息，并能通过足够的练习达成自动化，而无须有意识控制，从而为其他认知活动释放空间，以弥补工作记忆容量的不足。

如何有效利用工作记忆的资源，促进长时记忆中图式的形成和信息加工的自动化，是认知负荷理论进行教学设计的根本出发点[1]。

---

[1] 赵立影，吴庆麟.基于知识反转效应的多媒体学习环境设计[J].中国电化教育，2012，(01)：86－89.

4. 认知负荷的类型

按照认知负荷理论，学习过程中认知负荷的来源有三种：

一是由学习内容本身引起的“内在认知负荷”。它主要取决于认知任务的复杂性或难度。当认知任务内含的信息元素较多、交互性较强，而学生的认知结构中又缺失相关图式时，工作记忆启动认知加工就会困难。显然，同一认知任务，对基础差异大的学生会产生不同的内部认知负荷。学生存储的相关背景知识越贫乏，认知负荷就越高。

二是由材料呈现方式与学习活动带来认知负荷，当这种负荷不是必需的，且干扰图式的获得或自动化时，就叫作“外在认知负荷”。因为它对知识建构缺乏贡献，所以称为无关负荷或无效负荷。

三是建构图式时虽非必不可少，但投入后有利于图式形成或自动化的认知负荷，叫作“关联认知负荷”。与外在认知负荷一样，它也是由教学设计引起的认知负荷，只是对学习的作用，前者消极，后者积极。

三种类型的认知负荷在学习过程中相互联系、相互叠加。

在联系小学数学给出实例前，不妨先借用一个非常生动的比喻图（图 2 - 17）[1]，以帮助获得由此及彼的直观理解。

图 2 - 17

[1] 图片来自搜狐网。

案例 2－13 三类认知负荷的实例

4 学校礼堂每排有 28 个座位，四年级共有 197 人，可以坐满几排？还剩几人？

197÷28=________

想：把 28 看作多少来试商？

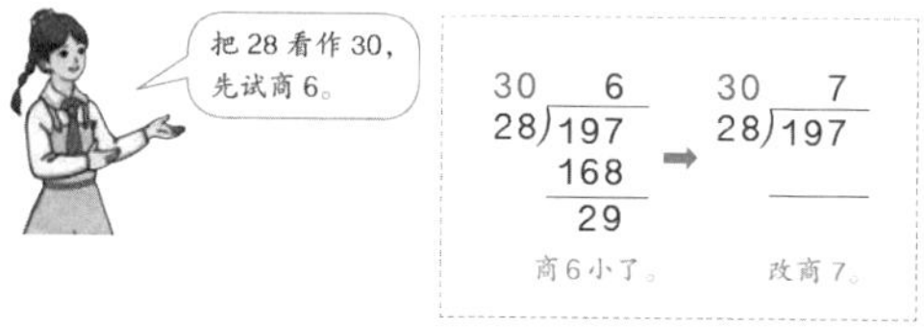

图 2－18

学习除数是两位数的除法，试商的思考过程是“内在认知负荷”。一次试商失败，需要改商，加大了认知负荷。

如图 2－18，例题以实际问题为情境载体，引出除法算式，且有余数，一定程度上分散了试商、改商的注意力，属于“外在认知负荷”。

运算前，进行填未知数的辅助练习：18×(　　)<128，括号里最大填几？虽然并非学习本例不可或缺的内容，但通过试探、找出正确答案的思考过程，与试商、改商的过程基本一致，有助于理解、内化整个运算过程，因而是“关联认知负荷”。

由于内在认知负荷是由学生自身水平与知识本身复杂程度决定的，因此要降低内在认知负荷，无非两条出路。

一是改变学生背景知识水平，特别是弥补相关知识缺漏。

二是改变学习材料，优化教材设计和教学处理，或降低难度，或减少元素之间的交互性，或提供图式建构辅助。也就是尽可能减少外部无关认知负荷，增加关联认知负荷，并使总的认知负荷不超出学生个体能承受的认知总负荷。

可见，夯实基础、优化设计的朴实教学经验，得到了认知负荷理论的支撑。

5. 认知负荷效应

随着研究的深入，为了有效降低教与学过程中的认知负荷，众多学者经过多年的研究提出了一系列认知负荷效应，可以应用到不同学习内容、学习方式和学习环境的设计中，以提高学习效率和效益。

（1）目标自由效应。

大量实验研究发现，运用一些自由目标问题或降低目标的明确性时，可提高学习和迁移的成绩。

这与明确目标可提高学习效率的传统观念大相径庭。原因在于目标状态不明确时，就无法使用“手段—目标”分析策略，从而避免了使用该策略带来的沉重认知负荷。因为“手段—目标”的分析要求注意同时指向问题的已知、未知状态和两种状态间的差异、联系，以及达成目标的方法，难免产生高强度认知负荷。

我们的教学实践也能给出相关实证：学生自己根据条件提出的问题，大多能够自行解决。

（2）注意分散效应。

如果学习材料的呈现要求学生在多种离散信息源之间分配注意力，会干扰学习。因为离散信息的整合要消耗一定的认知资源。因此，用一个整合的信息源代替多种信息源，能在相当程度上降低无关认知负荷。

这其实是在提醒我们，运算教学的例题一概从现实生活问题情境引入的套路，可能会分散学生的注意，不一定是最佳教学选择。

（3）信息冗余效应。

指无助于建立认知图式的多余信息源会降低问题的理解与学习质量。因此，用一种信息源来代替多种能各自独立解释的信息源，可以消解处理多余信息导致的无效认知负荷。

当然，有明确教学意图的问题解决教学，故意增添冗余信息让学生识别，则另当别论。

应该引起警醒的是，当下的一些展示课，执教教师迷恋于个人“脱口秀”技能的表现，使课堂教学充斥冗余信息，实在是利少弊多。

（4）感知通道效应。

用口头的解释文本和多种形式的视觉信息源代替单一形式的书面文本和图表，能同时使用工作记忆的听觉通道和视觉通道，最大程度地利用工作记忆中的信息。

小学数学历来重视让学生多种感官协同活动，如操作学具探究算法，现在又有了工作记忆视角的理论依据。

（5）尝试想象效应。

当学习一个程序或概念时，要求学生在头脑中想象该程序或概念，认知效果要超出仅单纯学习该内容。这种传统的“心理练习”，又被叫作“内省复述”。用认知负荷理论来解释，是因为学生想象信息时，会通过工作记忆加工相关图式，从而促进图式的建构和自动化。

运算教学中，先让学生说说计算过程自己是怎么想的，其实就是在发挥学习的想象效应。

进一步的研究还表明：学习材料的元素关联度越高，想象效应发生的可能性越大，反之则不易发生。这一由想象效应衍生的效应被称为“元素关联效应”。其原因在于元素关联性低的学习内容比较简单，可以不借助特定辅助策略而进入长时记忆。

（6）自我解释效应。

指学生向自己作出解释，力图理解新信息的认知活动。有研究发现，在学习例子时，每看到一个步骤就会停下来试图向自己解释的学生，学习效果比其他人好；相同时间内，自我解释的质量与学习效果显著相关。因为这是在已有知识基础上，心理建构新的陈述性或程序性知识，本质上是一种填补认知空白的推理，所以有利于新学内容与已有知识的整合。自我解释不同于向别人解释，它不需要完整与外显逻辑，常常是一种连续的、进行中的、逐渐的过程，有时会出现部分的、不完整的、零碎的解释。

实践表明，部分善于学习的小学生也有自我解释算理的表现。教师应有意识地给予鼓励、肯定或提示（包括一般性提示、具体化提示）、引导。

培养自我解释能力的策略：一是只在学生提出要求时，教师才作指导性解释；二是先给出最低限度的说明，学生仍有困难，再提供解释。

（7）分离关联元素效应。

有研究证实，以分离方式依次呈现关联性的信息元素，比一次性呈现所有相关联元素更能促进学习。特别是当学生缺乏相关背景知识时，采用分离关联元素的教学设计效果更佳。反之,当学生具有足够的背景知识时,采用保持元素关联的教学方法会使其学生更加受益。用认知负荷理论解释:基础较差的学生之所以在分离关联元素条件下学得更好,是因为逐步学习的方式能降低内在认知负荷;基础较好的学生之所以在这种条件下学习不佳,是因为按序加工信息不必要地消耗了他们的认知资源。

案例 2-14 关联元素效应的实例

以笔算教学为例:100 以内加法笔算,不充分利用学生已有的 100 以内加法口算的基础,从两位数加一位数(不进位)到两位数加两位数(不进位),再到两位数加两位数(进位),有利于学习困难学生缓慢前行,但对于已具备 100 以内加法口算的基础的大多数学生来说,关联元素过于分离,显得少慢差费;而两三位数乘一位数的笔算,从两位数乘整十数到两位数乘一位数,从不进位到进位,从因数不含数字 0 到中间、末尾有 0,分离关联元素的积极效应明显。

具体的分析将在后面第四章中给出。

(8) 有解样例效应与完成问题效应。

前者指明确呈现解决问题的程序,清晰凸显图式特征的有解样例,能避免尝试错误,使学生的注意力集中于有效信息,从而降低工作记忆负荷,促进图式的获得和规则自动化。

后者针对有解样例容易导致学生依样画葫芦的缺点,主张提供只完成部分解答步骤的不完整样例,让学生完成剩余的解题步骤。研究显示,仅为学生提供目标情境和部分解答,要求他们完成剩下的解题任务,能促进图式建构和学习迁移。

(9) 指导隐退效应。

指随着学生相关知识的增加,就可以省出部分工作记忆容量用于应对逐步提高的学习要求。例如,在呈现样例后,应该逐步减少问题解决的指导,让学生尝试解决部分问题,随后尝试解决整个问题。研究显示,与持续地运用同样的有解样例相比,逐步减少有解样例有助于提升学生的问题解决水平。

有关样例学习的理论,将在后面展开进一步的讨论。

（10）知识反转效应。

指对低水平学生非常有效的教学策略，面对高水平学生可能失去效用，甚至产生负面影响。这一效应的产生是由于学生已有知识结构与教师提供教学指导之间的关系出现了失衡。它提示我们：教学策略的有效性与学习者的已有知识水准紧密相关。

研究者通过对注意分散效应、通道效应、分离关联元素效应、样例效应、指导渐减效应、想象效应、自我解释效应等认知负荷效应与知识的交互作用进行研究，获得了大量关于该效应的实验证据[1]。以注意分散效应为例，有研究发现该效应仅对新手有效，对有足够相关知识的学习者来说，文本与图片整合与否无关紧要，有时文本甚至会成为占用他们认知资源的冗余信息。

知识反转效应研究显示：低知识水平的学生对于高连贯性文本的学习效果优于低连贯性的文本；运用较多教学媒体形式呈现教学材料的学习效果优于运用单一媒体呈现；按顺序以分离的形式呈现学习材料的学习效果优于整体性一次呈现；运用更多指导的探索学习、完整样例、分割动画样例、有提示的想象等策略的学习效果优于无相关策略运用时的学习效果[2]。

这些贴近教学实际的研究结论，对于因材施教具有现实的参考、指导意义。

此外，变式效应（指变化内容、任务、问题呈现方式，虽然增加认知负荷，但能促进学习迁移）、集体工作记忆效应（指学习难度较大时，集体学习效果可能会优于个体学习）等，小学数学教师大多比较熟悉，因此从略。

以上这些“效应”实际上是认知负荷理论提出的教学设计原则。有必要指出，其中大多数存在反例，需要具体问题具体分析，因条件而论，特别是因内容、因学生而异。

[1] 张冬梅，路海东.知识反转效应：含义、机制、实验证据与展望[C]//中国心理学会发展心理专业委员会.中国心理学会发展心理专业委员会第十三届学术年会摘要集.东北师范大学教育学部心理学院；伊犁师范学院教科系，2015：1.

[2] 张冬梅，路海东.知识反转效应及其教学启示[J].教育发展研究，2015，35(12)：40－45.

案例 2－15 一个数除以小数(图 2－19)

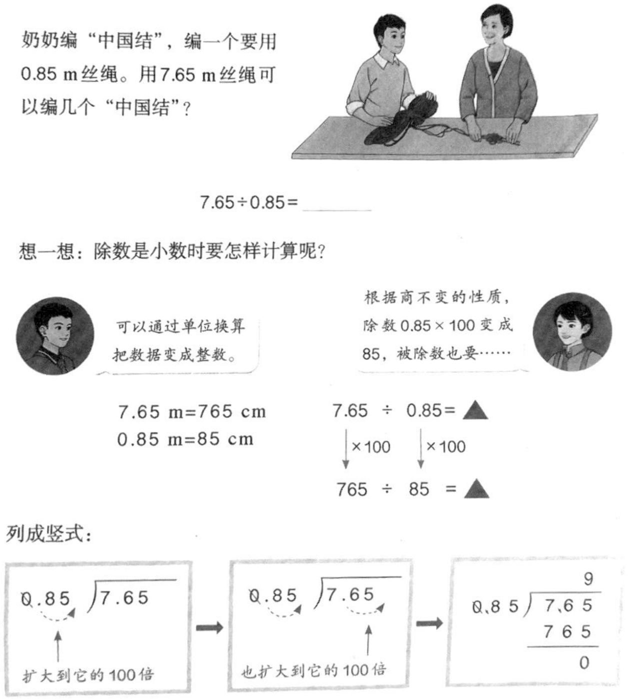

奶奶编“中国结”，编一个要用
0.85 m丝绳。用7.65 m丝绳可
以编几个“中国结”？
7.65÷0.85=
想一想：除数是小数时要怎样计算呢？
可以通过单位换算
把数据变成整数。
根据商不变的性质，
除数0.85×100变成
85，被除数也要……
7.65 m=765 cm
0.85 m=85 cm
7.65 ÷ 0.85=▲
×100 ×100
765 ÷ 85 =▲
列成竖式：
0.85)7.65
扩大到它的100倍
0.85)7.65
也扩大到它的100倍
9
0.85)7.65
765
0

图 2－19

很多教师在学生完成审题、列式后，会引导学生观察例题的算式与之前学习的计算有何联系和区别(都是除法，除数由整数变成了小数)，以明确探究方向(目标自由效应的反例)。

而后，学习能力强的学生只须提示可应用商不变性质将小数除法转化为整数除法，即可自行解决问题。如此多侧面的详尽说明，反而令他们厌烦(知识反转效应)。

一般的学生可以省略通过单位换算的转化方法，让他们自己联系情境，对 7.65÷0.85 转化为 765÷85 作出“米化成厘米”的解释(自我解释效应与指导退隐效应)。

学习能力较弱的学生边看文本边听教师或同学解释才能理解(感知通道效应)，而且还需要将教材的连续文本分为两段：先明白横式说理部分，再学习竖式操作部分(分离关联元素效应)。

教师还可以在“两段”之间，让学生想象怎样根据商不变性质完成竖式上的转化步骤，由学习能力强的学生讲，其他学生边听边想（尝试想象效应、完成问题效应与集体工作记忆效应）。

可见，这些效应在小学数学教学中早就存在，现在由理论工作者经过实证、提炼，显然有助于教师知其所以然，进而提高及时总结、灵活应用经验的自觉性。

二、样例学习理论

1. 样例学习理论的前世今生

在我国，成书于战国初期的《论语》就有样例教学的论述，“举一隅不以三隅反，则不复也”（《论语·述而》）。意思是说，教师举出例子，学生不能举一反三，就不能再给他讲下去了。

成书于汉代的《礼记》又进一步发展为“罕譬而喻”（《礼记·学记》）的样例教学策略。“罕”意为“少”，“譬”就是例子，“喻”即讲授教学，意思是说，用很少的例子讲明白知识和道理。

我国古代的数学著作“算经十书”以《九章算术》为代表，就是数学解题样例的著作。

进入20世纪，以桑代克为代表的学习迁移实验研究，以及相继出现的各种迁移学说，为样例学习研究奠定了理论基础。

20世纪中叶，德国教育实践家瓦根舍因（Martin Wagenschein）的“范例教学法”，被国际上誉为“课程现代化”的三大典型代表，与布鲁纳结构主义”课程论、赞可夫“教学发展论”齐名。可以说，“范例教学”是“样例学习”的较早实践。

20世纪后半叶，认知心理学家通过专家与新手问题解决差异的比较研究，不仅证明了二者对概念与原理的认识有质的区别，还部分揭示了造成专家与新手差别的一些认知机制。在此过程中研究者发现，学习解题样例比单纯解题练习的试误更容易获得有效的解题策略，更利于注意问题的结构。由此诱发了用样例学习提高学生解决问题技能的研究热潮。

其间，我国学者朱新明与赫伯特·西蒙（Herbert Alexander Simon）首次在课堂教学情境下研究运用样例学习的有效性[1]，开创了学科样例教与学研究的先河。

21 世纪以来，样例学习研究呈现繁荣景象，并取得一系列进展。

所谓样例（worked examples），是指蕴含了一般概念、原理或程序的例子。数学样例通常是指由问题陈述、解决问题的步骤、问题解决的结果三部分构成的组合体。当下的样例学习（learning from worked examples）通常是指从具有详细解答步骤的事例中归纳出隐含的抽象知识来解决问题。

随着样例学习的有效性得到普遍证实，学者们的研究除了专注于样例学习的加工机制，还集中于如何设计有效的样例，使之更符合学生的学习规律，从而提高学生的问题解决技能，增强迁移效果。

近年来，样例类型与设计还在不断细化，由完整样例与不完整样例发展到错误样例及正误样例组合，由单内容样例发展到双内容和多内容样例，由静态样例发展到动态样例，由结果导向的样例发展到过程导向的样例，等等。

2. 样例学习研究的若干结论与启示

认知心理学的大量研究发现，人们遇到问题试图解决时，总会不经意地检索、回想以前学过的类似例子，再利用这些例子来解决当前问题。也难怪许多研究者把样例比喻为“潜在的教师”。

波利亚（George Polya）在其名著《怎样解题》一书中提道：“在学习解题时，你必须观察和模仿别人在解题时的做法，最后你通过解题学会了解题。”[2]而样例正是一个被观察、模仿的对象，它展示的是经过教学法加工的专家解题思路和做法。因此，在培养、提高学生的解题能力方面，样例也是必不可少的。

相对于单纯的原理和问题解决的学习方式，样例学习有助于减轻学习者（特别是基础较差学生）的认知负荷，因而易化了认知技能的获取，也有利于学

---

[1] 朱新明，赫伯特·西蒙.通过样例和问题解决建立产生式[C]//中国心理学会.中国心理学会第七次学术会议论文集，1993：103.

[2] G.波利亚.怎样解题：数学思维的新方法[M].涂泓，冯承天，译.上海：上海科技教育出版社，2007：4.

生正确归纳和掌握抽象原理。由于样例提供了优化的问题解决方法，便于学习者模仿，因而提高了学习效率，也容易调动学生的学习积极性。

关于单个样例的设计，以下研究成果值得借鉴。

（1）样例的信息结构。

研究表明，多重信息源的教学材料如果设计不当，容易分散学生的注意力，增加认知负荷，产生“注意分散效应”，从而影响学习的有效性。因此，利用“感知通道效应”，整合样例中的各种信息，包括视觉与听觉、图示与文本，能改善样例学习的效果。

有学者以几何证明题为样例进行三种设计的实验研究。第一种是几何图形和证明过程都以视觉方式呈现（“视—视”）；第二种是视觉呈现图形、听觉呈现证明过程（“视—听”）；第三种是视觉呈现几何图形，并以视、听两种形式呈现证明过程（即“视—视—听”）。结果表明，“视—视”效果最差。而后，又有人对“视—视”模式加以改进，增加“视觉提示”，即用闪烁的光标将学生的注意力集中在几何图形与证明过程上。结果表明，学习效果好于前者。

这种视觉提示策略，已成为当下多媒体课件的常用技术手段。

至于图示与文本的整合，是一种视觉因素的整合，改变两者分离的最简单方式，就是分解、简化大段文本，分别插入图示，使说明成为图示的有机体。

（2）不完整的样例。

前面介绍的“完成问题效应”“自我解释效应”为设计不完整样例提供了理论依据。

国外有学者设计了实验研究：对照组学习完整样例；实验组学习不完整样例，要求学习者发现缺失的解题步骤，完成或至少做出努力之后给出反馈，即呈现完整解决步骤。结果显示，与对照组相比，实验组的被试自我解释质量较高，获得了问题解决方法的迁移。

国内有研究进一步证实反馈的作用：在无反馈的情况下，完整样例的学习效果更好；在有反馈的情况下，删除个别运算步骤的不完整样例，学习效果好于完整样例。

但也有研究在两者之间没有发现差异或差异不显著。这可能与学习内容超出了学生的最近发展区有关。

在小学数学教学中，给例题留白由来已久。前面案例 2－12 中，例题 3 和

5 就是典型实例。

实践表明，只有在学生“跳一跳够得着”的解题关键处或思维转折处留白，才能获得预期的学习效果。

（3）提示渐减的样例。

提示渐减设计是指，先给出完整样例，再逐步呈现缺少一个、多个解答步骤的样例，最后出现需要完整解决的问题。它是一种自发产生并指向自我知识建构的心理活动。这一设计的实质是以带支架的问题解决为过渡，通过自我解释产生的推理填补样例文本的空缺，也能引发学生对后面解法的预期，实现从样例学习到问题解决的转变。

国内有研究显示，“渐减提示法对近迁移、远迁移有着较大的促进作用，也能缩短了学习者解决问题的时间”[1]。

（4）解释—标记的样例。

“解释—标记”是小学数学运算教学的常用手段。例如，5×3 的“解释”$5\times3=5+5+5$，a^2 的“解释”$a^2=a\times a$ 等。在小学数学教材中，这种解释常常用旁注形式加以“标记”。

国内有学者对此作了系列研究，结果表明：

① 用带“解释”的样例学习分数加减运算规则，近迁移成绩明显优于普通样例，但远迁移成绩无显著差异。

② 用“解释—标记”样例学习分数乘除法运算规则，远迁移成绩明显优于带“解释”样例和普通样例，但近迁移成绩差异不显著；学习带“解释”样例的远迁移效果均明显优于普通样例。

③ 学习用“解释法”设计的比例运算样例，其远、近迁移成绩均明显优于普通样例，并受被试原有知识的影响[2]。

前面案例 2-12 的 5 道例题中，有 3 例配了“解释—标记”。

（5）步骤编码的样例。

我们知道，问题解决的步骤是样例学习的重要方面。近年来，国内外都有

---

[1] 邢强，莫雷.渐减提示法呈现样例对学习迁移的作用[J].心理与行为研究，2003，(04)：274-277.

[2] 张奇，郑伟，万莹.“解释法”样例对小学生学习新运算规则的促进[J].心理发展与教育，2014，30(02)：153-159.

学者对样例解题步骤（程序）的子目标建构问题展开研究。

例如，针对高中数学的研究表明，对样例问题采用分步求解（分解为几个子目标），即解法结构化，能促进解法图式归纳，便于操作运用，利于迁移[1]。这与小学数学传统的应用题教学让学生分步列式，如出一辙。

又如，针对四则混合运算顺序规则的实验研究，设计有标记（用红色虚线箭头标示出计算步骤）和无标记两种样例。结果表明，运算步骤标记对学习“无括号”运算规则的促进作用明显。

研究者指出，样例的解题步骤用子目标编码，能促进学习者掌握样例问题的结构，利用样例的原理解决新问题，也有助于学习者对原理的概化（指将某一情境中获得的结论推广到其他情境）。

这种解题步骤的目标编码，在人教版小学数学教材的例题中也有了典型的体现。例如，问题解决的步骤，从根据问题特点出发设计的指导语，逐步统一为“阅读与理解、分析与解答、回顾与反思”的标识。这种传承了应用题教学有效经验的做法，曾引起部分学者“是否又在教套路”的质疑。显然，样例学习的“步骤编码”理论概括，给出了有力的回答。

这些单个样例的设计策略，可以结合使用。

案例 2-16 两位数乘一位数（图 2-20）[2]

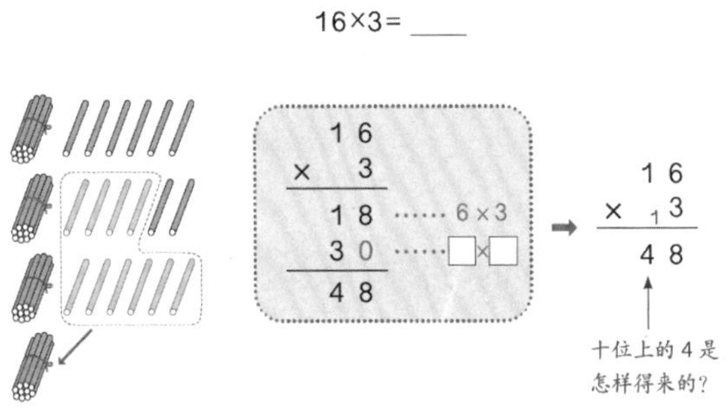

图 2-20

这一司空见惯的教材片断，就单个样例设计而言，几乎囊括了上述各条

[1] 邵光华.数学样例学习的理论与实证研究[D].上海：华东师范大学，2003：46-48.

[2] 人民教育出版社，课程教材研究所，小学数学教材编委会.义务教育教科书·数学（三年级上册）[M].北京：人民教育出版社，2022：61.

策略。

首先,样例的信息结构,图文并列,看似分离,实际上只要教师稍加引导,学生就能看出图中的动态过程(3 个 6→满十进一→3 个 10→最后得 48),与竖式各部分一一对应。

其次,解释—标记设计,结合了提示渐减策略,留白让学生补全解释的标注。

再次,计算过程从分解到合并,既运用了视觉分离方法显示步骤编码,又反映了子目标的组合,体现了竖式对计算过程书写的简化处理。

正所谓"内行看门道"。

可见,教师理解样例设计的策略原理,对于吃透、用活教材,有意识地合理施教,具有积极、深远的实践指导意义。

(6) 单、双内容的样例。

简单地说,小学数学中的单纯运算的例题属于单内容样例,数学应用的例题为双内容样例。双内容样例包含"学习域"知识(实际问题的解题方法)和"示例域"知识(问题情境的背景知识)。

国内外样例学习的大量研究,大多单、双内容只研究其一,研究结论各说各的好。例如,双内容样例学习的优点:学生在具体问题情境中学习,不会感到枯燥和抽象;示例域知识的了解有助于学习域知识的理解;联系实际有助于学习域知识的应用和迁移。这些优势都是一般教师所熟知的,都能获得普遍的认同。

同样显然的另一面:双内容样例的学习,必须进行两方面内容的认知加工及其整合加工,需要更多的心理资源,难免加重学生的学习负担;只有设法降低学生的认知负荷,才可能取得较好学习效果。对此,已有研究表明,在双内容样例的学习中,完整样例效果好于不完整样例、情境熟悉样例效果好于不熟悉样例、有反馈和自我解释的样例效果好于无反馈和无自我解释的样例。这些研究结论,也都在成熟教师的经验范围之内。

问题在于,同一知识单、双内容样例学习的效果,孰优孰劣?

国内的一项实证研究作出了比较。研究者选取小学数学"数的运算""简单的统计"两个领域有一定代表性的乘法运算、无括号四则混合运算、算术平均数三个内容,实验考察单、双内容样例的学习效果。

该项试验的设计相当规范。例如，随机抽取的被试都经过前测筛选，确认没有相关内容的学习经验。以乘法运算为例，选择 6 道(加法、乘法各 3 道)前测题答对 3 道加法计算题而不能正确计算 3 道乘法计算题的学生为正式被试。事实上，三个内容的被试分别为一、二、三年级的学生，已经在很大程度上排除了已经学过的可能。

后测(三个内容都有计算题和应用题)显示：小学生通过单内容样例学习乘法运算、无括号四则混合运算的计算题和应用题以及平均数的计算题，效果都明显优于双内容样例的学习效果；只有平均数的应用题，通过双内容样例学习的效果优于单内容样例。

令人信服的量化统计与质性分析促发我们反思：小学低年级学生的工作记忆尚未得到较充分的训练，运算法则与运算顺序的样例学习大可不必一概由现实情境导入。事实上，即便到了较高年级，也应根据需要设计双内容样例。

对于多个样例的设计，小学数学通常比较关注一组样例各自的针对、侧重及其内在的“序”，除此之外，以下研究成果也值得借鉴。

(7) 多重样例的变异性设计。

① 样例的数量。一般认为，学习者要形成对某一类问题的解法，需要抽取样例解法的具有本质意义的关键特征，常常很难通过一个样例理解其中的概念、原理与解题程序。因此，“至少提供两个样例”已被样例学习的研究广泛证实。

一般认为，样例学习所需的样例数量取决于子规则学习的难易程度。

国内有研究认为，多数学生：在有标记情况下，用 1 个样例就可学会“小括号”和“中括号”运算规则，而要学会“无括号”运算规则，至少需要 3 个样例；在无标记情况下，用 1 个样例可以学会“小括号”运算规则，用 1 到 2 个样例可以学会“中括号”规则，用 3 到 4 个样例才能学会“无括号”规则[1]。

还有研究指出，样例个数对学习迁移的影响与迁移程度有关。对近迁移而言，增加样例个数对近迁移影响不大：对中等迁移而言，增加样例的个数有

[1] 张奇，林洪新.四则混合运算规则的样例学习[J].心理学报，2005，(06)：78－84.

利于迁移的顺利进行；而对于远迁移而言，样例个数的增加阻碍了迁移的进行[1]。

如何更为有效地呈现几个不完全相同的样例（多重样例），常用方法主要是设计变式与组织对比。

② 变式设计。必须关注多重样例之间的表面特征和结构特征的变异。表面特征与学习目标无关（如名称、数字、形状等），结构特征与学习目标相关（如原理、法则、解法等）。

研究者都认可结构相似性对学习的影响，如国内有研究发现结构特征变异的多重样例比表面特征变异更有利于学习，而且结构特征的相似性越高，远迁移的效果越好[2]。

案例 2-17 表面特征与结构特征的实例

给下面的除法算式分类。

126÷18　805÷23　396÷36　110÷22

四题的表面特征都是三位数除以两位数。学生想到的分类，有按表面特征分成被除数中有0（805÷23，110÷22）、无0（126÷18，396÷36）两类，有按结构特征分成商是一位数（126÷18，110÷22）、两位数（805÷23，396÷36）两类，也有按结构特征分成除数四舍试商（805÷23，110÷22）、五入试商（126÷18，396÷36）。

显然，凸显笔算除法的结构特征有助于算法的切实掌握。

但是，对表面相似性却看法不一。有研究发现具有不同表面特征的正例能帮助学生注意到结构特征，促进理解；如果只学习表面特征类似的样例，学生可能会把表面特征误以为是结构特征，对未来的问题解决产生消极影响。也有研究得出相悖结论，认为表面类似的样例会帮助学生注意到深层的结构共性；高变异的样例反而会让样例的结构特征更难以被发现。

鉴于人们（尤其是小学生）为解决新问题（靶题）而回想学过的样例（源题）时，更多依赖表面相似性，由此提出样例学习的“表面内容效应”。

---

[1] 宁宁.多重变异性数学样例学习对问题解决迁移影响的实验研究及教学启示[D].南京：南京师范大学，2010.

[2] 张奇，赵弘.算术应用题二重变异样例学习的迁移效果[J].心理学报，2008，40（04）：409-417.

国外学者将表面内容区分为表面概貌和客体对应，国内研究者的一项研究进一步将表面概貌细分为具体属性与问题形式，将客体对应细分为顺序对应和对象对应。这对小学数学来讲颇具指导意义。

该项研究表明：对原理运用影响作用最关键的是问题形式，具体属性的差异引起的干扰较小；顺序对应和对象对应也都影响原理运用，且对象对应的影响作用更大。

案例 2－18 表面概貌与客体对应的实例

（1）表面概貌中“问题形式”的变式。

其一，把求两数相差多少（多几、少几）的问题改为“添上（去掉）多少同样多”，会使部分学生感到困惑。

其二，把“简便运算”改为“计算”，部分学生就会不去思考运算能否简便。

（2）客体对应中“顺序对应”的变式。

其一，改变实际应用问题条件的叙述顺序，会影响学生的分析思考。例如：

小松鼠装松果，42 个装一罐，已经装好 273 罐，还剩 798 个没装。一共可以装多少罐？条件叙述顺序诱导学生列出算式：$(42\times273+798)\div42$。若改变叙述顺序：

小松鼠装松果，还剩 798 个没装。42 个装一罐，已经装好 273 罐。一共可以装多少罐？则有学生列出的算式是：$798\div42+273$。

其二，把 365×28 改为 28×365，运算错误率会提高。

③ 对比组织。对比是一种辨析异同的认知活动，也是基本的学习方法，能够引发深层次的联系性学习，促进有效迁移。

一般来说，在检索样例解决新问题时，源题与靶题间的表面特征的相似性比较容易提取，结构特征的相似性更难识别。

如何有效组织多重样例的对比？国内有研究针对解方程的两个关键特征（类型与解法），设计了多重样例不同形式的教学组织，结果表明：先单独变异每个关键特征，再同时变异全部关键特征，能使全体学生获得良好学习效果；提供充分的教学支持（增加样例对比数、作出对比解释）有助于提高教学效率。

（8）正、误样例的组合设计。

首先，有研究表明，正、误样例组合学习的效果显著优于正确样例组合。

其次，对正、误样例的数量和呈现方式的实验结果显示：正、误样例数量相等的样例组合学习效果明显优于正、误样例数量不等的样例组合；正、误样例对比呈现的学习效果明显优于正、误样例分别呈现；有错误标记的正、误样例组合的学习成绩明显优于无错误标记的正、误样例组合；相同内容正、误样例配对组合的学习成绩明显优于不同内容正、误样例非配对组合。

进一步的研究还发现，正、误样例之间的相似程度越高，学习迁移成绩越好。在远、近迁移测验成绩上，改正组的迁移成绩均明显优于辨别组。因为"辨别"认知属于浅层次加工，而"改正"包括了"辨别"和"解释"在内的深层次认知加工[1]。

尽管这些研究都没有以小学数学教学内容为载体，但成熟教师大多能在自己的实践中找到相应的教学经验，支持所有结论。

(9) 样例与自我解释结合的设计。

国内有学者抽取120名数学能力中等的初三学生，随机分配到各实验组，以概率问题为载体进行实验研究，结论是：样例的变异性只有和一定的自我解释模式结合以后才能对迁移产生影响。

测验数据的统计分析显示，就学习迁移效果来看，"变异性样例＋诱发自我解释"好于"一致性样例＋诱发自我解释"好于"一致性样例＋自发自我解释"好于"变异性样例＋自发自我解释"。

学生自发的自我解释效果相对最差，原因在于大多数学生面对变化的样例不知如何进行正确解释。而"诱发自我解释"是指在提供给学生自学材料中，伴随着解题步骤用问题的方式对该步骤所使用的原理进行提问，以唤起学生对该步骤的思考。

研究者指出：只有在明显地指导学生比较样例的相似性时，多重样例才能促进迁移。在没有图式归纳教学的情况下，多重样例几乎没用[2]。

这些相当漂亮的成系列研究结论提醒我们，初三学生的自我解释尚需精心设计的提示、指引，指望小学生完全独立自我解释的可能性可想而知。当下

---

[1] 蔡晨，曲可佳，张华，等.正误样例组合学习的相似性效应和认知加工深度效应[J].心理发展与教育，2016，32(03)：310-316.

[2] 邢强，莫雷.多重样例的变异性和编码对迁移影响的实验研究[J].心理科学，2005，(06)：104-109.

不少标榜学生自主学习的公开课,看似师生对答如流,实际上只是少数学优生在展示他们的聪明才智。

(10) 样例与练习的组合匹配设计。

在充分肯定样例学习优势的同时,还必须看到它的先天不足。主要是样例只为学习者呈现专家思考的优化结果,往往难以提供如何探索的思路与寻找解法思考过程的充分信息,容易导致学生只对样例进行简单的观察、模仿,缺乏对知识获取过程的深层次思考。

因此,数学教学经常采用"样例(源题)+练习(靶题)"的模式,以确保学生真正掌握。那么,样例与练习如何搭配学习效果更好呢?

国外有学者设计了样例和练习搭配的交替式(一个样例跟进一个练习)与分块式(先集中讲一组样例,再集中练一组练习)的对比研究,结果表明:交替式比分块式的解题时间短,正确迁移数量多。

小学数学教材中两种方式都有,以交替式最为常见。

也有学者对"先呈现样例、后给出问题"与"先呈现问题、后给出样例"两种教学顺序加以比较研究,发现:在近迁移测验上,知识经验少的学生在先呈现样例条件下的成绩显著好于先呈现问题;知识经验多的学生则相反,先问题、后样例条件下成绩显著好于先样例、后问题;在远迁移测验上,样例与问题两种匹配形式对学生的成绩没有显著影响。

联系小学数学教学,教材中先出示例题、再配"做一做""试一试"的编写方式类似于"先样例、后问题",部分教师采用的"尝试法"类似于"先问题、后样例"。

此外,国外还有研究指出,在样例中应使用概念型公式,而不是计算型公式。这在小学数学中比较少见。

总的来说,样例学习的研究基于实证,施加实验干预后考察实验变量的变化,用统计数据显示一些特定条件下的事实性结论,增强了研究的科学性。

但这些事实大多不应视为规律性结论。

一方面,相同的实验因素,不同研究的结论有时迥异。例如,前面提到的"不完整样例"实验,与"完整样例"相比,有的研究发现效果差异显著,有的研究显示无差异或差异不显著。尤其是各项研究的载体,涉及不同学科、不同学段的内容,这些内容的处理与样例的设计很多没有吸收学科专家参与,已知实验因子的教学法加工相当有限,很难说是最佳学习材料。

另一方面,不同的实验设计各有相应的理论支撑。例如,样例与练习的匹配,学习的知识编辑观支持交替式,而样例学习的概化观支持分块式[1]。

因此,所有研究结论都只是针对特定的学习内容与具体的学生,可以供参考、效仿,但不宜一概而论,以偏概全。

尽管如此,这些以具体教学内容为载体的研究,让我们看到了众多一线教师习以为常的实操做法、教学经验被精心设计的实验所证实,被学术语言阐述、概括,自然就会提升我们深入教研的自信,并给今后的教学实践带来新的启迪、借鉴和指导。

[1] 邢强,莫雷,朱新明.样例学习研究的发展及问题[J].心理科学进展,2003,(02):165-170.

第三章

运算教学的教学法研究（一）

本章集中探讨运算意义、运算性质、运算顺序的教学法。

运算意义的教学常常不被重视，其实它是学习运算的开端，对后续运算法则和运算律的学习、对运算的应用都具有举足轻重的作用。俗话说"良好的开端是成功的一半"，矫正了认知偏差，教学面貌焕然一新。在第一节里，还将剖析小学数学关于运算意义"剪不清，理还乱"的若干问题。

运算性质特别是运算律是数学大厦的基石，它的重要性怎么说都不为过。目前的教学，拘于浅层次的举例验证，怎样突破？第二节将给出依据运算意义说理、借助几何直观明理的探索性教学实践。

运算顺序教学的主要误区是用现实情境说明"先乘除、后加减"规定的合理性，这既多余又不恰当。实际事例只能说明规定满足了部分现实需要。怎样改进运算顺序的教学，第三节"解密"。

第一节 运算意义的教学

小学数学中的运算有加、减、乘、除四种,统称四则运算。每学习一种运算,都需要先后完成三个有着相互联系的任务:知晓运算意义;理解、掌握算理和算法;能够应用这种运算解决有关的问题。

三项任务既依次展开,又相互交融、相互促进。首先,每一种运算法则的导出都需要基于运算的含义。例如,加法把两数合并成一个数,是探究整数、小数、分数加法运算方法的先导。其次,运算的应用,既需要基于运算意义作出选择,如同样是合并,各部分数不等时用加,各部分数相等时用乘;又能在解决问题的过程中进一步巩固对算理和算法的理解。

所以,知晓运算意义就成了运算教学的首要环节。

一、运算意义教学概述

(一) 四则运算的意义

小学数学中的"运算意义"实际上是"运算定义"的代名词,是无可争议的数学基本概念。只是为了便于小学生理解,尽可能采用日常语言与少量数学名词加以描述,所以不叫"定义",叫"意义"。又由于正式概括运算意义通常安排在四年级,即整数四则运算教学的最后阶段,因此在这之前的教学中,习惯上又称作"运算含义"。多年来,随着学科教学法专业的弱化、泛化,"定义""意义"与"含义"的细微区别,已逐渐淡化,混用或不加区分势所必然。

1. 整数四则运算的意义

(1) 通俗易懂的描述。

我们知道,在小学数学教材中,整数(学习负数之前,指非负整数,亦即自然数)四则运算的意义是这样概括的(表 3-1):

表 3-1

四则运算	意义
加法	把两个数(叫作加数)合并成一个数(叫作和)的运算
减法	已知两个加数的和与其中的一个加数，求另一个加数的运算
乘法	求几个相同加数(叫作因数或乘数)和(叫作积)的简便运算
除法	已知两个因数的积与其中一个因数，求另一个因数的运算

它们之间有着如下的内在联系(图 3-1)：

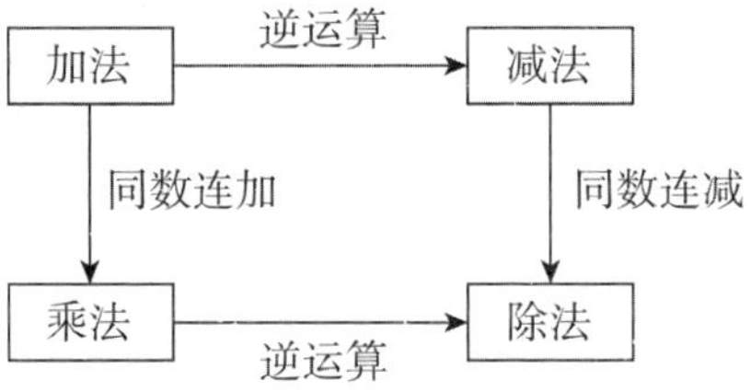

图 3-1

(2) 逻辑顺序与认知顺序。

教师有必要从两方面理解这一概念系统。

首先，从数学的观点来看，加法是四则运算的基础，乘法由加法引入，减法和除法分别以加法和乘法为基础，这样的逻辑发展顺序顺理成章。

其次，从学生的认知特点来看，以加法为基础也是合理的。因为自然数的概念是在计数物件过程中逐步形成并从计数结果中抽象出来的，而加法可以视为连续性的计数。事实上，当要计数的事物有两组或两组以上，要求合并成一组时，儿童自发想到的、也是最基本的方法就是连续地进行计数。因此，加法与认数教学的联系最为紧密、最为直接。于是，四则运算的教学从加法开始是十分自然的。

由于加法运算只能解决事物数量上的“合并”这一种需要，同时存在的另一种需要是从一个数量上“去掉”一部分，因此引入加法后尽早出现减法，使学生在事物的关联和比较中理解加、减法的含义，初步感悟逆运算关系，有利于通过“加进来、减回去”的计算过程加深理解，形成正确的概念。

对加法运算方法的掌握，使学生凭借思维，摆脱了对连续性计数，如数手指或其他实物的依赖。但当几个相同的数连加时,加法又显得十分笨拙与繁琐。于是,引进同数连加的简便运算——乘法也就水到渠成了。这样,势所必然地使得除法这最难理解和掌握的运算留在最后出现了。

(3) 逻辑—认知"序"与人类认识发生"史"的反差。

从以上分析可以看出,四则运算意义的逻辑顺序与儿童的认知顺序以及由浅入深、由易到难的教学原则都是相吻合的。

然而,这种顺序与人类对数学的早期认识过程却并不完全一致。例如,早在人类形成数的概念之前,就已自发地通过建立人与武器、人与捕获动物之间的一一对应(图 3-2),意识到了多或少的存在。在此过程中,自然发现鹿比人少,少 3 只。

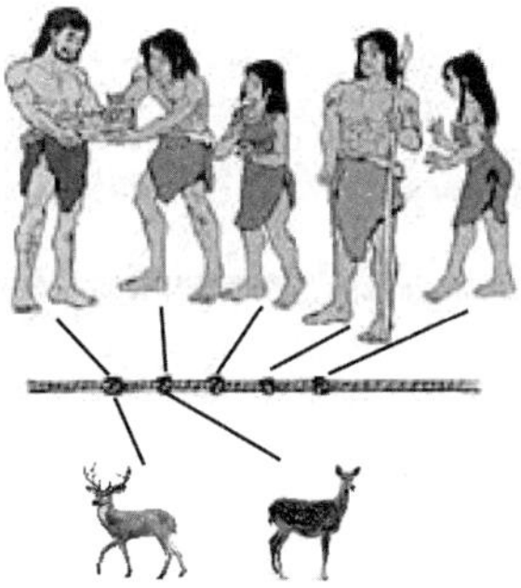

图 3-2

从某种意义上来说,这可以认为是减法运算最原始的萌芽。了解一些这方面的史实,能帮助我们理解小学数学教学走的是一条数学认知的捷径。

2. 分数四则运算的意义

(1) 数系的扩充。

在小学数学里,数的第一次扩充是引进数"0",第二次扩充是引进分数(本书所指分数均为非负分数)。这和人类认识数的进程恰好相反。

历史上,分数几乎与自然数一样古老。早在三千多年前,古埃及人就用特殊符号表示分子为 1 的分数。两千多年前,中国开始用算筹表示分数。但直到公元 628 年,0 的概念才首次出现在古印度数学家的书中。我国古代用算筹表示数时,用空位表示没有。由于种种原因,又过了近千年,西方才普遍接受 0。

从数学的角度来看,扩充数集的目的是解决原有数集中运算不能解决的矛盾。例如，整数集中除法不能通行无阻，扩充到分数集后，除数不为零的除法就总可以施行了。同时，除了给新数作出定义，使它和原有的数合在一起构成新的数集并确定一些基本关系(如大小比较)之外，还应在新的数集里对四则运算加以定义，使原来数集中的运算及其主要性质(如运算律)仍然有效。

小学阶段的分数知识虽说比较具体，不苛求理论的严密，但基本上还是遵循了数系扩充的原则。通俗地说：一是在原有基础上增加新的数；二是不违背原数集中的运算律；三是可以解决原先不能解决的问题。在这本书中，我们不可能对此作出全面考察，之所以陈述这些原则的要点，并逐步穿插介绍，是希望能为教师深入分析、理解小学数学教材的处理方式提供一点线索。

(2) 分数加、减运算的意义。

在小学数学中，分数加、减法沿用了整数加、减法的意义。因此，可以通过实例，根据整数加、减法的意义去理解分数的加、减运算。

应当看到，这种处理方式既容易为学生理解，也符合实际情况。因为在现实生活中，用加法计算的问题，不论加数是整数还是分数，都可以解释为“合并”。同样，用减法计算的问题，即使两个数都是分数，也都可以解释为“去掉”，概括为加法的逆运算，即已知和与一个加数求另一个加数的运算。

(3) 分数乘、除运算的意义。

关于分数乘法的意义，存在不同的教学主张与处理。

有教材主张回避乘法中两个因数的区分，因此以“6 块饼干的$\frac{1}{2}$是 3 块”“相当于 6 个$\frac{1}{2}$”为例，说明：整数×分数，相当于分数×整数，还是同数连加。那么，分数×分数表示什么呢？避而不谈。

历来有教师主张将$\frac{2}{7}\times 3$解释为$\frac{2}{7}$的 3 倍。岂不知，$\frac{2}{7}$的“3 倍”等同于“3 个$\frac{2}{7}$连加”，与整数乘法“同数连加”的意义一致，但将 3 换成$\frac{2}{3}$，则$\frac{2}{7}\times\frac{2}{3}$“可以说成是$\frac{2}{7}$的$\frac{2}{3}$倍”，但无法说是$\frac{2}{3}$个$\frac{2}{7}$连加。

我们认为：当一个因数是整数时，如$\frac{2}{7}\times 3$和$3\times\frac{2}{7}$，都看作 3 个$\frac{2}{7}$连加，

也不是不可以;但当两个因数都是分数时,如$\frac{2}{7}\times\frac{2}{3}$,看作$\frac{2}{3}$个$\frac{2}{7}$连加,或$\frac{2}{7}$个$\frac{2}{3}$连加,怎样辩解都是说不通的,就连小学生都有朴实的质疑"不满一个,怎么连加"。因此,借助实例帮助学生理解乘法意义的拓展是必要的。

在分数理论中,通常是直接用分数乘法的法则来给分数乘法下定义:

分数$\frac{am}{bn}$叫作分数$\frac{a}{b}$与$\frac{m}{n}$的积$(b,n\neq0)$。记作$\frac{a}{b}\times\frac{m}{n}=\frac{am}{bn}$。可以证明,这样定义能保证整数的有关运算及其主要性质仍适用于分数。据此,根据分数的意义就可以得到:

$$\frac{a}{b}\times\frac{m}{n}=\frac{a}{b}\div n\times m。$$

也就是说,求一个数的几分之几是多少,可以理解为:把这个数看作单位"1",将它平均分成 n 份,表示这样的 m 份就是所要求的积。可见,乘法意义的扩展"求一个数的几分之几是多少"可以归结为分数的意义,与分数理论也是相通的。

这无疑是学生认知的一个突破,也是教学上的一个转折和重点。

明确了分数乘法的意义之后,分数除法就可沿用整数除法的意义。但由于乘法的意义有了扩展,因此"逆运算"的具体含义也必定会有所扩展,这是数系扩充导致内涵增加所决定的。下面举例加以说明。

先看整数乘法及其逆运算的具体含义(表 3-2):

表 3-2

<table>
<tr><td rowspan="2">整数乘法</td><td>情境</td><td colspan="2">一批货 2 吨,3 批货几吨?
甲货 2 吨,乙货是它的 3 倍,乙货几吨?</td></tr>
<tr><td rowspan="2">算式</td><td colspan="2">2×3=6(吨)</td></tr>
<tr><td rowspan="3">整数除法</td><td>6÷3=2(吨)</td><td>6÷2=3(批),6÷2=3</td></tr>
<tr><td rowspan="2">情境</td><td>3 批货 6 吨,平均每批货几吨?
乙货 6 吨,是甲货的 3 倍,
甲货几吨?</td><td>每批货 2 吨,6 吨几批货?
乙货 6 吨,甲货 2 吨,乙货是
甲货的几倍?</td></tr>
<tr><td>等分(求相同加数)</td><td>包含(求相同加数的个数)</td></tr>
</table>

再看分数乘法及其逆运算的具体含义(表 3 - 3)：

表 3 - 3

<table>
<tr><td rowspan="2">分数乘整数</td><td>情境</td><td colspan="2">一批货$\frac{4}{5}$吨，2 批货多少吨？
甲货$\frac{4}{5}$吨，乙货是它的 2 倍，乙货多少吨？</td></tr>
<tr><td rowspan="2">算式</td><td colspan="2">$\frac{4}{5}\times2=1\frac{3}{5}$(吨)</td></tr>
<tr><td rowspan="3">相应分数除法</td><td>$1\frac{3}{5}\div2=\frac{4}{5}$(吨)</td><td>$1\frac{3}{5}\div\frac{4}{5}=2$(批)，$1\frac{3}{5}\div\frac{4}{5}=2$</td></tr>
<tr><td rowspan="2">情境</td><td>2 批货$1\frac{3}{5}$吨，平均一批货多少吨？
乙货$1\frac{3}{5}$吨，是甲货的 2 倍，甲货多少吨？</td><td>一批货$\frac{4}{5}$吨，几批货$1\frac{3}{5}$吨？
乙货$1\frac{3}{5}$吨，甲货$\frac{4}{5}$吨，乙货是甲货的几倍？</td></tr>
<tr><td>等分(求相同加数)</td><td>包含(求相同加数的个数)</td></tr>
<tr><td rowspan="2">分数乘分数</td><td>情境</td><td colspan="2">一批货$\frac{4}{5}$吨，运走$\frac{2}{3}$，运走多少吨？
甲货$\frac{4}{5}$吨，乙货是它的$\frac{2}{3}$，乙货几吨？</td></tr>
<tr><td rowspan="2">算式</td><td colspan="2">$\frac{4}{5}\times\frac{2}{3}=\frac{8}{15}$(吨)</td></tr>
<tr><td rowspan="3">相应分数除法</td><td>$\frac{8}{15}\div\frac{2}{3}=\frac{4}{5}$(吨)</td><td>$\frac{8}{15}\div\frac{4}{5}=\frac{2}{3}$</td></tr>
<tr><td rowspan="2">情境</td><td>一批货运走$\frac{2}{3}$是$\frac{8}{15}$吨，这批货多少吨？
乙货重$\frac{8}{15}$吨，是甲货的$\frac{2}{3}$，甲货重多少吨？</td><td>一批货$\frac{4}{5}$吨，运走$\frac{8}{15}$吨，运走这批货的几分之几？
乙货$\frac{8}{15}$吨，甲货$\frac{4}{5}$吨，乙货是甲货的几分之几？</td></tr>
<tr><td>已知一个数的几分之几是多少，求这个数</td><td>求一个数是另一个数的几分之几</td></tr>
</table>

很明显，前两种具体含义与整数除法相同。后两种具体含义可以视为倍数关系的引申，但绝不是求相同加数、求相同加数的个数。

好在这四种具体含义都可以抽象概括为“已知两个因数的积与其中的一个因数,求另一个因数”。因此,把分数除法仍旧定义为乘法的逆运算也符合它的实际应用。

3. 小数四则运算的意义

(1) 小数四则运算意义的本质。

小学数学一般将小数界定为“根据十进制位值原则书写的十进分数”,即把分母是 10^n 的(n 为正整数)分数,按照整数的写法写成不带分母的形式。由此,小数四则运算的意义与分数四则运算的意义相同。

但由于小数四则运算的教学安排在分数四则运算的教学之前,因此在教学一个数乘小数时,只能利用“倍”的概念或常见数量关系加以类比,同时通过直观图示作些初步的说明。教学一个数除以小数时则回避已知一个数的 10^n 分之几是多少,求这个数。显然,要想较深入地理解小数乘、除法的意义,只有在教学分数运算以后才能实现。因此,在小数乘、除法的教学中完全忽视运算意义的发展固然不对;相反,操之过急,过分强调乘、除意义的发展也会事倍功半。可取的策略,待学生理解和掌握分数乘、除运算之后,再回过头来根据分数乘、除法的意义及小数与分数的关系,对小数乘除法的意义作一番解释。

小数四则运算的意义可以一言以蔽之“与分数四则运算相同”,但小数与分数的关系却始终“剪不断,理还乱”。

(2) 小数与分数关系的辨析。

有学者鉴于有限与无限具有质的区别,认为定义为十进分数另一种书写形式的小数,仅指有限小数[1]。因为小数的大小比较方法与四则运算法则都只适用于有限小数。这一理由是成立的。

例如,按照“先看整数部分,整数部分大的小数就大”的方法,$1>0.999\cdots$,但事实是 $1=0.999\cdots$。

问题是,如此一来,循环小数被排除在小数之外,将给教学带来很多不便,诸如$\frac{1}{3}$、$\frac{2}{3}$等分数化小数就都没了“名分”?

事实上,当我们把分数写成由十进分数构成的无穷数列之和,则循环小数

[1] 熊曾润.浅谈小学数学里的“小数”概念[J].江西教育,1985,(Z2):62.

也就“名正言顺”了。例如：

$$\frac{3}{10}+\frac{3}{100}+\frac{3}{1000}+\cdots=0.333\cdots。$$

容易形成的共识是，作为分数另一种书写形式的小数不包括无限不循环小数，即：

$$\text{小数(分数)}\begin{cases}\text{有限小数}\\ \text{循环小数}\end{cases}$$

包括无限不循环小数（无理数）的小数是实数的一种表示形式：

$$\text{小数(实数)}\begin{cases}\text{有限小数} & \\ \text{无限小数}\begin{cases}\text{无限循环小数}\\ \text{无限不循环小数}\end{cases}\end{cases}\qquad \left.\begin{matrix}\text{有限小数}\\ \text{无限循环小数}\end{matrix}\right\}\text{有理数}$$

(3) 相关难点的消解对策。

每当通过除法引出循环小数时，教师大多会告诉学生，还有无限不循环小数，可是能举的例子似乎只有“π”。尽管教师再三渲染圆周率的小数值不断被刷新的世界纪录，印成一本那么厚的书还没完，但学生仍旧将信将疑。因为圆周率无论写出多少位，都看不出“无限不循环”。而且还会有学生追问：两数相除，会无限不循环吗？这常常令教师感到为难，怎样才能让小学生释疑呢？

历史上，人类发现的第一个无理数是如今初中生都皆知的$\sqrt{2}$。那是公元前五世纪毕达哥拉斯学派的希帕索斯（Hippasus），用毕达哥拉斯定理（即我们所说的勾股定理），证明边长为 1 的正方形对角线不能用分数表示，但这个数又确实在数轴上有唯一的点和它对应。当时没人能解释，史上第一次数学危机由此而来，直到 19 世纪实数理论的建立，才在严格的科学基础上，真正结束了无理数被认为“无理”的时代。遗憾的是，π 和$\sqrt{2}$都无法让学生信服“无限不循环”。

解决的办法就是构造一个一目了然的无理数[1]，如 2.010010001…。这样举例，学生不但豁然开朗，跃跃欲试仿造写出许多这样的数，而且还能确信无限不循环小数有无数个。教师还应知道：有理数是可数的，无理数不可数，

[1] 曹培英.民族文化促进数学理解例谈——兼议 HPM 的实践探索[J].小学数学教师 2021,(02):4-14.

换句话说,无理数比有理数多得多;有理数与无理数合起来才能布满数轴,即实数才是连续的。

学生的追问,只能留待学了抽屉原理之后,应用该原理作出说明[1]。例如,一个数÷7,“余数”只可能是1～6,将它们看作6个抽屉,则最多除(6+1)次,就一定有一个抽屉内有两个数,从而出现循环。这其实是基于小学生的认知水平,说明了有理数对除法运算的封闭性,即两个有理数相除,商不可能出现无限不循环小数。

4. 四则运算中各部分的关系

(1) 关系的梳理。

四则运算中各部分之间的关系如下所示(图3-3):

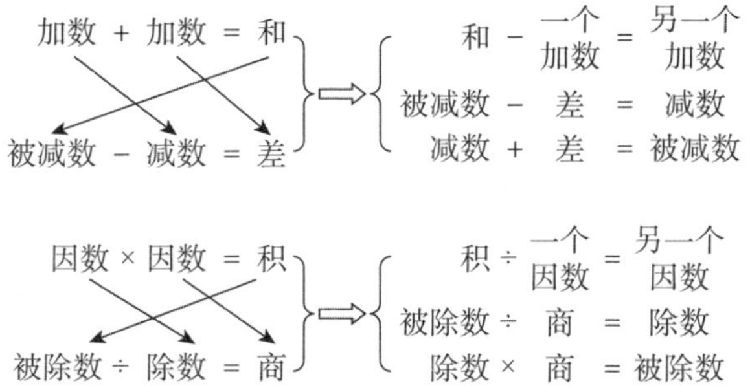

图3-3

对照四则运算的意义不难理解,这些关系都是由运算意义所决定的。例如,由减法的意义“已知两个加数的和与其中一个加数,求另一个加数的运算”可知,被减数相当于加法运算中的和,减数与差相当于两个加数。所以,求减数与求差一样,都是求未知的加数,都用减法计算;求被减数相当于求和,要用加法计算。这样的理解,是摆脱死记硬背的必要条件。

(2) 进一步的归纳。

上面图3-3中右侧六个关系式是否需要再作归纳?如果需要,怎样归纳比较合适?这六个关系式作为四则运算概念系统的一个组成部分,也是小学数学的基础知识,理应要求学生在理解的前提下进入长期记忆。为了方便记

[1] 曹培英,顾文.跨越断层,走出误区:小学数学深度学习教学研究[M].上海:上海教育出版社,2022:255.

忆，再作归纳也未尝不可。至于怎样归纳可以不拘一格。例如，有教师帮助学生归纳成四条：

① 求加数、减数用减法；

② 求因数、除数用除法；

③ 求被减数用加法；

④ 求被除数用乘法。

也有教师针对学生记忆这六条关系式的薄弱环节，着重强调“求减数、除数用原来的运算方法计算”这一条。

很明显，两种方法各有所长。对教师来说，必须明确的是，这里的算法归纳是一种手段，目的主要是培养学生寻找规律、总结规律的能力。因此，不论怎样归纳，都应是学生自己观察、思考的产物，同时还应允许学生根据自己在记忆这六个关系式时的具体困难，归纳成一条或两条加以重点记忆。

5. 厘清逆运算概念的迷思

很多教师都有这样的经验，在根据四则运算的关系求未知数的练习中，错误率较高的总是求未知减数、未知除数的习题。究其原因，主要是我们的“口头禅”——加减互为逆运算、乘除互为逆运算——给学生造成了错觉：既然加减互逆，求加数是用减法，那么求减数不就“理所当然”反过来用加法计算了。显见，问题的关键在于对逆运算的理解。

一般地说，已知两个数的运算结果及其中的一个数，求另一个数的运算（如果这种运算存在）叫作原来运算的一种逆运算。

如果原来的运算满足交换律，那么它就只有一种逆运算。例如，加法 $5+2=7$，其逆运算为 $7-5=2$，$7-2=5$，即加法的逆运算只有减法。

如果原来的运算不满足交换律，那么它就可能有两种逆运算。例如，减法 $7-2=5$，它的逆运算 $5+2=7$，$7-5=2$，即减法的逆运算有加法、减法两种（分别称为减法的右逆运算、左逆运算）。

故此，不加区别笼统地说减法的逆运算是加法，势必会使学生产生上述错觉。

当然，这些知识比较抽象，比较费解，全盘教给学生既有困难也没必要。因此，教材通常只说“减法是加法的逆运算”，不说“加法是减法的逆运算”和

“加减法互为逆运算”。教学时,除了如上所述,通过揭示加减法各部分之间的对应关系引出算法,还可以通过强调加法有交换律,因此求两个加数的方法相同,减法没有交换律,因此求被减数、减数的方法不同,从而帮助学生厘清认识,引起注意。

除法与乘法的逆运算关系,教材与教学,同样如此。

(二) 教学的整体安排

对于低年级小学生来说,教材表述的四则运算意义毕竟是相当抽象、理性概括的结论。他们需要在一段相当长的时间里逐渐积累大量的感性认识,并在反复感知的过程中逐步接受抽象概括的训练,才能真正理解。因此,小学数学教材通常将四则运算意义的教学分为感性认识、理性认识两个阶段。

1. 积累感性认识,理解运算含义

大多数教材在中年级完成了整数四则运算之后才会对四则运算加以总结,明确给出四则运算的意义。在此之前,为使学生初步认知四则运算的本质属性,教材有一系列的精心设计,教学也有相应的辅助措施。以加减法为例。

低年级教材一般借助图文并茂的趣味情境,为学生提供丰富、生动的直观形象,以便学生感知运算的含义。

例如,人教版教材从“气球图”入手,把两种颜色的气球合并在一起,求一共有多少个气球用加法计算;从 4 个气球中去掉绿色的,求剩下的红色气球用减法计算(图 3 - 4)。醒目、统一的背景素材,让学生更加容易比较、感悟加法与减法的不同含义。

图 3 - 4

在实物情境图下，及时抽象成表示“合并”和“去掉”含义的点子图，便于学生在观察、动手操作学具的过程中，进一步感知加减法的含义。相同题材的情境与图示，两相对照，有利于学生整体地领悟部分与总体之间的关系，经历从具体到半抽象的认识过程。

作为小学生学习运算的起步，强化首次感知的心理学、教学法意义不言而喻。在此基础上，还可以通过让学生看图说说算式的意思，用自己的方式表示算式的含义，如画一画、摆一摆、讲一讲(看算式编小故事)等练习，实现多种表征之间的转化，加深学生对加减法含义的感性认识。

而后，教师应当从学生已有经验出发，随着四则运算的应用范围由小到大，使学生的感性认识由贫乏到丰富，使他们对四则运算本质属性的感悟由肤浅到深刻，为最后完成概括创造条件。

2. 概括理性认识，明确运算意义

到了整数四则运算学习的结束阶段，学生已经积累了相当丰富的感性认识，进而加以系统的抽象、概括，使学生对每一种运算及其相互关系的认识从感性上升到理性也就水到渠成了。整数四则运算的这些知识又是进一步学习分数、小数运算的基础。

教材一般都从现实例子出发，通过问题解决，激活学生已有的知识与经验，引导学生思考：为什么要用加(减、乘、除)法计算？进而借助语言概括出运算的本质意义。

学生经历了“列出解决具体问题的算式→思考选择这种运算的理由→理解运算意义”的过程，再与教材中呈现的运算意义语句进行对比，感受教材中文字的简洁、准确，以促进概念的内化。

为了进一步加深对四则运算意义及其关系的理解，可以酌情设计相应练习活动。例如，交换问题与一个条件，改编成相关的两题。

案例 3－1 加减法实际问题的改编

原题：张叔叔驾车从上海到南京，全程 276 千米，行了 170 千米在服务区休息。此时到南京还剩多少千米？(求差——相当于求加数)

改编：张叔叔驾车从上海到南京，全程 276 千米，途中在服务区休息，此时到南京还剩 106 千米。张叔叔已经行了多少千米？(求减数——相当于求加数)

张叔叔驾车从上海到南京,行了 170 千米在服务区休息,此时到南京还剩 106 千米。上海到南京全程多少千米?(求被减数——相当于求和)

乘除法关系也可设计类似练习。

显然,同一背景素材的问题改编,有利于比较、辨析加与减、乘与除之间的关系,感受已知与未知的变化,使学生在回顾梳理基础上,通过联系实际的应用构建起比较完整的四则运算概念结构。

(三) 运算意义的认知功能

就小学阶段运算及其应用的学习而言,运算意义是贯穿始终的基础知识。

1. 导出算法的依据

无论是加减还是乘除,探究运算方法首先必须依据运算意义。从最基本的一位数加法、减法开始,学生能想到的各种方法,都源于对“加”“减”运算含义的最初感悟。

案例 3-2　5 以内的加法

(1) 看图写算式。

教师课件出示情境图(图 3-5),让学生说“看到了什么”“能编一个数学故事吗”,由此列出算式 3+2。

图 3-5

师:为什么用加法?

生 1:树上有 3 只小松鼠,还有 2 只也想跳上去,要加起来。

生 2:因为要把 3 只小松鼠和 2 只小松鼠合在一起,所以是 3 加 2。

(2) 教学算法。

师:合起来一共有几个? 说说你是怎么算的。

生 1:一共有 5 只。

生 2:3+2=5。

师:你们都知道了 3+2=5,有一个小朋友不知道等于几,你会怎么教他算加法呢?

生 1:我会教他想 3 和 2 组成几,组成 5,3 加 2 就等于 5。

生 2:如果他不知道 3 和 2 组成 5,我会教他数手指,先数 1、2、3,再数 4、5,一共有 5 个。

生 3:3 可以不数,接下去数 4、5。

生 4:我会画图给他看,先画 3 个圈,再画 2 个,他就看出一共有 5 个。

图 3-6

师:你们真会当小老师,想到了这么多方法。打开课本,看看书上是怎么教的(图 3-6)。

……

在学前教育基本普及的地区,教学 5 以内的加减法成了难题。因为大多数学生早已越过了"从头数""接着数"的阶段,其中相当部分学生无需回想数的组成,就能脱口而出"5"。所以,怎么让学生"退回到起点",想明白曾经的思考过程,并不容易。执教教师的"妙招"是"你怎么教不会算的小朋友"。既是自然、有效的启发,又激活了孩子们的表现欲。

不难看出,对于单一运算单位的数,强调相同计数单位才能相加是多余的。上例中各种算法的思考,无论是"从 1 开始数""从 4 开始数",还是想数的组成,都源于对运算含义的感知。

类似地,一位数的乘法,尽管涉及"十""一"两个计数单位,但导出乘法口诀的思维都是基于"同数连加"。

事实上,哪怕是分数除法,由运算意义导入,也会有启迪思维的理想效果。

案例 3-3　分数除法

(1) 复习乘法:分子相乘、分母相乘。例如,$\frac{4}{5}\times\frac{2}{3}=\frac{4\times2}{5\times3}=\frac{8}{15}$。

(2) 由乘到除:改写成除法算式$\frac{8}{15}\div\frac{2}{3}$。

(3) 启发探究。

① 反其道行之。

师:商应该是多少?可以怎么算?为什么?大家试一试。

生:商肯定是$\frac{4}{5}$,可以$\frac{8\div2}{15\div3}$,因为除法是乘法的逆运算,乘法是分子乘分子、分母乘分母,所以除法反过来,分子除以分子,分母除以分母。

生:分子、分母不能整除怎么办?

② 以同分母分数过渡。

师:是呀,分子、分母都能整除是很特殊的情况。为了解决一般情况,先来看$\frac{8}{15}\div\frac{11}{15}$可以怎么算。

生:还是分母相除、分子相除,$\frac{8\div11}{15\div15}=\frac{8\div11}{1}=8\div11=\frac{8}{11}$。因为分母相同相除得1,所以只要分子相除,然后根据除法与分数的关系,就能直接写出计算结果。

生:我有个问题,如果分母不相同怎么办?

③ 探究一般算法。

师:如果是异分母,能转化为同分母吗?

生(齐声):能。

师:那就再来试一题,$\frac{8}{15}\div\frac{3}{4}$。

生:先通分,转化为同分母分数,就很容易算了。$\frac{8}{15}\div\frac{3}{4}=\frac{32}{60}\div\frac{45}{60}=\frac{32}{45}$。

师:同学们发现了异分母分数相除,先通分,再分子相除的算法,与《九章算术》中记载的算法(叫作经分)相同。真了不起!再看看,能不能找到更简便方法?注意,$\frac{32}{45}$和$\frac{8}{15}$、$\frac{3}{4}$有什么关系?

生:$\frac{8}{15}$乘$\frac{3}{4}$的倒数就是$\frac{32}{45}$。

师:也就是$\frac{8}{15}\div\frac{3}{4}=\frac{8}{15}\times\frac{4}{3}=\frac{32}{45}$。(板书)谁能用语言概括?

生:甲数除以乙数,等于甲数乘乙数的倒数。

生:乙数不能为0。

生：是的。甲数除以乙数(0除外)，等于甲数乘乙数的倒数。

生：简单点说，就是颠倒相乘。

师：今天我们根据除法是乘法的逆运算，得到了分数除法计算的通法，与刘徽想到的方法一样。每个同学各举一个例子验证一下。

……

以上教学片断，由逆运算切入，由“不能整除怎么办”“分母不同怎么办”这两个自然而然的生成性问题，导出“颠倒相乘”。如此行云流水，丝毫不露刀斧痕迹的内在原因：

其一，学生头脑中对除法的印象，最深刻的莫过于“与乘法相反的运算”。因此，既然分数乘法是分子相乘、分母相乘，那么分数除法反其道行之，将分子相除、分母相除就是十分自然的。

其二，在我们成人看来，给被除数和除数通分有点不可思议，因为“颠倒相乘”的观念太深刻了。但学生不然，在他们学习分数除法之前，尚不知世上还有“颠倒相乘”这回事。而对通分，却记忆犹新。

据此分析不难发现，这种顺水推舟式的推导过程比较容易被“同化”入学生已有的认知结构。

有意思的是，学生发现的“先通分再分子相除”的算法，与我国古代早期的算法不约而同，进而，又找到了如今用的算法。一节课，踩到了人类认识分数除法漫长历史的几个关键点。

本来，运算意义对于算法探究的先导作用是理所当然的。只是鉴于当下强调了计数单位的解释力之后，运算意义的作用淡出了大家的视野，所以才列举两例，予以实证与提醒。

其实，前面案例1-3已经提醒我们，教师忘却运算意义，有时会“寸步难行”。对于小数乘整数来讲，再现运算意义具有明显的教学法优势(参见课例4-4)。

2. 选择运算的依据

如何在问题解决过程中正确选择运算是顺利解决问题的关键一步，也是一些学生的困难所在。究其原因，主要还是不理解运算意义造成的。一旦学生对于因为“合并”所以用加法，因为“去掉”所以用减法，因为“同数连加”所以用乘法,因为"平均分"所以用除法有了较为清晰的理解,那么正确选择运算方法列式就能得心应手。

然而,在解决问题的教学中,教师往往只在列出算式后要求学生说出算式里每个数的含义,却很少让他们说说选择运算的理由。以至于一些学生从低年级起,就养成了根据个别字词(如多、少、倍、一共、还剩等)或已知数据的特点猜算法的习惯。因此,加强根据运算意义选择运算的说理,应当引起足够的重视。

3. 理解运算律的依据

运算意义也是学生理解运算律的重要依据。目前,各版本教材在编写运算律这一单元内容时,都采用让学生举例说明的方式,通过观察、比较,利用不完全归纳抽象概括出运算律的结语(图 3-7)。

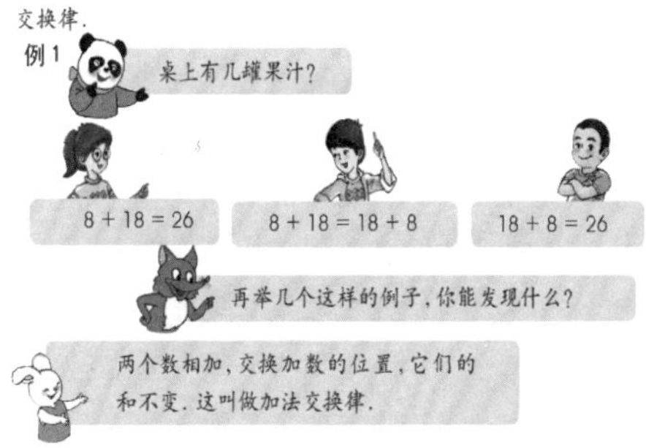

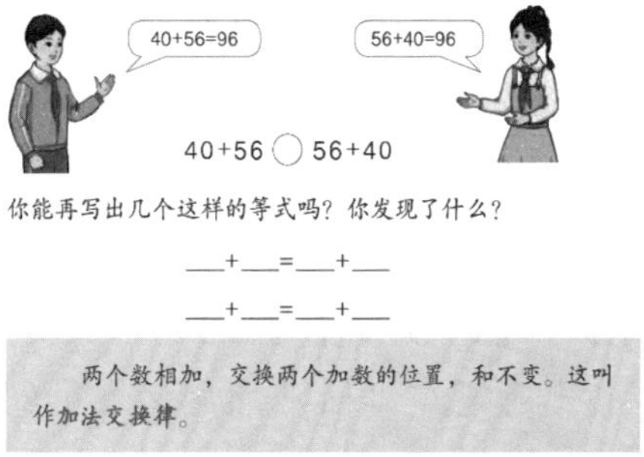

图 3-7

教师们也都鼓励学生列举不同数值的例子,课堂上你一言、我一语,好不热闹。似乎都忘了举例再多,还是或然推理,仍停留在"知其然"水平上,并没有实质性的进展。

不可否认,小学数学的很多结论是通过举例,依靠不完全归纳得出的。但那是条件不具备时的无奈之举,一旦有了相应的基础知识,就该利用,通过说理启发学生"知其所以然"。

就拿加法运算律来说,概括运算意义之前,教材从初学加法起就开始了渗透之旅:首先是一图一式,然后是一图两式(图 3-8)。

图 3-8

有教师还用教具演示，学生惊讶地发现，转一下，5＋2 变成了 2＋5，珠子仍旧那么多(图 3-9)。

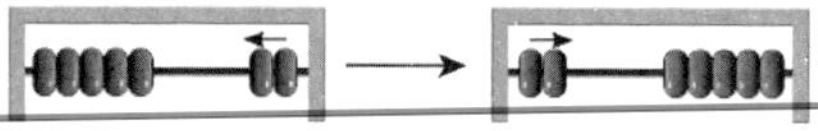

图 3-9

这样的演示，对于还在依赖数数的学生来说，其实是在揭示计数公理之一“数数的顺序与结果无关”。

到教学多位数加法时，又安排了交换加数验算的学习(图 3-10)。

445+298=____
我列竖式计算。
4 4 5
+ 2 9 8
7 4 3
他算得对不对呢？你能验算一下吗？
可以交换 445、298 的位置，再算一遍。
2 9 8
+ 4 4 5
7 4 3
你是怎样验算的？
做练习时要养成验算的好习惯哟！

图 3-10

如此一系列的铺垫，可谓做足了功课。在此基础上，正式教学运算律如果仍然举例验证，岂不原地踏步？

既然已经概括了加法运算的意义，为什么就不能用来启发学生说理呢？

案例 3-4　加法交换律、结合律的教学

创设情境：

如图 3-11，从学校到电影院，要经过少年宫，去、回分别走了多少米？你发现了什么？

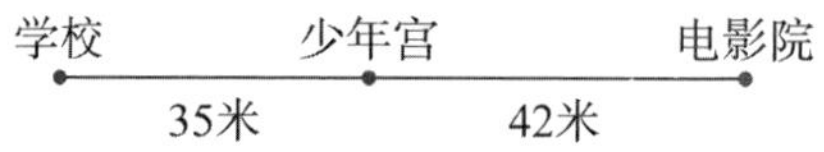

图 3-11

生：去走了(35＋42)米，回走了(42＋35)米，不用算也知道 35＋42＝42＋35。

师：为什么不算就能肯定和相等呢？

生:因为去、回都走同样的路,路程相等。

师:我们已经知道加法是把两个数合并成一个数的运算,能根据运算意义说明吗?

生:可以,因为是合并,所以并过来、并过去,结果一定相等。

师:那还用再举例验证吗?为什么?

生:不用了,因为换成其他数字,交换加数的位置和也是相等的。

生:把图上的35、42换成字母 a、b,就能看出 $a+b=b+a$。

……

师:再来研究三个数相加,想说什么?

生:加法的意义都是合并,并来并去和都是相等的。

生:不管哪两个数先合并,结果都相等。

生:把三个数用字母表示,$(a+b)+c=a+(b+c)$。

……

可见,以往的教学低估了学生的抽象推理能力,学生由"合并"作出的解释其实是一种初步的演绎推理。

实践表明,其他几条运算律也都能启发学生依据运算意义,通过说理知其所以然。

二、加、减法运算意义的教学改进

1. 基于学情的教学改进

我们经常遇到这样的情况,不少学生听到或看到"一共""还剩"等字眼时,立即作出加法、减法的反应。难道这些字眼应当少用甚至回避吗?

从数学上讲,"一共"(和)与"剩下"(差)是加、减运算的结果,"合并"(加)、"去掉"(减)才是加、减的运算。学生之所以产生将结果当作方法的错觉,并形成思维定势,与长时期单纯通过教师的讲授,以及仅仅采用静止的图片,突出了运算的结果有关。

为了改变这一状况,有必要采取"变静为动"策略,凸显过程。过去没有多媒体课件,只能选择显示动态的图片(图3-12):

图 3 - 12

或者做手势表示(图 3 - 13)[1]:

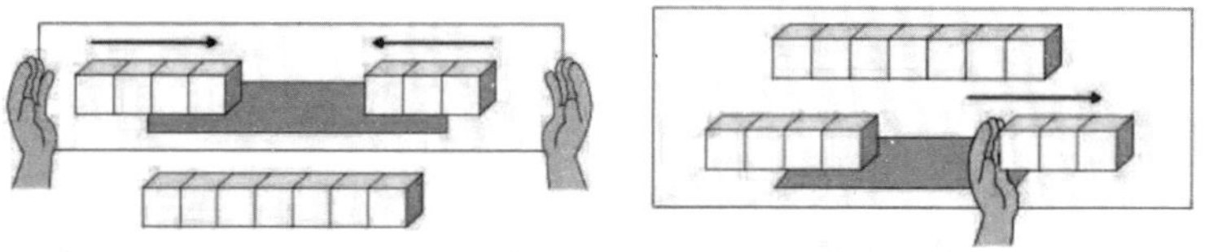

图 3 - 13

现在条件优越了,教学手段有了前所未有的更新,运算含义的动态演示反而不被重视。

与此同时,还可以通过演示加、减运算符号的生成,让符号开口说话,显现"合并""去掉"的运算含义。也就是通过课件的动画演示,让学生看到:"一横一竖"合起来叫作加,表示合并、添上、增加的意思[2]。理解了加号的内涵,减号的引入就可以让学生自己解释。

案例 3 - 5　引进减号

师:昨天我们学习加法,认识了加号,谁来说说加号表示什么意思?

生:一横添上一竖并到一起,表示把两个数合起来。

教师重现加号的生成演示。

师:今天学习减法,谁又来说说为什么减号用一横表示呢?

生:减法要从一个数里去掉一些,把加号的一竖拿走,就是减号了。

师:真聪明,加号拿走一竖,留下一横表示减。

生:老师,为什么拿走一竖,可不可以拿走一横?

学生的提议超出教师备课的预设,一时愣住了,不知如何回应。没想到马

[1] 张天孝.九年义务教育小学实验教科书·数学·一年级上册[M].杭州:浙江教育出版社 2008:62,66.

[2] 曹培英.跨越断层,走出误区:"数学课程标准"核心词的解读与实践研究[M].上海:上海教育出版社,2017:24 - 25.

上有学生反对。

生:不行的,如果拿走一横,剩下一竖会和1混起来。

师:是的,看来还是拿走一竖,留下一横表示减更好。

学生迫不及待的反驳,不但替教师解了围,还给减号之所以用一横表示增添了一个令儿童信服的理由。

这样的教学,生动、直观而又浅显地揭示出加减运算的含义,同时又能使学生通过视觉、听觉与比较、思考的协同活动,获得加与减的鲜明感知。做到了这些,就大可不必绞尽脑汁地回避某些字眼了。

此外,让学生摆弄“学具”(彩色小塑料片、小棒等)表示加减算式与计算结果,也有助于形成正确的概念。

2. 关于运算符号的解读

上述教师对加减号的解读,如果拘泥于数学史实,就都是“望文生义”。因为,加号、减号的来历有多种说法。例如,有人揣测是由字母草书演变而来。一般认为,“+”与“−”最初是当作盈余与不足,作为运算符号最早是由德国数学家魏德曼(Johannes Widman)开始使用的。至于魏德曼当初是如何想的,已难以考证。

小学数学中最常用的四个运算符号和四个关系符号(=、>、<、≈),似乎只有等号的含义发明者给出了明确说明。1557年,英国数学家雷科德(Robert Recorde)在其论文《砺智石》中写道:“为了避免枯燥地重复 is equal to(等于)这个词,我认真地比较了许多的图形和记号,觉得世界上再也没有比两条平行而又等长的线段,意义更相同了。”其他符号,即使找到相关史料作出推证,也是史学研究的成果,不一定对教学有用。

因此,我们对于数学史料的观点是“能用则用,不能用就不用”。这一观点源自20年前的阅读,中国科学院院士陈希孺先生在写给中学数学教师的一篇文章中,将美国著名统计学家图基(John W. Tukey)《数据分析的未来》的主张概括为“对概率论,可用则用,不可用则不用”[1]。一个认为统计学是数学学科分支的统计学家,对数学竟然有如此充满实用主义色彩的态度,难道不值得我们借鉴吗?

数学史确实能给数学教学研究增添很多养料,但教学又不应拘泥于史料。

[1] 陈希孺,统计学的意义(续)[J].中学数学月刊,2004,(03):1-3.

如同唐代李贺诗云“寻章摘句老雕虫”，作者自嘲青春年华消磨在寻章摘句的雕虫小技上。

教师对四则运算符号含义的解读，深受小学生的喜爱，使儿童对抽象的数学符号产生好感，愿意亲近符号，这是极为有益的教学法加工，就像童话将太阳这一星球称作“太阳公公”一样，是一种符合儿童年龄特征的处理方式。如果追究历史的真实，完全按照现有的考证来解释，不仅寡然无味，而且于事无补。

分数、小数加减运算的意义与整数相同，学生也容易理解，教学中常常一带而过也是可以的，这里不再展开讨论。

三、乘、除法运算意义的教学改进

1. 整数乘法运算意义的教学改进

教学“认识乘法”时，首先应当使学生领会引进乘法的必要性。也就是通过实例使学生体会到乘法的“简便”。

上海市名师培养基地的一次教学展示，执教教师收集了大量的资料，汇集各地优秀教师教学认识乘法的经验与做法，写出“教学研究综述”。然后吸取众家之长，制订教案，又经几次试教、反思与改进，正式教学表现非常出色，前来观摩的教师众口一词“惊艳”“找不出缺点了”。

没想到基地主持人评课一开始提出的问题，使全场教师陷入了沉思。问题是：试教了 3 个班，130 多名学生，有没有一人回家兴奋地向家长汇报今天学了一种了不起的运算？执教教师实事求是地回答“没有”。

怎样才能使新知识真正打动学生，使他们为之兴奋、激动不已呢？

案例 3-6 认识乘法

情境 1：三只小猴依次摘了 3 个、2 个、1 个桃，一共摘了几个桃？

随着课件的演示，学生报出算式 3+2+1。

情境 2：三只小猴都摘了 2 个桃，一共摘了几个桃？

随着课件的演示，学生报出算式 2+2+2。

师：两次摘桃和算式，有什么相同与不同？

生：都是连加，第一次 3 个加数不相同，第二次相同，都是 2。

［评析］明显的教学改进,从不同数连加到同数连加,有助于凸显概念本质。

师:像这样有100只小猴,每只都摘2个桃,一共摘了多少个桃?算式会写吗?

生:会,写100个2连加。

学生开始动笔。有人疑惑地看教师,有人写了不一会儿抬头问:可不可以用省略号?

师:怎么了?

生:小猴太多了,写到下课也写不完呀。

师:好吧,那就一起来学习一种简便方法,100个2连加两秒钟就能写完。

学生立刻停笔。

教师指着2+2+2边讲边演示课件:相同加数是几(生齐声:2),先写2,因为是特殊的加法,相同加数的连加,加号转一转("+"旋转45°成"×"),这叫乘号,一起说(生齐声:乘号),再接着写相同加数的个数,这里有几个2(生齐声:3),那就写3。现在100个2连加会写了吗?学生欢呼雀跃。

师:汇报一下,你先写什么、再写什么,表示什么意思?

生:我先写相同加数2,再写乘号,像打叉,后面再写100,表示100个2连加。

……

［评析］浑然天成的教学:相同加数、个数的认知源自连加算式最自然的观察顺序;乘号的引入既富有童趣,又彰显内涵。

从"可不可以用省略号""小猴太多了,写到下课也写不完呀"到"两秒钟就能写完",这短短几分钟的时间里,学生的经历、感受可谓"山重水复疑无路,柳暗花明又一村"。

以上教学改进,不但放大了"简便运算"的冲击力,给学生带来强烈的体验刺激,而且充分显现出"先写相同加数,再写相同加数的个数"这一书写顺序的合理性。

进一步,为了凸显"简便"的前提——连加的加数都相同,设计如下练习常常是颇为有效的。

把加法算式改写成乘法算式,不能改的打"×"。

3+3+3+3　　　　4+4+4+4+4

5+5+5+3　　　　2+3+4+5+6

……

有趣的是，在那些教学民主氛围浓厚，学生思维活跃的班上，常有些学生作出出乎意料的巧妙答案“5＋5＋5＋3＝6×3”“2＋3＋4＋5＋6＝4×5”。学生灵机一动的思维过程涉及数的分拆与移多补少。

这样一来，乘法——同数连加的简便运算，就变得“有血有肉”，令人印象深刻、久久难忘了。

2. 整数乘法运算意义教学处理的争议

对于整数乘法意义的教学处理，历来存在争议。

一种主张“语言优先”，3 个 5 写作 3×5，读写一致。似乎言之有理。但随之而来的问题在于，按此约定，5 的 3 倍岂不又应该写作 5×3？同一数学内涵的不同说法导致不同的算式，无疑是“语言优先”理论的致命伤。

另一种主张是引进乘法时就说明 3 个 5 与 5 个 3 相等，相当于将乘法交换律作为乘法定义的一部分。这当然无伤大雅。但这样一来，不仅增加了初学的难度，而且难免导致知识系统的紊乱。最明显的，加法也有交换律，为什么不纳入定义了呢？再者，后面学习乘法交换律又有多余和重复之嫌。更重要的问题在于：

其一，从一开始引入就定义 a 个 b 与 b 个 a 相等，势必弱化相同加数与个数的感知，致使两个因数（乘数）含义的辨析、区分难以进行。

其二，尽管乘法具有交换律，但交换律只对两个数（不考虑其实际内容）相乘的运算起作用。所谓“积不变”，是指运算结果的数值不变，而不是算式的含义不变。因此，相同加数及其个数混为一谈势必影响应用乘法解决实际问题时的说理。

其三，给后续小数、分数乘法的教与学带来不必要的麻烦。特别是每当出现用“同数连加”说不通的情况，就只能含糊其辞或避而不谈。

此外，在算术基础理论中，根据同数连加的定义，相同加数可以包括 0 和 1，相同加数的个数只能是等于或大于 2 的整数。为此，必须补充定义：$a\times1=a$，$a\times0=0$。这种补充定义纯粹是一种规定（当然是合理的），无须对学生明言，教师知道即可。

其实，取消两个因数（乘数）含义的区分，主要是为了减轻学生的学习困难。就此而言，可行的处理是两方面兼顾。

一方面，基于无论怎样处理，都无法也不该回避相同加数与加数个数的事实，引入教学时明晰概念，引导学生分清“几个几”。到教学一句口诀算两道乘法题时,再借助直观图示“横着看、竖着看”,渗透交换律。显然有利于分散难点,便于学生接受与逐步理解、内化,同时又能免除一系列的后患。

同样,解决应用乘法的实际问题时,数量关系的分析无法也不该回避“几个几”。据此我们认为,教材理应坚持规范,即解决实际问题的列式,相同加数在前、相同加数的个数在后。这一规范最直接的论据就是乘法的来源“同数连加”,任何人首先看到的是相同加数,然后才会去计数有几个。案例 3-6 的教与学充分印证了这一点。

另一方面,对于学生的作业、试卷答题,从宽评判,两个因数交换书写均予以认可,以减轻低年级学生的学习焦虑。

3. 整数除法运算意义的教学改进

除法作为整数四则的最后一种运算,它的引入路径最为多样。可以由同数连减引入,也可以由乘法,或者由平均分引入,后者又有先“等分”、后“包含”或相反两种选择。实践表明,这些不同的方式各有利弊,因而也是教学处理最为纠结的内容。

教学前,以课本内容(图 3-14)为载体,选择不同基础的学生进行学情调研:

图 3-14

(1) 把 6 块糖分成 3 份,学生清一色想到的是每份 2 块。

(2) “做一做”两题的正确率几乎是 100%。

结果表明,平均分不是难点,绝大多数学生能够无师自通。

既然如此,为何不打开思路作进一步的教学探索呢?

课例 3-1　除法的初步认识

(一) 动手操作,引入平均分

(1) 把 6 块糖分成 3 份,可以怎样分?

鉴于学情调研发现多数学生首先想到平均分的现实,教师要求同桌两人交流,用圆片摆出不同的结果。

(2) 交流。出现三种结果:4、1、1;3、2、1;2、2、2。

生：每份 2 块最好，最公平。

师：看课本，机器人说了什么？

生：每份分得同样多，叫平均分。

教师板书“每份同样多，叫平均分”，全班齐读，教师在“同样多”下加着重号。

[评析] **尽管平均分不是难点，但还是需要通过每份不等与相等的比较引出新名词，帮助学生在比较中获得初步理解。**

(3) 完成课本“做一做”。

(二) 圈一圈，感知除法的一种情况

(1) 6 块糖，每人 2 块，可以平均分给几个人？

先让学生各自在学习单上画圈分，再请一名学生板演，并口述过程。教师跟随学生画出的圈，课件同步演示，并逐步板书连减算式 6—2—2—2。

师：分完了吗？(课件出示“=0”)还记得吗，相同数连加用什么运算简便？(生：乘法)那么，连减相同的数呢？

生：我知道，用除法简便。

师：你已经知道除法了。

生：我们也知道，6 除以 2 等于 3。(师板书：6、2、=3)

师：除号怎么写呀？

生：先写一横，在上面点一个点，下面也点一个点。

师：一横表示什么意思，上下各点一个点又是什么意思呢？

生：一横大概表示平均分的意思。

生：上面、下面都是一个点，可以表示每份一样多。

师：不错，一横、两点合起来表示平均分，真好！谁来把 6÷2=3 的意思完整说一遍？

生：6 表示 6 块糖，除号表示平均分，2 表示每人都分到 2 块糖，3 表示可以分给 3 个人。

师：同桌两人相互说一说。

请一名学生复述，教师板书：同数连减用除法。

师：对照你们圈的图和算式，6 里面有几个 2？

生(齐)：6 里面有 3 个 2。

[评析] **该班教师在前面的教学中，通过动态演示说明了加号的含义(一**

横添上一竖表示合并)、减号的含义(从加号中拿走一竖表示去掉)、乘号的含义(将加号转一下表示特殊的加法),这里尝试放手让学生自己解读除号的含义,获得成功。

(三) 分一分,感知除法的另一种情况

(1) 6 块糖,平均分给 3 人,每人分到几块?

先让学生各自在学习单上连线分。教师巡视,请一位分两次连线的学生在黑板上演示,并口述过程。教师跟随学生等分的过程,课件同步演示,并逐步板书连减算式 6—3—3=0。

师:又是同数连减,能写成除法算式吗?

生:6÷3=2。

师:谁来根据题意把 6÷3=2 的意思完整说一遍?

生:6 块糖,平均分给 3 个人,每人分到 2 块。

师:同桌两人相互说一说。

……

师:两个问题都用除法解决,左边这个是求 6 里面包含了几个 2,右边这个问题呢?

生:右边这个问题是求 6 平均分成 3 份,每份几个。

师:对。一个是知道每份 2 个,求平均分成几份,另一个是知道平均分成 3 份,求每份几个。它们的共同点呢?

生:共同点是每一份同样多。

生:共同点都是平均分。

师:大家同意吗?(板书:除法解决平均分的问题)

……

全课板书:

每份同样多,叫平均分

6块糖,每人2块。 | 6块糖,平均分给3人。

6−2−2−2=0 | 6−3−3=0

同数连减用除法更便捷

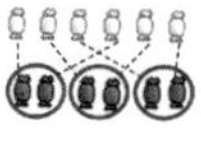

6 ÷ 2=3(人)　　6 ÷ 3=2(块)

除法解决平均分的问题

[评析] 教师匠心独具地将同数连减与除法的“包含”“等分”含义糅合、串联起来，形成关于除法意义的一个有机整体。整个教学过程由平均分到同数连减、再到除法，一气呵成，使除法的两种实际含义（求相同加数及相同加数的个数）同时呈现在学生面前，有利于学生形成较为完整的认知结构。看似难点集中，实则通过对比收到了难点相互抵消的效果。

在此过程中，两次操作活动“分学具感悟平均分”“画图区分平均分的两类问题”，起到了认知支撑作用。其心理学依据都是借助于手脑并用的操作使无形的、内在的思维活动得以“物化”和“外显”，从而起到促进思维、帮助理解的作用。其中的启发“同数连加用乘法简便，同数连减呢”，激活了学生的类比思维，有效实现了学习的迁移。

在以往的教学中，总以为同数连减比较抽象，学生难接受，忘了乘除法的联系，除了乘法口诀，还可类比同数连加的已有认知；总以为平均分与同数连减是两种视角，难以关联；总以为“等分”与“包含”是两种“分法”，不宜同时出现。由此，割裂开来一一教学。

课例 3－1 的实践告诉我们，除法的这些数学内涵是相通的、自洽的，关键在于教学的处理、加工，使知识、教学、学生三者和谐统一：

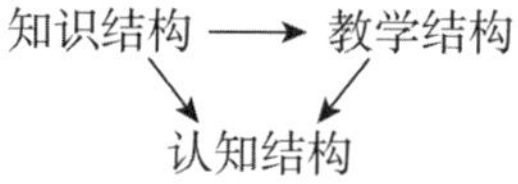

上述课例之所以效果良好，前面从加、减到乘教学的持续铺垫不可或缺。数学学习是一个系统，再好的设计也离不开学生的认知基础。当然，也有赖于教师的教学技巧。例如，有经验的教师都有体会，学生完成包含的图示“圈一圈”不难，但图示等分时容易把结果当作已知。课例中教师的处理是通过巡视，发现有学生分两次连线，于是出现了学生教学生的一幕。否则由教师讲解，颇费口舌。真所谓教学贵在得法。

关于除法运算意义的教学，还有必要指出：有余数除法中的被除数并不相当于乘法中的积。从数学角度讲，有余数除法在整数范围内总是可以进行的，而整数除法却做不到这一点。因此，在数学上有余数除法另有它自己的定义。但以学生的视角看，又可以联系它的实际含义，无非是没有分完的平均分。这样解释学生就很容易接受了，所谓的“等分”与“包含”也可以延续。

此外,有余数除法的应用,以下几个问题似有探讨的必要。

一是题目的陈述问题。例如,22 名学生去划船,每条船最多坐 4 人,至少要租几条船？解答是:22÷4=5(条)……2(人),5+1=6(条)。

题中的“最多”“至少”起到了提醒作用,加上教师的强调,使不少学生将“最多”“至少”与“商+1”建立起联系。事实上,不出现这两个词:22 名学生去划船,每条船可坐 4 人,他们要租几条船？答案同样是“要租 6 条船”。

与此相关的问题:20 名学生去划船,每条船可坐 4 人,他们要租几条船？这是余数为 0 时大家都认可的陈述。其实,“每条船可坐 4 人”,也是“最多坐 4 人”;“要租几条船”,也是求“至少要租几条船”。

可见,“最多”“至少”与“商+1”并无必然联系。正确的教育方式,应该强调“遵守规定”与“保证安全”,而不是突出个别词语。

二是答案的完善问题。例如,13 名学生去划船,每条船可坐 4 人,他们要租几条船？学生给出解答“13÷4=3(条)……1(人),3+1=4(条)”,问题解决了吗？我们曾要求学生画简图表示 4 条船应该怎样坐,有学生发现了问题,主动加以纠正(图 3－15):

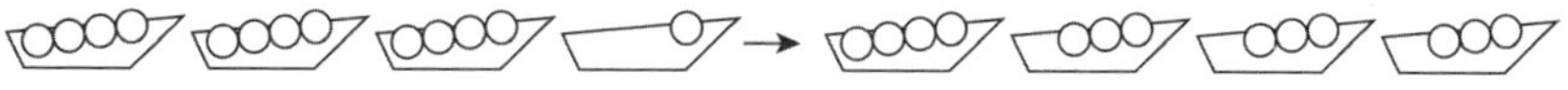

图 3－15

通过交流,学生能达成共识:只算出 4 条,还没有真正解决实际问题,合理的方案是 1 条船坐 4 人,3 条船各坐 3 人。

三是相关问题的辨析。例如:

(1) 28 张照片,每页放 6 张,几页才能放下？

(2) 28 张照片,每页放 6 张,放满了几页？

(3) 28 张照片,每页放 6 张,最后一页放几张？

设计这样的题组,很容易使学生感悟问题之间的联系与区别,加深对算式各部分含义的理解。

4. 分数乘法运算意义的教学改进

自 21 世纪初以来,只有个别教材大大方方地给出“求一个数的几分之几是多少,可以用乘法计算”。有的教材一度让卡通人物说“在这里,一个数乘几分之几表示的是求这个数的几分之几是多少”,修改后才出现在正文中。

还有教材用“6块饼干的$\frac{1}{2}$是3块”“相当于6个$\frac{1}{2}$”替代，然后由1的$\frac{1}{2}$是$1\times\frac{1}{2}$，引出$\frac{1}{2}$的$\frac{1}{2}$是$\frac{1}{2}\times\frac{1}{2}$，$\frac{1}{4}$的$\frac{1}{2}$是$\frac{1}{4}\times\frac{1}{2}$。内在的逻辑是：整数×分数，相当于分数×整数，还是同数连加；然后由整数×分数类推出分数×分数。至于分数×分数表示什么，避而不谈。

如前所述，乘法运算从整数扩展到分数，它的运算意义从“同数连加”发展为“求一个数的几分之几是多少”，是分数意义的自然引申。

为帮助学生理解，通常借助常见数量关系引入（图3-16）。

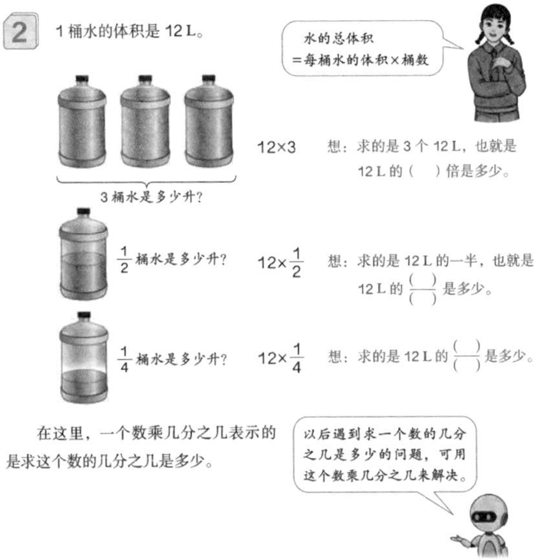

图3-16

思考的依据是：桶数变化，数量关系“每桶水的体积×桶数=水的总体积”不变。学生容易据此类推，3桶、半桶、几分之几桶，都是用每桶水的体积（12L）×桶数（整数、分数均可），求出水的总体积。

然后由算式“一个数×几分之几”得出它的含义是“求这个数的几分之几是多少”。反过来，遇到求一个数的几分之几是多少的问题，就可用这个数乘几分之几来解决。

也可以由分数的意义引入(图 3-17)[1]：

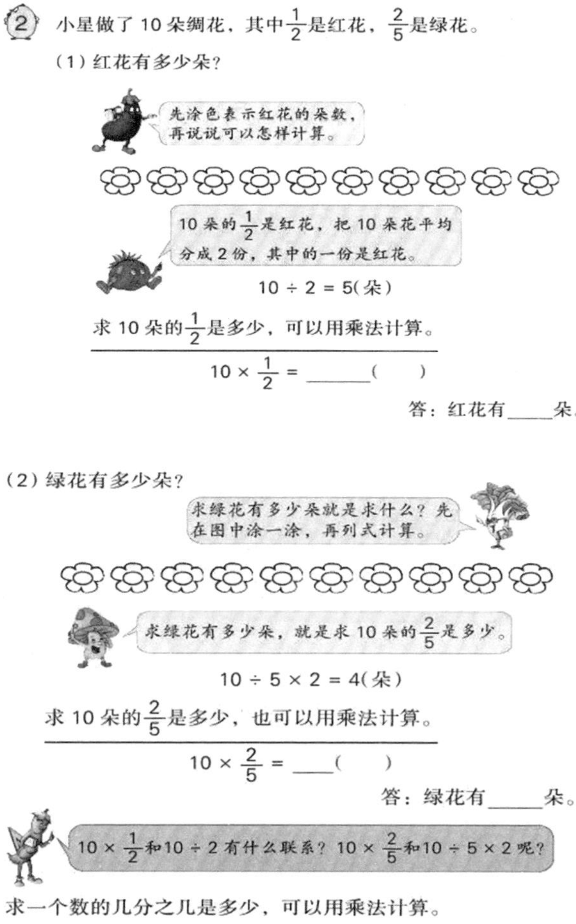
② 小星做了 10 朵绸花，其中$\frac{1}{2}$是红花，$\frac{2}{5}$是绿花。

（1）红花有多少朵？

$10 \div 2 = 5$(朵)

求 10 朵的$\frac{1}{2}$是多少，可以用乘法计算。

$10 \times \frac{1}{2} =$ ______(　　)

答：红花有____朵。

（2）绿花有多少朵？

$10 \div 5 \times 2 = 4$(朵)

求 10 朵的$\frac{2}{5}$是多少，也可以用乘法计算。

$10 \times \frac{2}{5} =$ ____(　　)

答：绿花有_____朵。

求一个数的几分之几是多少，可以用乘法计算。

图 3-17

根据分数的意义，“其中$\frac{1}{2}$、$\frac{2}{5}$”是把 10 朵看作单位“1”，平均分成 2 份、5 份，取这样的 1 份、2 份。学生据此容易列出 $10\div2$、$10\div5\times2$。但他们很难自发想到列出 $10\times\frac{1}{2}$、$10\times\frac{2}{5}$ 的算式，这就需要教材或教师直接告诉学生。

改进的对策是两种引入结合，先依据常见数量关系让学生自己类推出乘法算

[1] 孙丽谷，王林. 义务教育教科书·数学(六年级上册)[M]. 南京：江苏教育出版社，2014：30. 正文中的下划线为笔者所加。

式，再根据分数的意义作出解释。

案例 3-7 分数乘法意义的教学

(1) 类推算式。

问题情境：汽车每小时行 60 千米，2 小时行多少千米？$\frac{2}{3}$小时行多少千米？

师：默读，同桌说说这题的数量关系和算式，再交流。

生：这题的数量关系是速度×时间＝路程，算式是 60×2，$60\times\frac{2}{3}$。

师：是的，速度、时间与路程的关系不会因为时间由整数改为分数而改变。

(2) 解释，概括意义。

师：一个数乘分数的含义是什么呢？我们以 $60\times\frac{2}{3}$ 来说明。画一条线段表示汽车每小时行 60 千米，$\frac{2}{3}$小时行多少千米怎么表示？

生：把这条线段平均分成 3 份，其中的 2 份就是$\frac{2}{3}$小时行的路程。

师：这就是说 $60\times\frac{2}{3}$ 是求 60 的——

生：求 60 的三分之二是多少。

师：怎么求呢？

生：60÷3×2。

生：先求 60 的三分之一，再求这样的 2 份。

师：也就是 $60\times\frac{2}{3}=60\div3\times2$。把 60 换成其他数呢？（边说边把线段图中的 60 改成 a，如图 3-18 所示）

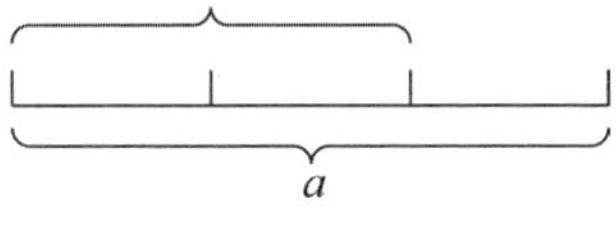

图 3-18

生：不管 a 是多少，$a\times\frac{2}{3}=a\div3\times2$。

师：我们来概括，一个数乘分数的意义是求这个数的——

生：一个数乘分数的意义是求这个数的几分之几是多少。

师：反过来，遇到求一个数的几分之几是多少的问题，可以怎么列式？

生：就用这个数乘几分之几。

(3) 举例,巩固认识。

师:同桌互动,编一道求一个数的几分之几是多少的实际问题,再交流。

生:一根电线长 6 米,用去$\frac{2}{3}$,用去多少米?

……

容易发现,这是一个可复制的教学案例。

有了这样的概念基础,分数乘法运算法则的探究就易如反掌了。

5. 分数除法运算意义的教学改进

如果说分数乘法的意义,部分教材"遮遮掩掩",那么分数除法的运算意义,更是多种教材出现了"集体噤声"现象。

既然分数乘法的运算意义有了拓展,分数除法的运算意义必然也会相应拓展。作为分数乘法"求一个数的几分之几是多少"的逆运算,分数除法的运算含义习惯上表述为"已知一个数的几分之几是多少,求这个数""求一个数是另一个数的几分之几"。

如果说这样两句"中国话"太复杂,那么分数除法是分数乘法的逆运算,总该交代一下吧?这既是建立数学教材内在逻辑结构的需要,也是学生学习的需要。因为根据逆运算的概念,可以启发学生经历我国古代探寻分数除法算法的关键节点,自发地得出"经分"算法(见案例 3-3)。

事实上,由除法是乘法的逆运算,让学生自己感悟分数除法的意义是可行的。

案例 3-8 分数除法意义的教学

(1) 复习导入。

问题:一块地共 6000 平方米,其中的$\frac{2}{3}$用来种花,求种花面积。

要求:①先独立思考,再同桌互动;

② 先写出数量关系式,再列式计算;

③ 把上题改编成两道除法计算问题。

(2) 交流互动。

师:先交流数量关系式和算式。

生:我写的数量关系是"一块地的面积×$\frac{2}{3}$=种花面积",算式是 6000×

$\frac{2}{3}$=4000(平方米)。

生：我写的数量关系是“总面积×$\frac{2}{3}$=种花面积”，算式是6000×$\frac{2}{3}$=4000(平方米)。

师：谁来说说为什么用乘法？

生：求一个数的几分之几是多少，用乘法。

师：再交流两道改编题。

生：一块地的$\frac{2}{3}$种花，种花面积是4000平方米，求总面积。一块地共6000平方米，4000平方米用来种花，种花面积是总面积的几分之几？

生：一共6000平方米的土地，种花用去4000平方米，种花面积占这块地的几分之几？一块地种花用去4000平方米，占总面积的$\frac{2}{3}$，这块地一共有多少平方米？

(3) 小结概括。

师：原题是求一个数的几分之几是多少，你们改编的两题呢？

生：一题是求一个数是另一个数的几分之几，还有一题是……我想请同学帮助说。

生：另一题知道了一个数的几分之几是多少，反过来求这个数。

生：一题是求分数，另一题是求看作单位“1”的量。

生：一题是求看作单位“1”的量，我同意。一题是求分数，我不同意。因为6000平方米也可以化成分数——$\frac{3}{5}$公顷，所以我认为还有一题是求倍数关系。

生：两题都是已知两个因数的积与其中一个因数，求另一个因数。

师：真是集思广益。共同点都是乘法的逆运算问题，具体地说，一题是求两个量的倍数关系，也就是求一个数是另一个数的几分之几，另一题是求看作单位“1”的量，也就是已知一个数的几分之几是多少求这个数。

……

教学实践表明，已知一个数的几分之几是多少求这个数，比较拗口，学生难以准确复述、记忆，但逆运算、求单位“1”、求倍数关系，多数学生是能够理解并使用的。

《课标2022年版》中提出了“加法模型”表示“总量=分量+分量”,相应的“乘法模型”则应当表示“总量=每份量×份数”,进而求一个数的几分之几是多少,就是乘法模型随着数系发展的内涵拓展。无论是否区分被乘数与乘数、是否给出名词术语,启发学生感悟数量关系中已知与未知的变化,是必须达成的基本教学要求。

至于小数乘、除运算的意义,本质上与分数乘、除法相同。但由于小数乘、除运算的教学安排在前,因此在教学中通常回避出现求一个数的十分之几、百分之几……是多少的问题,更不会出现已知一个数的十分之几、百分之几……是多少反过来求这个数的问题。以致小数乘除运算的运算方法需要另辟蹊径,将在后面讨论。

第二节　运算性质的教学

一、运算性质的理解

所谓运算性质,广义地说,是指该运算所具有的特性。根据小学数学教学的实际情况,四则运算的性质可以分为三类。

第一类是给出运算定义后最先确定的几条最基本的运算性质,通常称为运算律。即加法的交换律、结合律,乘法的交换律、结合律和乘法对加法的分配律。由它们又可以推出其他各种运算性质。

第二类主要是指减法、除法的运算性质。我们平时说的运算性质常常仅指这些。

第三类是参加运算的已知数的变化引起和、差、积、商的变化规律。显然,它们同样是四则运算所具有的特性,所以也是广义的运算性质之一。

1. 运算律

四则运算有五条运算律。

加法交换律：$a+b=b+a$，

加法结合律：$a+b+c=a+(b+c)$。

可推广至若干个数相加，任意交换加数位置，或把其中任意几个加数先加起来，再与其他加数相加，和不变。

乘法交换律：$a\times b=b\times a$，

乘法结合律：$(a\times b)\times c=a\times(b\times c)$。

可推广至若干个数相乘，任意交换因数位置，或把其中任意几个因数先乘起来，再与其他因数相乘，积不变。

乘法对加法的分配律：$(a+b)\times c=a\times c+b\times c$ 或 $a\times(b+c)=a\times b+a\times c$。

乘法对加法的分配律也可以作出如下推广：

若干个数的和或差与一个数相乘，可以把每一个加数或被减数及每一个减数分别与这个数相乘，再把所得的积相加或相减。用字母表示，即

$(a_1\pm a_2\pm\cdots\pm a_n)b=a_1b\pm a_2b\pm\cdots\pm a_nb$ 或

$b(a_1\pm a_2\pm\cdots\pm a_n)=ba_1\pm ba_2\pm\cdots\pm ba_n$。

在小学阶段，这些推广是以运算律的自然引申和应用的方式出现的，通常不作概括。一般来说，学生对于交换律、结合律的推广并不感到困难；对乘法分配律从和与一个数相乘引申到差与一个数相乘时，常常有些疑惑，这就需要回到源头依据乘法意义“几个几”作出解释，还可辅以具体实例说明算式变形的实际含义，以帮助学生理解。

五条运算律被称为数学大厦的基石，是当之无愧的数学核心知识，也是今后进一步学习代数运算的基础。例如，最简单的合并同类项 $ax+bx=(a+b)x$，其依据就是乘法分配律。

加法交换律和结合律在基数理论中是依据集合论的有关知识证明的。因为加法定义为“两个有限集合（交集为空）的并集”，所以根据并集的交换律、结合律，即可证明加法具有交换律和结合律。在序数理论中，通常是采用数学归纳法证明的。其实，由加法的意义并根据计数公理——计数的结果与计数的顺序无关，也能得出这两条运算律。

我们知道，两数相加，就是要计数两个加数里所有单位 1 的总个数。因此，从左数到右，从右数到左，结果都一样。同理，三个数相加，可以先计数前两个或后两个。很明显，计数公理的内容是每个儿童都具有的生活经验。因

此，上述说明可以通过各种直观方式让学生了解。

事实上，现行教材第一册中，就有从左边数过去和从右边数过来结果一样的插图(图 3－19)，生动、形象地渗透了加法交换律的实质，为以后正式教学这条运算律作了孕伏。

5+1=6
1+5=6

图 3－19

乘法交换律、结合律也有多种证明方法。下面，我们将其中较常见的一种方法加以具体化，供教学参考。由于任何一个整数都是由若干 1 合成的，因此用许多 1 排成一个方阵(图 3－20)。

1、1、1、1、1
1、1、1、1、1 } 3行
1、1、1、1、1
5列

图 3－20

横数，每行 5 个，3 行是：5×3＝15，

竖数，每列 3 个，5 行是：3×5＝15，

所以有 5×3＝3×5。

如将 5 列、3 行抽象成 a 列、b 行，仿此就能证明乘法交换律的一般性。如将方阵改成早操队形，即把每个 1 都画成小朋友，求一共有多少个小朋友在做操，那就成了一个形象化的推导实例。

如图 3－21，把上面方阵中的 1 改成 2(也可以是其他数)，求所有 2 的总和。

2、2、2、2、2
2、2、2、2、2 } 3行
2、2、2、2、2
5列

图 3－21

一种算法是：每行 5 个 2 即 2×5，一共是 3 行，总和是 2×5×3。

另一算法是：每行 5 个 2，3 行一共是(5×3)个 2，总和是 2×(5×3)。

所以有 2×5×3＝2×(5×3)。

如用字母 a 代替 2，并将 5 列、3 行抽象成 b 列、c 行，仿此就不难证明乘法

结合律的一般性。如把所有的 2 都改画成小兔子，求这些小兔子一共有多少只耳朵，就成了一个用来导出乘法结合律的趣味盎然的问题情境。

乘法对加法的分配律可以由乘法的意义并利用加法的运算律导出。

例如，4×3＋4×5＝(4＋4＋4)＋(4＋4＋4＋4＋4)＝4×8。

所以 4×3＋4×5＝4×(3＋5)。

显然，用字母化表示数，分配律的一般性就可仿此得到证明。在教学中，导出分配律还有多种直观方法。通常利用实际问题并配上插图，启发学生用两种方法列式计算，得出两算式相等的结论。例如：

希望小学有 4 位学生参加校国庆表演，需要统一购买服装。衣服 50 元一件，裤子 30 元一条。购买这些衣服和裤子一共需要多少元？

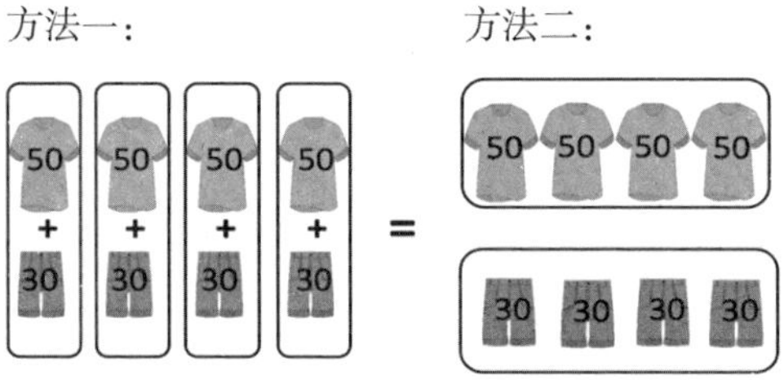

(50＋30)×4＝50×4＋30×4

又如，利用“方阵”(图 3－22)：

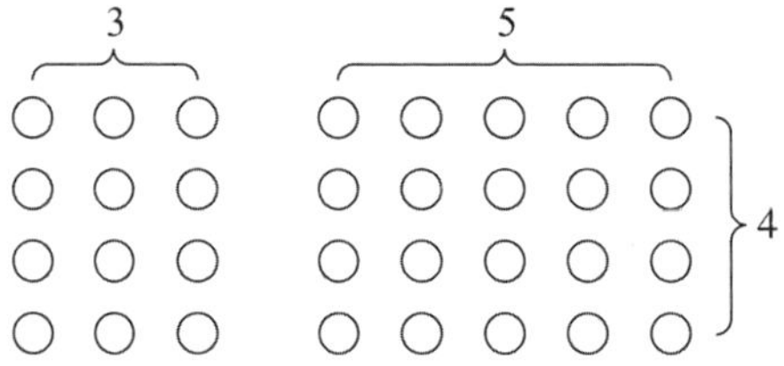

图 3－22

方阵左边有(3×4)个，右边有(5×4)个，一共是(3×4＋5×4)个。把方阵并拢，每一行有(3＋5)个，4 行就是[(3＋5)×4]个了。因此，有 3×4＋5×4＝(3＋5)×4。

还可以利用长方形面积的形式予以出现。例如，将长方形的长和宽抽象成字母(图 3－23)：

这种图示实际上揭示了乘法分配律的几何意义，只是这里的 a、b、c 都必

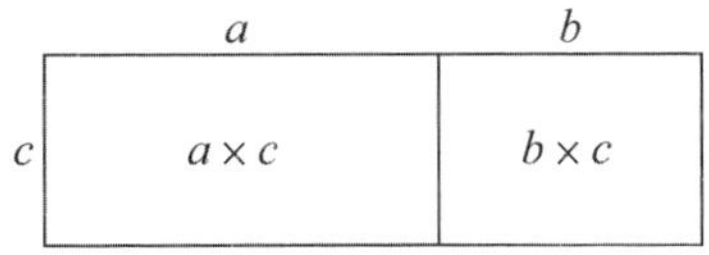

图 3-23

须大于 0,这是面积图本身的局限性。

从以上分析不难看出,五条运算律都能基于运算定义导出,因而在教材作出正式概括前,学生大多能根据加法的含义"合并"、乘法的含义"几个几",自然而然地自发加以"使用"。这也正是在探究运算法则时,运算律"用而不宣"可行性的客观原因即主要论据。

2. 减法、除法的运算性质

鉴于小学数学教学的实际情况,这里仅讨论减法、除法中常用的几条运算性质。为便于比较,列表如下(表 3-4):

表 3-4

	减法	除法
交换性质	$a+b-c=a-c+b$ $a-b-c=a-c-b$	$a\times b\div c=a\div c\times b$ $a\div b\div c=a\div c\div b$
结合性质	$a+(b-c)=a+b-c$ $a-(b+c)=a-b-c$ $a-(b-c)=a-b+c$	$a\times(b\div c)=a\times b\div c$ $a\div(b\times c)=a\div b\div c$ $a\div(b\div c)=a\div b\times c$
分配性质		$(a+b)\div c=a\div c+b\div c$ $(a-b)\div c=a\div c-b\div c$

减法、除法的运算性质是减法、除法运算的理性概括。它们都是在运算定义及加法、乘法的运算律的基础上逐步确立起来的。以除法运算性质为例。

计算 $777\div3$ 的过程用横式表示:$777\div3=(600+150+27)\div3=600\div3+150\div3+27\div3=200+50+9=259$。

可以这样算的依据是:

几个数的和除以一个正整数,等于除数去除和里的各个加数(在能整除的

条件下)，再把所得商相加。即

如果 a_1、a_2、a_3、…、a_n 能分别被 b 整除，那么

$$(a_1+a_2+a_3+\cdots+a_n)\div b=a_1\div b+a_2\div b+a_3\div b+\cdots+a_n\div b。$$

根据除法定义，只需推出商$(a_1\div b+a_2\div b+a_3\div b+\cdots+a_n\div b)$乘除数 b 等于被除数$(a_1+a_2+a_3+\cdots+a_n)$。

证明：

$\because\ (a_1\div b+a_2\div b+a_3\div b+\cdots+a_n\div b)\times b$

$=[(a_1\div b)+(a_2\div b)+(a_3\div b)+\cdots+(a_n\div b)]\times b$(运算顺序的规定)

$=(a_1\div b)\times b+(a_2\div b)\times b+(a_3\div b)\times b+\cdots+(a_n\div b)\times b$(乘法对加法的分配律的推广)

$=a_1+a_2+a_3+\cdots+a_n$(除法定义的推论)

$\therefore\ (a_1+a_2+a_3+\cdots+a_n)\div b=a_1\div b+a_2\div b+a_3\div b+\cdots+a_n\div b$。(除法定义)

其中，“除法定义的推论”是指：某数先除以、再乘同一个正整数，仍得原数。

减法、除法的交换性质表明，在连减、连除或连加减、连乘除的混合运算中，改变运算顺序，其结果不变。从形式上看，它们与加法交换律、乘法交换律的区别在于，不是交换数据的位置，而是带着运算符号调前移后，被减数、被除数仍在原来的位置上，以致有教师概括为“带着符号搬家”，虽说不够准确，却也形象、生动，学生大多能够意会。

减法、除法的结合性质实际上可以看作去括号和添括号的规则。

关于除法的分配性质，要注意它们不满足右分配。通俗地说，只能把“被除数”逐一“分配给”除数，这是由于除法不满足交换律的缘故。

3. 和、差、积、商的变化规律

所谓和、差、积、商的变化规律，是指在四则运算中，由于参与运算的已知数变化而引起得数的变化规律。简明起见，把它们表示如下($n\neq0$)：

加数 + 加数 = 和		
$\pm a$	不变	$\pm a$
$+a$	$-a$	不变

因数 × 因数 = 积		
$\overset{\times}{\div}n$	不变	$\overset{\times}{\div}n$
$\times n$	$\div n$	不变

被减数	− 减数	= 差
$\pm a$	不变	$\pm a$
不变	$\pm a$	$\mp a$
$\pm a$	$\pm a$	不变

被除数	÷ 除数	= 商
$\substack{\times\\ \div}n$	不变	$\substack{\times\\ \div}n$
不变	$\substack{\times\\ \div}n$	$\substack{\div\\ \times}n$
$\substack{\times\\ \div}n$	$\substack{\times\\ \div}n$	不变

这些变化规律都可以根据加法、乘法的运算律以及减法、除法的运算性质加以证明。例如，商不变性质：

如果 $a\div b=c(b\neq 0)$，那么 $(a\times n)\div(b\times n)=c$ 或 $(a\div n)\div(b\div n)=c$ $(n\neq 0)$。

证明：根据除法定义，只须证明除数 $b\times n$ 或 $b\div n$ 乘商 c 等于被除数 $a\times n$ 或 $a\div n$。

已知 $a\div b=c$，那么 $b\times c=a$。

因为 $(b\times n)\times c=(b\times c)\times n=a\times n$(乘法交换律、结合律)，

所以 $(a\times n)\div(b\times n)=c$(除法定义)。

同样可证 $(a\div n)\div(b\div n)=c$，只不过证明过程中用到了除法的交换、结合性质。

用函数的观点来看，这些变化规律中的每一条都能构成一个函数关系，而且都是一个定数、两个变数，无非是成比例或不成比例地递增递减的问题。其中，积、商的变化规律，实际上就是正、反比例函数的变化规律；和、差的变化规律都是一次函数的变化规律。例如，和的两条变化规律用函数图像表示如下(图 3 - 24、图 3 - 25)：

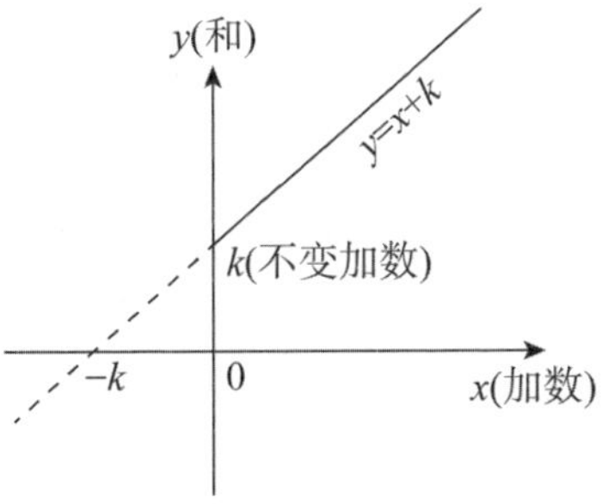

图 3 - 24

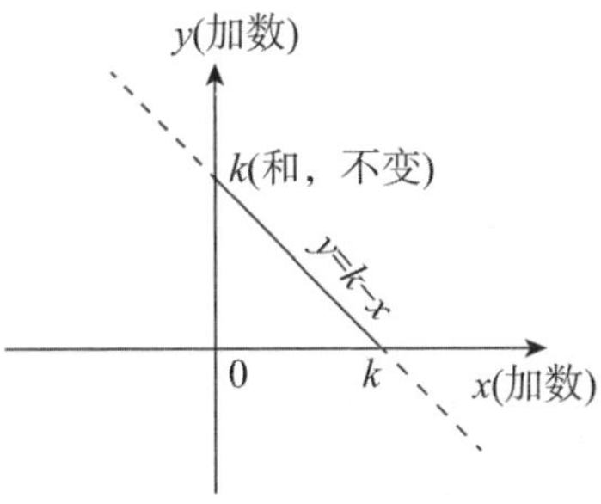

图 3 - 25

由于本书不讨论负数的运算问题，因此上面两图中第一象限以外的图像画成虚线，以示区别。

必须指出，四则运算的性质首先是在整数范围内建立起来的，推广到分数(小数)，理论上还需加以证明。好在引进分数和建立分数的四则运算时，遵循了数系扩充的一般原则，使得整数能够成为分数的一部分，整数的四则运算在分数四则运算中也能存在。因此，四则运算的性质大多可以不作修改地保留，教学中其实只要指出这一事实就行了。对此，小学数学的教学习惯是将整数改成小数、分数加以验证，以确信结论依然成立。这当然是可行的，作为教师应当了解内中的缘由。

二、运算性质的教学

1. 运算律的教学

五条运算律是推导其他运算性质的基础，在整个数系中都是适用的。现代心理学的迁移理论从心理学的角度告诉我们，越是基本的知识，对新问题的适用性就越普遍，其迁移范围也就越宽广。这两方面的理由都说明了搞好运算律的教学具有长远的意义。

前面在阐述运算意义的认知功能时已经指出，目前的运算律教学，总是纯粹依靠验证，通过较多的计算实例，引导学生进行观察、比较、发现，进而抽象、概括，也就是以不完全归纳的方式得出结论。而不完全归纳的不足恰恰是无论举多少例子，都是合情推理，逻辑学中叫“或然推理”“似真推理”，这不能不说是一大遗憾。再说，验证只是“知其然”，能否启发学生“知其所以然”呢？

从以上分析可以看出，运算律是与运算定义靠得最近的定理。因此，中年级小学生完全能凭借对运算意义的理解，作出演绎说理，从而在知其所以然的同时，获得推理意识的进一步发展。前面的案例 3 - 4 介绍的加法交换律、结合律的教学，充分证实了这一意图的可操作性。这里再补充乘法交换律、结合律的教学实例。

案例 3 - 9 乘法交换律、结合律的教学

(1) 复习引入。

师：上节课我们学习了加法的交换律、结合律，乘法有没有这样的运算规律呢？

生：有，乘法也有交换律、结合律。

师：今天，我们就来研究乘法交换律、乘法结合律。(板书课题)能像加法

运算律那样用字母表示吗?

生:能,乘法交换律是 $a\times b=b\times a$,乘法结合律是 $(a\times b)\times c=a\times(b\times c)$。

(2) 教学乘法交换律。

师:能举计算例子或实际事例说明乘法交换律成立吗?

生:比如,6×5=5×6。教室里一行有6张单人课桌,有5行,横着数5个6,竖着数,6个5,总数相等。

师:换其他数呢?

生:随便换什么数,横数、竖数,结果肯定相等,除非数错。

师:有道理。我们把课桌搬开,只看椅子。横看5个6,竖看6个5,计算结果相等。换其他数也一样,那就用字母表示。(图3-26)

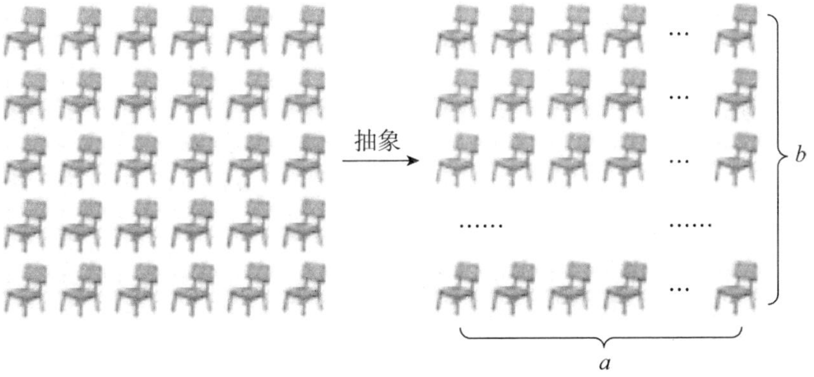

图3-26

师:现在每行有 a 把椅子,有这样的 b 行,计算椅子总数,两种算法的结果怎么样?

生:$a\times b=b\times a$。

师:$a\times b$ 与 $b\times a$ 分别表示?

生:$a\times b$ 表示横着看,每行有 a 把椅子,b 行有 $(a\times b)$ 把椅子,$b\times a$ 表示竖着看,一列有 b 把椅子,a 列有 $(b\times a)$ 把椅子。

师:还用再举例验证吗?为什么?

生:不用了,因为 a、b 可以表示任何数,随便哪两个数相乘,交换因数的位置积相等。

师:总结得非常好。同桌互相用文字语言叙述乘法交换律,然后打开课本看看书上是怎么说的。

(3) 教学乘法结合律。

师：能举计算例子或实际事例说明乘法结合律成立吗？

生：$(100\times6)\times5=100\times(6\times5)$。每把椅子 100 元，教室里一行有 6 把椅子，有 5 行椅子，$100\times6\times5$ 是先算一行椅子的价钱，再算 5 行椅子的总价，$100\times(6\times5)$是先算一共有多少把椅子，再算一共要多少元，两种算法的结果相等。

师：举例说明非常完整。

……

师：老师的举例是每把椅子上放 2 个玩具小兔，一行 6 把椅子，有 5 行，求玩具小兔的总数。两种算法相等的式子是——

生：$(2\times6)\times5=2\times(6\times5)$。

师：(出示图 3－27)用字母表示，每把椅子上放 a 个玩具小兔，一行 b 把椅子，有 c 行，求玩具小兔的总数，请独立写出表示两种算法相等的式子。

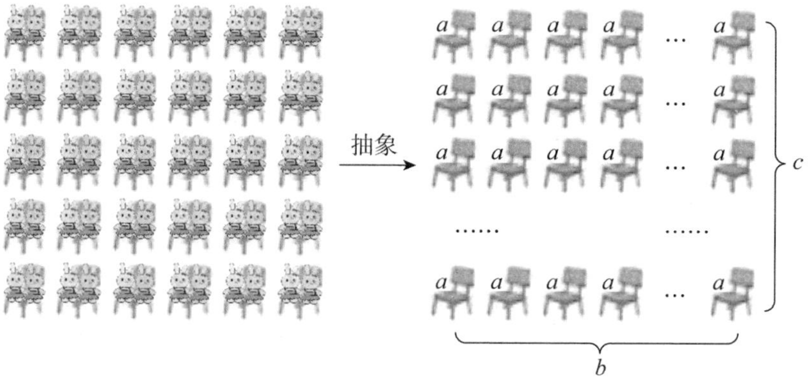

图 3－27

……

师：$(a\times b)\times c$ 和 $a\times(b\times c)$分别表示什么？

……

可见，在举例的基础上，由特殊到一般，抽象出一般的字母表达式，再根据乘法运算意义进行说理、解释，理解所以然，处在小学生的最近发展区内。

这样教学，保证首次感知的正确性、鲜明性和通达理解，这对以后牢固记忆和正确运用都是极为有益的。

至于乘法分配律的教学，已在本套丛书《跨越断层，走出误区：小学数学深度学习教学研究》中给出了一个叙述较为详尽的课例，这里再强调其中的推理过程。

以购买衣服为例：上衣每件 60 元，裤子每条 40 元，3 套一共要多少元？学生容易列出两种算法的算式，并发现运算结果相等：

$$(60+40)\times3=60\times3+40\times3。$$

除了借助生活经验作出解释(合起来算、分开来算结果相等)，还应启发学生从左边推出右边，从右边推出左边。

对此，有教师说，教材从未有过左右互推的设计，我们也不知道怎样推导。问题的症结，就在于第一章第三节所揭示的问题“忽视基本概念、基本原理”。要不然，启发极其简单，教师只要提问：左边的算式 60 加 40 的和乘 3 是什么意思？一旦把学生的回答“3 个 60 与 40 的和”写出来，大多数学生就能发现“可以用加法交换律、结合律”：

$$\begin{aligned}(60+40)\times3&=(60+40)+(60+40)+(60+40) &&(\text{乘法意义})\\&=(60+60+60)+(40+40+40) &&(\text{加法交换律、结合律})\\&=60\times3+40\times3 &&(\text{乘法意义})\end{aligned}$$

根据乘法意义，他们也能从右边推出左边：

$$\begin{aligned}60\times3+40\times3&=(60+60+60)+(40+40+40) &&(\text{乘法意义})\\&=(60+40)+(60+40)+(60+40) &&(\text{加法交换律、结合律})\\&=(60+40)\times3 &&(\text{乘法意义})\end{aligned}$$

这和用字母表示数的一般化证明如出一辙：

$$\begin{aligned}(a+b)\times c&=\underbrace{(a+b)+(a+b)+\cdots+(a+b)}_{c\text{组}(a+b)}=\underbrace{(a+a+\cdots+a)}_{c\text{个}a}+\underbrace{(b+b+\cdots+b)}_{c\text{个}b}\\&=a\times c+b\times c。\end{aligned}$$

我们将诸如此类对数的算式而不是字母的算式进行推导叫作“非形式化推理”。它是小学高年级学生力所能及的。

不难形成共识：让小学生的推理训练进入他们的最近发展区，既是必要的，也是可行的。何乐不为呢。

在学习运算律的过程中，学生的常见困惑是“为什么只总结加法、乘法的运算律”。教师可取的回答是：到六年级学了分数除法，乘除法可以统一成乘法，有乘法的运算律就够了；到七年级学了正负数减法，加减可以统一成加法，有加法的运算律就行了。

作为教师，应当认识到，随着数系的扩展，减法、除法的运算性质在一定程度上可由加法、乘法运算律所替代。只是在非负整数范围内，减法、除法的运算性质在理论上的作用（如推导多位数减法、除法法则），还不便完全让加法、乘法运算律取代。小学数学的处理一直是确保不错，“能严谨而不刻意”，这是作为科学研究的数学与作为学科教学的数学的区别。

2. 减法、除法运算性质的教学

最初，在1952年《小学算术教学大纲（草案）》中，有“乘除法的结合算法及分解算法”。例如：

$$2340\div5\div4=2340\div(5\times4)=2340\div20=117；$$

$$4536\div36=4536\div4\div9=1134\div9=126。$$

1963年《全日制小学算术教学大纲（草案）》的教学要求中列入了“掌握减法、除法的重要的运算性质”。21世纪初以来的三版“课标”，所列出的课程内容远粗于教学大纲，除了概括性的描述之外，只指出作者认为有必要强调的内容细节，如“理解小数和分数的意义，感悟计数单位”。至于小数、分数的意义包括哪些内容，哪怕是小数、分数基本性质这样的核心知识点，一概省略。以致多数教材按“惯性”，凡“课标”没有明确的知识，延续以往的教材。

目前多数教材，主要教学减法、除法的结合性质：$a-(b+c)=a-b-c$；$a\div(b\times c)=a\div b\div c$。一般安排在整数四则运算教学的后期，以自然应用的方式出现，而不是作为核心知识进行讲解。其学业要求低于运算律。因而，多数教材只举例，不概括，也不明确给出减法运算性质和除法运算性质的名称。

例如，安排在练习中，让学生自行发现、运用（图3－28）[1]：

10. 算一算，比一比，你有什么发现？

178－(78＋7)　　294－36－64

178－78－7　　294－(36＋64)

11. 下面各题，怎样算比较简便？

639－128－72　　523－(23＋46)

156－56－44　　347－(68＋47)

6. 算一算，比一比，你有什么发现？

290÷5÷2　　360÷8÷5

290÷(5×2)　　360÷(8×5)

7. 下面各题，怎样算比较简便？

210÷6÷5　　630÷2÷35　　360÷45

图3－28

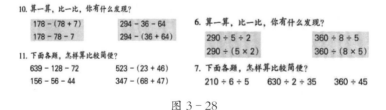

又如，安排例题教学（其中还涉及减法的交换性质）（图3－29）：

[1] 孙丽谷，王林. 义务教育教科书·数学（四年级上册）[M]. 南京：江苏教育出版社，2014：59，731.

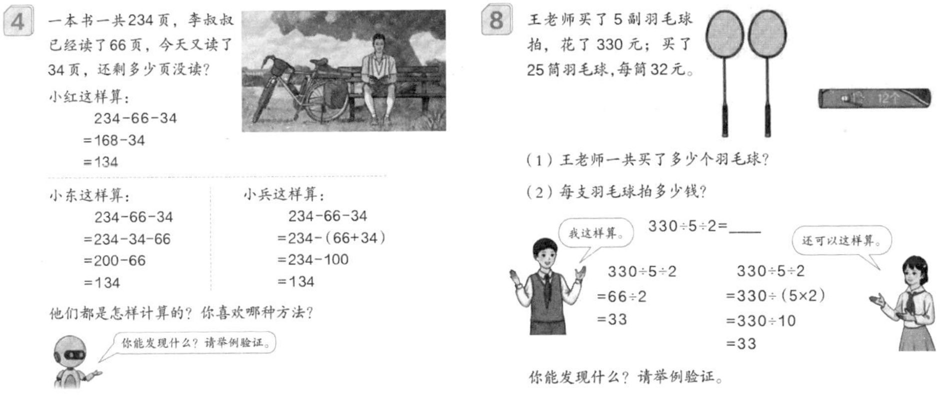
4 一本书一共234页，李叔叔已经读了66页，今天又读了34页，还剩多少页没读？

小红这样算：
234-66-34
=168-34
=134

小东这样算：
234-66-34
=234-34-66
=200-66
=134

小兵这样算：
234-66-34
=234-(66+34)
=234-100
=134

他们都是怎样计算的？你喜欢哪种方法？

你能发现什么？请举例验证。

8 王老师买了5副羽毛球拍，花了330元；买了25筒羽毛球，每筒32元。

12个

(1) 王老师一共买了多少个羽毛球？

(2) 每支羽毛球拍多少钱？

330÷5÷2=____

我这样算。
330÷5÷2
=66÷2
=33

还可以这样算。
330÷5÷2
=330÷(5×2)
=330÷10
=33

你能发现什么？请举例验证。

图 3 - 29

这样处理，主要是为了减轻学生的记忆负担，以利突出、强化基本的运算性质(即运算律)及其应用的学习。

也有个别教材作为拓展内容展开新授教学(图 3 - 30)[1]：

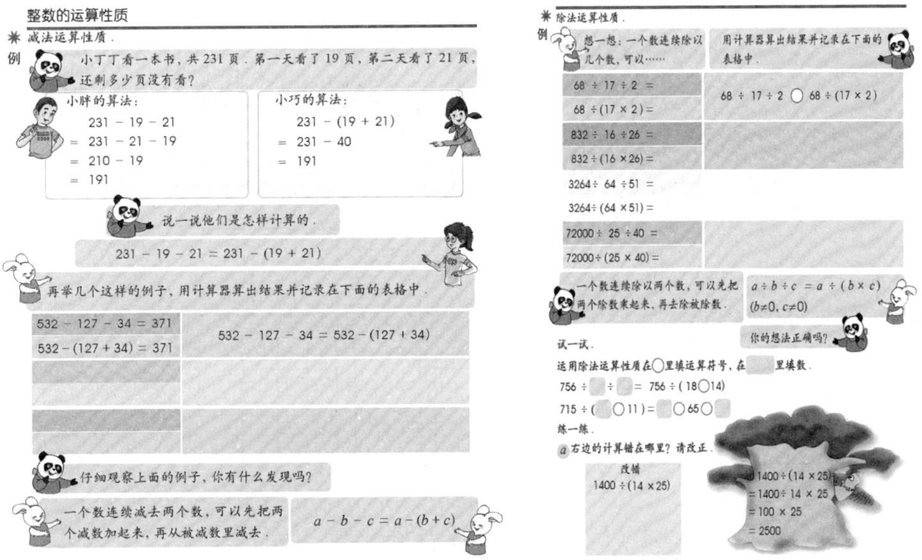
整数的运算性质

✷ 减法运算性质.

例 小丁丁看一本书，共231页．第一天看了19页，第二天看了21页，还剩多少页没有看？

小胖的算法：
231 - 19 - 21
= 231 - 21 - 19
= 210 - 19
= 191

小巧的算法：
231 - (19 + 21)
= 231 - 40
= 191

说一说他们是怎样计算的.

231 - 19 - 21 = 231 - (19 + 21)

再举几个这样的例子，用计算器算出结果并记录在下面的表格中.

532 - 127 - 34 = 371 532 - (127 + 34) = 371	532 - 127 - 34 = 532 - (127 + 34)

仔细观察上面的例子，你有什么发现吗？

一个数连续减去两个数，可以先把两个减数加起来，再从被减数里减去.

$a-b-c=a-(b+c)$

✷ 除法运算性质.

例 想一想：一个数连续除以几个数，可以……

用计算器算出结果并记录在下面的表格中.

68 ÷ 17 ÷ 2 = 68 ÷ (17 × 2) =	68 ÷ 17 ÷ 2 ○ 68 ÷ (17 × 2)
832 ÷ 16 ÷ 26 = 832 ÷ (16 × 26) =	
3264 ÷ 64 ÷ 51 = 3264 ÷ (64 × 51) =	
72000 ÷ 25 ÷ 40 = 72000 ÷ (25 × 40) =	

一个数连续除以两个数，可以先把两个除数乘起来，再去除被除数.

$a \div b \div c = a \div (b \times c)$
$(b\neq0,\ c\neq0)$

你的想法正确吗？

试一试.

适用除法运算性质在○里填运算符号，在□里填数.

756 ÷ □ ÷ □ = 756 ÷ (18○14)

715 ÷ (□○11) = □○65○□

练一练.

a 右边的计算错在哪里？请改正.

改错
1400 ÷ (14 × 25)

1400 ÷ (14 × 25)
= 1400 ÷ 14 × 25
= 100 × 25
= 2500

图 3 - 30

为了说明减法运算两种算法(连减两数与减去两个减数的和)结果为什么会相等，有两种启发方式可供选用。

---

[1] 上海市中小学(幼儿园)课程改革委员会.九年义务教育课本·数学(四年级第二学期)[M].上海：上海教育出版社，2010：6 - 7.

一是调动学生的生活经验。除了给出实际事例，还可引导学生用动作表示：两个废纸团依次扔掉，合起来一次扔掉。轻松、诙谐，效果相当不错。

二是借助几何直观。减法运算性质适合用线段图表征，且容易一般化。例如(图 3-31)：

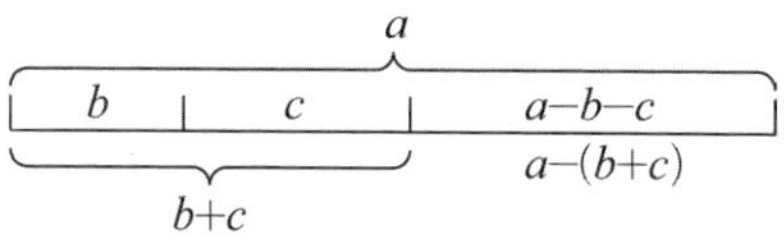

图 3-31

这无疑是减法运算性质的一个几何模型，也相当于一种具有一般意义的几何证明。

两种方式也能用于除法运算性质的说理，但效果略逊。主要原因在于连除虽可解释为连续等分，如团体操 a 人先等分成 3 队，再每队都等分成 4 个小组，共有(3×4)个小组，但不便一般化。

若采用几何直观的方式，则比较适合用长方形面积图表征，但同样不易一般化。例如，被除数用字母表示，两个除数取具体数，比较直观[1]；三数都用字母，则图示、理解都有一定的难度(图 3-32)：

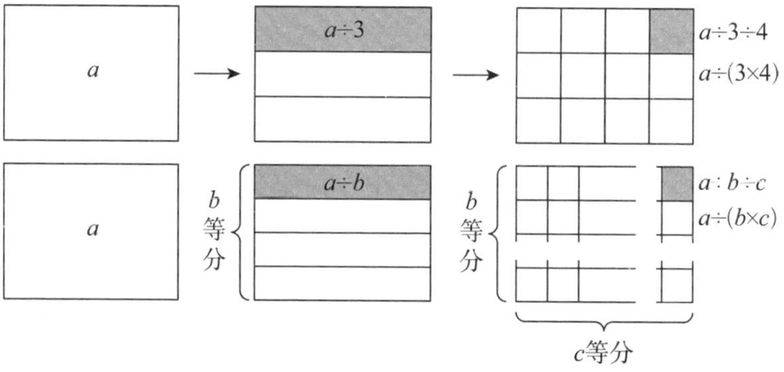

图 3-32

尽管如此，还是应该走出完全依赖合情推理“过日子”的怪圈，逐步启发学生依据运算意义说理、借助几何直观明理。

[1] 曹培英，顾文.跨越断层，走出误区：小学数学深度学习教学研究[M].上海：上海教育出版社，2022：148.

3. 和、差、积、商变化规律的教学

小学数学通常不系统教学这部分内容。

和、差的变化规律，主要通过习题渗透。例如(图 3-33)：

3+3=	1 + □	4+□=5+□
4+3=	3 + □	6+□=7+□
5+3=	5 + □ =10	8+□=9+□
6+3=	7 + □	
	9 + □	

图 3-33

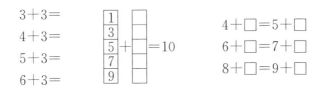

和的两条变化规律及其灵活运用都蕴含在上面题组里。事实上，10 以内加法表、减法表也有类似的教学功能。例如(图 3-34)：

0+0										
1+0	0+1									
2+0	1+1	0+2								
3+0	2+1	1+2	0+3							
4+0	3+1	2+2	1+3	0+4						
5+0	4+1	3+2	2+3	1+4	0+5					
6+0	5+1	4+2	3+3	2+4	1+5	0+6				
7+0	6+1	5+2	4+3	3+4	2+5	1+6	0+7			
8+0	7+1	6+2	5+3	4+4	3+5	2+6	1+7	0+8		
9+0	8+1	7+2	6+3	5+4	4+5	3+6	2+7	1+8	0+9	
10+0	9+1	8+2	7+3	6+4	5+5	4+6	3+7	2+8	1+9	0+10

0-0										
1-0	1-1									
2-0	2-1	2-2								
3-0	3-1	3-2	3-3							
4-0	4-1	4-2	4-3	4-4						
5-0	5-1	5-2	5-3	5-4	5-5					
6-0	6-1	6-2	6-3	6-4	6-5	6-6				
7-0	7-1	7-2	7-3	7-4	7-5	7-6	7-7			
8-0	8-1	8-2	8-3	8-4	8-5	8-6	8-7	8-8		
9-0	9-1	9-2	9-3	9-4	9-5	9-6	9-7	9-8	9-9	
10-0	10-1	10-2	10-3	10-4	10-5	10-6	10-7	10-8	10-9	10-10

图 3-34

以减法表为例：横着看，被减数不变，随着减数变化引起差的变化规律；竖着看，减数不变，随着被减数变化引起差的变化规律；斜着看，被减数与减数同时增加或减少几，差不变的规律。

老师们都知道，这些练习、复习，除了巩固“双基”，还有渗透函数观念的意图。但光有美好的愿望，贴上“渗透”的标签，如同“水渗砂石”，很快流失，重要的是追求“水渗泥土”被吸收的实效。

实践表明，一年级学生也能联系实际，说明为什么会有这样或那样的变化规律。例如，为什么被减数不变，减数变大，差反而变小？有学生这样说：妈妈给我饼干，吃得多，剩下少，吃得少，剩下多。显然，这样的说理，有助于学生在理解基础上内化规律。

积、商的变化规律，主要根据小数乘、除法的学习需要，有选择地列为新授内容。例如(图 3-35)：

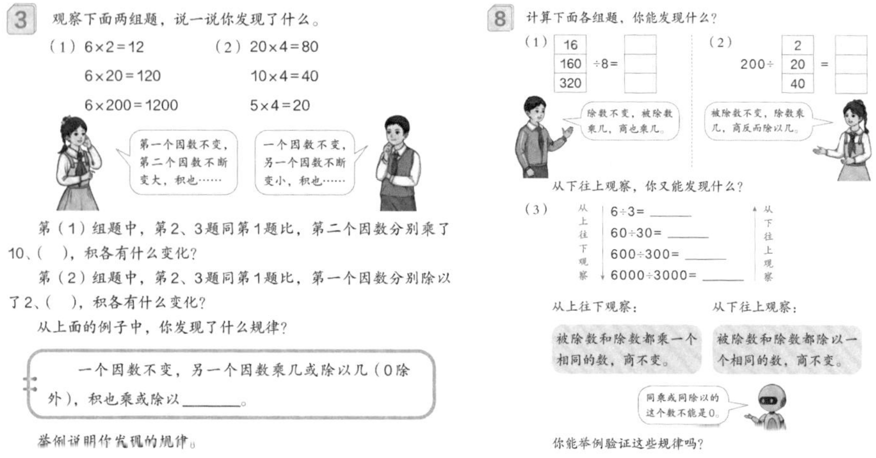

图 3-35

积的变化规律只讨论一条,商的变化规律三条出全了,但重点还是放在商不变的规律上。

课例 3-2 商不变性质的教学

(1) 情境导入。

猴王分桃:

① 来了1只小猴啵啵,猴王拿出2个桃。啵啵嘟囔"小气的猴王,才给2个桃"。

② 又来了2只小猴,猴王拿出6个桃,你们仨平分。啵啵想"这下能多分点了"。

师:你想对小猴啵啵说什么?

生:6个桃,平分成3份,每份还是2个,没有更多。

师:请用算式表示。

生:2÷1=2,6÷3=2。

师:请你们每人写两个商是2的除法算式。同桌交流,看看发现了什么。

(2) 同桌合作。

……

[评析] 教师没有为博得听课同仁的赞赏而刻意创设与众不同的情境。猴王分桃的童话虽不新颖,但对学生来说,还是首次听到,因而效果并不差。紧接着顺水推舟,让学生人人动手写出商是2的除法算式,变教材、教师提供观察材料为学生自己提供。

(3) 代表交流。

生:我们把写的算式按被除数、除数从小到大排列,40÷20=2,80÷40=

2,800÷400=2,8000÷4000=2。从上往下看,被除数、除数都乘了相同的数;从下往上看,被除数、除数都除以相同的数。

生:我有补充,商相等,不变。

生:我还有补充,0 除外。

生:完整地说,被除数、除数都乘或除以相同的数,0 除外,商不变。

师:对,除数不能为 0,所以乘或除以相同的数都必须排除 0。看看课本是怎么概括的。

[评析] 学生已有探究、归纳积的变化规律的经验,在此基础上放手让学生自己完善结论是可行的。"同乘""同除以""相同数""0 除外"等要点,都能由学生相互补充完整。

(4) 说理、验证。

师:为什么商不变?能用你的方式说明道理或验证规律吗?先小组讨论,再全班交流。(教师巡视)

生:我每天写 6 个毛笔字不变,10 天写 60 个,100 天写 600 个,6÷1、60÷10、600÷100,商都是 6。

师:好!联系生活说明,写字总数和天数同步增长,每天写字个数不变。我发现小组讨论时,很多同学都是举各种实际事例说明商不变。还有同学想到了画图说理,请他来展示。

生:我画图说明。1 个长方形平均分成 4 份,3 个一样的长方形平均分成 12 份,每一份都相等(图 3-36)。

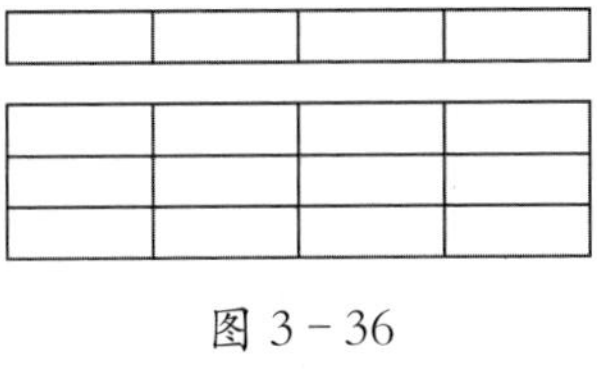

图 3-36

师:有创意,总面积和平均分的份数都乘或除以一个不等于 0 的数,每一份的面积不变。我们学过用乘法验算除法,能根据乘法积的变化规律来说明除法商的变化规律吗?

生:一个因数不变,另一个因数变大、变小,积也变大、变小。把乘法改成除法就能说明。例如:

$3\times2=6,\qquad 6\div3=2$

$30\times2=60,\qquad 60\div30=2$

$300\times2=600,\qquad 600\div300=2$

师:真好!由乘法推除法。一般地,用字母 $n(n\neq0)$ 表示乘或除以的一个

数。（边说边板书，如图 3－37 所示）

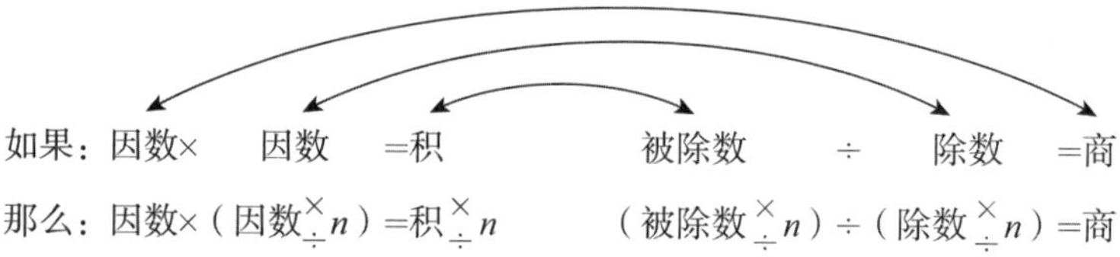

如果：因数× 因数 =积
那么：因数×（因数$\overset{\times}{\div}n$）=积$\overset{\times}{\div}n$
被除数 ÷ 除数 =商
（被除数$\overset{\times}{\div}n$）÷（除数$\overset{\times}{\div}n$）=商

图 3－37

师：能看懂吗？

生：看得懂。积相当于被除数，一个因数相当于除数，另一个因数不变就是商不变。

生：被除数、除数同时乘或除以相同的数，相当于一个因数与积同时乘或除以相同的数，一个因数也就是商不变。

［评析］**教师通过巡视，在掌握学生讨论进展的同时，点拨一组学生试着画图说明，启发一组学生由乘法相关性质推除法，皆获得成功。这一方面得益于前面教学奠定的基础，另一方面也有赖于教师对学生个性特点的了解，让喜欢图形表征、擅长验证说理的同学展现自我。**

（5）巩固练习。（略）

（6）课后引申。

师：这节课，我们探究发现并总结了除法商不变的规律。课后你还想研究什么规律？

生：我想研究积不变的规律。

生：我还想研究和、差不变的规律。

师：怎么研究呢？

生：比如，写出积不变的算式，排列整齐，然后看看因数怎样变化，积不变。

生：发现规律之后，最好再用实际事情说明为什么积或者和、差会相等。

生：还可以画图或用学过的知识说明理由。

师：看来，同学们都掌握了举例观察、发现归纳、说理验证的探究方法。

［评析］**这类课，最后总会就学生的收获加以总结。教师基于对学生“想知”的把握，将本课探究过程、方法的回顾小结，转变为课后探究的设想交流。自然、朴实，不落俗套，也更有利于激活学生继续探索的主观能动性。**

以上系列化的例证与教学实践课例表明，改变小学数学基础知识教学满足于通过不完全归纳与类比“知其然”，放弃演绎说理“知其所以然”的现状，是可期、可行的。

三、运算性质的运用

1. 运算法则的解释

如前所述,四则运算的运算法则都是基于运算意义与运算性质,特别是运算律推导而来。但是,小学数学拘于运算律教学在后的现实,低、中年级的运算法则教学只能采取“用而不宣”的策略,启发学生根据运算含义想到“拆开来算”,并初步理解算理。

那么,学了运算律之后,可以不再回过头来重新推导法则,但有必要引导学生根据所学知识进一步理解已会的算法及其算理。尤其是进入最后的总复习阶段,更应重视有根有据、有条有理的说理教学,帮助学生明晰算法背后的道理。

鉴于新授教学时,贯穿始终的是“拆开来算”,即多位数运算转化为一位数加、乘或相应的减、除运算,而计数单位的运算处在若隐若现状态,因此不妨在总复习时予以集中呈现。

案例 3-10 四则运算法则的理解性复习

先让学生独立完成题组练习,再由学生报答案校对、订正,教师酌情点评。

(1) 加减法。

① 400＋300＝4×100＋________×100＝(4＋3)×________(根据整数概念和乘法分配律)。

② 0.4＋0.3＝4×0.1＋________×________＝(4＋3)×________(根据________概念和________律)。

③ $\frac{4}{9}+\frac{3}{9}=\frac{1}{9}\times4+\frac{1}{9}\times$________＝(4＋3)×________(根据________概念和________律)。

④ 计算 1－0.42,通常是把 1 拆成 9 个________和________个________。

⑤ $\frac{1}{3}+\frac{1}{4}=\frac{1}{12}\times4+\frac{1}{12}\times$________＝(4＋3)×________。

校对、订正。(略)

师:整数、小数、分数加减法有什么不同点和共同点?

生：不同点是整数加减法要数位对齐，小数加减法要小数点对齐，分数加减法要通分，共同点是统一计数单位。

生：都是相同计数单位的数相加减。

（2）乘法。

① 300×70＝(3×100)×(7×________)＝(3×7)×(100×________)（根据整数含义和乘法交换律、________律）。

所以，计算300×70，可以先算3×7，再补________个0。

② 0.3×0.07＝(3×0.1)×(7×________)＝(3×7)×(0.1×________)（根据________含义和________律）。

所以，计算0.3×0.07，可以先算3×7，再看两个因数共有________位小数，就从积的右边起数出________位，点上________。

③ $0.3\times0.07=\frac{3}{10}\times\frac{7}{100}=\frac{(\quad)}{(\quad)}$。

④ $\frac{3}{5}\times\frac{7}{8}=\left(3\times\frac{1}{5}\right)\times(7\times\underline{\qquad})=(3\times7)\times\left[\frac{1}{5}\times\frac{(\quad)}{(\quad)}\right]$。

校对、订正。（略）

师：整数、小数、分数乘法有什么不同点和共同点？

生：不同点是整数乘法要一位一位乘，小数乘法看作整数来乘，再点小数点，分数乘法是分母相乘、分子相乘。共同点是整数可以看作分母是1的分数，小数可以化成分数再相乘。

师：是的，整数、小数都可以统一成分数。除此以外还有什么共同点？四道题中的3和7表示什么？3×7呢？其他部分呢？

生：3和7都是计数单位的个数，3×7是计数单位的总个数，其他部分是计数单位相乘。

师：3×7是什么计数单位的总个数？

生：3×7是两个因数原来的计数单位相乘得到新的计数单位的总个数。

师：什么是两个因数原来的计数单位？相乘得到新的计数单位又分别是什么？

生：两个因数原来的计数单位分别是百和十、0.1和0.01、$\frac{1}{5}$和$\frac{1}{8}$，相乘得到新的计数单位是千、0.001 和$\frac{1}{40}$。

师:谁再来说说整数、小数、分数乘法的共同点?

生:共同点都是计数单位的个数相乘,计数单位相乘。

师:具体地说,300×70 得 21 个——

生:300×70 得 21 个 1000,0.3×0.07 得 21 个 0.001,$\frac{3}{5}\times\frac{7}{8}$得 21 个$\frac{1}{40}$。

(3) 除法。

① $2100\div70=\frac{2100}{70}=\frac{21\times100}{7\times10}=\frac{(\quad)}{7}\times\frac{100}{(\quad)}=30$。

② $0.21\div0.7=\frac{21}{100}\div\frac{7}{10}=\frac{21}{100}\times\frac{10}{7}=\frac{21\times10}{7\times100}=\frac{(\quad)}{7}\times\frac{10}{(\quad)}=0.3$。

校对、订正。(略)

师:整数、小数、分数除法与乘法有什么共同点?

生:都是计数单位个数相乘、相除,计数单位相乘、相除。

师:整数、小数、分数的加减法呢?

生:加减法也是计数单位个数相加减,但是计数单位相同,计数单位不用相加减。

……

应该说,教师精心设计的学习单凸显了算理的一致性,较好地起到了温故知新的作用,使学生感悟四则运算的共性得以可能。

实践表明,让学生理解前面学习的运算法则实际上用到了运算律并不困难,但即使到了六年级,能够真正悟出整数、小数、分数乘除运算都是归结为“计数单位与计数单位运算,计数单位上的数字与计数单位上的数字运算”的学生并不多。为使多数学生理解这一点,需要教师循循善诱。

2. 计算公式的推导

在图形与几何领域的测量部分,求积公式的得出,有时也需要用到乘法分配律。最早是长方形周长公式,只能“用而不宣”,依据乘法意义解释为两个长加宽的和。

到教学多边形面积时,推导梯形面积公式,常有学生将梯形划分成两个三角形，从而使面积公式未知的图形转化为面积公式已知图形的三条路径（转化为长方形、平行四边形、三角形）能完整呈现。但由此得到的是：梯形面积＝上底×高÷2＋下底×高÷2。

这时，已有条件根据乘法对加法的分配律将“高÷2”看作一个数，从而导出：

梯形面积＝（上底＋下底）×高÷2。

教学圆面积时，计算环形面积，也可运用分配律得到简便算法。设外圆、内圆半径为 R、r，则

环形面积$=\pi R^2-\pi r^2=\pi(R^2-r^2)$。

类似地，有些组合体的计算，运用乘法分配律能使运算简便。例如，如图 3－38，求陀螺的体积。（单位：厘米）

$$3.14\times2^2\times3+3.14\times2^2\times3\times\frac{1}{3}=3.14\times2^2\times(3+1)=\cdots\cdots$$

这种运用在数与代数领域的问题解决中也会遇到。

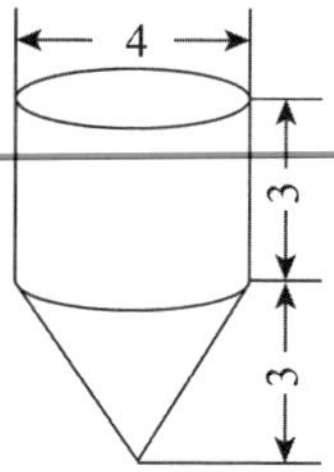

图 3－38

3. 四则运算的简便算法

运算性质（主要是运算律）既是建立运算法则的依据，又是进行简便运算的依据。但在小学阶段，长期以来运算律的运用大体上仅局限于“简便运算”。现在恢复运算律这一核心知识的本来面目，开始重视它对导出运算法则、计算公式的基础作用。与此同时，传统的简便运算也应该继续发挥它促进理解、灵活运用核心知识的训练价值。

（1）根据运算律进行简便运算。

加法交换律、结合律及其推广的运用比较简单，主要是：某些加数相加能凑“整”时可先行相加；分母相同或易于通分的分数可先行相加。例如：

① $7.6+324+2.4+76=(7.6+2.4)+(324+76)=10+400=410$。

② $\frac{1}{2}+\frac{2}{3}+\frac{1}{5}+\frac{3}{10}=\frac{2}{3}+\frac{5+2+3}{10}=\frac{2}{3}+1=1\frac{2}{3}$。

事实上，在整数或小数连加竖式中，某一位上能凑成十的数也可先行相加。例如：

③ $816+953+64+97=1930$。有学生在竖式上凑十。

$$\begin{array}{r} 816 \\ 953 \\ 64 \\ +\ {}_{2}9_{2}7 \\ \hline 1930 \end{array}$$

在连乘运算中,乘法交换律、结合律及其推广的运用,主要是:互为倒数的两个数可先行相乘;有些因数(或分解出来的因数)相乘能凑“整”时,可先行相乘。例如:

④ $2\frac{1}{5}\times1.25\times56\times\frac{5}{11}=\frac{11}{5}\times\frac{5}{11}\times(1.25\times8)\times7=1\times10\times7=70$。

用加法、乘法的交换律、结合律进行简便运算的要点,不妨采用儿童语言归纳为“找朋友,调位子,先计算”。同时还应强调,交换、结合以后,连加还是连加,连乘还是连乘,运算符号不变。

乘法分配律的应用较广,而且涉及两级运算,相对来说,比其他运算律的应用灵活性更大。例如:

⑤ $78\times99=78\times(100-1)=7800-78=7722$。

⑥ $12\frac{3}{5}\times\frac{2}{3}=12\times\frac{2}{3}+\frac{3}{5}\times\frac{2}{3}=8+\frac{2}{5}=8\frac{2}{5}$。

⑦ $\left(\frac{1}{2}+\frac{1}{3}-\frac{1}{4}\right)\times24=\frac{1}{2}\times24+\frac{1}{3}\times24-\frac{1}{4}\times24=12+8-6=14$。

⑧ $0.75\div3+\frac{2}{3}\times\frac{3}{4}-\frac{3}{4}=0.75\times\frac{1}{3}+\frac{2}{3}\times\frac{3}{4}-\frac{3}{4}=\frac{3}{4}\times\left(\frac{1}{3}+\frac{2}{3}-1\right)=0$。

教学时既要就题论题,更要就题论理。关键要使学生明确,乘法分配律既可从左往右应用,又可从右往左应用,其实质是改变两级运算的顺序,即

先加(减)再乘⇔先乘再加(减)。

认识了这一点,就容易明确乘法分配律的适用范围。至于某些数据的变形,到底是看成两数之和还是两数之差,只要思路明确,是不难掌握的。

为帮助学生明确思路,可以进行运算思路(实际上也是算理)的叙述训练。例如,第⑤题可叙述为 99 个 78 等于 100 个 78 减去 1 个 78;第⑧题只要发现 $0.75\div3=0.75\times\frac{1}{3}$,$0.75=\frac{3}{4}$,就能读作$\frac{3}{4}$的$\frac{1}{3}$加上它的$\frac{2}{3}$减去一个$\frac{3}{4}$,所以等于 0。

加强语言叙述训练的必要性在于语言是思维的外壳，思维表现于语言，犹如内容表现于形式。小学生还不太善于数学思维，这就更需要借助较为准确的语言来辅助、外显他们的正确思维。

长期以来，较为流行的教法是要求学生指出算式中的哪个数据相当于$(a+b)\times c=a\times c+b\times c$中的$c$，哪个数据相当于$a$或$b$。诚然，指导学生把乘法对加法分配律的字母表达式和计算题中的数对上号是可以的。但对于抽象思维能力较弱的学生来说，完全依靠“对号入座”式的训练，容易导致面熟的题目会做，而陌生的题目就不知所措，无从下手。

进而，根据需要把两个因数交换位置后再用乘法意义来解释，诸如将$\frac{2}{3}\times\frac{3}{4}$看作$\frac{3}{4}$的三分之二是否可以，又会不会影响对乘法意义的理解呢？我们说，乘法意义作为一个数学概念，应该严谨、确切，不能似是而非，但这并不排斥在应用概念时的灵活性。因此，根据需要把$a\times b$看作$b\times a$是可以的。只要学生明确这一点，就不仅没有否定乘法意义，反而更强化了对乘法意义的认识。实践表明，联系乘法意义解释乘法分配律的算理，有助于熟练掌握和灵活运用。

(2) 根据其他运算性质进行简便运算。

目前各套教材都有的，主要是根据减法、除法的结合性质进行简便运算。前面已介绍了整数减法、除法的运用，不难迁移至小数、分数。以小数为例。

① $2.75-(0.87+1.75)=2.75-1.75-0.87=1-0.87=0.13$。

② $2.75\div 0.25\div 0.8=2.75\div(0.25\times 0.8)=2.75\div 0.2=13.75$。

其中，第①题可以先根据加法交换律，将括号内的$0.87+1.75$交换位置，再转化为连减，以避免用到教材未出现的减法交换性质$a-b-c=a-c-b$。

对于分数连减、连除运算来说，与其运用结合性质，不如统一通分、统一转化为乘。例如：

③ $\frac{3}{4}-\frac{1}{3}-\frac{1}{6}=\frac{9}{12}-\frac{4}{12}-\frac{2}{12}=\frac{3}{12}=\frac{1}{4}$，比用减法性质$\frac{3}{4}-\frac{1}{3}-\frac{1}{6}=\frac{3}{4}-\left(\frac{1}{3}+\frac{1}{6}\right)=\frac{3}{4}-\frac{1}{2}=\frac{1}{4}$稍简便一些。

④ $\frac{5}{9}\div\frac{3}{4}\div\frac{2}{3}=\frac{5}{9}\times\frac{4}{3}\times\frac{3}{2}=\frac{10}{9}$，也比用除法性质$\frac{5}{9}\div\frac{3}{4}\div\frac{2}{3}=\frac{5}{9}\div$

$\left(\frac{3}{4}\times\frac{2}{3}\right)=\frac{5}{9}\div\frac{1}{2}=\frac{10}{9}$稍快捷一些。

利用和、差、积、商的变化规律,有时也能使某些计算得到简化。例如:

⑤ $76\div125=(76\times8)\div(125\times8)=608\div1000=0.608$。

商不变性质,在整数范围内需考虑是否有余数,推广至小数就无须多虑,因为商不是整数就是有限小数或无限循环小数。

⑥ $0.375\times8=(0.125\times3)\times8=1\times3=3$ 或

$0.375\times8=(0.125\times3)\times8=0.125\times8\times3=3$。

前一种解法是由已知 $0.125\times8=1$,依据积的变化规律“一个因数乘 3,另一个因数不变,积也乘 3”。后一种解法是运用乘法交换律、结合律。这样的不同思路、不同依据在加减法的简便运算中也比较常见。例如:

⑦ $676+598=676+600-2=1274$。

⑧ $676-598=676-600+2=78$。

这种加上或减去接近整百、整千的数的速算法,在日常生活的计算中比较常见,可要求学生掌握。通常认为,它们的依据是和、差的变化规律。事实上,根据运算性质 $a+(b-c)=a+b-c$ 和 $a-(b-c)=a-b+c$ 也能得到。考虑到两种依据在小学阶段一般都不明确提出,因此可启发学生基于运算意义作出解释“多加的数要减去,多减的数要加上”,就足以防止混淆。

综合以上分析,我们说,小学数学中的简便运算,尽管内容丰富,形式多样,但都有一个共同的目标——把较繁难的数值计算转化为较简单的数值计算。实现这一转化的方法,无非是改变运算顺序、改变运算种类和改变运算数据。而改变运算数据是为了创造条件运用有关性质。再进一步,还不难发现,绝大部分简便运算都是围绕“凑整”进行的。

要搞好简便运算的教学,关键在于启发学生理解简便运算过程中“形变质不变”的道理和提高学生的观察、分析能力。“形变质不变”的道理是简便运算的知识基础;观察、分析能力是促使知识转化为技能的“杠杆”。有人说“没有观察,就没有分析,也就没有简便运算”,是颇有见地的。其实,培养学生仔细观察、认真分析的习惯,对于减少运算中的盲目性,增强灵活性都是必不可少的。

第三节　运算顺序的教学

一、四则混合运算的顺序

运算顺序是运算教学的一个重要内容。对于一个四则混合运算算式来说，按照不同的顺序进行运算会得到不同的结果。为避免混乱，保证运算结果的确定性，必须对混合运算的先后顺序作出规定。

我们知道，在四则运算中，加法与减法称为第一级运算，乘法与除法称为第二级运算。对这两级运算的顺序规定是：

在一个没有括号的算式里，如果只含有同一级运算，应当从左往右依次运算；如果含有两级运算，先作第二级运算，再作第一级运算，亦即先乘除、后加减。

显然，同级运算从左至右依次进行的规定符合人们的习惯，与算式的书写顺序也完全一致。因而显得十分自然，谁也不会问“为什么”。但对先乘除、后加减的规定，却常使人产生疑问。如果联系实际来看，在现实生活中，需要先乘除、后加减和需要先加减、后乘除的事例都是客观存在的，就是规定先加减、后乘除也未尝不可。也有人认为，实践中需要先乘除、后加减的问题比需要先加减、后乘除的问题多。这恐怕只是一种估计，据此说明先乘除、后加减要更合理些，似乎不能令人信服。其实，从数学上讲，根据需要作出规定，只要这样规定行得通，就可以认为是合理的，没有必要也不可能加以证明。如果一定要追究其合理性何在，可以联系乘、除法与加、减法的关系来认识。首先，乘、除法分别是一种特殊的、简缩的因而也是高效率的加、减法。其次，多位数的乘法实际上是一系列先乘后加的混合运算；多位数的除法实际上是一系列先除（转化为乘）后减的混合运算。这就很自然地使得人们作出先乘除、后加减的规定，以顺应诸如此类的运算需要。

这样规定以后，遇到需要先加减、后乘除的问题，或者同级运算中需要先算后面的运算时，就需要引进改变运算顺序的符号——括号，并规定括号的次序。即：

在一个有括号的算式里，应当按照小括号→中括号→大括号的顺序，先完成括号内的运算，再完成括号外的运算。括号内的运算仍按先乘除、后加减，同级运算从左往右依次运算的规定进行。

遇到更为复杂的运算问题，三种括号不够，还可以使用“括线”。例如：$\{[(8\times\overline{5-3})]\div9+1\}\times3$。小括号里边$\overline{5-3}$上面的一条线就是括线，表示$5-3$要先行运算。

根据“课标”规定“混合运算(不超过三步)”，因此小学数学教材一般不采用括线，也不出现大括号，所以没有必要向学生讲练这类运算例、习题。

繁分数里的分数线除了表示除号，还带有括号的意义。例如，在$\dfrac{1+0.5}{1-\dfrac{2}{3}}$中，$1+0.5$和$1-\dfrac{2}{3}$要先算，就是分数线的括号意义在起作用。化简繁分数时，我们还要依照分数线的长短来确定运算的先后次序。例如，

$$\frac{5}{3+\dfrac{2}{3+4}}=5\div[3+2\div(3+4)]。$$

这里，两条分数线的长短就相当于括号大小的区别。

二、四则混合运算的教学

1. 混合运算的教材编排

运算顺序的教学，一般是从连加、连减式题开始，按照“只含一种运算→只含同级运算→含有两级运算→带小括号的混合运算→带中括号的混合运算”这样的程序，逐步增加运算种类运算步数的。其中，两级运算的顺序和括号的使用是两个重点。

以人教版小学数学教材为例。

(1) 加减两步运算。

如图3-39，在“6～10的认识和加减法”单元，引进连加、连减和加减混合两步运算，旨在为学习20以内进位加、退位减打好不可或缺的基础。

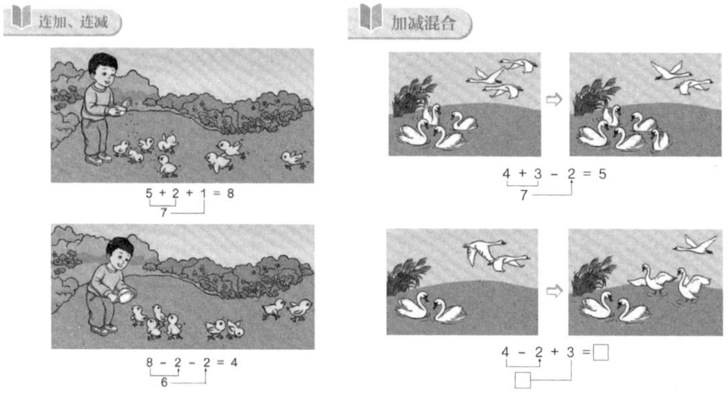

图 3 - 39

每题的插图生动地呈现了动物数量的两次变化，算式依次记录了数量的变化过程。

（2）加减两步运算，小括号改变运算顺序。

以连减的两种算法为题材（图 3 - 40），创设问题情境，浅显易懂、恰到好处地凸显了同级运算遇到了改变运算顺序的需要：同一问题，学生很容易想到两种算法，分别是依次计算、先算后面的。从而使学生感悟引进括号的必要性。

这一颇具教学法匠心的设计安排在一年级下学期，略显过早。

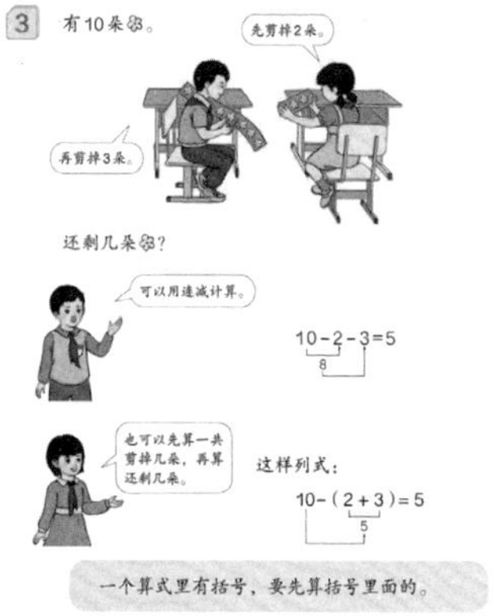

图 3 - 40

图 3 - 41

（3）乘加、乘减两步运算。

安排在二年级上学期的这一混合运算内容（图 3 - 41），旨在满足乘法口诀递推的需要。例如，由“八八六十四”，通过口算 8×8+8，推出“八九七十二”，通过口算 8×8－8，推出“七八五十六”。

这是启发学生凭借推理思维来减轻记忆负担的有效举措,并非正式教学两级运算的顺序。因为无论是乘加,还是乘减,都是从左往右的自然顺序,暂且不讲“先乘除、后加减”的规定。

(4) 正式教学混合运算。

所谓“正式”的一个显性标志,就是开始教学“递等式”运算。在这之前的两步运算,都是要求学生“把第一步的计算结果记在脑子里,算式上只写最后的得数”(图 3-42、图 3-43、图 3-44)。

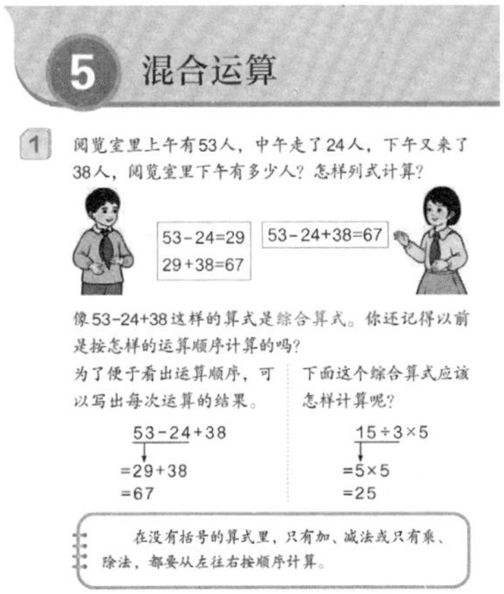

图 3-42

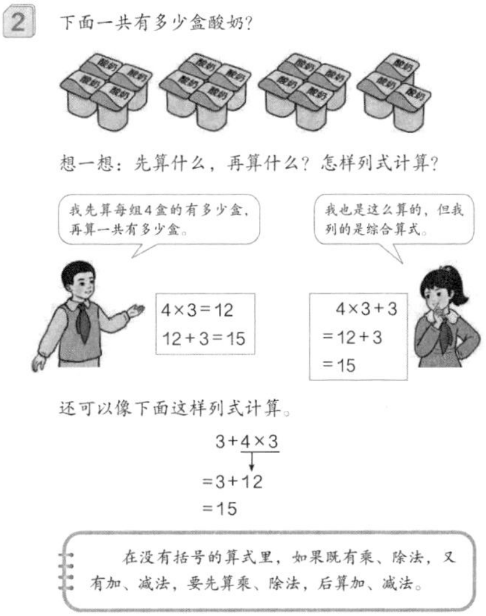

图 3-43

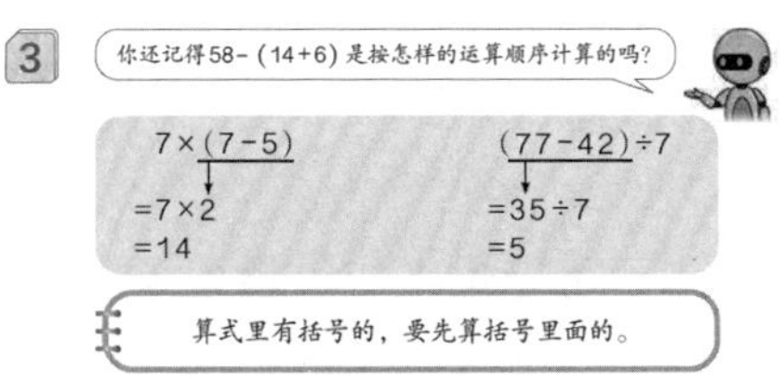

图 3-44

三道例题,引出三条运算顺序规定。

教过这单元的教师都会有颠覆常识的发现,写下第一步运算结果并抄下未运算部分,这些本应十分自然的操作,对学生来说竟然是一个难点。

不得不承认,这一难点恰恰是我们前面的教学造成的。成年累月地强调计算过程记在脑中，算式只写最后得数。待到学生养成了习惯，突然之间又要求他们立即改过来。可是，学生不是机器人，指令一变，动作即变。

正如前面分析所指出，两步运算只写最后结果的持续时间越长，给学习递等式造成的负迁移就越大，因此递等运算的教学不宜过于滞后。而且，长方形周长计算公式的表达也离不开混合运算顺序的基础知识。

《课标 2022 年版》将混合运算安排在第二学段，意味着部分教材原来安排在二年级下学期的这部分内容必须挪后，最早三年级上学期才能教学。看来，相应的对策只能是：把控第一学段两步运算的教学内容，能不教、不练的就不教、不练，以免强化不写计算过程的习惯。

（5）混合运算顺序的总结。

这部分内容通常安排在四年级，主要教学中括号。

常有教师质疑，说是“总结”混合运算顺序，怎么只安排一道例题(图 3－45)？

了解了教材的整体安排，就能释疑，运算顺序的三条规定，前面都已总结，所以只需补充中括号、小括号的运算顺序，就可不再重复其他。

第三学段主要是将整数四则运算顺序推广至小数、分数的四则运算。

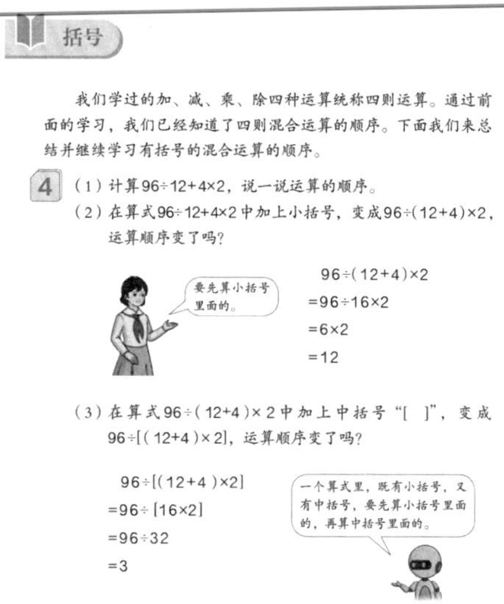
括号

我们学过的加、减、乘、除四种运算统称四则运算。通过前面的学习，我们已经知道了四则混合运算的顺序。下面我们来总结并继续学习有括号的混合运算的顺序。

4 （1）计算96÷12+4×2，说一说运算的顺序。

（2）在算式96÷12+4×2中加上小括号，变成96÷(12+4)×2，运算顺序变了吗？

要先算小括号里面的。

96÷(12+4)×2
=96÷16×2
=6×2
=12

（3）在算式96÷(12+4)×2中加上中括号“[ ]”，变成96÷[(12+4)×2]，运算顺序变了吗？

96÷[(12+4)×2]
=96÷[16×2]
=96÷32
=3

一个算式里，既有小括号，又有中括号，要先算小括号里面的，再算中括号里面的。

图 3－45

2. 混合运算的教学要求

21 世纪初以来，三版“课标”均限定“混合运算(不超过三步)”。

从理论上讲，课程目标不可能也不应该设置上限，因为任何教育都不会限制学生的发展。

从实践来看，教师们原来习惯于用“不超纲”来限定考试题的深度与广度，说明至少在潜意识里，大家将当时教学大纲的要求视为一种上限。这一思维定势也反映在了如今的“课标”中。

为落实“减负”，这种上限式的规定，对教材编制、对考试命题的约束力并不理想。有命题经验的教师都知道，如果不转变评价理念，那么无论怎样限制，都有办法在允许的范围内，通过开拓性地“深挖洞”或创造性地设计“变式”,编出令师生意想不到的难题。

实质性的问题在于,混合运算不超过三步的限制,明显缺乏论证。且不说初中二次函数的一般表达式 $y=ax^2+bx+c$(5 步运算)、数据组的方差(5 个数据的方差就要 20 多步运算),就是在小学数学自身的学习内容中,求圆柱表面积,即使都是直接条件,就已经要 7 步运算。例如,圆柱底面半径为 6 厘米,高为 10 厘米,表面积是:$2\times3.14\times6\times10+3.14\times6\times6\times2$。对此,多数教材的对策是分步列式,或干脆留白,把皮球抛给师生。但是,圆锥体积的计算,不少教材还是突破上限,给出了完整的 4 步算式(图 3-46)[1]:

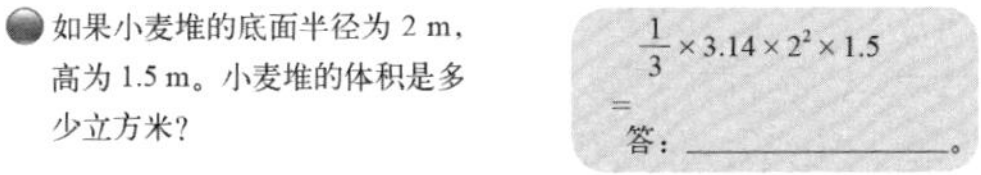

如果小麦堆的底面半径为 2 m,高为 1.5 m。小麦堆的体积是多少立方米?
$\frac{1}{3}\times3.14\times2^2\times1.5$
=
答:________。

图 3-46

突破更多的,如图 3-47 所示:

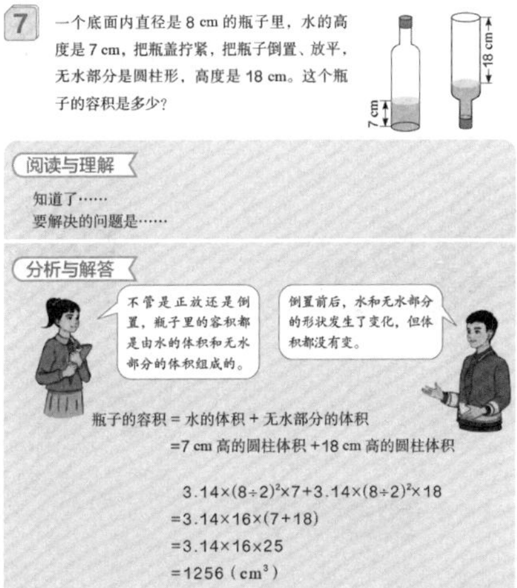

图 3-47

显然,教材给出综合列式旨在让学生看到乘法分配律的应用,但提取相同因数后的运算 $3.14\times(8\div2)^2\times(7+18)$,也已达到 5 步。

如果说这里可以让学生分步列式,因而不存在混合运算超过三步的问题,那么小学阶段只要求学生具有列出三步综合算式的能力,行吗?

---

[1] 刘坚,孔企平,张丹.义务教育教科书·数学(六年级下册)[M].北京:北京师范大学出版社,2014:11.

一个典型的例证，一元二次方程的求根公式，且不说公式的导出，就是公式的应用：

$$x_1=\frac{-b+\sqrt{b^2-4ac}}{2a},x_2=\frac{-b-\sqrt{b^2-4ac}}{2a},$$

代入系数需经过 8 步数值运算才能算出一个根。

显而易见，混合运算不超过三步，不仅会给小学的数学应用带来障碍，对第四学段的数学学习也有不可小觑的影响。

3. 同级运算的教学

同级运算的顺序“从左往右”，与读写顺序一致，是极具自然的。如前所述，算式是事物数量变化过程的记录与对应。教学的难点不是列式，而是连续计算的工作记忆。

4. 两级运算的教学

教学两级运算顺序的规定，较为普遍的问题是用现实问题情境引出先乘除、后加减的规定。例如(图 3-48)[1]：

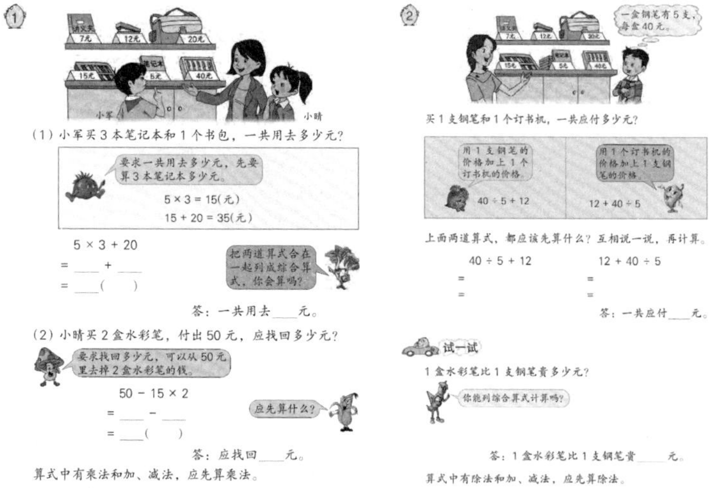

图 3-48

尽管很少有教师明确说出：因为有先乘除、后加减的实际需要，所以要规

---

[1] 孙丽谷，王林．义务教育教科书·数学(三年级下册)[M]．南京：江苏教育出版社，2013：34，36．

定先乘除、后加减,但客观上这样的例题教学传递给学生的信息,蕴含了上述推理。

案例 3－11 教学两级运算的顺序(图 3－49)[1]

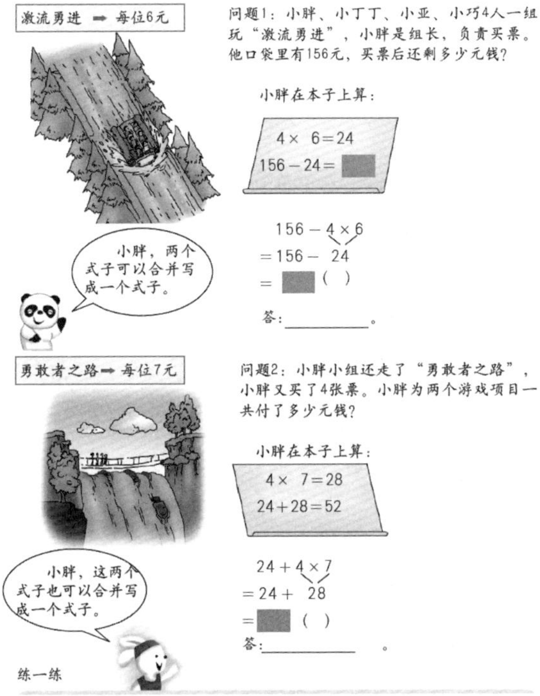

图 3－49

两个游乐项目本身就富有刺激性,加上多媒体课件的视觉冲击力,学生被深深吸引住了。他们非常投入地,也比较顺利地解决了这两个问题。从学生的汇报来看,他们大多采用分步列式。在教师的引导下,多数学生也能将两个分步算式组成一个综合算式。即

$$156-6\times4=132(元),$$

$$24+7\times4=52(元)。$$

于是,教师问:“通过这两个实际问题,我们知道了在一个有加、减法,又有乘法的算式里,必须先算什么?”

---

[1] 上海市中小学(幼儿园)课程改革委员会.九年义务教育课本·数学(二年级第二学期)[M].上海:上海教育出版社,2010:67.

学生异口同声："先算乘法。"

一位学生举手说："老师，我的计算是先算加法，后算乘法。"原来，该生解决第 2 个问题的算式是"6＋7×4＝52(元)"。教师应答："你要先算加法，必须添上括号。"该生没再说什么，教师就把教学引向了预设的练习。

下课后问了几名学生，为什么 24＋7×4，乘法在后，可以先算；6＋7×4，加法在前，不能先算呢？他们一脸茫然。一位大胆的学生说："老师讲乘法先算，它就先算了。"

可见，由实际问题引出运算顺序，内在逻辑就是"因为乘法要先算，所以这样规定"。而且，问题解决途径的多样性，同一组问题可能这样解需要先乘，那样解需要先加。用现实素材来解释"先乘、除"的合理性，容易陷入自相矛盾的窘境。

课后反思，当学生解决第 2 个问题出现了两种不同算法(24＋7×4，6＋7×4)，教师本可以抓住契机，提出问题，激化学生的认知冲突：第一种算法需要先算乘法，第二种算法需要先算加法，怎么办？由此引出为了避免混乱，使一个算式只有一个正确计算结果，数学上规定这类算式先算乘法、后算加法。然后讨论：遇到需要先算加法、后算乘法时，怎样改变运算顺序。从而使学生比较全面地感悟规定运算顺序的必要性、合理性。

透过案例，值得深究：由现实问题情境引入运算顺序规定的利和弊。

利：主要是激发兴趣，激活生活经验，经历数学化的过程。弊：首先是难点集中，既要解决列综合算式问题，又要教学顺序规定；其次是常常难以说明规定的必要性。

如果就解决问题来说，完全可以分步列式，从而降低思维难度。事实上，追求容易、简便的本能，使得学生首选分步运算。既然问题已经解决了，再来列综合算式，似乎多此一举。

如果就教学混合运算顺序而言，那就不得不舍易求难，指导学生列出综合算式，否则运算顺序无从谈起。

当然，会列综合算式，虽然"课标"从未明确要求，却是学生必须掌握的数学基本功。稍有"顾后"意识，为学生发展着想的教师都知道它的重要性。然而，列综合算式一直是小学数学教学的难点，过去的对策是通过解决"文字题"(指没有实际情境的用语言叙述的四则运算问题)加以训练。例如：

比 36 与 5 的积多 13 的数是多少？36 乘 5 加 13 的和，积是多少？

客观地说,文字题作为练习题,具有学会列综合算式与巩固运算顺序的双重功能。如今,文字题"销声匿迹",只能"硬碰硬"靠解决现实问题练习列综合算式。

以两步的两级运算为例,利用教材(人教版)在这之前已经教学了小括号的基础,较为适宜的是一个情境、两个问题,让学生同时看到先乘除、先加减的两种现实需要。

案例 3-12 教学两级运算顺序的实际问题

三(1)班 38 人去春游,租了 6 条船,每条坐 5 人,几人不能上船? 50 瓶矿泉水,留 8 瓶给不上船的同学,其余的给 6 条船上的同学,平均每条船可带几瓶?

已知条件的叙述顺序,正好与运算的先后顺序一致,能有效降低列综合算式的难度:$38-5\times6$,$(50-8)\div6$。从而使学生的注意力集中到:两个问题,一个需要先乘后减、一个需要先减后除,两级运算顺序的规定只能"照顾"其一,需要先做减法时请小括号"帮忙"。

由此,有教师提议,能否设计一个而不是一组现实问题,引出两种不同顺序的算法?这对两步的两级运算来说,很难实现。

以乘加为例:对于大于 0 的整数 a,要使 $a\times b+c=a\times(b+c)$,只能是 $a=1$;要使 $a\times b+c=(a+b)\times c$,除了 $b=c=1$,三数可以分别是 4、3、2 等。但试图编拟这样两解相等且具有实际意义的题目极其困难。

跳出来看,如果摆脱现实情境的羁绊,那么同时解决列综合算式与感悟顺序规定必要性两大难点,都能迎刃而解。

案例 3-13 教学两级运算顺序的数学游戏

(1) 引入游戏。

师:我们来用三张扑克牌算 24。(出示扑克牌,如图 3-50 所示)把三张牌上的数用加、减、乘、除法计算,每个数只用一次,使最后的得数是 24。

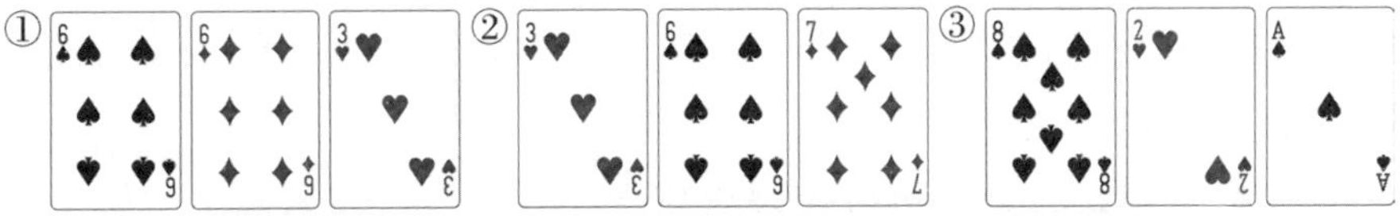

图 3-50

（2）小组讨论。

先分步列出两个算式算出24，再把两个算式组成一个综合算式。

（3）引出规则。

生：第①组 6×3=18，6+18=24，组成综合算式是 6+6×3=24。

师：你们是怎样写出综合算式的？

生：我们把 6×3 代替 6+18 中的 18，就组成了 6+6×3。

生：第①组我们写的综合算式是 6×3+6=24。方法就是先写 6×3，再接着写+6。

师：代入和接着写都比较常用。两个算式都是先算——（生：乘法）后算——（生：加法）

生：第②组 7−3=4，4×6=24，组成综合算式是 6×7−3=24。

生：不对，后面的 7−3 要加小括号。

师：把 7−3 写到前面来，7−3×6 不加小括号可以吗？

生：不可以，也要用小括号。

师：第③组呢？

生：第③组先算 2+1=3，再算 3×8=24，组成综合算式是(2+1)×8=24。

生：我们的综合算式是 8×(2+1)=24。

师：看来，有时需要先算乘法，有时需要先算加减法，所以数学对运算顺序作出了规定。

生：我知道，先乘除、后加减，需要先加减，就添上小括号。

师：否则 7−3×6、2+1×8，先算加减或先算乘法，一个算式就会？

生：就会乱套，算对了也会有不同得数。

……

对比当下由解决实际问题导出综合算式与讲授运算顺序的教学：

一方面，单纯的计算情境更容易将学生的注意力集中到两个学习重点上来。这符合认知负荷理论减少外在认知负荷、控制注意分散效应的主张，同时也已获得样例学习相关研究的实证支持，即小学计算学习单内容效果优于双内容（参见本书第二章第三节）。

另一方面，单纯计算情境也更容易让学生看到存在着不同运算顺序的需要，进而感悟为得到确定的计算结果，规定运算顺序是必要的、可行的。

显然,这样的教学符合数学的本意。

5. 中小括号的教学

括号的先后顺序与两级运算顺序一样,都是一种规定,不一定非得从应用题导出,直接向学生说明也是可以的。

例如,引进小括号时,关键是使学生认识括号对于改变运算顺序的作用。例如,先口算 13+16=29,30-29=1,再出现 30-13+16 的算式。比较得出,该算式与口算题结果不同。然后指出:要减去两数之和,必须把后面的式子括起来,表示应当先算。这样,30 减去的就是括号内整个算式的计算结果。

这和图 3-40 的教材设计实际上异曲同工,都是启发学生感悟改变运算顺序的必要性,理解引进括号的作用。

只是在创设现实问题情境,或通过教具或媒体演示,把事物的发展顺序与运算顺序联系起来再作出说明时,必须注意:任何情境都只是反映运算顺序的某一种需要,规定毕竟是规定,不该把它说成"因为……所以……"的推导结论。

国内的样例学习研究表明,括号的学习难度明显低于先乘除、后加减的学习难度。这主要是由于中、小括号在算式中是一种明显的"标签",对运算顺序的"提示"明显超过运算符号。

还应该指出,该"括号的学习"仅指按照顺序规定计算含括号的式题,它的难度确实不大;但反过来,列综合算式时正确使用括号,掌握难度陡增。

6. 有关运算顺序的专项训练

当学生学会了加、减、乘、除的算法之后,能否正确地进行四则混合运算,在很大程度上取决于运算顺序掌握得是否熟练。为此,开展以下几种有关运算顺序的专项练习是行之有效的。

(1) 分析运算顺序的练习。

例如,出示如下式题,不要求计算,仅要求口答或批划出运算的先后次序。

批划	口答
① $2700\div12-15\times13$	先算 $2700\div12$ 与 15×13，再用商减去积。
② $\left[7-\left(3.4-8.4\times\frac{2}{7}\right)\right]\div0.1$	第一步：算 $8.4\times\frac{2}{7}$； 第二步：算 3.4 减去积； 第三步：算 7 减去差；

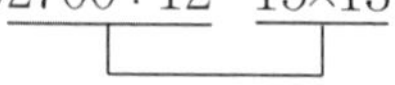

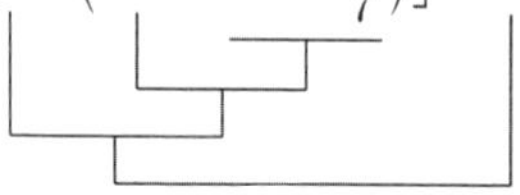

最后，算中括号内的差除以 0.1。

这种练习有助于培养从整体观察入手全面分析的习惯，防止顾此失彼的运算顺序错误。同时还便于及时检查学生对运算顺序的掌握情况。

（2）改错练习。

例如，指出下面计算中的错误，并改正过来。

$$\begin{aligned}&15+12\times(13+87\times2)\\=&15+12\times(100\times2)\\=&15+12\times200\\=&15+2400\\=&2415\end{aligned}$$

$$\begin{aligned}&300-50\div5\times6+400\\=&300-10\times6\\=&300-60\\=&240+400\\=&6400\end{aligned}$$

这类练习应针对学生中普遍、较常见的运算顺序错误与书写错误进行设计，使学生通过练习引起警惕，并提高分辨能力。

（3）改变运算顺序的练习。

主要有两种形式：

一是添上括号，使下列算式成立。

① $60\div5\times37-27=120$

② $80-20\times3\div5=4$

二是按指定的运算顺序给 $\frac{6}{7}\times3.5+3.5\div\frac{5}{12}-\frac{1}{3}$ 加括号。

① 先加，再减，再乘，最后除。

② 先减，再除，再加，最后乘。

③ 先加，再除，再乘，最后减。

这类练习思考性强，有助于强化运算的顺序观念，促其熟练掌握。

(4) 语式互译练习。

即给出文字题,让学生根据文字叙述列出综合算式。或者给出式题,指导学生口述成文字题。例如[1]:

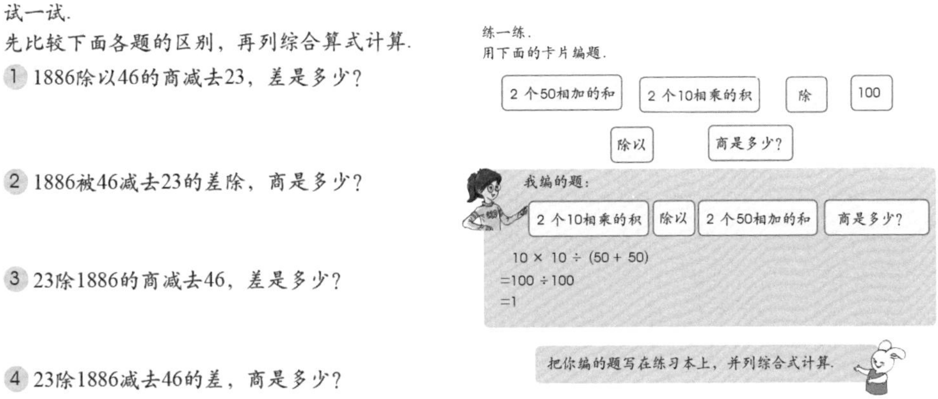

试一试.
先比较下面各题的区别，再列综合算式计算.
1 1886除以46的商减去23，差是多少?
2 1886被46减去23的差除，商是多少?
3 23除1886的商减去46，差是多少?
4 23除1886减去46的差，商是多少?
练一练.
用下面的卡片编题.
2 个50相加的和
2 个10相乘的积
除
100
除以
商是多少?
我编的题:
2 个10相乘的积
除以
2 个50相加的和
商是多少?
10 × 10 ÷ (50 + 50)
=100 ÷ 100
=1
把你编的题写在练习本上，并列综合式计算.

图 3-51

实践表明,这类练习对学生掌握运算顺序,提高列综合算式的技能,帮助较为显著。要注意的,一是文字题和式题的步数不宜太多;二是不应把手段视为目的,将其作为试题,列入评价项目。

[1] 上海市中小学(幼儿园)课程改革委员会.九年义务教育课本·数学(四年级第一学期)[M].上海:上海教育出版社,2015:58-59.

第四章

运算教学的教学法研究(二)

在这一章中,我们先就运算法则教学三个具有共性的热点问题展开探讨。

一是运算法则的内容结构问题。把握结构才能一环紧扣一环,使教学踩在知识的生长点上循序渐进。

二是运算法则的算理系统问题。归结为计数单位的运算,加减法好说,乘除法学生难以接受,怎么办?算理教学只强调计数单位够了吗?我们将从明晰算法的内在机制入手,给出基于实践的回答。

三是算法多样化与优化问题。争论伴随实践,曾几何时潮起潮落,迷思、误区犹存,需要厘清。

在此基础上,依次展开整数、小数、分数加减法和乘除法运算法则的教学研讨。

最后,就运算错误的分类、归因以及防患未然与化错教学,介绍我们的研究与教学对策。

在数学中,有些运算的定义本身就已经解决了该运算最基本、最一般的实施方法。例如,前面介绍的分数理论中分数乘法的定义,就是直接用运算法则的形式给出的。然而,要正确迅速地完成运算,在大多数情况下,光靠定义规定的法则还是不够的,更不要说有些运算定义并没给出运算法则。就拿整数加法来说,自然数基数理论的定义没有给出算法,序数理论的定义提供的方法是连续性计数。遗憾的是,这种最基本的数数方法只具有理论意义,其实用价值是微不足道的。因此,根据定义和由定义导出的运算性质,解决许多具体的运算方法问题,既是数学自身发展的需要,也是实践对数学的要求。

但是,在小学数学中,四则运算的意义主要是从四则运算应用于各种场合的具体含义中抽象概括出来的,意义本身并没有给出任何运算方法。因此,从运算意义出发,通过一系列具体实例,找出具有一般性的、合理可行的运算方法,将其归纳成法则,进而引导学生在理解算理的基础上掌握法则正确进行运算,就成了小学运算教学的一个主要任务。

第一节　运算法则的内容结构与算理系统

研究运算法则的教学,在掌握相关本体性知识的基础上,首先,必须通晓运算法则的内容结构及其教材编排,把握教学的“序”;其次,必须理解运算法则的算理系统及其教学处理,明晰算法的内在机制;再次,还有必要厘清算法多样化与优化的关系,做到发散与收敛相得益彰。

一、运算法则的内容结构——把握教学的“序”

在数学课程改革进程中,“结构化”是一个热词。历史地看,课程内容的结构化主张由来已久。从被誉为现代课程理论之父的拉尔夫·泰勒(Ralph W. Tyler)的“课程原理”到布鲁纳的“学科基本结构”，至今仍有相当的影响力。

与此同时，发端于美国的“新数运动”业已证明，不顾教师、学生已有的认知结构，强推学者心目中自以为是的课程结构，难逃失败命运。我们应当引以为戒。

一般认为，课程内容结构包括纵向结构与横向结构、实体结构与形式结构。这里主要讨论运算法则内容的实体纵向结构。就此结构来说，泰勒提出的连续性、顺序性和整合性原则，布鲁纳主张的“螺旋式排列”，加涅(Robert Mills Gagne)强调的“梯度序列”，都在为课程内容结构序列的优化提供参照。

如同四则运算的意义及关系的教材结构，运算法则的教学也应当顺应知识的逻辑联系与儿童的认知发展，设计循序渐进的教材结构，使每一种运算的教学都能让学生理解它的基本方法以及方法背后的道理，入脑入心，为后一种运算法则的学习作铺垫。

1. 加、减运算法则的内容结构

整数加、减法的运算教学，一般随着认数范围的扩大，经历 20 以内、100 以内、万以内三个阶段。纵观这一进程，20 以内的加、减法主要解决一位数加法和相应减法的口算，是加、减法的基础阶段；万以内的加、减法是加、减法笔算法则的完善阶段；100 以内的加、减法处在两个重点阶段之间，起着承前启后、引申铺垫的作用。

小数、分数的加、减法同样与数的认识教学同步。在分数初步认识时，学习同分母分数的加减运算；在学习小数初步认识时，学习一位小数的加减运算。然后在教学小数的意义与性质后，再学习多位小数的加、减法；在教学分数的意义与性质后，再完整地学习同分母、异分母分数的加、减法。

多年来形成的这一合理编排框架，在《课标 2022 年版》中也得到了体现，如第二学段分数、小数初步认识的学业要求“会进行同分母分数的加减运算和一位小数的加减运算”。整个教学系列如下：

第一学段		第二学段			第三学段	
一位数加法与相应减法	100 以内的加、减法	万以内的加、减法	同分母分数加、减法	一位小数加、减法	小数加、减法	分数加、减法

常有教师对现行教材的这一编排体系感到困惑不解:为什么初步认识分数在前、小数在后,而再次学习数概念与四则运算,又反过来小数在前、分数在后?

这是因为我们将小数刻画为十进分数,所以分数的初步认识安排在前,才能解释小数的计数单位,如 0.1 就是十分之一。相应地,本着数的认识与运算结合的原则,同分母加减法的初步学习就安排在前。

然而,对小学生来说,整数、小数(0 除外)有一个统一的基本单位 1,在十进位制中,各数位上的计数单位(位值),从低位到高位,十个一聚,从高位到低位,一分为十,规范性强。而分数的单位却具有随意性或者说多变性,分母不同的分数,分数单位也就不同。由此小数四则运算与整数四则运算的联系更为紧密,生活经验的支撑也更多,而且无需同时关注分母、分子两个数字系统的操作,因而学习难度更低。所以,尽管历史上分数运算的发展、成熟远早于小数运算,尽管总有学者从数学自身逻辑出发,提议先教分数及其运算,再教小数及其运算,但在小学先学小数及其四则运算,明显符合儿童认知发展的特点,也符合由易到难的教学规律。可以说这是综合考虑学科与学生两方面因素,谋求平衡的一个典型范例。

2. 乘、除运算法则的内容结构

整数乘、除法的教学进程,一般分为三个阶段,即表内乘、除法,一位数乘、除多位数,两位数乘、除多位数。然后是小数乘、除法,分数乘、除法,数集及其运算一般不出现交叉现象。

第一学段	第二学段	第三学段
表内乘、除法	用一位数乘、除→用两位数乘、除	小数乘、除法→分数乘、除法

表内乘、除法都以口算形式进行,它们的主要计算"工具"都是具有民族特色的乘法口诀。因为任何多位数乘法,在运算过程中都要拆分为一位数乘一

位数的乘法，就连进行除法运算也离不开一位数的乘法。所以，使用乘法口诀的熟练程度对运算能力的影响极大。

从一位数乘、除多位数起，乘法的运算过程是乘法和加法的综合运用，除法的运算过程是乘法（内涵加法）和减法的综合运用。特别是多位数的乘、除法，运算步骤多，心算思考过程复杂，工作记忆负荷大，其难度是显而易见的。为使学生比较顺利地掌握运算法则，把握运算教学各阶段之间和各阶段内由易到难、由简到繁的序，是不容忽视的。

案例 4－1　多位数乘一位数

这一单元的教学内容采取了“小步子”前进的结构策略（图 4－1）：

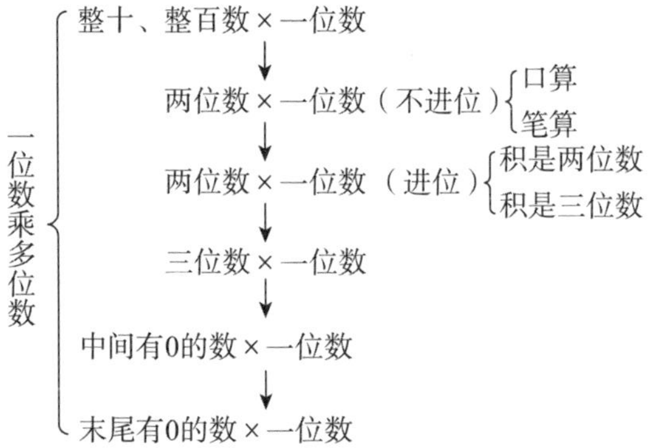

图 4－1

整个进程，从理解分拆和明确乘的顺序入手，逐步由易到难，最后理解和掌握 0 在乘法中的特性并运用于因数中间或末尾有 0 的乘法笔算。如此细腻的编排，便于教学在新旧知识的衔接点、生长点展开，也便于学生拾级而上，能使很多学生一学就会，甚至感觉可以“无师自通”。同时也有利于学生切实理解和掌握一位数乘多位数的方法，为学习因数是多位数的乘法和学习除法打下良好的基础。

在此基础上教学两、三位数乘两位数，重点是使学生理解用两位数乘的算理，掌握部分积的对位方法。

整数乘法的法则，一般来说要到教学三位数乘三位数时才趋于完备（图 4－2）[1]：

---

[1] 中小学通用教材编写组.五年制小学课本・数学（第五册）[M].北京：人民教育出版社.1989：84，87.

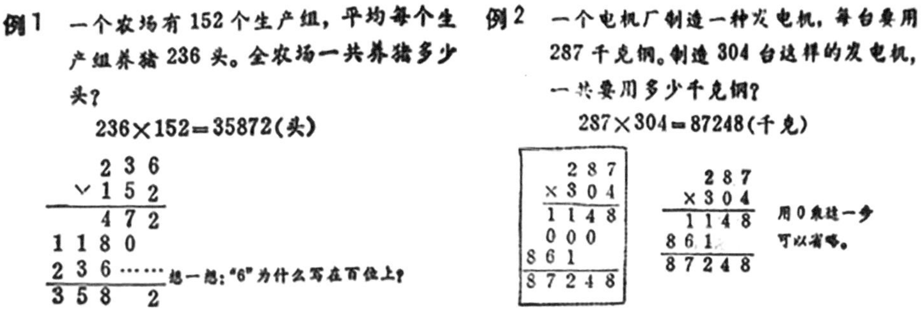

图 4－2

但事实上，只要真正理解了两位数乘两位数的算理，并掌握了相应的法则，就能将其推广到因数是更多位数的乘法中去。所以，把因数是两位数的乘法作为笔算乘法的重点是适当的。

三位数相乘从 20 世纪 90 年代起就不再教学，但一个至今尚未妥善解决的问题是有关圆面积(包括圆柱、圆锥体积)的计算，只要半径超过 10，就会遭遇三位数相乘，如 3.14×13^2。对此，“教参”的建议是“应允许学生使用计算器”，但实际落实有诸多困难。如何解决？留待运算能力培养研究中探讨。

小数乘、除法的运算法则，只需在整数乘、除法运算法则的基础上，解决如何处理小数点的问题就行了。因为小数和整数都是按照十进制位值原则书写的，所以小数乘、除法的竖式形式，乘、除的顺序，积的对位与进位以及商的定位都可仿照整数乘、除法的相应规则。也就是说，只要对小数点作出合乎科学的处理，小数乘、除法就可以转化为整数乘、除法进行运算。

分数乘、除法的运算法则并不繁杂，也容易记，但要让学生理解算理，就不那么容易了。为了分散难点，通常是从分数乘整数开始，接着出现整数乘分数，然后讨论分数乘分数的一般情况。分数除法也有类似的教学安排。由于分数乘法是分数除法的基础，因此通常总是先学完分数乘法，再开始分数除法的学习。

二、运算法则的算理系统——明晰算法的内在机制

算法(Algorithm)通常是指可以解决一类问题的完整步骤和运算序列，即在有限步骤内求解某一类问题的一系列清晰指令或者操作规则的集合。这里

只是作为整数、小数、分数四则运算方法的简称。所谓算理，顾名思义就是运算过程中的道理，主要是指推出算法的依据以及操作步骤的理由（合理性）。

算理包括“依据”与“理由”是小学数学的特殊现象。例如，两位数乘一位数转化为整十数、个位数分别与一位数相乘，依据是乘法对加法的分配律。至于竖式先算个位数与一位数相乘的步骤，只是一种合理的简化操作，便于两个积合并写成一行。反过来先算十位数与一位数相乘也是可行的。如果两次相乘的积写两行再相加，那么哪个先乘都可以。事实上，两位数乘一位数的口算，如 14×3，通常先算 10×3，理由是与读写顺序（从高位到低位）一致，显然也是合理的。

概括地说，算法解决怎么算的问题，算理回答为什么这样算的问题。

小学的运算教学要不要讲算理，历来存在争议。一些学者基于个人童年数学学习的回忆，主张小学生会算就行，以后再慢慢理解。这种“从记忆走向理解”的观点至少在小学数学教师群体中，已被“理解促进掌握、记忆与迁移”所取代。

一方面，成功人士特别是数学家早年的学习经历，是个人天赋与特定历史、地域条件下的特例，有失一般性。另一方面，目前的主流观点是：脱离了理解的掌握缺乏学习意义。过去的数学教育太在意是否把孩子教“会”，而不追求有没有把他们教“懂”，以至于我们绝大多数成年人其实只是“会”算，并没有真正“懂”为何可以这样算。

然而，算理怎样讲、讲到什么程度，却是一个值得探讨、深究的课题。

1. 当下的认知偏差

自《课标 2022 年版》颁布以来，在部分研究者和教师中出现了一些认知偏差。

一是将“感悟数的概念本质上的一致性”与“体会数的运算本质上的一致性”[1]，解读为“数的概念与运算的一致性”“数与运算的一致性”。而且，清一色地强调各个数位上的“计数单位”与分数单位。

我们经常会引用华罗庚先生的名言“数是数出来的”。这是就数的起源而言，如自然数，无论是几个（基数意义）还是第几个（序数意义），都源于“数”。

---

[1] 中华人民共和国教育部.义务教育数学课程标准(2022 年版)[S].北京：北京师范大学出版社，2023：18.

但随着数系的扩充,如果说有理数还是可数的,那么无理数就是不可数的。以致实数、复数都是不可数的。

类似地,用"计数单位的运算"解释四则运算的算法,本质上是一种算术思维。到了代数运算,也就不再提计数单位了。

如果要论数与运算的一致性,那么最为本质的——

首先是数的运算定义基于数的概念。例如,基于自然数基数理论的定义"有限集合的基数叫作自然数",自然数加法的定义是"求两个集合(交集为空)并集的基数的运算"。在小学,将自然数解释为"物体的个数",加法的含义概括为"合并",并由此导出算法。前面的"案例 3-2"充分说明一位数加法的各种算法都源于"合并"(包括"添上")的运算含义。

然后是数的运算随着数系扩充而解决原数集内运算的矛盾。例如,自然数扩充为整数解决了减法不够减的矛盾;整数扩充为分数解决了不能整除的矛盾。数学的这些发展脉络,小学高年级学生也能有初步的认识与感悟。就数学而言,抽象出数就是为了对它施行运算,这才是数与运算最本质的一致性。

这些数概念与数运算内在的本质联系,姑且称之为"一致性"。说到底,人类在认识和运用数的历史发展过程中,逐步形成的数系扩充原则才是"一致性"的科学表达。

二是将"数的运算本质上的一致性"仅仅归结为"计数单位的运算"。这种"只知其一,不知其二"的解读,既模糊了运算法则的探究过程,又窄化了运算法则的算理理解,有必要加以厘清。请先看一段研究的往事。

2. 算理理解的测试

有研究者的文章中提到 2009 年对三年级学生的一次测试中,让学生指出 34×12的竖式中 340 表示什么。随机抽取的 1600 多份样本,只有 43.09%的学生能正确选对答案"10 个 34 的和"[1]。

对于两位数乘法笔算的算理,如此低的得分率引起了各地教研员和一线教师相当普遍的重视。

[1] 张丹.以数的运算为例谈整体把握小学数学课程[J].小学教学(数学版),2010,(Z1):4-9.

案例 4－2 两位数乘法的理解

有教研员受该统计数据触动，设计了如下促进两位数乘法算理理解的针对性作业题：

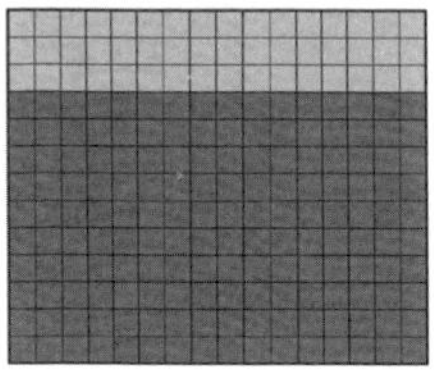

16×13
＝16×（　　）＋16×（　　）
＝（　　）＋（　　）
＝（　　）

```
    16
  × 13
    48……（　　）×（　　）
   16 ……（　　）×（　　）
  （　　）
```

数形结合，不同色块与横式、竖式各部分对应，理所当然获评“最佳作业设计”。

某校经过练习、讲评、订正的学生在该市学业水平测试中，下题的得分率为 100%。

小芳每分钟能打 42 个字，右面的竖式算出了她 15 分钟打的字数。竖式中箭头所指的数表示（　　）。

```
    4 2
  × 1 5
  2 1 0
  4 2    ←
  6 3 0
```

A. 5 分钟打的字数　　B. 10 分钟打的字数

C. 15 分钟打的字数　　D. 1 分钟打的字数

执教教师介绍经验时提到，不仅要学生理解竖式中两行积分别表示 5 个 42（5 分钟打的字数）、10 个 42（10 分钟打的字数），还要他们理解第一行积表示 210 个一，第二行积（省略 0）表示 42 个十。她在《课标 2022 年版》颁布前就已强调计数单位了。

那么，这些能联系计数单位的学生是否真正理解了两位数乘法笔算的过程与算理了呢？让调研数据说话。

填空：16×13＝18＋30＋60＋（　　）。

同一批学生，调研试题的数据与作业题完全相同，得分率只有 22.5%。填对答案的学生有近一半采用了“倒推”：16×13－18－30－60＝100。

显然，只要在上面“最佳作业”的图示中添一条线（图 4－3），填空题中的已知数、未知数就一目了然了。

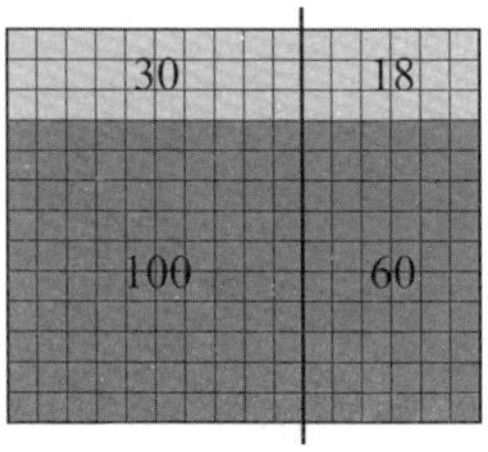

图 4－3

执教教师反思：受试题的影响，以为强调了竖式各行的数学含义、实际含义与计数单位，已经非常到位了，没想到捡了芝麻丢了西瓜,忽视了更为重要的引导学生理解乘法笔算的过程。同时又非常感慨,图示只少了一条线,效果竟然如此迥异。

看来,无论怎样"批判"应试教育,评价的导向功能是不可撼动的客观存在。

3. 运算法则的算理

如前所述,运算法则的得出源于数概念与运算意义,并依据运算律与性质。但在小学,运算律的教学一般安排靠后,运算性质又不讲全,所以只能启发学生根据运算的含义借助直观(内涵"常识")作出解释,使学生获得初步理解(图 4-4)。

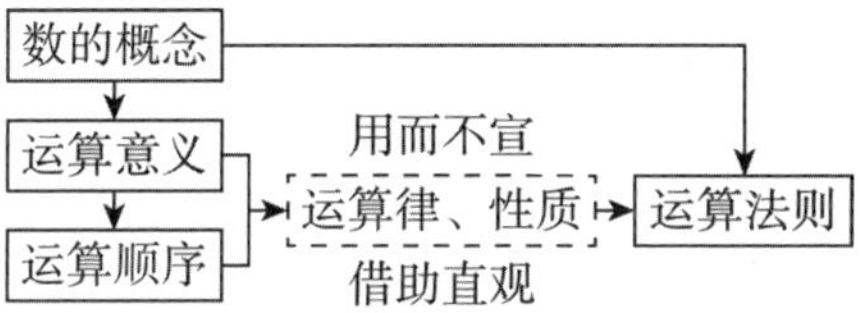

图 4-4

例如,两位数加法 25+37,为什么 5 和 7、20 和 30 可以拆开分别算,依据是两位数的概念与加法交换律、结合律:

$$25+37=(20+5)+(30+7)=(5+7)+(20+30)。$$

但这样的算式要到四年级学了运算律之后,才能回过头来予以弥补。在二年级初学时,主要通过直观图示,如小棒图(图 4-5),启发学生思考、理解"分开来合并"的过程与算理。显然,"分拆"(依据运算律)与"相同计数单位的数相加"(依据数概念)两者至少同等重要。

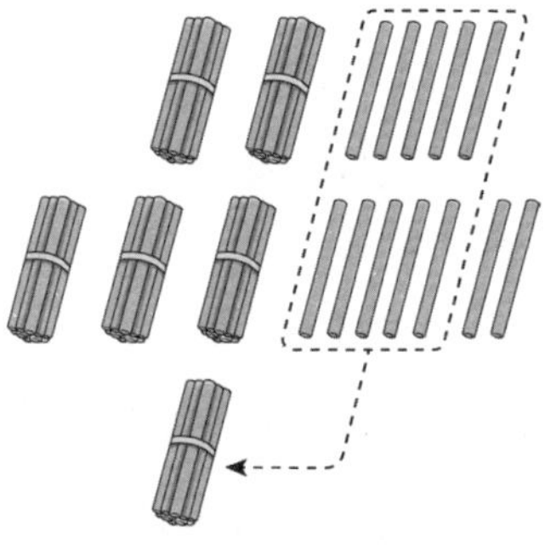

图 4-5

与此类似,解决两位数乘法算理理解"只知其一,不知其二"问题,也要借助直观的支撑。

课例 4-1 两位数乘法[1]

(一) 引入课题

师:今天我们学习笔算两位数乘两位数。(板书课题)

---

[1] 本课例由邱蕾萍、顾文老师提供。

（1）出示例题，列式。

动物运动会上，小兔队上场了，每行13只，排了12行。一共有多少只小兔？

师：怎样列式？算式的含义是什么？

生：13×12，表示12个13。（师板书13×12）

（2）估算。

估一估：大约一共有多少只小兔上场了？

生：我把12估成10，13×10=130，大约一共有130只小兔上场了。

师：实际小兔的总只数比130大还是小？

生：12估成10，估小了，所以130比小兔的实际总只数小。

［评析］课题引入开门见山。让学生说算式含义，为探究算法奠定概念基础。这里的估算旨在培养学生养成计算前估计结果大约是多少的习惯。

（二）探究13×12的计算方法

（1）学生独立思考、探究。

师：我们把兔子图简化成点子图（图4-6），尝试计算13×12，每计算一步就把这一步表示的含义在点子图上圈一圈。

教师巡视。提醒先完成的同桌交流。

（2）交流不同算法。

生：我用横式计算：把12拆成10和2，所以我把点子图分成了两块，上面这块就是13×2，表示2行小兔的只数，下面这块就是13×10，表示10行小兔的只数，然后把130和26加起来等于156。

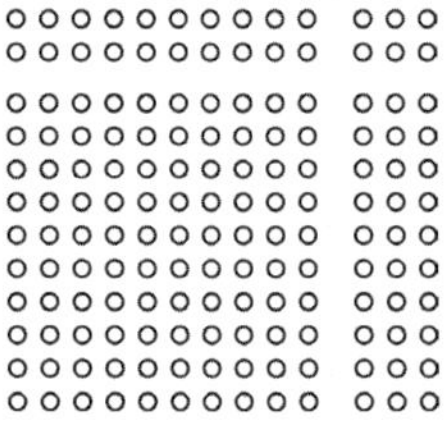
图4-6

师：观察这张点子图，刚才我们估算估小了，是少了点子图的哪一部分？

生：少了点子图上面2行，少了2个13。

［评析］数形结合，呼应前面的估算，有助于培养学生养成计算时自觉审视计算结果的意识与习惯。

生：我把12拆成6和2的积，先算13×6=78，再算78×2=156。点子图平均分成上下两部分。（教师板书学生的算法，并在点子图中画出相应的圈，如图4-7所示）

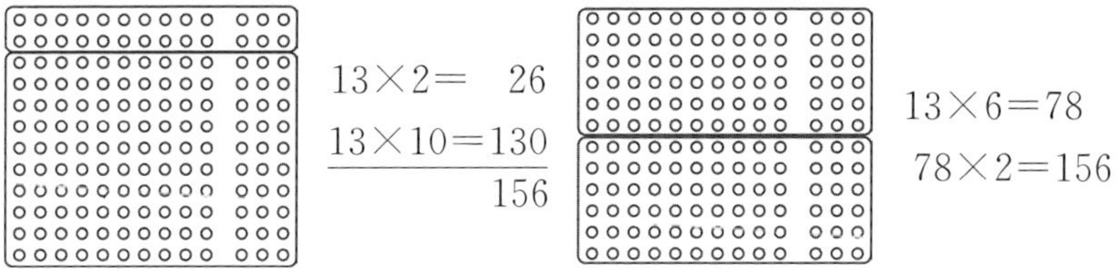

图 4-7

生:我把 12 看成 3×4 的积,先算 13×4=52,再算 52×3=156。点子图平均分成了三部分。(图略)

师:你们觉得三位同学的算法怎么样?有什么评价?

生:他们都算对了,我觉得三种算法差不多,但是第一种要三步计算,后面两种只要两步计算。

生:我认为把 12 拆成 6 和 2 的积或者 4 和 3 的积,不太好,因为换个数,比如 13、11,就不能拆了。

生:我同意,随便哪个两位数都能拆成十位数和个位数。

师:有道理。把两位数相乘转化为两位数乘一位数,只适合部分两位数,转化为两位数乘一位数、乘整十数的和是通用的方法。这种通用的方法还能写成竖式。

[评析]通过引导学生评价三种算法,一方面启发学生比较辨析发现“通法”,另一方面又抓住契机,非常自然地引出竖式计算。教师修改课本例题数据,使两个因数为 13、12,兼顾了算法多样化与算法优化的启迪与暗示。

(3) 探究竖式。

师:上学期,我们学习了两位数乘一位数的竖式,还记得吗?(板书 13×2 的竖式)请××同学来黑板上边说边算。

生:二三得六,2 乘 10 得 20,13 乘 2 等于 26。

教师伴随学生的叙述与竖式书写,板书 3×2=6,10×2=20,并问:6 是点子图的哪一部分,20 呢?(根据学生所指,在图中标注①②)

教师将竖式中因数 2 的十位上添“1”,变成 13×12,请另一位学生接下去完成演算,同样要求边说边写。

[评析]分步出示竖式,既是由旧引新,又可以让学困生来完成第一步,从而给他们提供一个展现自我、提振信心的机会。更重要的是,能帮助学生分清

哪一步是前面已经学过的，哪一步是今天新学的。

生：10 乘 3 得 30，3 写在十位上，个位上的 0 可以不写。10 乘 10 得 100，1 写在百位上，然后相加，得 156。

教师伴随学生的叙述与竖式书写，板书 3×10＝30，10×10＝100，并问：30 是点子图的哪一部分，100 呢？（根据学生所指，在图中标注③④）

师：对，30 的 3 写在十位上，个位的 0 可以省略不写。请大家对照横式、竖式与点子图回答，两位数乘两位数要乘几次？

生：要乘四次。

师：也就是说，两位数乘两位数是转化为四个表内乘法，然后把四个积相加。竖式中的 26 是怎么来的？130 呢？

生：26 是 3×2＝6、10×2＝20 的两个积合起来的，10×3＝30，10×10＝100 两个积合起来是 130。

教师将点子图与横式、竖式贴出两种颜色（图 4－8），予以对应。

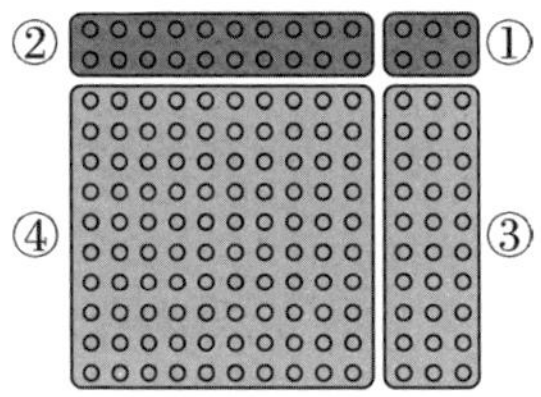

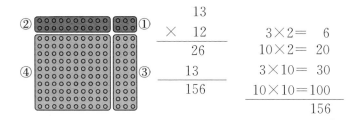

$$\begin{array}{r} 13 \\ \times\ 12 \\ \hline 26 \\ 13 \\ \hline 156 \end{array}$$

$$\begin{array}{r} 3\times2=6 \\ 10\times2=20 \\ 3\times10=30 \\ 10\times10=100 \\ \hline 156 \end{array}$$

图 4－8

师：这样看来，竖式原来是连续口算的一种简便记录方法。

［评析］不难看出，这才是笔算乘法计算过程及其算理真正的揭示。学生不仅更清晰地理解了笔算乘法的内在机制（归结为表内乘法），经历了竖式的生成过程，还能感悟“笔算”的实质“口算笔记的简便方法”。

师：注意看四个横式，因数与积的计数单位有什么特点？先看第一行。两个个位数相乘，积是几个？

生：两个个位数相乘，积是几个一。

生：最下面一行，两个十位数相乘，积是几个百。

生：中间两行，个位数与十位数相乘，积是几个十。

师：真好！

[评析] 很明显,与竖式对应的分步横式,为揭示计数单位的运算提供了方便。然而,实事求是地说,教师为了突出“数与运算的一致性”,有意识引导学生再回头审视,给出另一套算理解释,又显得有些“画蛇添足”,客观上会干扰前面已获得的理解。因为学生学习的重点是算法的生成,而不是多种视角的算理解释。比较而言,理解“拆开来算”比理解“计数单位的作用”无疑更具实质意义。

师:我刚才看到还有同学用了表格算法,说说看乘了几次。

生:我用列表的方法算,也是乘四次。

师:上学期学习两位数乘一位数,表格算法可简化为“草字头”(指一横两竖—┼┼—),现在两位数相乘,表格只要画个“井”字(边说边画)。来,把你的表格算法写给大家看。

学生在“井”字中完成计算:

×	10	3
10	100	30
2	20	6

130+26=156

生:他是横看做的加法,我也可以竖看 120+36=156。

师:是的,表格算法比较自由,两两相乘先算哪格都可以,最后的加法,横着加、竖着加也都相等。

[评析] 教师巡视时发现有学生自发地将两位数乘一位数的表格算法推广到两位数乘两位数,未做声,显示出灵活调控的能力。因为前面三位学生交流的不同算法,恰好通过算法优化,顺水推舟引出竖式。当时不予交流,有利于集中学生的注意力,突出竖式教学的重点。留到这里再让该生介绍,正好用来验证、强化“乘 4 次”的认识,并为后续教学埋下伏笔。

(三) 巩固练习

(1) 案例 4-2 的针对性作业题。

(2) 帮小动物找乐器。(课件出示)

集体交流反馈。

生：27×14=378，所以小猪的乐器是小军鼓。

生：78×87=6786，所以小熊的乐器是小提琴。

师：老师在巡视时发现有一位同学是这样计算的(投影出示，如图 4-9 所示)，小熊找不到它的乐器了，我们来看看错在什么地方。

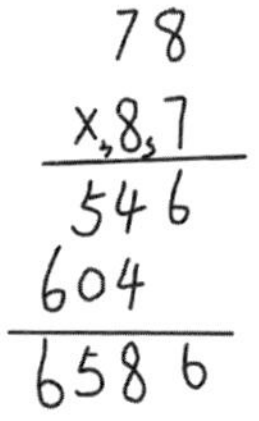

图 4-9

生：我发现十位 8×78 算错了。8×8=64，写 4 进 6，8×7+6 应该等于 62，他计算成 60，进位加法错了。

师：竖式计算的每一行在第二次乘时，常常还要加进位的数，七八五十六，加 6，都要在头脑里记着。这一步容易出错。用表格算法来试一试？

学生独立完成并交流。

→

×	70	8
80		
7		

→

×	70	8
80	5600	640
7	490	56

师：有什么体会？

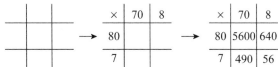

生：表格算法 4 个乘法随便先乘哪个都可以，四个积是分开写的，这样就不容易错了。

师：是的，乘、加两步口算有困难的同学，可以选用表格算法。

［评析］**看似趣味性练习，内涵精心预设。教师有意识选择计算过程中需要两次运用乘加两步口算的数据，进而捕获学生的错误，引出表格算法的练习，使学生获得对比体验，感受表格算法的优点。表格中四个积分开写的特点，有助于学生理解后面拓展的竖式。**

(四) 拓展

师：其实，两位数乘两位数的竖式多种多样，一起来欣赏。(课件出示)

古印度从高位算起

```
   48
×  79
─────
  28
   56
   36
    72
─────
  3792
```

也有采用下面的竖式：

```
   48
×  79
─────
    72
  2800
   360
   560
─────
  3792
```

[评析] 教师为便于学生理解,将古印度竖式改为积与因数的数位对齐。右边的竖式源自我国台湾,叫作“视窗”(从低位算起),为启发学生加以改进,教师改变了部分顺序(将最后一行提到了第二行)。

师:请大家仔细观察,它们有什么相同点?又有什么不同点?先独立思考,再同桌交流。

生:我发现这两种算法都是乘了四次,把乘得的积分开来写四行。不同点是乘的先后顺序不同。

生:我还想补充,古印度算法积末尾的0都没有写。

师:大家观察真仔细,找到了异同点。你们觉得写成四行有什么好处吗?

生:我觉得这样竖式计算进位的数不用记在头脑里,计算就容易了。

师:看来,写四行是有道理的。

生:老师,我觉得写四行太麻烦了。

师:好像是有点麻烦,想一想,有没有合起来写的好办法?同桌两人讨论。

生:我发现可以把两行合起来:个位相乘 $7\times8=56$,十位相乘 $70\times80=5600$。5600是整百数,末尾有两个0,把5600和56合起来写成一行,就是5656。个位、十位交叉相乘分别得到490和640,最后三行积相加就是6786。

教室骤然响起了掌声!

师:大家为你的创新而激动。不过要注意,如果78改为71,那么个位相乘得7,写的时候还要——

生:7前面要补一个0。

[评析] 教师对我国台湾的竖式(“视窗”)作了调整,将十位数相乘写在第二行,增强了启发学生创新竖式的有效性。学生也没有辜负教师的苦心,发现了四行并成三行的简化写法。当然,这不是每个班都可能出现的精彩。

(五) 总结

师:通过今天的学习,大家有什么收获?

生:我知道了两位数乘两位数可以用横式算,竖式算还可以用表格算。

生:我知道横式、竖式、表格,尽管它们的计算方法不同,但是它们都是乘了四次,最后把乘得的积相加。

生:我还创造了一种新的竖式计算方法。

师:大家都有收获,还创造出了一种老师也是第一次看到的独特的竖式计算方法,真了不起!

……

附：最后呈现的板书。

两位数乘两位数

13×12=156　乘4次再相加

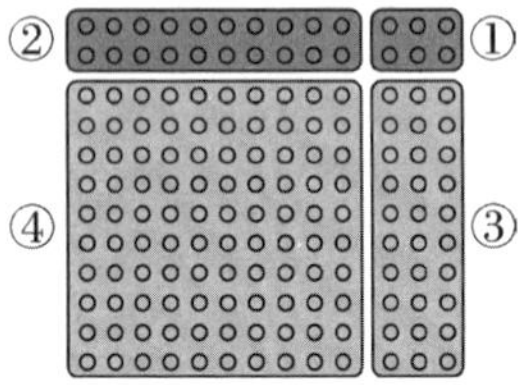


```
   13
×  12        3×2=   6    个位数相乘       得□个一
   26       10×2=  20    个位十位相乘     得□个十
  13         3×10=  30
  156       10×10=100    十位数相乘       得□个百
            156
```

×	70	8
80	5600	640
7	490	56

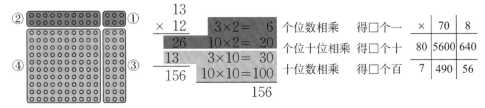

这一课例，虽说凭借本班前面两位数乘一位数教学的基础，学生表现不错。比如，前面教学两、三位数乘一位数时，如果不强调个位数与个位数、十位数、百位数相乘，分别得到几个一、十、百的话，到这里学生很难说出“个位数相乘得几个一”等依据计数单位的解释。但毕竟思维容量、要求偏高，适合水平较好的班级。尽管如此，课中丰富的内涵，还是值得我们学习、参考的。

常有教师问：我的学生能熟练掌握算法，但是遇到考查算理往往会出错，怎样才能使学生既掌握算法，又理解算理呢?

这是一线教师相当普遍的问题。考查受挫，可能有相关试题命题不当的原因，更主要的可能还是教学问题。

通常，先学横式、再教竖式、最后出图示讲算理的“三部曲”教法，从不同角度翻来覆去“嚼”同一道计算题，花费了成倍的时间，令学生厌烦、不得要领。也正是相互割裂的分开教学，给学生选择性记忆提供了条件。

若能借鉴课例 4－1，将图示、竖式、横式自然而然地同步生成、相互对照，就能使算理、算法融为一体，相互关联，进入学生的长时记忆。

实践表明，分拆、转化为表内乘法的依据（乘法对加法的分配律），之所以能相当自然地“用而不宣”，是因为学生能够直接根据乘法的含义想到、理解分拆。换句话说，“几个几”相当于“上位概念”，犹如“常识”，只要启发得当（如辅以便于抽象出“几个几”的情境与点子图），完全可以类推、同化“13 个 12 等于 3 个 12 加 10 个 12”这样的算术基本事实。

前面，我们以一位数加法（案例 3－2）与分数除法（案例 3－3）两个实例，说明了运算意义是探索运算法则的思维起点。这两个实例分别处于非负数运算教学的起始阶段和结尾阶段，从而充分说明运算意义自始至终是小学导出运算法则不可或缺的知识基础。这里又通过课例 4-1,再进一步阐明多位数运算法则的探究思路及其过程:源于数概念与运算意义,借助问题情境与几何直观,诱导学生自发地“使用”或“默认”运算律,逐步导出算法,发现计数单位的作用。学生之所以能“自发”的内在机制,其原因在第三章第二节中已作阐述。

其实,就数学的形式化理论来讲:“数的运算法则本来是规定的,而不是推导出来的。规定了运算法则,然后可以研究运算律是否成立。证明加法的交换律、结合律;乘法的交换律、结合律;以及乘法对加法的分配律等成立。”[1]这一观点不无道理。

由课例 4-1 不难举一反三,多位数的运算,无论是加、减法还是乘、除法,都是归结(转化)为一位数加法、乘法与相应的减法、除法。以后还可类推至多项式的运算。

仅以两位数乘两位数“乘 4 次”的算理与点子图为例,它与中学代数整式乘法的过程及其几何模型[2](图 4-10),具有高度的一致性:

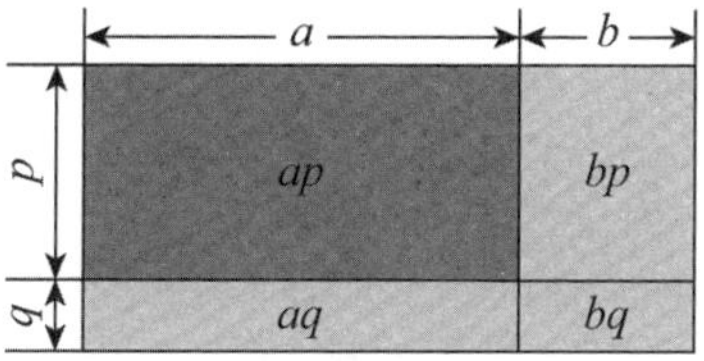

$$(a+b)(p+q)=ap+aq+bp+bq.$$

图 4-10

毫无疑问,真正以学生可持续发展为本,就应当重视中小学数学教学的衔接,关注算术与代数的“一致性”。

因此,无论是着眼于当前笔算的理解,还是为后续学习代数着想,算法的解释只强调“计数单位”而不顾及其他具有长远发展价值的算理,是片面的、短视的。平心而论,正如前面课例 4-1 中的评析:理解“拆开来算”比理解“计数单位的作用”无疑更具实质意义。因为“拆开来算”本质上是数学最核心的思想方法“化归”(小学通常说成转化),体现了数学各领域的“一致性”。所谓“计数单位”的一致性,与“化归”的一致性是无法相提并论的。

---

[1] 吕学礼.怎样讲负负得正?[J].数学通报,1990,(09):8-9.

[2] 人民教育出版社,课程教材研究所,中学数学课程教材研究开发中心.义务教育教科书·数学(八年级上册)[M].北京:人民教育出版社,2023:100-101.

4. 用计数单位解释算理的问题

将数与运算的一致性归结为“计数单位与计数单位运算，计数单位上的数字与计数单位上的数字运算”[1]，还难脱简单问题复杂化的教条主义之嫌。

道理很直白：强调所谓的“一致性”，并非为了建构数学的理论（对数学理论来说，计数单位不过是位值制记数法的衍生概念），而是为了促进、提升学生的数学理解，这就决定了所有的“强调”只考虑数学上能演绎是不够的，还必须充分兼顾儿童的认知特点，他们的可接受性。

先说加减法，历来强调相同计数单位的数相加减，计数单位不变（可以认为计数单位并未参与运算）。这是因为参与加减运算的都是同类量，当然结果也是同类量。

对此，小学生从操作小棒（“捆”表示“十”，“根”表示“一”），到摆弄计数器，再到用数位、计数单位以及分数单位的概念来思考，教与学都不成问题。至于参与运算的都是同类量，小学生首先注意到的是已知数与得数“单位名称相同”。也算有了“初步认识”。

曾有学生质疑加减法“单位名称相同”，如 2 捆+3 根=2 捆 3 根，“单位名称不相同的不也可以相加吗？”这种“钻牛角尖”似的“较劲”，折射出学生思维前后一贯的逻辑性，难能可贵。只要稍加说明，就能使学生释然：2 捆+3 根=2 捆 0 根+0 捆 3 根=2 捆 3 根。由此，对相同计数单位的数相加减，又有了进一步的理解。

再说乘除法，演绎推演可以将计数单位与数字拆开，分别运算，但绝大多数学生看不懂，也不理解为什么要这样做。即便作具体化处理，将字母换成数字，同样会令学生费解、困惑。

以乘法为例。从 2×3 到 222×33，最为简化的教学过程：

表内乘法	→	整十(百)乘一位数	→	两位数乘一位数	→	两位数乘两位数	→	三位数乘两位数
2×3=6	→	20×3= 60	→	22×3 =?	→	22×33=?	→	222×33=?
		200×3=600		2×3 = 6		22×3= 66		222×3= 666
				20×3 =60		22×30=660		222×30=6660
				66		726		7326

---

[1] 巩子坤，史宁中，张丹.义务教育数学课程标准修订的新视角：数的概念与运算的一致性[J].课程·教材·教法，2022，42(06)：45—51+56.

其间，只在教学整十、整百数乘一位数时，说到 20×3 是(2×3)个 10，200×3 是(2×3)个 100。其他环节一般不再重复、凸显计数单位的运算。

若硬要纳入计数单位与数字分别运算的程式化套路，则 20×3＝(2×10)×(3×1)＝(2×3)×(10×1)，就会使学生感觉怪异、不解。到 222×33，更是繁琐到难以忍受：

$$\begin{aligned}222\times33&=(2\times100+2\times10+2\times1)\times(3\times10+3\times1)\\&=(2\times100+2\times10+2\times1)\times(3\times10)+(2\times100+2\times10+2\times1)\times(3\times1)\\&=(2\times3)\times(100\times10)+(2\times3)\times(10\times10)+(2\times3)\times(1\times10)+(2\times3)\times(100\times1)+(2\times3)\times(10\times1)+(2\times3)\times(1\times1)\\&=6000+600+60+600+60+6\\&=7326\end{aligned}$$

在课例 4-1 中，教师避开了计数单位运算的算式，用语言表达“个位数相乘得几个一，十位数相乘得几个百，个位数与十位数相乘得几个十”，虽说多数学生能够接受，但已经显得累赘。

倘若推广至三位数乘两位数，则还要增加“个位数与百位数相乘得几个百，十位数与百位数相乘得几个千”，实在为难学生。

除法的情况还要复杂，程式化的演绎也更显舍简就繁。而且，整数、小数的计数单位相除，结果还是计数单位，如 100÷10＝10，0.01÷0.1＝0.1；分数单位相除，结果就不一定是分数单位，如$\frac{1}{2}\div\frac{1}{3}=\frac{3}{2}$，写成分子是 1 的分数$\frac{1}{\frac{2}{3}}$是繁分数。为了自圆其说，煞费周章给出以下推演[1]：

$$\frac{c}{a}\div\frac{d}{b}=\frac{c}{a}\times\frac{b}{d}=\underline{\left(c\times\frac{1}{a}\right)\times\left(b\times\frac{1}{d}\right)=\left(c\times\frac{1}{d}\right)\times\left(b\times\frac{1}{a}\right)=(c\div d)\times\left(\frac{1}{a}\div\frac{1}{b}\right)}=\frac{cb}{ad}\text{(分母均不为 0)。}$$

中间部分(下划线为笔者所加)纯粹是节外生枝的符号搬弄，离小学数学教学实际越走越远。

[1] 巩子坤，史宁中，张丹.义务教育数学课程标准修订的新视角：数的概念与运算的一致性[J].课程・教材・教法，2022，42(06)：45—51＋56.

总之，加减法强调相同计数单位的数才能直接相加减是可行的，学生也能理解；乘除法只能具体问题具体处理，学生能接受、理解的就讲，难以接受、理解的就不讲。不顾学生实际，一厢情愿地一概归结为计数单位与数字分别运算，难免事与愿违。

5. 用横式解释算理的问题

关于笔算的竖式与横式，有这样一种观点：竖式是算法，横式是算理。这令很多小学数学教师感到诧愕：早就有“竖式是直观的算理，抽象的算法”之说，竖式的教学，历来是兼顾算法与算理的呀！

案例 4－3 有余数除法的竖式

如图 4－11，通常安排在有余数除法单元首次引入竖式。教材、教师一般都会向学生介绍竖式各部分的含义，它与横式异曲同工。

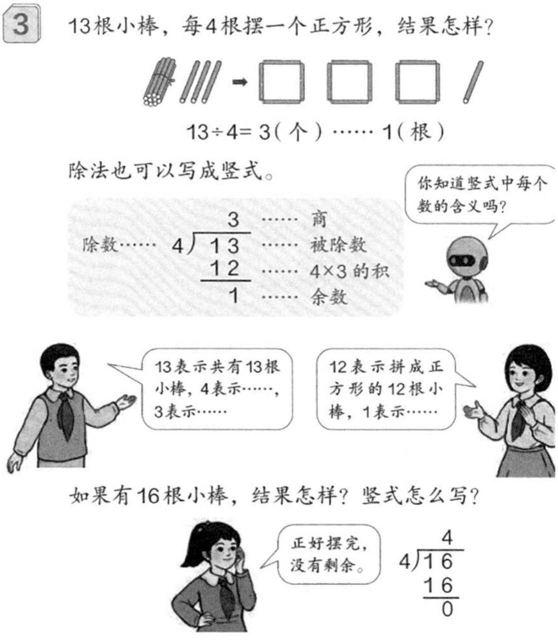

图 4－11

倘若细究两种横式 13÷4＝3……1 与 13＝4×3＋1，前一种只给出了计算的结果，后一种表达了被除数比 3 个 4 还多 1。就除的过程来说，竖式还略胜一筹，既便于分清被除数、除数、商和余数，又记录了商乘除数的积，便于检查。

确实,竖式与横式大多只是书写形式的差异,算法与算理是相通的、一致的。它们都是算法与算理的统一体。

(1) 教材的使用现状。

横式的使用,有教材从 20 以内进位加法就开始用横式表示口算方法(图 4-12)[1]:

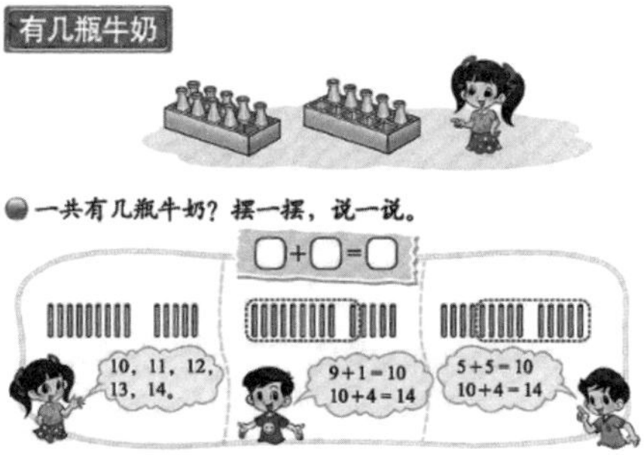

图 4-12

一直坚持到除以一位数(图 4-13)[2]:

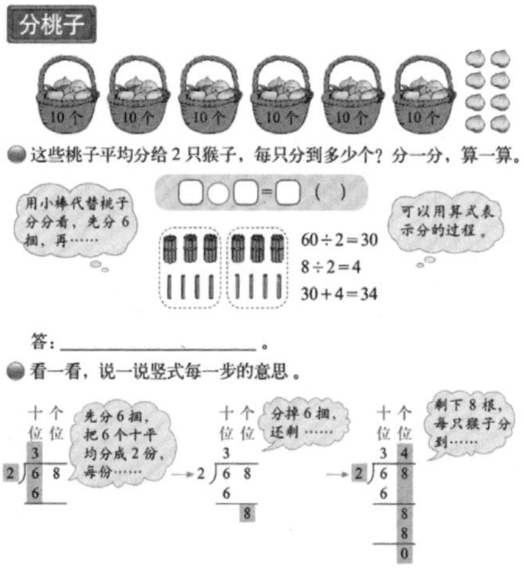

图 4-13

坚持到除以一位数的教材中,只有沪教版教材延伸到了三位数除以一

[1] 刘坚,孔企平,张丹.义务教育教科书·数学(一年级上册)[M].北京:北京师范大学出版社,2012:78.

[2] 刘坚,孔企平,张丹.义务教育教科书·数学(三年级下册)[M].北京:北京师范大学出版社,2014:2.

位数。

不难看出,写出横式,不过是换一种形式展现算法、算理。然而,实际教学效果往往并不理想,甚至还会遭遇相当大的困难。

(2) 教学困难剖析。

实践表明,笔算除法的横式,教学难度比笔算乘法的横式大得多。例如(图4-14)[1]:

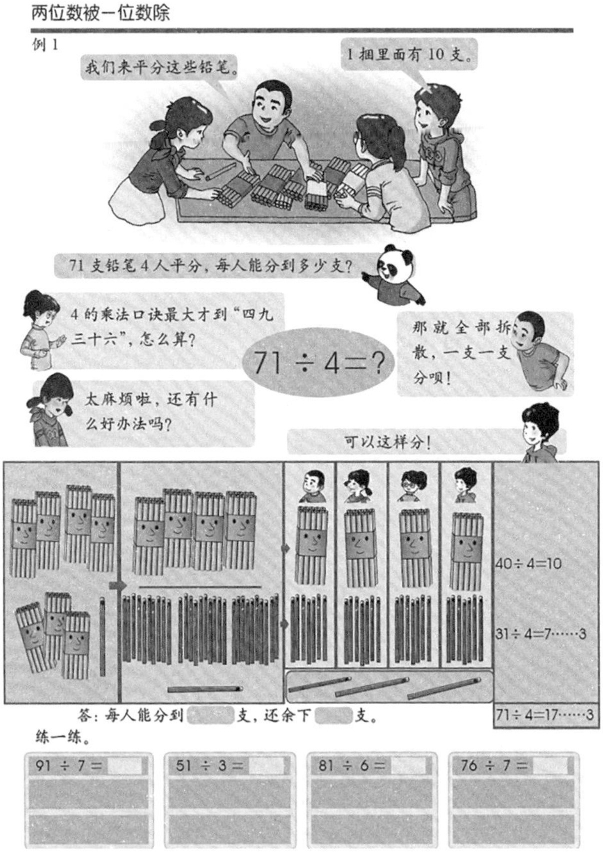

图4-14

学生看着课本的实物图,能理解71÷4是把71拆成40与31,分别除以4。但离开了图示,独立完成例题下面的练一练,还是有学生感到困难。应该

[1] 上海市中小学(幼儿园)课程改革委员会.九年义务教育课本·数学(三年级第二学期)[M].上海:上海教育出版社,2010:34.

看到,练一练的四题,已经把难度降到了最低点(除以几,就先拆出几十),若变换数字,如 81÷3、172÷4 等,则难度还要大。

对此,笔者给教师的建议是:笔算除法的横式不作基本要求;基础较差的班级可以先学竖式,再讲横式。特别是后面教学三位数除以一位数时,先讲横式,难为了教师(先分整百、再分整十,尽可能多分)(图 4－15)[1]:

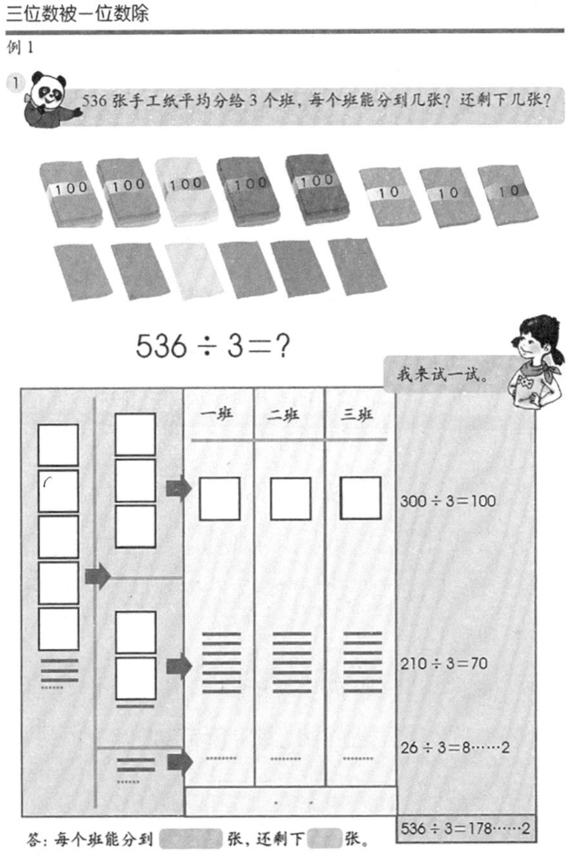

图 4－15

自然也为难学生,接受能力差的学生听了摸不着头脑"尽可能多分是什么意思呀",部分理解了的学生也心里发懵"怎样才能想到把 536 拆成 300、210 和 26 呢"。学了竖式才醒悟"原来如此"。这也是"先学竖式,再讲横式"建议的实践

[1] 上海市中小学(幼儿园)课程改革委员会.九年义务教育课本·数学(三年级第二学期)[M].上海:上海教育出版社,2015:39.

由来。

给出上述建议的理据是，必须谋求数学的形式化与儿童可接受性的平衡，必须充分认识除法与乘法学习难度、知识结构的差异。

例如，首先，笔算除法的横式，教学两位数除以一位数时，还能勉强进行分拆练习，上述教材练一练的四道题，仅限于十位上商1。教学三位数除以一位数（商是三位数）时，只有沪教版教材在例题中予以揭示，但不再设置练习。后续教学除数是两位数的除法，迄今还没有哪套教材尝试让学生用横式表示，因为对学生的挑战太大。例如，3956÷46，如果要求用横式表示，就是数学教师也要先用竖式算一下，才能写出正确的分拆：3680÷46＝80，276÷46＝6。指望用来解释算理的横式岂不成了竖式的“马后炮”？这也是教学除数是两位数的除法时，各套教材都不再出示横式的主要原因。

可以说，笔算除法的横式只能是“昙花一现”。

其次，笔算乘法的横式，依据是乘法对加法的分配律，在小学是先渗透，“用而不宣”，再概括、明示。而笔算除法的横式，它的依据是整数除法的运算性质，渗透、“用而不宣”之后，是不作概括的。

因此，多数教材笔算除法不出横式不失为明智的抉择。

由此可见，认为“横式比竖式重要”的观点，失之偏颇。客观地说，横式再好，到了笔算除法学习阶段，过不了“可接受性”这一关，就难以贯彻下去。

（3）相关的教学建议。

其一，如前所述，横式与竖式应尽可能结合出现，相互对照，以免割裂，促成学生的选择性记忆。这与第二章中“认知负荷理论”的“分离关联元素效应”并不矛盾，关键在于处理得当。

其二，横式以分步为宜。这在学习运算律之前、之后都应如此。以三位数乘一位数为例，136×7＝（100＋30＋6）×7＝100×7＋30×7＋6×7＝……明显超出课程标准对混合运算要求（不超过三步）的限制。

其三，横式的书写是促进学生理解的教学手段，不是基本技能要求，不应强化训练，以求人人掌握。一方面，分步算式比较琐碎，到两位数乘两位数，就已经需要四个乘法、一个连加，几乎没有学生愿意用它来替代竖式。例如，38×69＝？

8×9＝72，

30×9＝270，

8×60=480,

30×60=1800,

1800+480+270+72=2622。

另一方面,除法的横式因涉及试商而颇具挑战性。有教师担心"考试"要求用横式表示算理,指导学生练习时一概先用竖式算,再根据竖式的计算过程写出横式,无异于本末倒置,将手段当作目的来追求。而且,加重学生不必要的学习负担,实不足取。

多为学生着想,就能自觉摒弃教条,使教学改进走上务实的健康发展之道。

三、算法多样化与优化——发散与收敛相得益彰

1. 曾几何时的潮起潮落

自从《课标实验稿》在"内容标准"中提出"提倡算法多样化"(当时的第一学段)、"鼓励算法多样化"(当时的第二学段)之后,算法多样化很快成为小学数学课程教学改革的一个热点。

经过实践与讨论,首先明确了算法多样化不同于一题多解,旨在尊重学生的独立思考与个性,是群体的多样化而不是个体的多样化。与此同时,算法多样化与算法优化并举的呼声在争议中与日俱增,成为一线教师的主流认知。

之后,《课标 2011 年版》删除了"算法多样化"主张,改在总目标的具体阐述中要求"体验解决问题方法的多样性",并在教学实施建议部分关于"面向全体学生与关注学生的个体差异"的条文里提到:"要鼓励与提倡解决问题策略的多样化,恰当评价学生在解决问题过程中所表现出的不同水平。"《课标 2022 年版》只在第四学段学业质量描述中提到"能够知道解决问题方法的多样性"。

然而,在很多小学教师心目中,算法多样化依旧是数学课改的理念与追求,从而仍然存在实践的误区。

2. 误区的澄清与矫正

前面的案例 2-4,其实是一个不理解"为什么要教"而盲目追求算法多样化的实例。这里再就"多样化"的酌情把握与"优化"的理解处置,展开探讨。

案例 4-4　20 以内数的进位加法

教师出示图片(图 4-16),提出问题:一共有几个蛋糕?让学生列出算式,并说明理由。

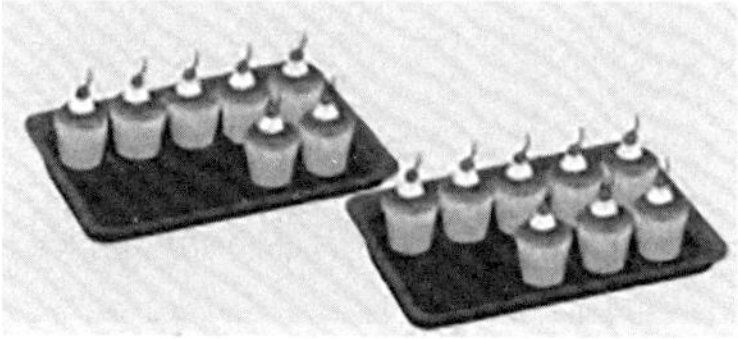

图 4-16

生:把两盘蛋糕合起来,所以用加法。

师:合起来一共有几个?先用学具摆一摆,再交流你是怎么算的。

学生有的摆圆片、摆小棒,有的画小圆、画方块表示。

教师根据学生的发言,把不同的算法表示如下:

(1) 数数。

① 从 9 开始数,数到 15。

② 在 8 的基础上,先两个两个数,数到 14,再数 1。

(2) 分拆。

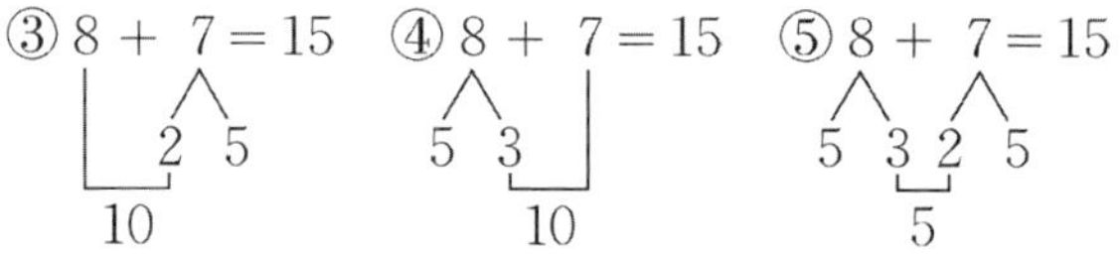

第③④种都是凑十,第⑤种是一个男孩伸出两手表示 8,硬要同桌女孩"配合"他伸出手指表示 7,发现 15 根手指正好凑成"三只手"(图 4-17)。

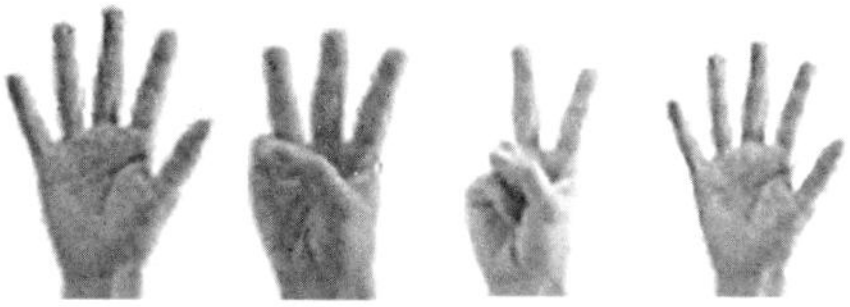

图 4-17

(3) 递推。

⑥ 由 6+6=12,得 8+7=15。

这位学生不同于通常由 5+5=10 开始推算,他说"我知道 6+6=12,8 比 6 多 2,7 比 6 多 1,8+7 比 12 多 3"。

其他学生的交流,如:把 8 看作 10,8+7=10+7-2;8 里面有 4 个 2,7 里面有 3 个 2 多 1,所以 8+7=2×7+1。教师回应:我们班个别同学已经学了后面的知识,所以想到了很特别的算法,以后有更难的问题,再请他们来交流。因此没有板书。

长达 20 多分钟的交流,起初全班学生都在认真聆听同学的发言,随着算法越来越多,左盼右顾、不耐烦的学生渐渐增多。其间教师两次停下整顿纪律,但维持不了多久。

教师的总结,除了表扬,只有一句话“你喜欢哪种算法,就用哪种算法”。

下课后,笔者作了两项现场调研。

一是把想到转化、递推的学生找来,了解到他们100以内的加减法都会算了,想到 $8+7=2\times7+1$ 的学生已能熟背乘法口诀。他们在教师“还有其他算法吗”的一再追问下,凭借自己的超前学习,挖空心思想出了其他同学似懂非懂的“怪招”,以迎合教师的需要,博得表扬。有些怪招,他们自己也不会采用。

显然,像这样为了多样而多样的教学,失去了学习的意义。

二是随机叫来男女生各3名,让他们说说:①同学讲的算法听懂了哪几种?(4人回答忘了,2人各说了一种)②你喜欢哪种算法?(3人回答不知道,3人喜欢自己的)

显然,上面罗列的多种算法大多是个别学生与教师之间的交流,这就丧失了合作学习的价值。观课者的建议是,与其停下交流整顿纪律,不如面向全班学生提问“谁听懂了他的计算方法”“谁能再说一遍”。

评课时,多数听课教师认同执教教师对“$8+7=2\times7+1$”的淡化处理。确实,超前学习之后的某些“奇思妙想”有可能影响绝大多数学生的常态学习。再说,加法是乘法的基础,反过来用乘法“探究”加法,也失去了意义。

对于20以内数的进位加法,教材给出的不同算法(见图4-12),可归为“接着数”与“凑十”两类,比较接近学生的实际。要说优化,当推“凑十”,因为这是十进制数所决定的。通过凑十,把新遇到的进位加法转化为已学的和是10的加法和10加几,化难为易。就是还在数数计算的学生,也应掌握这一基本算法,才能逐步达成“熟练”的学业要求。

这一案例提醒我们,教师必须透过表面现象,警惕虚假学习、低效交流:算法多样化应当是学生从不知到知的真实探究发现,而不是让已经会了的学生回过头来陪教师玩;我们不应诱导学生如同孔乙己那样,因为知道茴香豆的茴字有四种写法而沾沾自喜;交流必须引起多数学生的关注与理解,而不是一对一的问答,教师听懂了就行。

在有意义学习的前提下,算法的多样化与优化,如同思维的发散与收敛,本就是相辅相成的两个探索方向。“发散”可以开拓思路、活跃思维,“收敛”指向通性、通法。

面对学生的多样化算法，教师必须作出价值判断，施加适当的引导。

其一，当算法较多，交流出现重复时，教师应酌情干预，使学生分清主次。否则“是群体多样化，不是个体多样化”就会沦为“鸡肋”，食之无味、弃之可惜：放任学生只顾自己的想法，不听同学的交流显然不妥；但要让全班学生听懂、理解所有同学的发言，又不现实。

其二，当学生不能自己择优时，“你喜欢哪种方法就用哪种方法”无异于推卸责任。无法否认：并不是所有学生都希望拥有自我选择权；个别学生不知道哪种方法适合自己，因而说不出自己喜欢哪种。

站在学生的立场上，顾及不同发展水平学生的感受，就不难达成共识：多样化并非多多益善；当多种算法存在比较明显的优化算法时，引导学生择优，既是水平各异学生的共同需要，也能为学困生减轻学习数学的焦虑！听课时我们多次发现，当教师启发学生比较、筛选出某种较优算法时，学生的反应，有欢呼雀跃的，也有“如释重负”暗暗舒了一口气的。

总之，算法多样化与优化，偏执一端不可取。进而还有必要厘清，在教学过程中，教师应当如何发挥主导作用？请看下面的案例分析。

案例 4－5 20 以内数的退位减法

主要有三种计算方法。

一是根据加减法的关系，“想加法，做减法”。二是“破十法”，即拆被减数，从 10 里减去减数再加上被减数的个位数。三是“连减法”，即拆减数，然后做两次减法。以 15－7 为例：

15－7＝□
想：7＋□＝15

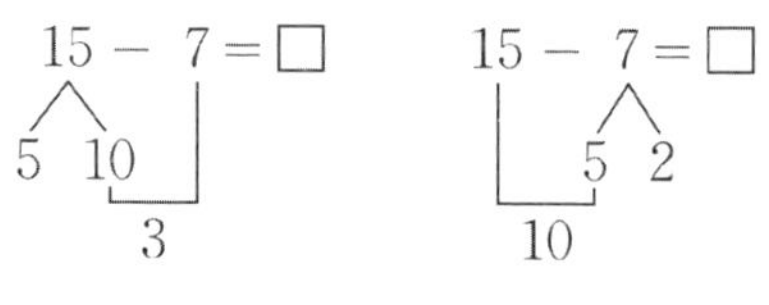

个别学生还会发现独特的算法：7－5＝2，10－2＝8。这种算法可以解释为：被减数、减数都减去相同数，差不变，即 15－7＝(15－5)－(7－5)＝8；为使学生理解，可归结为“连减法”，即 7－5＝2 表示把 7 分成 5 和 2，然后省略 15－5＝10 这一步，直接算 10－2＝8。

想加法算减法的优点是突出加减法的关系，充分利用进位加法的教学成果，不需要另教算法。如果加法掌握得好，减法的速度就快。然而，减法运算过分依赖于加法,对于那些加法不熟的学生来说,知道想减数加几等于被减数,但常常想不到或想错。在这种情况下,无须另教算法的优点就成了缺点。

“破十法”和“连减法”不受进位加法的影响,而且利用学具,如1捆5根小棒,学生很容易自发生成破十(先拆捆拿走7根)、连减(先拿走5根再拆捆)。

一般认为,三种方法“破十”相对较优,特别是后面学习多位数退位减法,多数学生选用“破十”。家长辅导孩子,也大多教这种方法。

问题在于,破十和连减都需要在头脑里完成三个步骤,即先拆被减数或减数,再做两步运算。因此,部分基础较差的学生离开了学具就陷入茫然,以致错误率居高不下。

多年的比较研究表明,可取的对策恰恰是适当延长20以内进位加法的练习时间,向思维能力较弱的学生推荐想加法算减法。

现行各套教材中,人教版将20以内进位加、退位减分开安排在一年级上、下学期,可以比较从容地在上学期末,有意识地加强填未知加数的练习(如7+□=15)。

但有几套教材,这两部分内容集中在一年级上学期教学,甚至合并在一个单元中。有学校基于学生实际,对教材作出调整,将20以内退位减移至下学期教学,以利用寒假继续练习填未知加数,使破十、连减有困难的学生能自如地想加算减,与调整教材前比较,效果明显。

对于喜欢“破十”或“连减”的学生,还需要教师弥补现行教材普遍的缺失,设计相应的辅助练习。例如:

12－5＝	12－5＝	12－5＝
先算□－□＝□	先算□－□＝□	先算□○□＝□
再算□＋□＝□	再算□－□＝□	再算□○□＝□

上面左边针对“破十法”,中间针对“连减法”,右边的设计两种算法都能适应。显然,忘却提供配套练习,则“喜欢哪种算法就用哪种算法”就成了难以落实的空话。

这一案例进一步提醒我们:算法多样化与优化,绝非留出空间让学生即兴发挥,期待“不可预约的精彩”那么简单。多种算法,可能有公认的通法,也可能各有利弊;某种算法,可能有普适性,也可能有部分学生或某学习阶段的适

用性；对于学生的选择，是否需要跟进，怎样跟进。这些都需要教师深入研究，在吃透教学内容与学生思维特点的基础上合理规划、精心预设，才能在弘扬学生个性的同时，给那些需要指导、需要辅助练习的学生施加援手，“雪中送炭”，提供恰如其分的帮助。

还有必要指出，之所以连着举两个低年级的案例，实在是拘于目前算法多样化的现状，低年级的简单运算不厌其烦地折腾，到了高年级运算趋于复杂，无暇或没能力多样化。

第二节　运算法则的教学

在搞清了运算法则的内容结构、算理系统，以及算法多样化与优化关系的基础上，下面将依次深入探讨整数、小数、分数加减法、乘除法运算法则教学的一系列要点与教学策略。

一、加减运算法则的教学

如前所述，整数、小数、分数加减运算的意义完全相同，源于运算意义的运算法则也有一个共同的实质，即相同单位的数才能相加减。例如：

46 ± 32 →4 个 10 ± 3 个 10，6 个 1 ± 2 个 1；

0.4 ± 0.3 →4 个 0.1 ± 3 个 0.1；

$\frac{2}{3}\pm\frac{1}{2}=\frac{4\pm3}{6}$ →4 个$\frac{1}{6}\pm3$ 个$\frac{1}{6}$。

这三道题都有 $4+3$，分别得 7 个 10、7 个 0.1、7 个$\frac{1}{6}$。看似计算时各有一套方法，如“数位对齐”“小数点对齐”和“通分”，其作用都是为了便于相同计数单位的个数相加减。这是整数、小数、分数加减法计算道理的实质。一旦统一了单位，小数、分数加减法也就归结为整数加减法了。

明确了这部分内容的“共性”，再来探讨各自的“个性”。

1. 20 以内数的加减法

20 以内数的加减法是运算能力的基础之一,要求学生达到不假思索脱口而出的熟练程度。实现这一要求的关键首先在于自如地运用 10 以内数的组成知识,摆脱对数手指或其他实物的依赖;其次在于掌握进位加、退位减的思考方法。

随着学前教育的发展,入学后需要扳手指计算的孩子越来越少,但依然存在。这些数学基础趋近零的学生,不仅考验教师的耐心,也在挑战教师的技艺。

例如,发现学生扳手指,很多教师的本能反应是“制止”。要知道这是儿童处在动作思维阶段的典型表现,不是一朝一夕所能摆脱的。简单制止不但于事无补,反而造成学生产生不必要的心理压力,积聚讨厌数学、害怕计算的负面情绪。

对此,有效的教学对策是“鼓励、诱导、过渡”,引导学生从动作思维到形象思维再到抽象思维。比如,利用“怕同学笑话”的心理,先指导他们手握拳或放身后,手指不动想象扳手指的计数过程(形象思维);然后过渡到想数的组成完成加减计算(抽象思维)。

关于 10 以内数的组成,一般总是强调由两个数组成的。这从本阶段的教学需要来看,是合适的。但从发展学生思维的灵活性来看,又显得有点拘谨。事实上,任何自然数都是由 1(自然数的单位)组成的。如果需要,也可以把一个自然数分拆成三个或三个以上的数。比如,计算 9+8+6(当然这不是本阶段的教学内容),如果把 6 看成由 1、2 和 3 三个数组成的,那么口算的思维过程就简捷得多。因此,教学时不宜讲得过“死”。

20 以内数的进位加法一般采用“凑十法”计算。为使一年级学生能依据已有知识(10 以内数的组成以及十加几就是十几),理解和掌握“凑十”的思路,除了让学生操作学具自行探究,还可采用铺垫设计,让学生拾级而上。

案例 4-6　20 以内数的进位加法[1]

(1) 口算 9+1+1=,9+1+2=,9+1+5=……

---

[1] 曹培英.跨越断层,走出误区:“数学课程标准”核心词的解读与实践研究[M].上海:上海教育出版社,2017:106.

师：为什么你们算得这么快？

生：因为前面都是9+1，正好凑成十。

然后口算9+2=，9+3=，9+6=……

师：为什么你们还是算得这么快？根据学生的回答，教师板书：

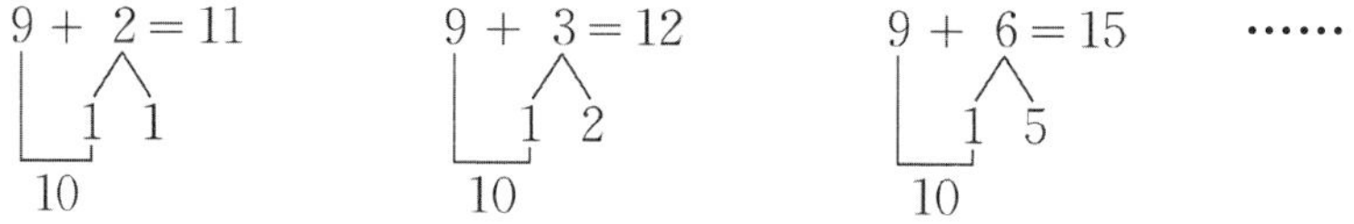

（2）继续独立口算8+3=，8+4=，8+6=……

小组内交流自己是怎么想的。

……

就这样，复习、铺垫与新授一气呵成，学生很快领悟了凑十的算法，后面的大量时间用于当堂巩固，真正做到了无需回家作业。

评课时，有教师认为这样的“铺垫”是把知识嚼烂再喂给学生，导致学生的思维局限在一种算法上。又有教师指出，不同学生的生活背景和思考角度不同，会想到不同的方法，如数数的算法、递推的算法，但实践表明能说清楚不同算法的学生，大多并不采用自己想到的另类算法，实际上是在迎合教师的多样化追求。多数教师认为，这是一种辅助学生自学的教学方法，比较实用。

应该承认：并不是所有的运算都适合多样化；上述铺垫设计是一种启发式引导，它与独立探究理应并存，教师可以酌情选用。

20以内数的退位减法的教学问题，案例4-5已作探讨。

2. 100以内数的加减法

100以内数的加减法，既是口算教学的继续，又是笔算教学的开始。一般认为，在此阶段中，采用先口算后笔算的顺序进行教学，有利于学生形成运算能力。

从内容编排看，多年来各套教材大多呈现典型的小步子。以加法为例，先教学口算：

整十数加整十数	如10+20
→两位数加一位数（不进位）、整十数	如26+2，26+20
→两位数加一位数（进位）	如28+5（或24+6→24+9）

有了如此细致入微、稳扎稳打的口算基础,教学笔算,再继续小步子:

两位数加一位数(不进位)　　　　如 35+2

→两位数加两位数(不进位)　　　如 35+32

→两位数加两位数(进位)　　　　如 35+37

实在大可不必。因为这样一来"数位对齐、个位算起"等算法要点皆由教材给出,"为何要数位对齐、个位算起",学生无须探究、无须思考。

能否突破教材编排的这一定势与习惯,笔算教学直接从需进位的两位数相加入手?能否让学生自我发现、体悟"数位对齐、个位算起"的合理性?实践给出了回答。

课例 4-2　两位数加法笔算

(一) 引入课题

出示例题:三(1)班有 35 人,三(2)班有 37 人,两班一共有多少人?

师:列式,说理。

生:35+37,把两个班的人数合起来,用加法。

[评析] 列式不忘说理,重温加法含义"合并",为操作小棒探究算法提供思维的引导。

(二) 操作探究

(1) 同桌合作。

师:35+37 怎么计算,同桌配合,先用小棒表示,再探究算法,得出结果。

(2) 全班交流。

学生口述自己"合并"的操作过程,教师在课件中整理成三类。

捆、根分别合并:　① 3 捆+3 捆=6 捆,
　　　　　　　　② 5 根+7 根=12 根=1 捆 2 根,
　　　　　　　　③ 6 捆+1 捆 2 根=7 捆 2 根;

一个加数先并上捆:① 3 捆 5 根+3 捆=6 捆 5 根,
　　　　　　　　② 6 捆 5 根+7 根=6 捆 12 根=7 捆 2 根;

一个加数先并上根:① 3 捆 5 根+7 根=3 捆 12 根=4 捆 2 根,
　　　　　　　　② 4 捆 2 根+3 捆=7 捆 2 根。

[评析] 教师囿于学具数量有限,采取同桌合作操作。条件允许时,让学生先独立思考,再同桌交流,效果会更好。学生的交流是随机的、无序的,教师

的呈现是相应的、有序的，从而便于学生发现、概括异同。

师：各种合并过程，顺序不同，有什么共同点？

生：都是捆加捆，根加根。

生：都是10根捆成一捆。

师：这叫作个位满十向十位进1。（板书：满十进1）

（三）引出竖式

师：捆代表十，根代表一（板书），竖式怎么写，才便于几个十相加、几个一相加？（板书部分竖式：35与加号）

生：37和35对齐。

生：3和3对齐，5和7对齐。

生：十位和十位对齐，个位和个位对齐。

师：说得都对，简单点就是数位对齐。（板书：数位对齐）

师：画一条横线表示等于（在竖式中添写37与横线），接着怎么算呢？

教师请一位先合并捆的学生上黑板演算，该生先算十位写6，再算个位，写2擦去6，教师叫停。

师：从十位开始算，有什么缺点？

生：要擦，不好。

生：个位超过10，十位就要擦掉重写。

生：先算个位就不用擦了。

师：有道理，从个位加起更方便。（板书：个位算起，如图4－18所示）

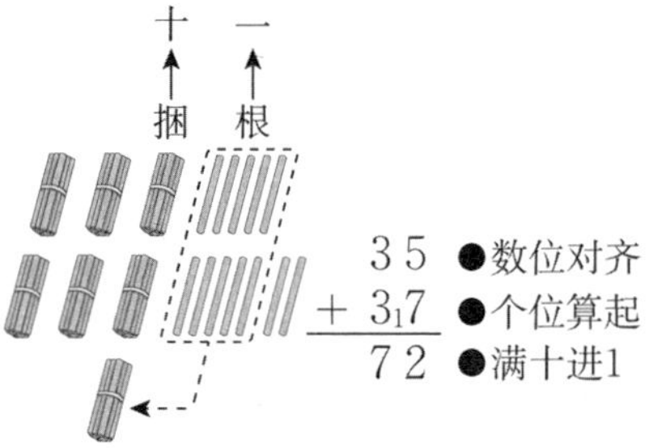

图4－18

……

［评析］法则的三句话都是由学生自己得出的。先是“满十进1”，再是“数位对齐”，最后是“个位算起”，顺水推舟，浑然天成。特别是请先把捆和捆相加的学生在黑板上演算，让全体学生看到，从十位加起，当个位满十进1时，十位上的得数要擦掉重写。从个位加起的合理性不用多费口舌，一目了然。

（三）巩固练习

……

［评析］整个练习环节的设计除了变换形式，还覆盖了两位数加法的各种

情况,如两位数加两位数(进位与不进位)、两位数加一位数(进位与不进位),以及两位数加整十数。

以上实践充分说明,100 以内数的加减法笔算,完全可以在细腻、扎实的口算教学基础上,直接学习两位数的进位加、退位减,使学生经历真正、完整的探究过程,主动生成、理解算法要点。

跳出来看,施教之功,贵在引导,妙在自然。就运算法则教学而言,算理要讲,但又不能和盘托出。若能顺其自然,因势利导,就不难使学生主动地循理入法,以理驭法。

3. 万以内数的加减法

万以内数的加减法是整数加减法笔算教学的终结阶段。在 100 以内数的加减法教学中,虽然教了笔算竖式,总结了相应的运算法则,但只限于个位和十位,还没有出现连续进位和连续退位的问题。因此,完整的加减运算法则要在万以内数的加减法中才能建立起来。

从运算的原理来看,数目再大,数位再多,还是相同单位的数才能相加减,同样是满十进 1,退 1 作十。只是由于数位多了,需要将原来的两条具体规则“个位相加满十向十位进 1、个位不够减从十位退 1 作十和个位上的数合在一起再减”加以推广罢了。如果像课例 4 - 2 那样,概括为“满十进 1”,那就一劳永逸,不用逐步推广了。

本阶段教学的重难点是连续进位、连续退位的计算。为了突破难点,适当练习是必要的,但主要还是依靠理解。因为只有理解才能自如地运用法则,才能形成正确的技能。比如,计算 2003－429 时,有学生口中念念有词:“借、点,借、点……”结果还是算错(图 4 - 19)。

```
  · · ·
  2 0 0 3
×   4 2 9
─────────
  1 6 8 4
```

图 4 - 19

如果一味埋怨学生粗心,显然于事无补。分析导致错误的原因,主要是不理解连续退位的算理。特别是被减数的中间有 0 时,不理解整个退位过程中各数位上数的变化缘由。

对此,有教师让学生记住口诀:“零上有点记作 9”(图 4 - 20)。学生不明白这是为什么,尽管也能算对,但只是机械记忆,模仿操作。

```
  · 9 9 10
  2 0 0 3
×   4 2 9
─────────
  1 5 7 4
```

图 4 - 20

当下的各套教材，被减数中间有 0 的退位减法，被减数一般取三位数。为启发学生理解，教学有关例题(如 301－145)时，不妨沿着下列问题予以启发：

(1) 个位上不够减，从十位退 1，十位上是 0，怎么办？(从百位退 1)

(2) 百位上退下来的 1 实际上是多少？它含有几个十？(一百、10 个十)

(3) 个位上只需 1 个十，剩下 9 个十怎么办？(留在十位上)

这样引导、点拨，有助于学生从整体上弄清连续退位的内在机制，有利于形成正确的计算思路，进而通过练习使思维得到简缩。

当然，完全归结为数概念，比较抽象。为求直观可以结合竖式计算，运用直观学具，启发学生理解。

案例 4－7 连续退位减法

最常用的直观方式除了计数器，就是在数位表中摆圆片(或画圆点)，展现连续退位时各数位上的变化过程。

仍以“301－145”为例，先在数位表中摆出 301，然后通过“拿走”和“放入”的替换操作，一一展现两次退 1 作十的过程(图 4－21)：

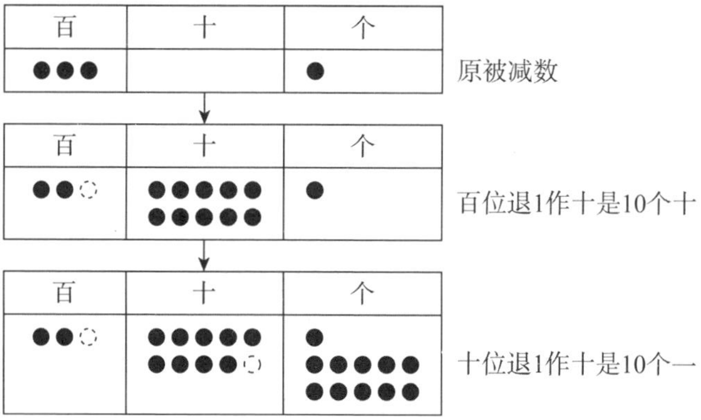

图 4－21

还可以借助“元、角、分”来表示上述过程(图 4－22)：

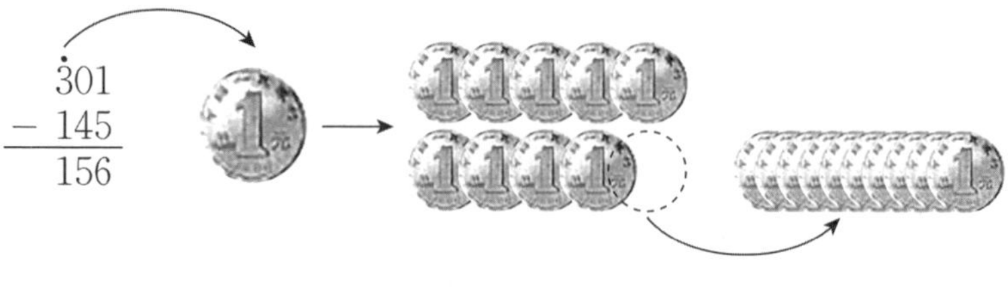

图 4－22

类比元、角、分的演示过程比较适合学习困难学生。他们受此启发,往往能很快用百、十、个替换元、角、分,说清楚连续退位的过程:百位上退 1 作 10 到十位是 10 个十,其中 1 个十退 1 作 10 到个位,所以被减数百位上是 2,十位上是 9,个位上是 10 加 1。

我们曾对教"口诀"的两个班与用"元、角、分"类比讲清算理的两个班进行理解情况检测,试题是:

计算 100－78,是把 100 分成(　　)个十和(　　)个一。

答对率分别为 39.8%与 89.6%,统计检验差异显著。而后,教"口诀"的两个班进行了弥补教学。两年后,学习了小数加减法,面对如下试题:

计算 1－0.78,通常是把 1 分成(　　)个 0.1 和(　　)个 0.01。

答对率提高至 93.1%,充分说明理解具有长时记忆的优势。

解决了连续退位这一整数减法最后的一个难点,整数加减法的教学就可以画句号了。

4. 小数加减法

小数加减法的运算法则与整数加减法的运算法则基本相同。这是因为小数与整数的记数原则一致,都是每个数位表示不同的计数单位,相邻两个计数单位之间的进率都是十。考虑到小数点在小数中具有确定数位的作用,因此,为便于对齐数位,在小数加减法的运算法则中,总是强调"小数点对齐"。

但也不能忽视整数加减法的知识,尤其是计算习惯,还存在负迁移的可能。比如,在用竖式计算整数加减法时,数位对齐必定会使末位对齐,久而久之,不少学生忘了相同数位对齐的本质,只记住末位对齐的形式并据此养成书写习惯。这种习惯(思维定势)常常会不知不觉地迁移到小数加减法的计算中来,以致产生各种错误。为防止这一负迁移,教学时应着重强调数位对齐的道理,然后引导学生根据小数点在数位表中的地位——整数部分和小数部分的分界标志,归纳出要对齐数位,只要把小数点对齐就行了。

同时,还可以辅以典型例题,予以矫正。例如,36.5－7.82,让学生自己通过计算发现,竖式两端都不对齐。

$$\begin{array}{r} 36.5 \\ -\ \ 7.82 \\ \hline \end{array}$$

这样的练习,对消解负迁移具有较强烈的冲击力,从而也强化了对数位的认知。

根据整数、小数加减法运算法则的共性,可以把它们概括为“数位对齐、低位算起、满十进1、退1作十”四句话。其中,“数位对齐”的“潜台词”是相同数位上的数才能相加减,这是由记数法的位值原则所决定的。“低位算起”是一种合理的操作顺序,并不是法则的实质性内容。若从计算的过程来看,实际上是根据加减运算的性质把多位的整数、小数加减法分解为若干20以内数的加减法逐步完成的。因此,不妨认为“低位算起”也包含了这一实质性的内涵。至于“满十进1、退1作十”,是由于参加运算的数都是采用十进制记数法书写的。如果参加运算的都是二进制数,那么法则的前两句可以保留,后两句就要改为“满二进1、退1作二”了。

5. 分数加减法

在分数加减法教学中,应引导学生认识分数加减法与整数、小数加减法的内在联系,从而理解分数加减法的基本原理与思路:异分母分数加减法用通分的手段转化为同分母分数加减法,再用整数加减法把相同分数单位的个数(分子)相加减。

对小学生来说,分数运算比整数运算抽象,缺乏相关的生活经验基础。因此,教学时需要运用直观手段弥补学生感性经验的不足,为他们理解和记忆法则提供感性支持。例如(图4-23):

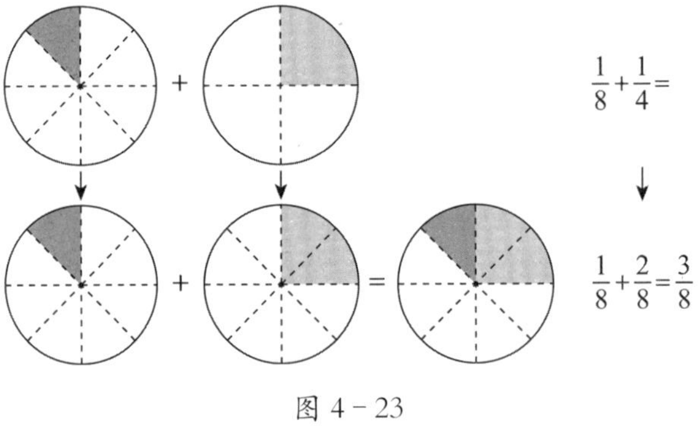

图4-23

至于带分数加减法,前两版“课标”明确予以排除“会分别进行简单的小数、分数(不含带分数)加、减、乘、除运算”。《课标2022年版》改为“能进行简单的小数、分数四则运算和混合运算”,删去了“不含带分数”的限制。考虑到中学数学中大于1的分数通常写成假分数,如$\frac{7}{3}a$写成$2\frac{1}{3}a$,容易与$2\times\frac{1}{3}a$混淆,且假分数便于乘除运算,因此小学分数运算“不含带分数”是可取的。当然,认识真假分数时引进带分数还是有必要的,因为带分数比假分数更便于比较大小。例如,$2\frac{1}{3}$比$\frac{7}{3}$更容易看出在2和3之间。

在分数减法中有时会出现分子是0的情况。例如:

$$\frac{11}{13}-\frac{3}{13}-\frac{8}{13}=\frac{11-3-8}{13}=\frac{0}{13}=0。$$

这种情况是分数的意义所无法解释的。因为分数的意义“把单位‘1’平均分成若干份,表示这样的一份或几份的数叫作分数”。这样的定义不包括分子是0的情况。同样道理,用分数与除法的关系$a\div b=\frac{a}{b}(b\neq0)$导出$\frac{0}{13}=0\div13=0$,同样欠妥。事实上,$\frac{0}{13}=0$本身就是一个定义(为满足数集扩充的原则,使所有整数都能写成分数形式所作的补充规定),不需要再作推导。所以,遇到上述情况,不妨直接告诉学生$\frac{0}{13}=0$,如果要作解释,可以联系减法的过程,说明只有等于0才合理。

二、整数乘法运算法则的教学[1]

整数乘法现行教学系统,首先是教学口算,经历:一位数乘一位数(表内乘法)→两位数乘一位数。然后教学笔算,各套教材的呈现方式各有特点,共同之处:

	两三位数乘一位数→	两位数乘两位数→	三位数乘两位数
横式:	多种分拆	多种分拆	一种分拆
竖式:	单一形式	单一形式	单一形式

[1] 曹培英.整数乘法教学的反思性实践研究——兼及儿童立场[J].小学数学教育,2021,(17):4-9.

1. 教学两、三位数乘一位数

以下面的教材(图 4－24)[1]为代表：

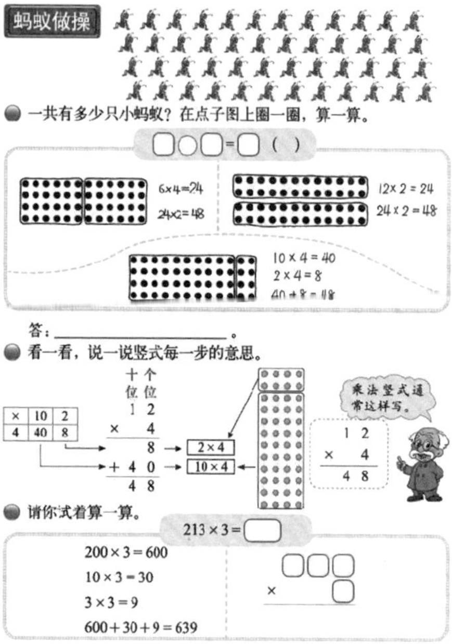

图 4－24

这是从算法多样化到算法优化的典型设计，三段教学，内容丰富，非常紧凑地呈现在一页教材中。第一段，横式计算，介绍了三种分拆算法(学生还有4×4＝16，16×3＝48 的算法)。第二段，竖式计算，表格、竖式、点子图对照，从展开到简缩，总结为“乘法竖式通常这样写”。第三段，将“通常写法”推广至三位数乘一位数。

其他教材，除了情境图不同，大多没有点子图和表格算法。

应该说，各套教材在讲清算理，使学生明白为什么要这样算方面都是成功的，共同的缺失是限于版面，未能揭示竖式那样写无非是为了使整个笔算的过程既合理又简便。为此，教师可以将乘法竖式与连加竖式相对照，说明笔算乘法与笔算加法一样，从个位乘起，便于进位。

[1] 刘坚，孔企平，张丹．义务教育教科书·数学(三年级上册)[M]．北京：北京师范大学出版社，2014：52.

$$\begin{array}{r} 6\ 7\\ 6\ 7\\ +\quad 6_{2}7\\ \hline 1 \end{array} \longrightarrow \begin{array}{r} 6\ 7\\ 6\ 7\\ +\quad 6_{2}7\\ \hline 2\ 0\ 1 \end{array}$$

$$\begin{array}{r} 6\ 7\\ \times\quad {}_{2}3\\ \hline 1 \end{array} \longrightarrow \begin{array}{r} 6\ 7\\ \times\quad {}_{2}3\\ \hline 2\ 0\ 1 \end{array}$$

通过对照,使学生感悟:加法竖式是把各数位上分别相加的过程合起来写成一行,乘法也是这样,把个位数与两位数分别相乘再相加的过程合起来写成一行。同时还能利用加法的对位知识,帮助学生理解积的对位、进位方法的合理性。

2. 教学两位数乘两位数

算法多样化在两位数乘两位数的教学中有登峰造极的表现。个别教材横式计算与竖式计算分设成两课。笔者曾有幸应邀观摩、评析这两课。

前一课,例题是队列表演:一共有 12 行,每行 14 人,有多少人参加表演?教师先让学生交流拆 12 的算法,有三种:

14×12=14×2×6;

14×12=14×3×4;

14×12=14×10+14×2。

接着交流拆 14 的算法,有两种:

14×12=12×7×2;

14×12=12×10+12×4。

“还有其他算法吗?”在教师的追问下,学生想到了拆两数:14×12=7×2×3×4。有学生指出“先算 7×2 就和 14×3×4 一样了”。又有学生说,只要先算 7×3,就是不同算法。于是,出现了多种将两个因数分拆重组的算法:

14×12=21×2×4(或 21×8);

14×12=28×2×3(或 28×6);

14×12=42×2×2(或 42×4)。

看到时间差不多了，教师加以小结：都是把两位数乘两位数转化为已经学过的两位数乘一位数或两位数乘整十数。

研讨时主要争论三个问题——

其一，要不要算法优化？

多数教师认为按照教材，本课“队列表演（一）”只要求算法多样化，算法优化是“队列表演（二）”的教学任务。少数教师认为应该启发学生思考，哪些算法数据变了，如改成 17×13，照样可用。有教师反驳：这么一启发，前面那么多算法不就没用了吗？大家无语。

其二，要不要开拓学生的分拆思路？

有教师指出：把一个因数分拆成两个数的和，学生只想到了拆成整十数与一位数的和，没人想到还能拆成两个一位数的和，如 14 看作 9 与 5、8 与 6 的和，12 看作 9 与 3、8 与 4、7 与 5 的和等。多数教师认为教材都没想到这样的方法，执教教师没发现、没引导情有可原。

其三，教材还有列表计算和分拆成四个乘法的横式，没有学生想到，教师该不该讲解？

熟悉该教材的教师认为，没有学生想到列表与横式，说明上学期教学两位数乘一位数时对这两种算法强调不够。多数教师认为不该遗漏教材介绍的算法。

笔者表达了个人的见解。

首先，启发学生理解“把一个两位数看成两个一位数的积或和，只适合一部分两位数”是必要的，教师应当给予点拨，同时也能为后面学习竖式（把一个两位数看成整十数与个位数的和）做好铺垫。

其次，学生没想到的、对后继学习无关紧要的那些特殊算法，可以不讲。事实上，即便是 14×12，除了教材给出的、教师想到的转化算法，仍有不少遗漏。例如，把 14 看作 20 与 6 的差，把 12 看作 20 与 8 的差。甚至还可以把 14 或 12 看作三个或更多个一位数的和，如把 99 看作 11 个 9 的和，从而使所有两位数都能转化为已学运算。显然，这样的“深挖洞”不能说没有一点意义，但若所有的“双基点”都去引导学生深入挖掘，可行吗？

同样是 14×12，有教材给出了一般学生想不到的两种特殊算法（图 4－25）：

$$
\begin{aligned}
&14\times12\\
&=20\times12-6\times12\\
&=240-72\\
&=168
\end{aligned}
\qquad
\begin{aligned}
&14\times12\\
&=5\times12+9\times12\\
&=60+108\\
&=168
\end{aligned}
$$

图 4－25

教师根据本班学生情况,或者让全班学生看看、想想、说说,或者让感兴趣的学生自己阅读理解,都是可取的教学选择。因为把 14 看作 20－6 的差,后面教学运用分配律进行简便运算时会出现;把 14 看作两个一位数的和,只适合小于 19 的两位数,此处的教学价值不大。再说,也没有必要穷尽各种可能的分拆。

后一课,仍以 14×12 为例教学竖式计算,主要的争议——

一是要不要分步出示竖式。

$$
\begin{array}{r}
1\ 4\\
\times\ 1\ 2\\
\hline
2\ 8
\end{array}
\longrightarrow
\begin{array}{r}
1\ 4\\
\times\ 1\ 2\\
\hline
2\ 8
\end{array}
$$

起初,多数教师认为这样铺垫过于老套,低估了学生的接受能力,少数教师觉得可以照顾学困生,第一步让他们板演。后来有教师插话"这是建构主义的脚手架",于是无人反对。

二是竖式联系点子图是否合适。

提出异议的教师基于个别专家的观点:点子图是面积图的雏形,在教学面积计算前出示不合适。这让多数教师感到无所适从,因为实践表明学生联系点子图并无困难。

对此,笔者的意见是:

"脚手架"只是铺垫技术的一种,本土的铺垫策略提炼不比国外的理论差。为什么称之为"铺垫",多数人不屑,改称"脚手架",又转而认同了呢?这应该引起我们的反思、警惕,自觉摆脱崇洋自卑心理。事实上,分步出示竖式有不少优点(见课例 4－2 的评析),教师应当根据本班实际情况——有多少学生需要这样的机会、需要这样的提醒——来决定是否采用这一分解、铺垫设计。

所谓面积图的雏形,历来是小学数学常用的直观手段,过去教学一句口诀

算两道乘法题时就会采用(图 4-26)：[1]

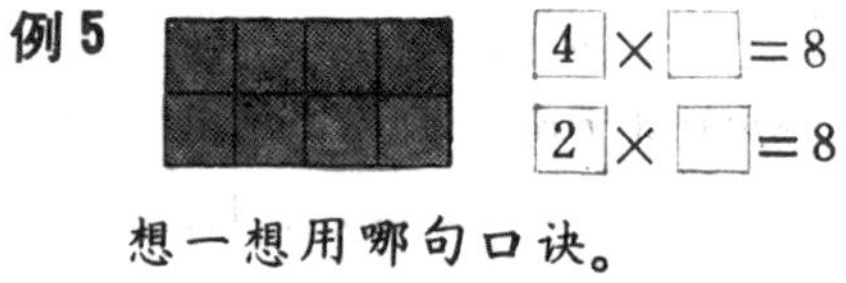

图 4-26

21 世纪初的教材引进乘法时也有应用(图 4-27)：[2]

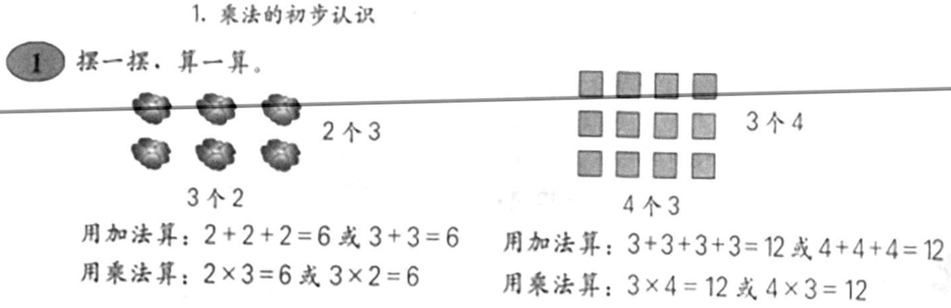

图 4-27

长期的实践表明，这样的图示，二年级学生就能看懂、领悟，三年级学生更不成问题，前面的课例 4-2 就是一个实证。可以说，点子图也是长方形面积计算教学的一种铺垫。

3. 教学三位数乘两位数

三位数乘两位数的教学，只有个别教材继续给出把一个两位数分解成两个一位数的算法，再出现竖式。多数教材直截了当出示竖式算法，例如(图 4-28)[3]：

[1] 人民教育出版社数学室.六年制小学课本・数学(第二册)[M].北京：人民教育出版社，1989：70.

[2] 人民教育出版社数学室.九年义务教育六年制小学教科书・数学(第三册)[M].北京：人民教育出版社，2001：17.

[3] 孙丽谷，王林.义务教育教科书・数学(四年级上册)[M].南京：江苏教育出版社，2014：27.

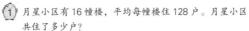

① 月星小区有16幢楼，平均每幢楼住128户。月星小区共住了多少户？

128 × 16 = ____（　）

你会用竖式计算吗？

$$\begin{array}{r} 1\ 2\ 8 \\ \times\quad 1\ 6 \\ \hline \square\square\square \\ \square\square\square\ \ \\ \hline \square\square\square\square \end{array}$$

图 4－28

可见，小学数学整数乘法的笔算教学，一如既往地最终落实在单一的竖式计算上。不妨将这样的竖式称为标准形式。

4. 整数乘法竖式的教学系列

第四章用横式给出了从 2×3 到 222×33 最为简化的教学过程，这里结合竖式再举一例：

两位数乘一位数

10×2＝20

4×2　＝　8

20＋8＝28

$$\begin{array}{r} 14 \\ \times\quad 2 \\ \hline 28 \end{array}$$

⟶

三位数乘一位数

100×2＝200

10×2　＝　20

4×2　　＝　　8

200＋20＋8＝228

$$\begin{array}{r} 114 \\ \times\quad 2 \\ \hline 228 \end{array}$$

⟶

↓　　　　↓

两位数乘两位数

14×2　＝28

14×10　＝140

140＋28＝168

$$\begin{array}{r} 14 \\ \times\quad 12 \\ \hline 28 \\ 14\ \ \\ \hline 168 \end{array}$$

⟶

三位数乘两位数

114×2　＝228

114×10　＝1140

228＋114＝1368

$$\begin{array}{r} 114 \\ \times\quad 12 \\ \hline 228 \\ 114\ \ \\ \hline 1368 \end{array}$$

也就是说，两、三位数乘一位数分解为一位数乘一位数，竖式将乘 2 次、3 次得到的积相加合并写成一行；在此基础上，两、三位数乘两位数就不再分解为一位数乘一位数，而是分解为两、三位数乘一位数、整十数，竖式继续将 2 次、3 次乘法的积相加合并写成一行，写两行积再相加。

不难看出，单一竖式的教学可以构成由已知到未知的推理链，这一推理链是简约的、高效的，体现了数学的优化思想。毫无疑问，方法越单一、越标准化，就越便于训练，越有利于确保正确率。

然而，一个生动的悖论却跃然眼前：课堂要活，方法要多，唯独“竖式”必须统一，只教标准形式。

是否应该反思：小学数学课程教学下一步的改革，继续以单一竖式的标准形式为核心、为终结展开教学，合理吗？可取吗？

5. 我们为儿童着想了吗

为掌握上述标准形式，小学生必须付出什么？

一次听课，教师请学生板演 78×82，学生可能意识到算错了，迟迟不回座位。在教师的催促下，该生边走边自我解嘲“我算晕了”。晕在何处呢？教师检查发现，错在 7×8+6(图 4-29)。

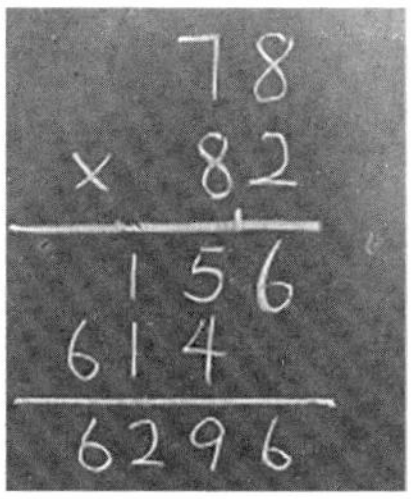

图 4-29

于是建议：56+6 不会口算，打草稿呀。评课时大家一致认为这一建议不妥：“笔算套笔算”更易错。确实，中断乘法竖式的书写过程，另写一个加法竖式，再回到乘法竖式，很容易顾此失彼，衔接不上。

统计表明，学生乘除法竖式的计算错误，主要集中在乘加两步口算上。

6. 标准形式的价值分析

为掌握标准形式，小学生的付出是否确有不可替代的价值？

一般认为，明代李之藻、利玛窦编译的《同文算指》(成书于 1613 年)，是我国第一部系统介绍欧洲笔算的著作。该书中，就有类似今天的乘法竖式算法，只是用汉字代替阿拉伯数字。1905 年出版的《最新初等小学笔算教科书(第三册)》中教授的乘法“笔算式”与今完全相同(图 4-30)：[1]

---

[1] 图片由周小川老师提供，《同文算指》资料由汤雪峰老师提供。

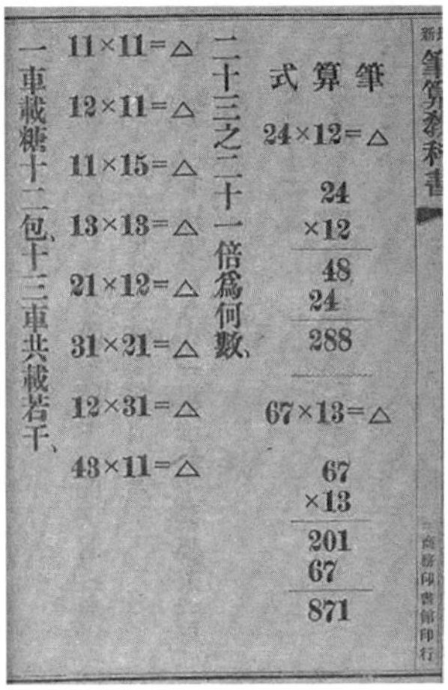

筆算式

24×12=△

24
×12
48
24
288

67×13=△

67
×13
201
67
871

二十三之二十一倍為何數、

11×11=△
12×11=△
11×15=△
13×13=△
21×12=△
31×21=△
12×31=△
43×11=△

一車載糖十二包、十三車共載若干、

商務印書館印行

图 4-30

从历史的角度来看,从筹算到珠算,从汉字的西洋算法到阿拉伯数字的笔算式,是否还有传承下去的价值?

随着计算机技术无死角地覆盖人类社会的各个领域,试问:在如今的实际生活、实际工作中,谁还会用竖式完成两、三位数乘两位数的计算?

因此,主要是解决实际问题、几何求积要用到两、三位数乘两位数的乘法。也就是说,竖式只是继续学习的一种计算工具,一种解决数学问题过程中使用计算的“草稿”。

推敲“笔算”的词义,其实“笔”是不会计算的,所谓“笔算”,实际上是“心算笔记”。100 多年来,我们所教学的竖式,它的本意是“心算笔记”相对合理、比较简便的一种记录方式。

厘清了竖式的实质“记录方式”“草稿”,还有必要坚持统一,强推标准形式吗?

破除“标准式”之后,创立新的竖式教学,有两种选择:一是推荐“表格式”,二是启发“多样化”。

7. 为儿童着想的方式

真正适合学生掌握的乘法笔算记录方式是表格式。

为便于学生操作,可以把表格加以简化:两位数乘一位数的表格“两竖一横”称作“草字头”,两位数乘两位数的表格“两竖两横”称作“井字”,三位数乘两位数的表格叫作“井字多一竖”(图 4-31):

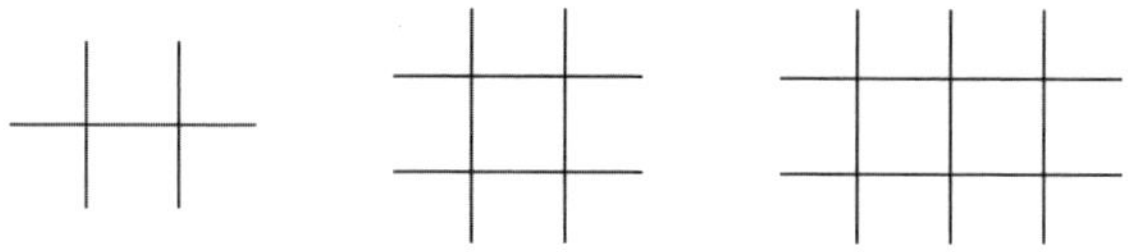

图 4－31

然后指导学生按算式读的顺序填写，如 14×3 边读边写：十、四、乘、三（图 4－32）。

$$\begin{array}{c|c|c} & 10 & 4 \\ \hline \end{array} \rightarrow \begin{array}{c|c|c} \times & 10 & 4 \\ \hline 3 & & \\ \hline \end{array}$$

图 4－32

38×69 的填写顺序：三十、八、乘、六十、九（图 4－33），从而使读写保持一致。

$$\begin{array}{c|c|c} & 30 & 8 \\ \hline \end{array} \rightarrow \begin{array}{c|c|c} \times & 30 & 8 \\ \hline 60 & & \\ \hline 9 & & \\ \hline \end{array}$$

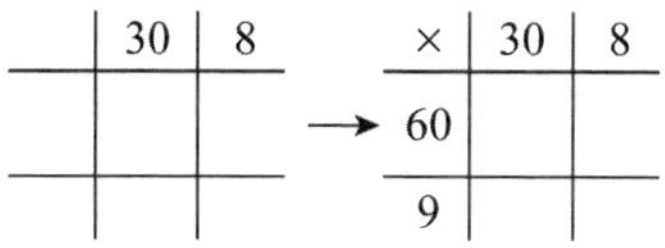

图 4－33

接下去就是计算，填写横、竖对应格子中两数相乘的积，最后把积相加。学生通过交流发现，乘的顺序随意，部分积的相加也能先竖着加，或先横着加，三位数乘两位数同样如此（图 4－34）：

×	10	4
3	30	12

14×3＝30＋12＝42

×	30	8
60	1800	480
9	270	72

×	100	20	7
40	4000	800	280
8	800	160	56

38×69＝2070＋552＝2622   127×48＝4800＋960＋336＝6096

或 38×69＝2280＋342＝2622   或 127×48＝5080＋1016＝6096

图 4－34

显而易见，采用表格形式彻底避开了乘加两步口算的难点。计算三位数乘两位数时，若三数相加口算有困难，可以用加法竖式计算。填表与连加是相对独立的两种操作，不易混淆，也便于复查。

教学实践表明,经过上述一系列优化加工之后,学生都觉得表格算法有趣、易学。除了部分提前学了乘法竖式的学生,对竖式有先入为主的认知优势之外,多数学生认为表格算法比教材中的竖式“计算起来更方便”。

问题是执教教师一开始很不习惯,好不容易熟悉了,又有顾虑,怕评价考竖式。这就提醒我们,推进教学改革,应当从转变教师观念入手,评价改革必须及时跟进,教、学、评达成内在的一致性。

如前所述,若真正以学生发展为本,为学生进一步学习着想,则目前的算理教学大多只关注了分配律的渗透,还缺失乘法运算基本规律的揭示:

两位数×一位数,乘两次加两积;三位数×一位数,乘三次加三积;

两位数×两位数,乘四次加四积;三位数×两位数,乘六次加六积。

毫无疑问,在掌握了表内乘法口诀的基础上,n 位数×m 位数的乘法,无论采用何种算法、何种形式,运算过程都是分拆成表内乘法,通过 nm 次乘法与 nm 个积的相加来完成的。这是数学化归(转化)思想成系列的体现:依据乘法对加法的分配律,将多位数乘法转化为一位数(表内)乘法的和。它对于学生后续学习多项式乘单项式、多项式乘多项式,具有非常直接的正迁移作用。

这方面,表格算法具有明显的优势,乘 nm 次再相加的规律,一目了然。随着笔算实用价值日趋减弱,我们理应更加关注算术运算对于学习代数运算的正迁移功能。

8. 竖式的多样化

不同国家、地区的乘法竖式不完全相同,前面课例 4-1 给出了古印度和我国台湾的“视窗”两种竖式,并启发学生作出改进。

这样的启发,在教学三位数乘一位数时,就可实施。首先是让学生理解三位数乘一位数的实质:乘 3 次(只要数位对齐,顺序任意),再相加。然后展现学生不同顺序的竖式。例如:

$$\begin{array}{r} 836 \\ \times\quad 4 \\ \hline 24 \\ 120 \\ 3200 \\ \hline 3344 \end{array} \qquad \begin{array}{r} 836 \\ \times\quad 4 \\ \hline 3200 \\ 120 \\ 24 \\ \hline 3344 \end{array} \qquad \begin{array}{r} 836 \\ \times\quad 4 \\ \hline \left.\begin{array}{r} 24 \\ 3200 \end{array}\right\} \\ 120 \\ \hline 3344 \end{array} \qquad \begin{array}{r} 836 \\ \times\quad 4 \\ \hline 3224 \\ 120 \\ \hline 3344 \end{array}$$

有了这样的基础，教学两位数乘两位数时，就会有更多的班级能像课例4－1那样，有学生自创竖式。

教学三位数乘两位数，可以离开图示，先让学生类推，乘6次，相当于两次三位数乘一位数，再表格、竖式、横式结合、对应，且同样可以启发学生自创竖式。试举一例。

案例 4－8　三位数乘两位数竖式的个性化

先复习：计算 27×38；再尝试：计算 127×38。学生创意纷呈。下面是两位学生的学习单（图4－35）：

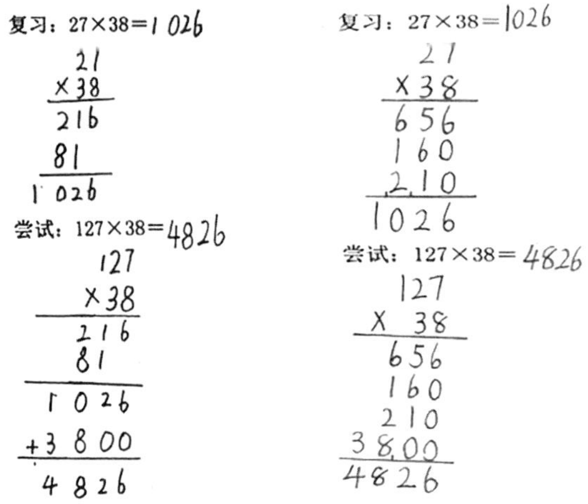

图 4－35

两名学生两位数乘两位数的竖式就已显现出不同：一个采用教材的标准竖式，另一个“尾”相乘与“首”相乘并成一行，首尾交叉相乘分写两行。在此基础上，两人都注意到了“尝试题”与“复习题”的异同，于是都想到了利用两位数乘两位数的结果再补上 100×38。

看来，这里的复习具有特殊的铺垫作用：诱发学生拾级而上，自创算法。当然，铺垫只是一种外因，内因是前面引导学生突破竖式标准形式时播下了灵活、创新的种子。

我们的探索性教学实践表明，看似枯燥的笔算，也能激活小学生的创造潜能。在强调“正确”的前提下，允许学生选择适合自己的方式完成计算是可行的。个别学生不知道自己适合哪种方式，教师应加以指导，也可以推荐或建议这些学生采用“标准竖式”。发现有学生用竖式计算，用表格验算（或相反），应予以表扬。

无疑,这才是今后的笔算竖式教学(在学生具备一定理解能力的条件下)应该追求的境界:启发学生理解原理,自创或自选合理的记录方式。

三、整数除法运算法则的教学[1]

整数除法的教学,在表内除法的基础上,按除数是一位数、两位数的顺序开展教学。各套教材几乎都是编排为跨学期的两个单元。

如前所说,表内除法是乘法口诀的应用,那么除数是一位数的除法就是乘法口诀与减法的综合应用,除数是两位数的除法则是乘、加、减运算的集大成。掌握难度自然大于乘法。而且,目下的除法笔算教学,普遍存在忽视学生困惑、苦恼的现象。鉴此,整数除法教学的探讨,必须从学情分析切入。

1. 我们了解学生的困惑吗

在教学两、三位数除以一位数的除法前,学情调研表明,尚未提前学习的学生,自发想到的竖式算法是:

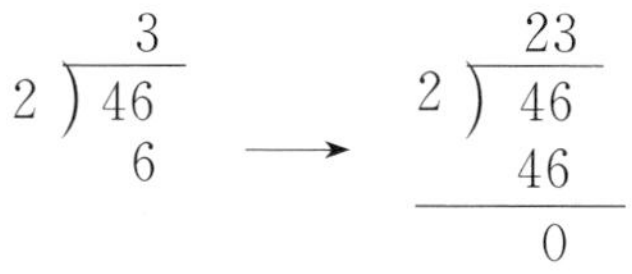

为什么学生会从个位算起?因为在这之前,加、减、乘的竖式都是从个位算起的,他们做梦也想不到除法竖式却要反其道行之。由此,学生对教材例题的演算感到奇怪:怎么从十位算起呢?特别是对三位数除以一位数的竖式(图 4-36)[2],更是有学生惊讶地问道:"为什么要分开来写三层楼呀?"

[1] 曹培英.整数除法教学的反思性实践研究——兼及儿童立场[J].小学数学教育,2021,(19):4-8.

[2] 孙丽谷,王林.义务教育教科书·数学(三年级上册)[M].南京:江苏教育出版社,2013:50-51.

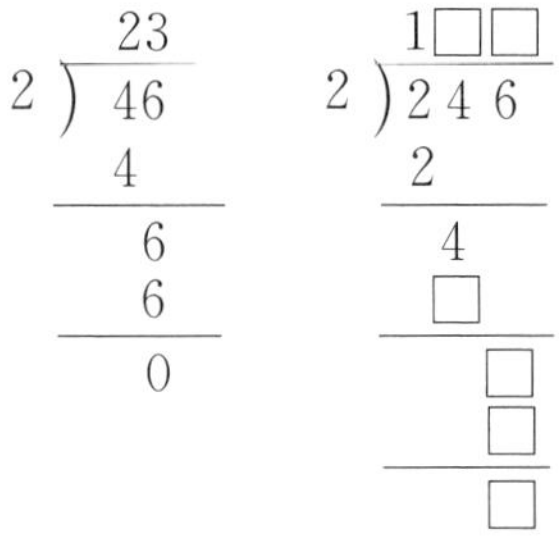

图 4 - 36

然而，各套教材似乎都没有针对学生中相当普遍的困惑作出解释。笔者几次询问执教教师，多数不知道学生有此疑问，也不知道该怎样回应、解释。只有一位教师说，曾经有学生课后问：除法为什么不从个位算起？她的对策是先复习竖式计算 5÷2，再新授 50÷2，让学生在下右的竖式中自己完成计算：

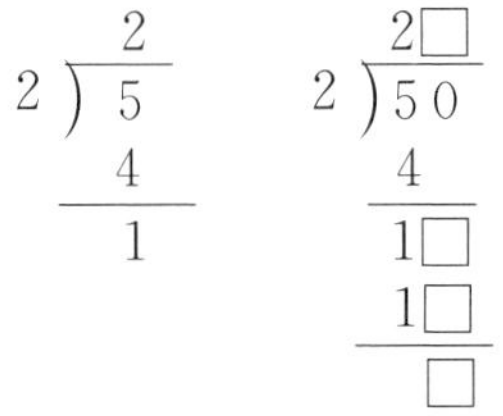

大家认为：这样设计能相当自然地引出从高位算起，但并没有正面回答学生的疑问。

看来，尽管“学情分析”已然成为教案的常规栏目，但至少在这一内容上，“学情分析”似乎形同虚设，“为学而教”停留在口号层面。

究其客观原因：

一是不少学生已经提前学了。而校外教育，无论是花钱学的，还是家长教的，弥补学校教学这一盲点的可能性几乎为 0。于是，学生自以为会了，本能的、可贵的质疑也就湮灭了。

二是能够让学生有疑问就问的课堂，迄今仍然凤毛麟角。

2. 怎样消解学生的困惑

为解开学生的困惑，三十多年前的教学设计是 32÷2，先让学生尝试，必

定有学生从个位算起而出现困难,然后由教师用小棒演示(图 4 - 37):[1]

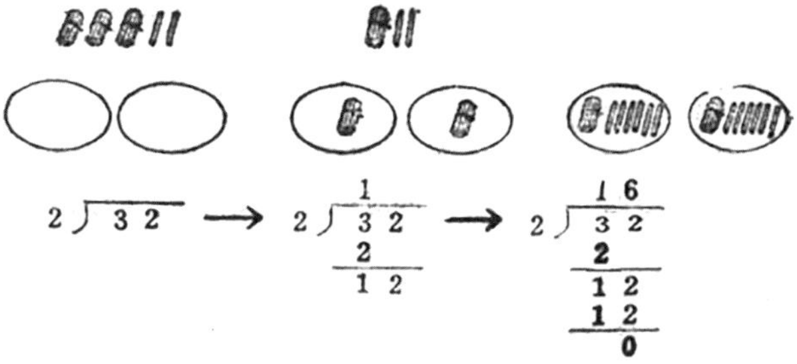

图 4 - 37

近年来,通过反复的实践、反思,可复制的教学改进设计是 46÷3,学生用小棒自己操作。

课例 4 - 3　两位数除以一位数

(1) 情境导入。

出示例题:46 支铅笔,平均分给 3 个小组,每组分到几支,还剩几支?

学生默读、列式,都是 46÷3。

(2) 动手操作。

师:46 支铅笔用 4 捆加 6 根小棒代替,同桌合作,可以怎么分?(出示图 4 - 38)

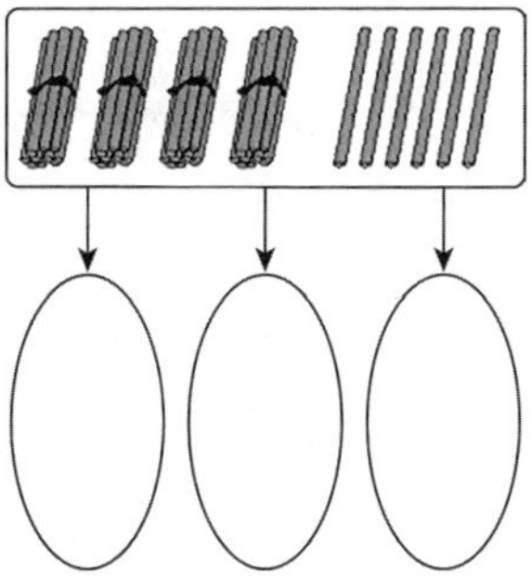

图 4 - 38

教师巡视,了解学生的不同操作过程。

[评析] 情境简洁,直奔主题。用小棒代替铅笔,自然贴切。

[1] 曹培英.计算教学[M].南昌:江西教育出版社,1986:25.

(3) 交流辨析。

师:我发现,同学中有的先平均分根,有的先平均分捆。交流、比较一下。

生:我们两人先平均分 6 根,分了三次,结果是每组 15 支,还剩 1 支。(图 4-39)

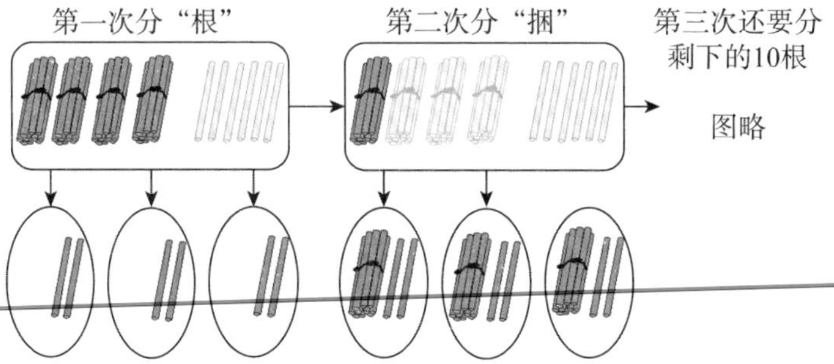

图 4-39

生:我们先平分 3 捆,再平分剩下的 16 根,只要等分两次就得到相同的结果。(图 4-40)

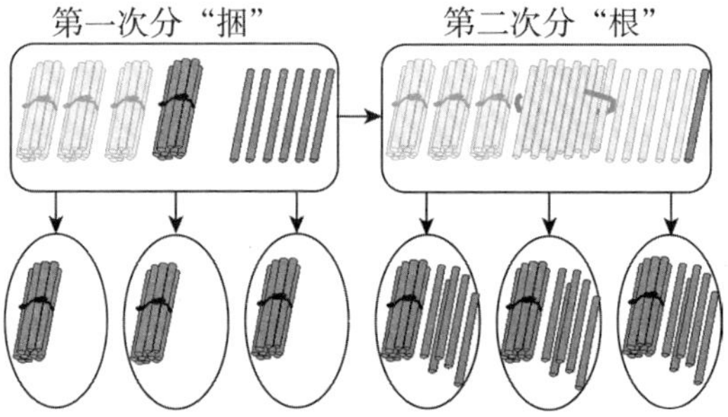

图 4-40

师:比较一下,哪种方法更合理?为什么?

生:我觉得先分 3 捆好,只要分两次,先分 6 根要分 3 次,更麻烦。

生:我也喜欢先分捆,因为多下 1 捆可以拆开来变成 10 根,再分一次就完成了。

师:有不同看法吗?

生:因为是 4 捆,平均分成 3 份还剩 1 捆,所以先分捆更简便。如果是 3 捆 6 根,那就两种方法一样了。

师:很好,除了特殊数据,一般情况下先等分整十数,确实更简便。

[评析] 教师有意识地引导学生各抒己见,集思广益,学生自己发现了特殊与一般两种可能,达成了教学预期。

(3) 引出竖式。

师:我们来把合理的等分过程用竖式表示。(课件逐步演示分小棒的过程,竖式的逐步出示与之对应)

生:先用 40÷3,商 1,写在十位 4 的上面。

……

根据学生的回答,课件逐步呈现竖式书写过程(图 4-41):

```
     1   …商:每份1捆           1   …商                   15  再商:每份5根
3 ) 46                    3 ) 46                     3 ) 46
     3   …乘:分去3捆           3   …乘                    3
    ---                       ---                        ---
     1   …减:还剩1捆          16   …减—落:               16
                                   与6根合起来              15  再乘:分去15根
                                   是16根                  ---
                                                            1  再减:最后余1根
```

图 4-41

[评析] 学生形成共识后,教具的演示与竖式的生成同步,使计算过程与操作过程对应,形象生动地展现每一步书写的具体含义。

(4) 解释算理。

师:第一次是把 4 个十除以 3,商是几?还余几?

生:第一次 4 个十除以 3,商是 1 个十,还余 1 个十 6 个一。

师:谁来继续?

生:第二次是 16 个一除以 3,商是 5,还余 1。

师:同桌互相完整地说一说。

[评析] 由小棒的捆、根到计数单位十、一,非常自然、顺畅地让学生说清了计算过程的算理。

(5) 巩固练习。(略)

显然,让学生独立思考,用学具操作,一定会出现"先分根""先分捆"两种分法。通过交流发现:"先分根"要等分三次,不合理。进而引出竖式,学生的两个疑问——为什么要从十位(高位)除起,为什么要分开写,都获得了基于操作经验与直观的算理解释。

实践表明,将除的过程概括为"商、乘、减、落"的"操作口令",有利于学困生在理解的基础上更为顺利地掌握计算过程,也增添了计算的趣味性,受到他们的欢迎。

不论是否总结操作法则，关键都在于既使学生理解笔算过程的道理，又使他们逐步体会到竖式的实质——一种合理、简便的书写形式。做到了这两点，就有可能使学生真正成为驾驭法则的主人，而不是只会按法则的指令行事的“机器人”。

3. 进一步的深入研究

(1) 当下教材的分析。

首先，分析为何我们的教材（笔算除法的第一道例题）长期“忽略”学生的上述困惑。

原因其实很显然，那就是遵循“由易到难”的原则，采用“分散难点”的策略：

先学十位数与个位数都能被除数整除的（如 42÷2），以便将注意力集中到从高位除起、除两次的操作与书写过程。

再学十位数不能被除数整除的（如 52÷2），重点解决“剩下的 1 个十与 2 个一合起来是 12”。

但是，学生被引导到这一精心设计的“无障碍”轨道之后，他们基于原有认知自然生成的困惑就被压抑从而消失了。尽管有学生感到奇怪，但新的知识、新的方法，看课本的、听老师的，没错。于是，一切顺顺当当、皆大欢喜，代价是失去了一个学生质疑问难、寻求合理解释的机会。

由易到难、分散难点是常识，培养发现问题、提出问题的能力是共识。我们面对的是一个鱼和熊掌不可兼得的两难选择吗？不！

实践表明，舍去 42÷2，直接面对 52÷2，一并解决“除的顺序”“十位上余数的处理”两个难点，对于绝大多数学生来说，并不构成障碍。

个中缘由很简单，因为“1 个十与 2 个一合起来是 12”的认知与操作，早在第一次学习退位减法时就已出现。而且在之后大量的退位减法计算过程中，早已发展为“从前一位退 1 作十，与本位上的数合起来”的一般化认识。

因此，释放发现问题、提出问题的空间，直面学生自己的真实问题，让他们真正知其所以然，而不是仅仅理解教材、教师预设的那一点点算理（笔算过程的理解),是可行的。

看来,确立教材研究、学情研究的系统观,跳出单元羁绊,长程分析教与学的真实过程,是很有必要的。这种研究分析,指望"大概念""高观点"引领,往往不足以解决问题,只有沉下心来,秉承儿童立场,实事求是地而不是教条地具体问题具体分析,才能看清事物的本来面目,找到破解矛盾、实现教与学和谐的处理之策。

(2) 例题数据的选择。

其次,分析笔算除法第一道例题(两位数除以一位数)的数据选择。

从被除数看,有四种选择。

其一,十位数与个位数都能被除数整除(如 46÷2)。容易诱发学生自己的算法,从个位算起,自然难以说明从高位算起、分开写的合理性。

其二,十位数与个位数都不能被除数整除(如 45÷3)。不少学生无从下手,且消解学生困惑的难度更大。

其三,只有十位数能被除数整除(如 45÷2)。容易诱发学生从高位除起,但掩盖困惑,且必定有余数。

其四,只有个位数能被除数整除(如 36÷2)。诱发部分学生从个位算起,有利于通过自然生成的两种算法的比较,理解从高位算起、分开写的合理性,但必须面对"除的顺序""十位上余数的处理"两个难点。权衡利弊得失,如前分析,这种数据设计应当成为我们的首选。

确定了被除数的选择(其四),从除数看,通常可选 2、3 或 4。

选择 2:数据小,小棒少,容易操作;但除以 2,意味着对半分,比较特殊,且容易诱发学生口算得数,影响笔算学习热情。

选择 3:数据不大,小棒不多,也比较好操作;但必定有余数。

选择 4:数据较大,小棒较多,要使学生人人动手,学具准备比较费事。

进一步的实践表明,使用笔算除法先教学横式的教材(图 4-42)[1],除数选择 2 或 4,还会遇到意想不到的麻烦。

---

[1] 刘坚,孔企平,张丹.义务教育教科书·数学(三年级下册)[M].北京:北京师范大学出版社,2014:2.

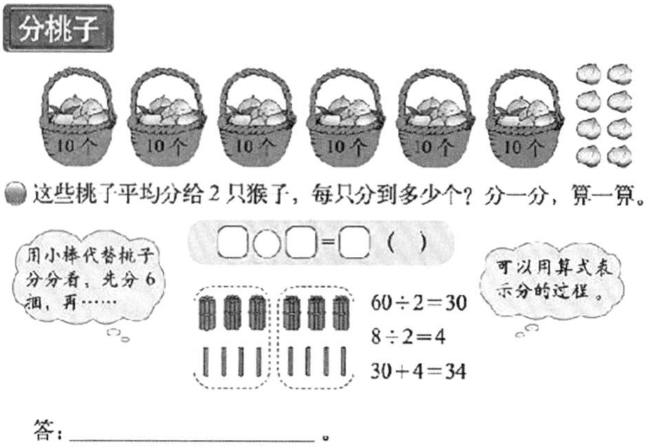

图 4－42

例如，36÷2，有学生认为：先算个位 6÷2＝3，再算十位 30÷2＝15，不也是两次分完吗？

显然，在教学除法竖式之前，要使多数学生理解 30÷2＝15 实际上需要等分两次（20÷2＝10，10÷2＝5），这对一般教师来说，实在是难度很大的挑战。

同样，68÷4，也曾出现令教师头疼的插曲。例如，一位学生认为：先算个位 8÷4＝2，再算十位 60÷4＝15，两次分完。

正是顾及教材先讲横式的特点，为了避免节外生枝，干扰多数学生的感知，所以上面介绍的“可复制的教学改进设计”案例，宁愿出现余数，选择了 46÷3。

如果使用笔算除法不先出横式的教材，则完全可以选用 36÷2 这样的简单数据。

理论和实践告诉我们，提高首次感知的效果，有助于发挥“先入为主”的心理优势。为此，可复制的教学，应当考虑使用特定教材条件下大面积的教学效果，选择大多数教师能够驾驭，绝大多数学生能够学好的设计。

（3）教学一位数除多位数的其他要点。

突破了除的顺序这一认知难点，其他要点主要是商的定位、余数必须小于除数。掌握的关键同样在于理解除的过程，也就是搞清每一步除的含义。

以 225÷3 为例。教学时，应当先由学生说出被除数的组成（2 个百、2 个十和 5 个一），然后让学生说说遇到了什么问题，怎样解决：被除数的百位是 2，小于除数，说明不能一百一百地分，所以要看被除数的前两位；前两位上 22 表示 22 个十，除以 3 最多得 7 个十，所以 7 要写在商的十位上；十位上余下的 1 是 1 个十，和个位上的 5 合并成 15 再继续除。

对于商的中间或末尾有 0 的除法，除了讲清除的过程，还要强调 0 的占位作用。比如，4800÷3，应该着重启发学生理解第二步是用 3 除 18 个百，商 6 个百，商的十位、个位都要用 0 占位才能表示出六百。

除法运算的教学内容包括运算法则和试商方法两个方面。因为除法不像其他四则运算那样，按照法则运算只要不出差错就能一次得出准确结果。如果不解决试商方法问题，光掌握运算法则从实用角度来看还无济于事。尤其是除数从一位数扩展到两位数之后，更是如此。所以，在迄今为止的教学中，试商方法仍占有重要地位。

试商的启蒙教学，是从有余数除法开始的。通常安排在学完表内除法后进行，以便促使学生形成熟练而又灵活地运用乘法口诀的技能。教学时，首先应当通过实例使学生理解其算理，尤其要懂得余数必须比除数小的道理。这对小学生来说并不困难，因为他们具备理解这一道理的生活基础。我们可以通过等分实物的演示，使学生明白余数比除数大，说明还可以再“分”，使“每份”再“多”一些(或再多分这样的一份或几份)，也就是把商换大点。

其次还必须加强练习和指导，帮助学生熟练地掌握确定商的方法。例如，22÷4，联想口诀四五二十、四六二十四，确定正确的商是 5。为配合训练，可以适当加强填不等式中未知因数最大值的练习(如：□×6<50，□里最大填几)，以及有余数除法的改错练习，以提高学生的判别能力。

4. 关于试商与改商

两位数除多位数的主要教学内容是试商方法(运算法则与一位数除多位数基本相同)，这历来是教学中的一大难点。人们在长期的计算实践中研究总结出各种试商方法，我们在教学中选用哪种为宜，应当综合考虑初商合格率的高低和学生掌握的难易这两个因素。

(1) 各种试商方法的比较。

早在 20 世纪 70 年代末，湖南第一师范学校的郭涤尘老师曾对用两位数除的多种试商方法作了深入细致的研究,分析计算了各种方法的初商合格率(初商合格题数÷用两位数除的总题数×100%)。下面摘录其中较为常见方法的数据[1]。

只改动除数的试商法:

首位试商(去尾)法　64.573%;

进1试商(收尾)法　64.675%;

四舍五入试商法　76.287%。

同时改动除数、被除数的试商法:

各自舍入试商法　76.271%;

随舍随入试商法　81.402%。

顾名思义,“各自舍入”是指除数、被除数各自四舍五入,如563÷65,看作560÷70试商。所谓“随舍随入”是指:除数“四舍”时被除数末尾无论是几都跟着“舍”,如198÷43,看作190÷40试商;除数“五入”时被除数末尾无论是几都跟着“入”,如242÷45,看作250÷50试商。

数据表明,随舍随入试商法只有不到19%的情况需要改商,但比较复杂。对于小学生来说,四舍五入法只需改动除数,比较简单,容易掌握;再说初商合格率也不错(在只需改动除数的各种方法中占首位),所以教学中用得最普遍。但学生必须面对“初商过大要改小,初商过小要改大”两种处理方式,掌握难度较大。鉴于此,有教研员指导基层学校重点教学首位试商法,师生接受度很高(改商方向单一),效果也不错。

(2) 改商方法的教学。

然而,无论采用哪种方法试商,都不能保证一次成功。因此,还需指导学生掌握商“改小”“改大”的调整方法(即改商)。

当除数的十位数较大时,一般调整一次就能确定恰当的商,但当除数的十位数较小,而个位数又接近5时(如14、15、16、24、25、26等),按照四舍五入法试商,有时要调整几次才能试出一位恰当的商。为了减少试商次数,遇到上述除数时,可以直接想除数的几倍既接近又小于被除数。当然,这种方法对口算能力的要求较高。为便于口算,也可以用“中数”试商,即当除数是14、15或16

[1] 郭涤尘.几种试商方法的比较[J].小学数学教师(丛刊),1979(05):66-72.

时,都用15去试除,以此类推。但当除数十位上的数大于3时,还不如用四舍五入法更快。

这几种方法都是为少数几个除数服务的,能否采用需要视除数的具体情况来定,这就增加了初学时的困难。

考虑到采用四舍五入法试商时,初商偏大或偏小不可能超过4,多数情况是偏大或偏小1、2。因此,在第一次试除后,通过观察比较,尤其是初商过小时,将除数和余数比较或将除数翻倍后再和余数比较,就能一次确定应当把初商调小或调大几了。

例如,209÷26,把26看作30,初商为6,试除后余数是53,比26的2倍稍大些,可以确定正确的商应是8。

很明显,把调商的口算步骤安排在第一次试商后,符合计算习惯,容易被学生接受。更重要的是,这种方法具有一般性,可以不区分除数的情况,都只要试除一次。它的算理也比较简明易懂。实践表明,随着四舍五入试商法的教学进展,完全可以引导学生自己发现这一方法,并很快能够掌握。

5. 除法改商,难为了孩子

如果问:除数是两位数的除法,教学的重点、难点各是什么? 一般教师都能不假思索地回答:试商是重点,试商不成功改商是难点。进而追问:掌握了试商、改商的方法之后,学生笔算时最大的苦恼是什么? 则应者寥寥。

答案是"用橡皮擦去两行、三行数字(商、积、余数)"。通常,语文学科从三年级下学期就开始要求学生用水笔书写作业,但到了四年级,大多数数学教师仍坚持要求学生用铅笔完成笔算除法。因为一旦遇到改商,就可用橡皮擦去三行数字,若用水笔,就只能用涂改液或修正带了。

为了减少涂改的烦恼,我们的学生各显神通:

① 先在草稿纸上完成计算,再誊抄到作业本上。

② 试商时有意识轻轻书写,改商时加大书写力度,以求遮盖。

③ 从初商过大时只要擦去两行数字(商、积,因不够减而无余数)获得启发,初商过小时口算减法,不写余数,在头脑里完成余数与除数的大小比较,以求少擦一行数字。

④ 被除数前两位够除时，用口算完成试商、改商的全过程。

⑤ 不论被除数前两位够除或不够除，都用口算完成试商、改商的全过程，彻底拒绝使用橡皮。

学生的多样化表现，很多是自己“默会”的“经验”。大多数教材只讲授四舍五入试商法，似乎只有人教版教材针对“同头无除商 9”的特殊情况，并以除数 26(适合看作 25 用乘法口算)为例，介绍了灵活试商(图 4－43)：

图 4－43

然而，“灵活”就意味着“非一般”，意味着具体情况具体处理，教材给出的两种试商方法都具有一定的特殊性。例如，除数不变，将例题的被除数稍作改动，230÷26，则：

10 个 26 是 260，比 230 多 30，那就不能商 9，只能商 8；

4 个 25 是 100，8 个 25 是 200，余下 30 里还有 1 个 25，但不够商 9。

可见，灵活试商对思维的敏捷性、变通性要求非同一般。因此，虽然学生受教材启发能够有所类推，如除数是 24，也可以看作 25 来口算，但难以推广至 36、34 等其他除数。

也有教师传授试商诀窍：除数“四舍”，初商减 1；除数“五入”，初商加 1。

事实上,这并非“规律”,存在例外。例如,282÷36,看作40试商,商7,按“除数‘五入’加1”的诀窍,商8,但恰恰商7是对的。

所以,改商是绕不过去的坎,怎样减少涂改,当下还得靠学生自己琢磨,积累教训与经验。

进一步的调研发现,有个别班级大多数学生完全用口算完成试商、改商。但是,相关的代价是该班“学生学习负担与压力”“学生学习动力”两个指标明显不如平均水平。原因何在?

分析学生试商的思维过程,可见端倪。

仅以686÷76的思维过程为例。

① 判断用几试商:76“五入”看作80,686÷80,商8。

② 口算两位数乘一位数:76×8=608(六八四十八,写8进4,七八五十六,加4得608)。

③ 口算三位数减三位数:686-608=78(口算过程略)。

④ 比较、定商:78里有1个76,改商9。

显然,要使一个班的大多数学生能在头脑里连贯地、准确地完成以上四步思维过程,不进行足够的练习,可能吗?这样的大量训练,势必加重学生的学习负担与压力,难免带来一系列对于数学的负面心理感受。

毫无疑问,我们应该将教学的精力更多地投放到理解算理和灵活运用上,而不是通过大运动量的练习,训练全班学生获得过人的笔算工作记忆。

问题在于,既然大家都认同“儿童立场”“儿童数学”,为什么就听任学生的苦恼年复一年地延续下去,而不思改变呢?

学生为减少试商涂改所作的种种努力及其多样化的表现,深深打动了笔者,由此曾经萌发以除法改商为测试载体,研制区分小学生智力水平量表的念头。但又顾虑这是否拿学生的苦恼、教师的失策来研究,会不会有悖教育科研伦理。

进而,受教研职责驱动,试图从正面予以突破。

6. 寻找破解之道

(1) 从学生的错误说起。

四十多年前,一次测试中学生的一个“错误”,令人印象深刻,难以忘怀:

2214÷27=82

```
         712      商的位数增多
   27 ) 2214
         189
        ----
          32      余数比除数大
          27
       ------
           54
           54
       ------
            0
```

当时，阅卷教师认为竖式计算有两处错误，注意到横式得数对了，所以扣一半分。作为任教老师的笔者，知道这位学生是不愿涂改而自创的竖式写法，该如何向他解释扣分的"合理性"呢？为了保护学生的积极性，犹豫再三，才婉转地说：老师知道你理解了除法，最后答案是对的，但写成三位数，别人就会读作七百一十二，所以竖式扣了一点分。

进入 21 世纪以后，偶然回忆起这一幕，灵感来了，将"补商"的"1"写在"7"的上面，不就是一个可取的创意吗？

但这样"补商"，显然只适用除数"五入"，初商过小的情况，不适用除数"四舍"，初商过大的情况。

（2）推荐"进 1 法"试商。

试商的进 1 法，同样改商方向单一，且初商合格率比首位试商法略高一点。更重要的是，便于改商，只需一课时学生就能轻松掌握。

例如，计算 188÷23：

```
         2
   30    6        看作 30 试商
   23 ) 188
        138       先减去 6 个 23
       -----
         50       50 里有 2 个 23
         46       再减去 2 个 23
       -----
          4
```

188÷23=8……4。

显而易见，如此改商不仅避开了冗长、枯燥的口算工作记忆，而且有利于学生理解除法运算意义的另一面"同数连减"。而这一直是教学除法运算含义时不够重视的。

至于教材给出的四舍五入试商法与灵活试商的内容,可供学生看书自学,再说一说、议一议,然后让学生自己选择适合自己的试商方法。当然,教师也应该表明自己的推荐及其理由。

7. 整数除法的余数

在学习整数除法后期,很多学生发现运用商不变性质,余数会发生变化。例如:

2200÷300=7……100,

220÷30=7……10,

22÷3=7……1。

由此质疑:2200÷300=220÷30=22÷3 是否相等?这常常令教师感到为难。破解学生这一困惑,要到学习了小数除法和循环小数之后,才能使学生信服商用循环小数表示都是 $7.\dot{3}$。然而,要真正理解,还要等他们学了分数与除法的关系以及假分数化带分数之后:

$$2200\div300=220\div30=22\div3=7\frac{1}{3};\frac{100}{300}=\frac{10}{30}=\frac{1}{3}。$$

即余数不同是因为除数不同,实际上都是三分之一。

8. 关于儿童立场

小学数学历来有"儿童数学"之美称,如今更是被很多教师用来概括自己的教学特色。然而,儿童数学工作者对学生的学习困惑、苦恼视而不见,在整数除法部分表现非常突出。这不得不引起我们的深究,以致在这里非常突兀地插入一段理性思辨。

在教师心目中,除法是四则运算中难度最大的内容,出现困难理所当然,不足为怪。殊不知,这恰恰是根深蒂固的教师立场、教材本位的流露。

回顾历史,近年来教学改革的时髦语"儿童立场""从儿童出发",其实与一百多年前杜威(John Dewey)的原话"我们必须站在儿童的立场上,并且以儿童为自己的出发点"[1]如出一辙。

尊重儿童肯定是对的。杜威的历史功绩就在于批判传统教育的"教师中

---

[1] 约翰·杜威.学校与社会·明日之学校[M].赵祥麟,任钟印,吴志宏,译.北京:人民教育出版社,2005:114.

心”“教材中心”“课堂中心”，取而代之“儿童中心”“经验中心”“活动中心”，成为继卢梭(Jean-Jacques Rousseau)之后秉承儿童立场的最强音。但是，杜威的理论作为以赫尔巴特(Johann Friedrich Herbart)为代表的传统形式主义教育论的对立面，具有明显的针对性，因而带有与生俱来的偏颇。杜威过于夸大经验的认知作用，过于追求自然主义，“越不觉得教师在教、儿童在学越好”，导致“教育成为儿童的尾巴，教育质量下降，进步教育成为退步，走进了胡死同”[1]。

至 1957 年，苏联卫星率先上天，震动美国朝野，反思科技落后的原因，归咎于教育。正是在这样的背景下，布鲁纳的课程改革主张应运而生。大家推崇布鲁纳的结构课程论和发现法，却忘了布鲁纳的理论是对杜威理论的继承、修正与发展。布鲁纳克服了杜威的浪漫主义、自然主义：光有经验是不够的，还要有结构，教育应该从儿童出发，但又必须站在儿童前面，引导儿童走上发展的快捷通道。

如果说杜威的“进步教育”被扬弃，源自他的实用主义、经验主义哲学，是“内伤”；那么基于布鲁纳理论的“教育现代化运动”(特别是数学教育现代化运动)受挫(紧接其后的是十年“回归基础”运动)，则是“外伤”，其重要原因是课程教材设计过于依赖科学家(如数学家)的主导。

20 世纪 50 年代，美国还有一位心理学家卡尔·罗杰斯(Carl Rogers)将他首创的“以当事人为中心”的非指导性心理治疗方法推广至教育，提出与杜威“儿童中心”大同小异的“以学生为中心”理念，并主张“非指导性”教学。这种自由学习理论强调用信任和真诚去教育，培育学生的健康人格，虽然产生了世界性影响，但与杜威类似，同样存在忽视教师主导作用，难以保证系统高效学习的弊端。

从卢梭到杜威、罗杰斯，再到布鲁纳，儿童立场在不断发展、不断更新。

争论仍在继续，甚至实证结论相左。例如，有研究结论表明，“重视对学习过程提供指导比一味主张少教不教效果更好、效率更高”[2]。也有研究认为：大量文献指出“少教不教”在知识技能上的教学效果不弱于指导性教学，并且

[1] 张小平.从杜威到布鲁纳——看美国教学论思想的发展[J].华东师范大学学报(教育科学版)，1983，(01)：67－74＋66.

[2] 保罗·基尔希纳，约翰·斯维勒，理查德·克拉克，等.为什么“少教不教”不管用——建构教学、发现教学、问题教学、体验教学与探究教学失败析因[J].开放教育研究，2015，21(02)：16－29＋55.

教学成果可以保持更持久,在发展学生灵活应变的能力方面更具优势。

得到广泛、长期实践支持的研究结论是:只有当学生具备了充分的原有经验可以进行“自我指导”时,教师指导的优势才会逐渐减弱[1]。

到如今,已经形成的共识是:在坚持以人为本的出发点和归宿,用信任和真诚去教育的同时,我们还必须在儿童与学科、经验与结构、学生自为自发与教师干预引导之间谋求平衡。指导性教学与发现式教学是一个连续体的两端,有指导的发现式学习是一种非常有效的教学方式。

在此前提下,真正的儿童立场不在于说得多么动听,而在于践行,在于切实了解学生数学学习过程中的喜乐烦恼,设身处地为他们排忧解难。

愿我们秉承儿童立场的初心“人人都能获得良好的数学教育,不同人在数学上得到不同的发展”,审视那些被遗忘的角落,继续反思、探索。

四、小数乘除法运算法则的教学

1. 数学理论的推演

从理论上讲,当把小数界定为十进分数时,寻找将小数乘除法转化为整数乘除法的方法就应当依据分数乘除运算的定义及有关性质进行。先看具体算例。

$$4.38\times1.3=\frac{438}{10^2}\times\frac{13}{10}=\frac{438\times13}{10^{2+1}}=\frac{5694}{10^3}=5.694。$$

这就是说,计算 4.38×1.3,只需算出 438×13 的积,然后在积中记上小数点,使积的小数部分有(2+1)位就行了。

一般地,设不为 0 的 a 和 b 分别是小数部分有 n 位和 m 位的小数,即 $a=\frac{A}{10^n}$,$b=\frac{B}{10^m}$(A、B 是 a、b 去掉小数点后所表示的整数)。那么,

$$a\times b=\frac{A}{10^n}\times\frac{B}{10^m}=\frac{A\times B}{10^{n+m}}。$$

这就证明了小数乘法可以看作整数来乘,积的小数位数等于两个因数的

[1] 徐连荣,徐恩芹,崔光佐.“少教不教”真的不管用吗?——与《为什么“少教不教”不管用》一文商榷[J].开放教育研究,2016,22(02):17-24.

小数位数之和。但以上证明并未揭示 $A\times B$ 的积末尾有 0 的情况，这时小数乘法积的小数位数 $n+m$ 就还要减去 $A\times B$ 积末尾 0 的个数。

同样可以导出小数除以小数的法则。如上所设，则

$$a\div b=\frac{A}{10^n}\div\frac{B}{10^m}=\frac{A}{10^n}\times\frac{10^m}{B}=\frac{A}{10^n}\times10^m\times\frac{1}{B}=\left(\frac{A}{10^n}\times10^m\right)\div B。$$

可见，除数是小数的除法，可以转化为除数是整数的除法来计算。方法是把除数的小数点去掉（相当于除数乘了 10^m）并将被除数的小数点向右移动几位（即被除数同乘 10^m），再相除就行了。

注意到小数乘法积的小数位数等于两个因数的小数位数之和，那么小数除法呢？只要将上面 $a\div b$ 导出算法的推演再多写一步：

$$a\div b=\left(\frac{A}{10^n}\times10^m\right)\div B=\frac{A\div B}{10^{n-m}}。$$

规律同样一目了然，即商的小数位数等于被除数、除数小数位数之差。例如：

① $0.008\div0.4=0.02$，商是两位小数（$3-1=2$）；

② $0.08\div0.04=2$，商的小数位数是 0（$2-2=0$）；

③ $0.8\div0.04=20$，商的小数位数是 -1（$1-2=-1$），即 $\frac{8\div4}{10^{1-2}}=\frac{2}{10^{-1}}=2\times10$。

显然，小学不教学正负数的减法，学生理解起来有很大困难，所以教学中一般避而不提。而且被除数、除数都转化为整数相除，还可能出现小数。例如：

④ $0.001\div0.4=0.0025$，即 $\frac{1\div4}{10^{3-1}}=\frac{0.25}{10^2}$，商共有 4 位小数。

因此，指望在小学阶段根据分数乘除法推导小数乘除法，揭示小数乘除法的所谓“一致性”，存在一系列的障碍。

2. 小学教材的处理

一般来说，要使学生学会小数乘除法的计算并不难，但要使学生理解算理却有些困难。因为在小学数学中，小数乘除法通常安排在系统学习分数知识之前。所以，还不可能用分数乘除法来说明小数乘除法的算理。

那么，能否按个别学者的建议，先教分数乘除法，再学小数乘除法呢？上面的推演让我们看到了说理时的难度，更重要的是至少目前尚无较大面积、较长时间的持续尝试，而且大多数教师对此表示难以接受，担忧“先难后易”违背儿童的认知规律。毕竟，相对于小数乘除法来说，分数乘除法更抽象，对学生

理解、接受能力的要求更高。

解决矛盾的办法,就是引用已知数的变化引起积、商的变化规律来解释小数乘除法的算理。当然,严格地说,积、商的变化规律从整数推广到小数,也同样是在建立分数理论之后。这些,小学数学可以不加苛求。

有研究者认为,积、商的变化规律能依据等式基本性质(可视为公理,即"基本事实")给出证明,因此不存在数系扩充后重新证明的必要[1]。事实并非如此。以因数与积的变化规律为例:

设 $a\times b=c$,则 $a\times(b\times d)=c\times d$ 或 $a\times(b\div d)=c\div d$,依据是等式两边乘或除以相同的数(0 除外),等式不变。

注意到等式左边乘 d 的完整过程应当是 $(a\times b)\times d=a\times(b\times d)$,就不难发现,上面的证明不仅依据等式基本性质,还用到了乘法结合律。而运算律通常总是在特定数集里证明的,数系扩充需要重新证明。因此,积的变化规律运用于小数无须证明,理论上存在瑕疵。

同理,商不变规律也是如此。

实际上,在现行教材的编排中,等式基本性质安排较为靠后,以致教学积、商的变化规律时只能用整数举例归纳。因此,运用于小数乘除法应当加以验证。

以商不变性质为例。

案例 4-9　整数商不变性质推广至小数

在整数除法教学的后期,只需给出一组算式,引导学生从上往下、从下往上观察,即可发现结论(图 4-44)。

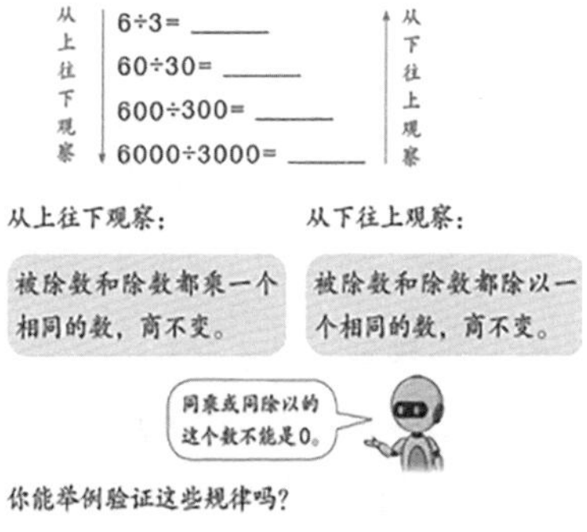

图 4-44

[1] 顾志能.运算一致性的困境思考与理性解析[J].小学数学教师,2023(04):42-48.

教学小数除法时，若打算先行验证，也很简单。例如：

一支铅笔1角6分钱，1元6角可以买几支这种铅笔？

整数	160÷16=10(支)	以分为单位	整数
↓	16÷1.6=10(支)	以角为单位	↑
小数	1.6÷0.16=10(支)	以元为单位	小数

观察这组由单位换算得到的算式，从上往下看，可以使学生确信“商不变”规律对于小数除法仍然适用；进而从下往上看，就不难找出将除数由小数“转化”为整数使商不变的方法。

整数乘法积的变化规律也可如法炮制。

3. 教学的要点

(1) 小数乘整数。

运算意义与整数乘法相同，只不过相同加数是小数。因此，由解决实际问题引出乘法算式比较容易。

教学时，如何沟通加法与乘法的联系，如何顺理成章地利用因数与积的变化规律解释算理，请看下面的课例。

课例 4-4　小数乘整数

(一) 复习铺垫。

一支铅笔1角6分钱，买8支这种铅笔要多少钱？分别以分、角、元为单位计算。教师根据学生的回答板书：

16×8=128(分)

1.6×8=12.8(角)

0.16×8=1.28(元)

师：观察这组由单位换算得到的算式，你联想到我们学过的什么知识？

生：想到了因数与积的变化规律。

生：从上往下看，一个因数不变，另一个因数除以10、100，积也除以10、100。从下往上看，另一个因数乘10、100，积也会乘10、100。

生：从上往下看，因数与积的变化规律可以从整数变化到小数。

师：是的，因数与积的变化规律也适用于小数乘法。

[评析] 利用元、角、分的知识，验证了整数乘法的性质同样适用于小数乘

法,为理解小数乘法转化为整数乘法的算理作铺垫。

(二)探究小数乘整数。

情境:一个风筝9.5元,买3个风筝多少元?

师:怎样列式?说明理由。

[评析]教师针对以往教学中学生对教材中整数3与十分位对齐的困惑,一开始就引导学生再现乘法“几个几”的意义。

生:9.5×3,因为求3个9.5是多少,所以用乘法。

师:用自己的方法试一试,求3个9.5是多少可以怎么算。

……

教师展示学生的尝试,组织交流,并在学生交流的过程中给竖式连线、标注箭头(图4-45):

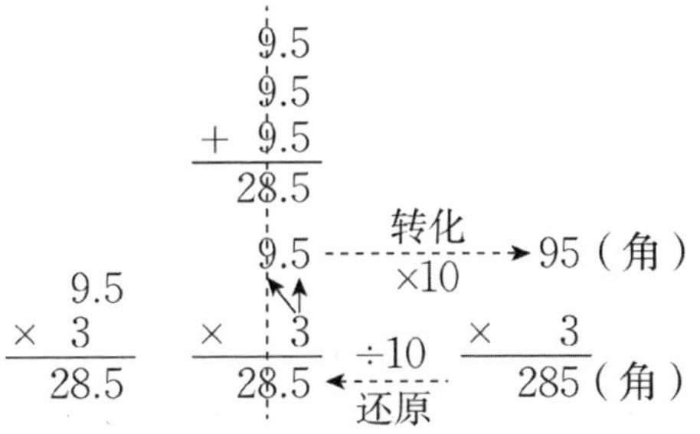

图4-45

师:观察这些不同的算法,你有什么想说的?

生:3对齐个位和对齐十分位都可以。

生:因为9.5的单位是元,3的单位是个,数位不对齐也没关系。

生:9.5和3末位对齐,3个0.5是1.5,十分位上写5进1,3个9是27,加上进位的1是28,乘法和加法都是这样算。

[评析]从乘法运算意义入手,不仅能破解学生关于“对位”的困惑,还能帮助学生感悟加与乘的关联,增强确信感。

生:根据因数与积的变化规律,9.5变成95,乘了10,积也乘了10,要使积不变,就要除以10。

师:以后我们会发现,小数乘法都可以看作整数相乘,所以就和整数乘法一样,末位对齐。因数转化为整数,积也相应在变,所以还要还原。(边说边在

板书中补上:转化、还原)

[评析] 教师的板书,在教材基础上加以改进,在箭头上下标注“转化”“还原”,与计算的操作过程一致,并使算理解释趋于完整。

(三) 巩固练习(略)

正如前面案例1-3所指出的,消解“对位”困惑的对策,一是联系乘法意义,二是感悟“小数乘法可以统一看作整数来乘”。上述课例的与众不同在于,小数乘整数的首例就较为清晰地揭示了“转化”的思路。课例中乘法性质由整数至小数的推广、运用(说理),操作性强,是可复制的教学设计。

教师颇具特色的板书设计引发我们反思:为何如今鲜见这样简单、明了的加乘联系与对照,不得不承认,漠视运算意义是原因之一。

(2) 小数乘小数。

两个因数都是小数时,用“几个几”来说明运算意义,非常牵强。本质上应该归结为分数乘分数的运算意义,即求一个数的十、百、千……分之几是多少。这是先学小数乘法、后教分数乘法带来的问题。解决的办法,最常用的就是利用数量关系的客观规律,引出乘法算式。

案例 4-10 小数乘小数的引入与算理

洗衣机每小时用电0.3千瓦时,4小时用电多少千瓦时?0.4小时用电多少千瓦时?

因为“每小时用电量×时间=用电总量”这一关系不会因时间的不同而改变,由此列出乘法算式,还能类推出积:

类比
$0.3\times4=1.2$(千瓦时)
$0.3\times0.4=0.12$(千瓦时)

也可以再由因数与积的规律加以说明:

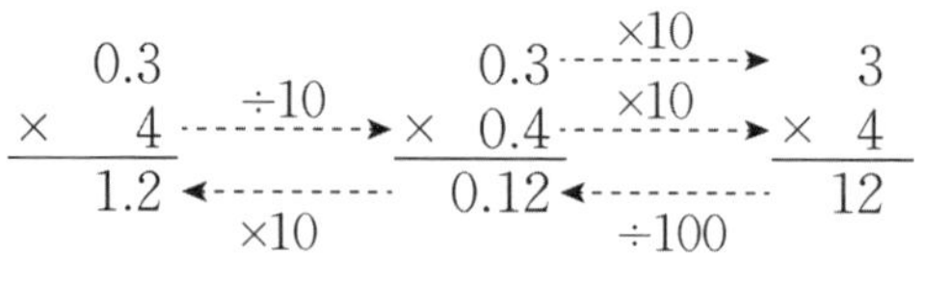

还可以用矩形(面积)图(图4-46)揭示:

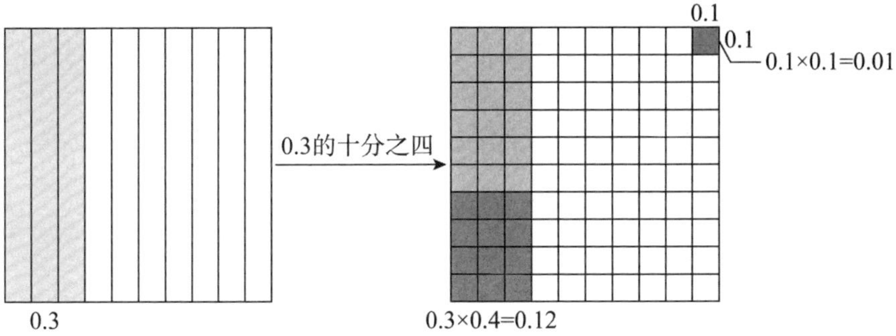

图 4 - 46

通过图示,既可以确认计算结果的正确性,又能直观展示:

0.1×0.1 得到一个新的计数单位 0.01,0.3×0.4 的积是 12 个 0.01。

同时还能明白为什么“乘小于 1 的数,积比原来的因数小”的道理。

在学生理解并基本掌握小数乘法法则的基础上,要加强确定积的小数点位置的专项练习。例如:

根据 26×36=936,直接写出下面各题的积。

26×3.6	2.6×3.6	0.26×3.6	260×3.6
2.6×3600	260×0.36	0.026×36	0.26×360

(3) 小数、整数乘法的异同。

在以往的教学中,教师都会揭示小数乘法与整数乘法的联系,而两者的区别,通常只强调积的小数点确定法则,忽略了点积的小数点时还有两种整数乘法所没有的处理方法:

小数乘法→按整数乘法算→点积的小数点 $\begin{cases} \text{积的位数不够时添 0} \\ \text{去掉小数末尾的 0} \end{cases}$

可以设计具体算例予以集中反映:

$$\begin{array}{r} 0.3\ 75 \\ \times\quad 0.04 \\ \hline 15\ 00 \end{array} \longrightarrow \begin{array}{r} 0.3\ 75 \\ \times\quad 0.04 \\ \hline 0.015\ 00 \end{array} \longrightarrow \begin{array}{r} 0.3\ 75 \\ \times\quad 0.04 \\ \hline 0.015\ \not{0}\not{0} \end{array}$$

按整数乘法算　　积的位数不够时添 0　　去掉小数末尾的 0

显然,这是学生掌握小数乘法必须明确的新的操作步骤与方法。特别是去掉末尾的 0,必须在点好小数点之后,否则容易出错。

（4）小数除以整数。

小数除法的教学通常从小数除以整数入手，学习的重点是商的对位，并解决添0继续除的新问题。

与小数乘整数类似，小数除以整数可以沿用整数除法的含义。由于商是小数，用“包含”来说理显得非常牵强，宜解释为“等分”。

案例 4－11 小数除以整数的引入与算理

6包牛奶37.5元，每包多少钱？

这样的等分实例，有利于调动学生的已有知识经验，理解为什么“商的小数点要和被除数的小数点对齐”。

整数部分的算法与原来相同，小数部分继续除：

```
                        6.2     ……每份2个0.1
平均分成6份……       6 ) 37.5         2写在十分位上
                      36
                     ────
                       1 5    ……15个0.1
                       1 2
                     ────
                         3    ……剩3个0.1

                        ↓

                        6.25    ……每份5个0.01
                     6 ) 37.5        5写在百分位上
                       36
                     ────
                        1 5
                        1 2
                     ────
                          30    ……3个0.1看作
                          30      30个0.01
                     ────
                           0
```

显然，借助元、角、分，便于学生认同、理解商的对位，也有利于从具体到抽象，顺理成章地用计数单位来说理。

（5）一个数除以小数。

当除数是小数时，运算意义就难以用“等分”来解释。例如，一个数除以2.3，看作平均分成2.3份，显然是说不通的。

当商是整数时，可以沿用“包含”来解释。例如，7.8÷2.6＝3，看作7.8里包含3个2.6是说得通的。当商不是整数时，硬要用包含来解释，如7.8÷6.5＝1.2，说成 7.8 里有 1.2 个 6.5,显得穿凿附会,且于事无补。

解决矛盾的对策是以常见数量关系为情境载体,并选择连续量。例如:

苹果每千克 6.5 元,付款 7.8 元,买了多少千克?

同样是单价、总价与数量,将物品数量由离散量“个”改为连续变化的质量,则被除数、除数、商均为小数是合理的,具有明显的解释力。

除数是小数的除法,基本的计算思路是转化为除数是整数的除法,依据是商不变性质。前面已经给出了借助元、角、分,由整数除法自然过渡到小数除法的实例,教学中还可借助毫米或厘米到米的进率来举例,帮助学生理解它的普适性。

针对“转化”这一关键,可设计专项训练,予以强化练习。例如:

$$1.7\overline{)6.8}\qquad 1.2\overline{)2.88}\qquad 0.25\overline{)8}\qquad 0.04\overline{)20}$$

四题涉及三种情况,即转化为整数除以整数(68÷17)、小数除以整数(28.8÷12)、整数添零除以整数(800÷25、2000÷4)。最后一题被除数的末尾已经有一个0,转化还要再补两个 0,学生容易出现 200÷4 的错误。

(6) 小数、整数除法的异同。

如同小数乘法的小结,在以往的教学中,教师都会强调除数是小数转化为除数是整数,却忽略了小数除法与整数除法的区别。

在单元复习时,不妨设计一个算例涵盖所有区别。这样的算例有很多,如0.3÷0.75:先是除数转化为整数,被除数位数不够要用 0 补位;然后 30÷75 不够商 1,首位商 0;最后添 0 再除。

$$0.75\overline{)0.30}\ \longrightarrow\ \begin{array}{r}0\\0.75\overline{)0.30}\end{array}\ \longrightarrow\ \begin{array}{r}0.4\\0.75\overline{)0.30\,0}\\\underline{30\,0}\\0\end{array}$$

很简单的一道题,浓缩了整数除法所不可能出现的三种与 0 有关的情况。学生只有明晰这些新的方法要点,才能使“按整数除法算”得以正确实施。

总之,抓住了小数乘除法转化为整数乘除法这一关键,就能找到教学的突破口。教师的主导作用在于揭示“转化”的规律,引导学生理解并掌握“转化”的方法。

(7) 商的大小变化规律。

通常,教师会通过举例观察,引导学生归纳以 1 为分界的结论,用字母 a($a>0$)表示被除数:

$$a\div\begin{cases}\text{大于 1 的数，商}<a\\ \qquad\quad 1\text{，商}=a\\ \text{小于 1 的数，商}>a\end{cases}$$

但还不足以帮助学生克服整数除法“越除越小”的思维定势，即被除数不变，随着除数变大，商越来越小。学了除数是小数的除法后，学生往往会诧异发现所谓的“越除越大”现象。例如：

$60\div2=30$	$6\div1=6$
$60\div3=20$	$6\div0.6=10$
$60\div4=15$	$6\div0.5=12$
$60\div5=12$	$6\div0.4=15$
……	……
“越除越小”	“越除越大”

究其原因，首先是学生自己的经验积累。在整数除法中，商最多等于被除数，以致学生从二年级学习整数除法开始，已经形成了“越除越小”的思维定势。这种源于“同数连减”的认知结构具有先入为主的心理优势，到学了小数除法，出现了“商比被除数大”的情况，学生势必感到惊讶，“越除越大”由此而来。其次还和我们提供给学生观察的算式，除数大小变化的方向相反（整数除法从小到大、小数除法从大到小）有关。因此，只要统一除数的变化方向，就能矫正学生的认知偏差。例如：

$6\div6\ \ =1$

$6\div3\ \ =2$

$6\div2\ \ =3$

$6\div1\ \ =6$

$6\div0.6=10$

$6\div0.3=20$

$6\div0.2=30$

……

完整地说，在非负数范围内，被除数不变，随着除数由大变小，商反而由小变大（反比例）。无论是整数除法还是小数除法，变化规律是一致的。

统一了除数大小变化的方向，规律一目了然。但在学习分数乘除法、正反比例知识之前,学生对“越除越大”,除了惊讶,大多不甚了了。因此,还有必要启发学生调动常识经验,加以说明。例如,6 个面包,每人分得越少,分到的人数就越多。如此一联系,上面那组算式就有了被理解的“活力”。

(8) 商的近似值。

在小学,取积的近似值通常要算出整个积,再按要求保留若干数位上的数,方法比较单一;而取商的近似值,通常不需要算完,只要除到商比要保留的小数位数多一位即可四舍五入。

因此,有必要引导学生对取积、商近似值的方法加以对比,小结异同。

还应当介绍求商近似值的一种简便方法,即除到要保留的小数位数后,不再继续除下去,只要将余下的数与除数比较,若比除数的一半小,说明下一位商小于 5,可直接舍去;若等于或大于除数的一半,说明下一位商等于或大于 5,可直接在已除得商的末位上加 1。

这一关注“余数”的经验,对于认识循环小数也是极为有益的。

这里给“余数”加上了引号,是因为余数本是整数除法的概念。在教学小数除法时,为了说话的方便,我们常常不假思索地加以推广,用到了小数除法中。作为“名词借用”,也未尝不可。但不知从什么时候起,演变成了小数除法的一个“知识点”,于是经常出现在试题中。为了应试,很多教师反复提醒学生:“小数除法,余数的小数点要和被除数原来的小数点对齐。”用发展的眼光来看,这一经不起推敲的“结语”,在今后的数学学习中用处不大。为引起学生注意,不妨联系生活实际:

铅笔每支 0.58 元,5.6 元最多能买几支?还剩多少元?

如图 4-47,竖式最下面的“38”以元为单位,小数点该怎样补,学生能自己解决。

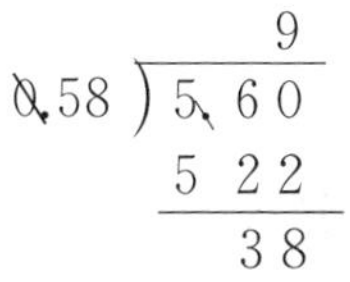

图 4-47

五、分数乘除法运算法则的教学

1. 分数乘法

(1) 分数乘整数。

我们知道,分数乘整数的意义与整数乘法相同,就是求几个相同分数连加的和。例如，$\frac{2}{7}\times3$ 是求 3 个$\frac{2}{7}$的和。根据运算意义，通过已知的分数加法，容易导出分数乘整数的算法：

$$\frac{2}{7}\times3=\frac{2}{7}+\frac{2}{7}+\frac{2}{7}=\frac{2+2+2}{7}=\frac{2\times3}{7}。$$

比较等式的两端，就能找出计算方法，算理也尽在等式之中了。然后，通过具体算例，教学“先约分，再相乘”。

(2) 整数乘分数。

21 世纪初以来，这部分内容各套教材及其教学大多不再“推导”，由同数连加导出分数乘整数的算法之后，不作任何说明，就让学生计算整数乘分数，美其名曰“不区分被乘数与乘数”。

紧接着，通过实际问题，或者引入乘分数的意义就是“求一个数的几分之几是多少”，或者图示说明“整数乘分数相当于分数乘整数”。后者如图 4－48 所示[1]：

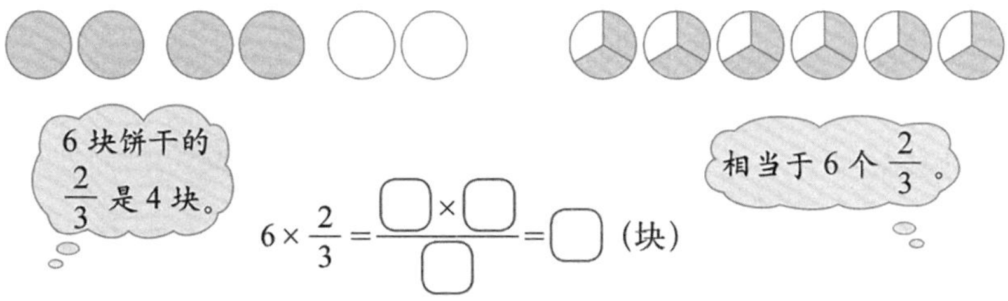

图 4－48

我们认为，既然整数乘分数的运算意义不再是同数连加，那么算法的导出就应该基于一个数乘分数的意义。为此，不妨寓算理于习题之中。

案例 4－12 整数乘分数的引入与算理

① 一桶油重 100 千克，$\frac{3}{4}$桶油重多少千克？

② 一桶油重 100 千克，把它等分成 4 份，这样的 3 份是多少千克？

显然，后一题是前一题的解释，也是对求一个数的几分之几是多少的具体说明。两题一比较就很容易导出：

---

[1] 刘坚，孔企平，张丹．义务教育教科书・数学（五年级下册）[M]．北京：北京师范大学出版社，2014：25．

$$100\times\frac{3}{4}=100\div4\times3\text{（一个数乘分数的意义）}$$

$$=\frac{100}{4}\times3\quad\text{（除法与分数的关系）}$$

$$=\frac{100\times3}{4}\quad\text{（分数乘整数的运算法则）}$$

至此，整数乘分数就转化为分数乘整数，两者计算方法相同一目了然。

显然，小学高年级的数学教学，应加强诸如此类“有根有据、有条有理”的推导训练。

(3) 分数乘分数。

这部分内容的教材、教学大体趋同，都是让学生通过长方形面积模型的图示，感悟“分母相乘，分子相乘”的算法及其算理。例如(图 4－49)[1]：

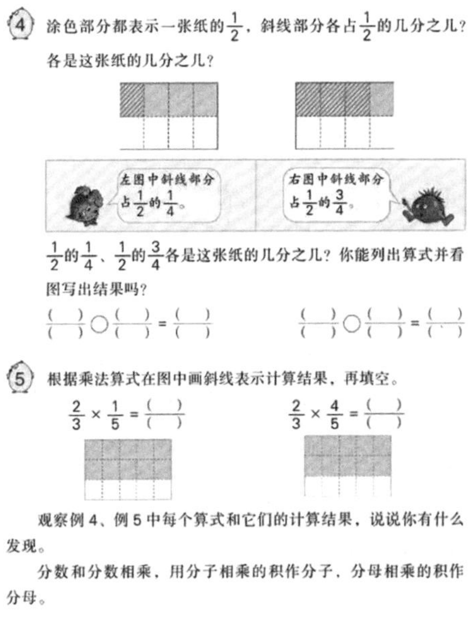

图 4－49

考虑到分子乘分子、分母乘分母的计算方法在学生的生活中是极难碰到的，与学生原先掌握的计算方法也有很大的差异。因此，要使这种算法的算理

[1] 孙丽谷，王林. 义务教育教科书·数学(六年级上册)[M].南京：江苏教育出版社，2014：34.

在学生的头脑中扎下根来，仅靠一个实例及其图示是很难实现的。这就要求在导出法则后，再让学生亲手对$\frac{4}{5}\times\frac{2}{3}$之类的算式作出图解（图 4－50），以强化对算理的感知，反复加以领会。

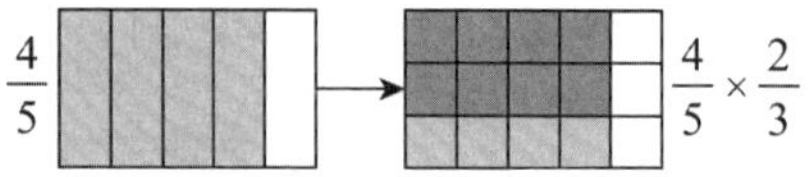

图 4－50

关于分数乘分数运算法则的推导，曾有教师利用学生已经掌握了小数乘法的基础进行：

因为 $0.7\times0.3=0.21$，

所以$\frac{7}{10}\times\frac{3}{10}=\frac{21}{100}$。

采用这种方法，大部分学生都能轻易地发现运算方法。但这种推导方法明显地犯了逻辑上的错误。因为小数乘法的运算法则应当由分数乘法的运算法则加以证明，而现在分数乘法的运算法则又要从小数乘法的运算法则导出，结果是谁也说明不了谁，逻辑学称之为循环论证。

2. 分数除法

对小学生来说，分数除法法则的建立，第一次打破了乘除运算的界线，使得原先泾渭分明的两种运算得以相互转化（加减运算的互相转化，要在引进负数及相反数的概念之后才能实现），这是学生对四则运算认识上的一次飞跃。为帮助学生完成这一飞跃，搞好分数除法运算法则的推导，讲清有关的算理，就显得十分重要，值得作一番探讨。

（1）分数除以整数。

分数除以整数仍可以解释为平均分。学生容易理解：一个数除以几，就是把它平均分成几份，也就是求它的几分之一是多少。这就轻而易举地将除以 a（$a\neq0$）转化为乘$\frac{1}{a}$。教学时，可以利用分数乘法的基础，先让学生完成下面的练习：

用线段图表示下列问题，再列式计算。

① 把 18 平均分成 3 份，每份是多少？

② 求 18 的$\frac{1}{3}$是多少?

然后比较两个问题的图、式及计算结果,得出:把一个数平均分成几份,就是求这个数的几分之一是多少。学生有了这一认识,再利用等分实例推导分数除以整数的运算法则就水到渠成了。

(2) 一个数除以分数。

自 21 世纪初以来,这部分内容的教材处理与教学呈现“多样化”的态势。

一种是用沿用整数除法的含义来说明,但除以分数无法说成“等分”,只能勉强说成“包含”。之所以说“勉强”,是因为例题的数据必须保证商是整数,如$4\div\frac{2}{3}=6$,通过画图可以让学生看到 4 里面包含了 6 个$\frac{2}{3}$。当商不是整数时,就说不通了。

另一种是用长方形面积模型来验证。例如,长方形的宽取一个分数值,固定不变,学生画图发现,随着面积成倍增加,长跟着变化。与“包含”相比,面积模型只要求取值大于零,不受商是整数的限制。

也有教材两种方式同时呈现。例如(图 4-51)[1]:

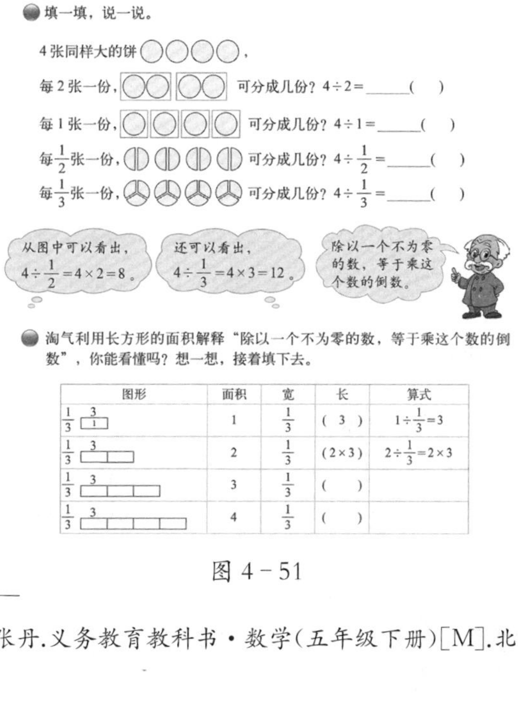
填一填,说一说。

4 张同样大的饼,

每 2 张一份, 可分成几份? $4\div2=$______(　)

每 1 张一份, 可分成几份? $4\div1=$______(　)

每$\frac{1}{2}$张一份, 可分成几份? $4\div\frac{1}{2}=$______(　)

每$\frac{1}{3}$张一份, 可分成几份? $4\div\frac{1}{3}=$______(　)

淘气利用长方形的面积解释“除以一个不为零的数,等于乘这个数的倒数”,你能看懂吗?想一想,接着填下去。

图形	面积	宽	长	算式
$\frac{1}{3}$ 3 1	1	$\frac{1}{3}$	(3)	$1\div\frac{1}{3}=3$
$\frac{1}{3}$ 3	2	$\frac{1}{3}$	(2×3)	$2\div\frac{1}{3}=2\times3$
$\frac{1}{3}$ 3	3	$\frac{1}{3}$	(　)	
$\frac{1}{3}$ 3	4	$\frac{1}{3}$	(　)	

图 4-51

[1] 刘坚,孔企平,张丹.义务教育教科书·数学(五年级下册)[M].北京:北京师范大学出版社,2014:57.

这些方式的共同点是引导学生发现“颠倒相乘”的规律，充其量是经验直观、几何直观，并未作出推导、说明算理或解释为何要“颠倒相乘”。

(3) 分数除法不同推导方式的比较[1]。

① 推导一，基于分数概念与除法意义的扩展。

这是小学数学原来的推导方式，通常从整数除以分数切入。例如：

张师傅$\frac{3}{4}$小时做 6 个零件，他 1 小时做几个零件？

着重引导学生搞清“$\frac{3}{4}$小时做 6 个”的含义，是把 1 小时做的零件个数平均分成 4 份，其中 3 份是 6 个。然后要求学生把 6 个零件用圆表示，画在下面的空格里(图 4－52)。

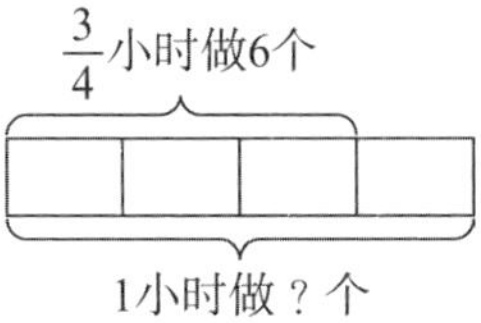

图 4－52

于是，推导过程(先求 1 份，再求 4 份)、为何颠倒相乘，都不讲自明：

$$6\div\frac{3}{4}=6\div3\times4=6\times\frac{1}{3}\times4=6\times\frac{4}{3}。$$

而且计算过程中的约分与图示对应(每等份 2 个)，也有助于学生的理解。

推导分数除以分数的运算法则，也可采用这种方法。为了便于由旧引新，不妨先给出整数除以分数的问题，再变换成分数除以分数的问题，并作出图示(图 4－53)。

问题：修路队$\frac{3}{4}$小时修路 600 米，1 小时修路多少千米？

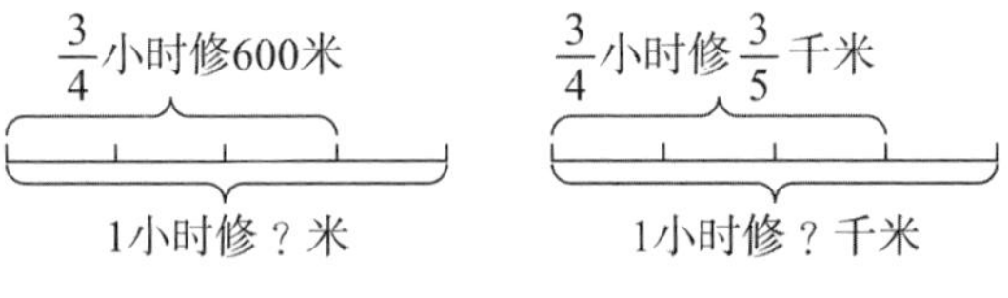

图 4－53

[1] 曹培英.小学数学计算教学若干问题的思考与实践(上)[J].小学数学教师，2012(03)：28－36.

以往长期的教学实践表明,它的优点主要有两点:一是借助情境,比较直观,易于理解;二是便于算法、算理与应用结合。第一点是显然的;第二点的理由是,成人解决上述问题大多心算 $600\div3\times4$,这也正是颠倒相乘后的约分过程:

$$600\div\frac{3}{4}=\overset{200}{\cancel{600}}\times\frac{4}{\cancel{3}}=800。$$

可见,笔算过程与实际应用的心算一致。如此推导的思路类似传统"归一问题"的解题思路,所以常有老师们称之为"归一法"。

它的不足在于:推导过程的理解依赖于分数除法的具体含义"已知一个数的几分之几是多少,求这个数",与除法统一的意义"已知两个因数的积与其中一个因数,求另一个因数的运算"联系不够直接。

② 推导二,依据除法是乘法的逆运算。

前面案例 3-3 已作详细介绍。这种推导方法具有明显的优点:直接依据运算定义,合情合理(常有学生称它为"还原法")。不足也同样明显:较为抽象、复杂,且推导与应用脱节。

③ 推导三,依据除法商不变性质。

先进行口算,其中有"积是 1""除数是 1"的乘除法。例如:

$$\frac{3}{4}\times\frac{4}{3},\frac{7}{8}\div1,\frac{5}{6}\times\left(1+\frac{1}{5}\right),\frac{5}{9}\div\left(\frac{3}{2}\times\frac{2}{3}\right)\cdots\cdots$$

小结:倒数概念,除数是 1 的除法特性(不用算,商等于被除数)。

然后出示 $\frac{8}{15}\div\frac{3}{4}$,加以启发:"除数不是 1,有办法把除数转化成 1 吗?"

总会有学生想到运用除法的基本性质把除数转化为 1,使商不变,进而完成推导:

$$\frac{8}{15}\div\frac{3}{4}=\left(\frac{8}{15}\times\frac{4}{3}\right)\div\left(\frac{3}{4}\times\frac{4}{3}\right)=\frac{8}{15}\times\frac{4}{3}\div1=\frac{8}{15}\times\frac{4}{3}。$$

这种推导方法的优点是简单明了,趣味性强(学生常常自发将它命名为"转化法")。它的缺点在于推导与应用缺乏联系,并且理论上有一定的缺陷。因为在算术理论中,通常将分数除法的算法作为它的定义,有了定义才能将除法的基本性质由整数推广到分数,现在定义由性质导出,逻辑上存在"循环"。

④ 推导四，依据等式基本性质。

由复习题“一块菜地$\frac{3}{5}$公顷，其中$\frac{2}{3}$种黄瓜，黄瓜地多少公顷”，列式计算$\frac{3}{5}\times\frac{2}{3}=\frac{2}{5}$(公顷)，引出例题：一块菜地的$\frac{2}{3}$种黄瓜，已知黄瓜地$\frac{2}{5}$公顷，这块菜地多少公顷？

根据乘除法关系，得$\frac{2}{5}\div\frac{2}{3}$。设$\frac{2}{5}\div\frac{2}{3}=a$，则$\frac{2}{3}a=\frac{2}{5}$，两边同乘$\frac{3}{2}$，得$a=\frac{2}{5}\times\frac{3}{2}$，所以$\frac{2}{5}\div\frac{2}{3}=\frac{2}{5}\times\frac{3}{2}$。

这样推导的优点：列式基于“逆运算”；推导比较简明；推导的依据“等式基本性质”可以视为公理(现在称为数学的“基本事实”)，避免了数系扩充问题。不足是推导过程与实际应用缺乏关联。

这里重提推导方法的种种变式，并非提倡“算法推导多样化”，而是肯定其背后的核心教学思想：遵循启发式教学原则，酌情适应儿童的想法，因势利导。作为教者，也能从中体会到，不同的推导方法，算理不尽相同。

比较而言，推导一相对较优。

一般来说，小学数学中常用的方法大多与实际运用时的情况联系紧密。因此，通过实例或其他直观手段，总能对计算过程作出某种解释或说明，以便于学生在理解的基础上加以掌握并应用于实际。这也是我们在决定究竟采用哪种推导方法时不能不考虑的。

3. 分数乘除法教学的改进[1]

四十多年前，笔者之一曾经尝试在教学了分数乘整数(包括分子、分母先约分再相乘)和一个数乘分数的运算意义，以及倒数概念的基础上，用一节课基本完成分数乘除法的新授。大致过程如下(为简化叙述，采用师生对话形式，并非教学实录)。

课例 4－5　分数乘除法的整合教学

(1) 导出分数乘法。

例1：看图列式(图4－54)。

---

[1] 曹培英.分数意义及相关教学之我见[J].小学数学教师，2021(01)：8－12.

学生列出算式 $18\times\frac{2}{3}$。

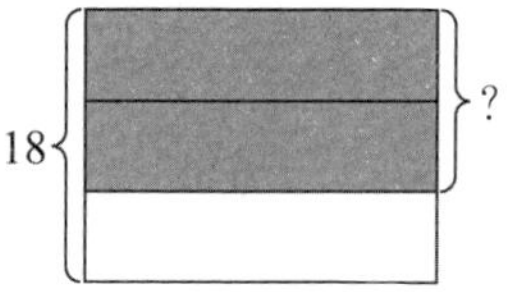

图 4－54

师：这个算式表示什么意思？

生：求 18 的$\frac{2}{3}$是多少。

教师边板书边说：求 18 的三分之二是多少，理解了意思，怎么算还用教吗？

生：$18\div3\times2=6\times2=12$。

师：$18\div3\times2$ 与 $18\times\frac{2}{3}$有什么联系？

生：$18\div3\times2$ 就是 $18\times\frac{2}{3}$。因为“$18\div3$”表示把 18 平均分成 3 份，也就是它的$\frac{1}{3}$，“$\times2$”表示有这样的 2 份，所以 $18\div3\times2$ 与 $18\times\frac{2}{3}$相等。

师：根据除法与分数的关系，$18\div3$ 可以写成——

生：$\frac{18}{3}$。

师：因此，$18\times\frac{2}{3}=18\div3\times2=\frac{18}{3}\times2$，转化为学过的分数乘整数，现在能直接算出 $18\times\frac{2}{3}=12$ 吗？

学生板演：$\overset{6}{\cancel{18}}\times\frac{2}{\cancel{3}}=12$。

师：约分结果的 6 表示什么？

生：表示 3 份中的 1 份是 6，18 的$\frac{1}{3}$是 6。

(2) 导出分数除法。

例 2：$\square\times\frac{2}{3}=12$。

师：说一说，已知什么，求什么？

生：已知一个数的$\frac{2}{3}$是 12，求这个数。(教师板书)

师：求这个数的算式是——

生：$12\div\frac{2}{3}$。

师：谁来把例1的图改一改？

学生改图（图4－55）。

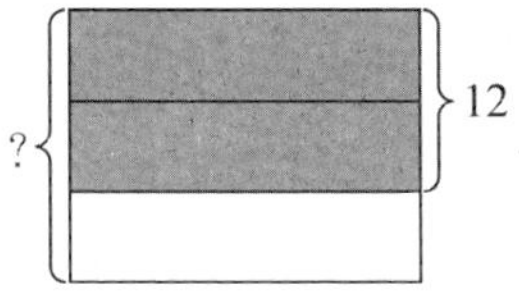

图4－55

师：刚才是知道3份，求2份，现在呢？

生：知道2份，求3份。

师：理解了，怎么算还用教吗？试一试。

教师根据学生的交流板书：

$12\div\frac{2}{3}=12\div2\times3=12\times\frac{1}{2}\times3=12\times\frac{3}{2}=18$。

师：换成其他分数，也可以这样转化为分数乘法吗？

生：可以，照样除以分子，乘分母。

师：总结一下，甲数除以乙数（0除外），等于甲数——

生：乘乙数的倒数。

（3）导出分数乘法计算法则。

师：原来，有了分数，乘除法可以统一为乘法。这是一个非常了不起的发现。看来，我们还要重点研究一下，分数乘分数如果不能约分，可以怎么算？

例3：画图表示$\frac{2}{3}\times\frac{4}{5}$（图4－56）。

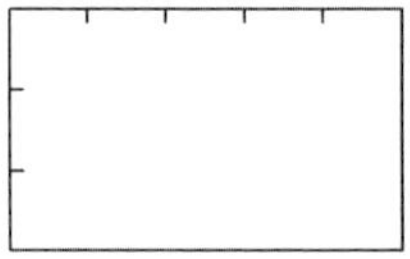

图4－56

学生基本完成后交流。有一位学生将他的画图过程概括为分、取、再分、再取（图4－57）：

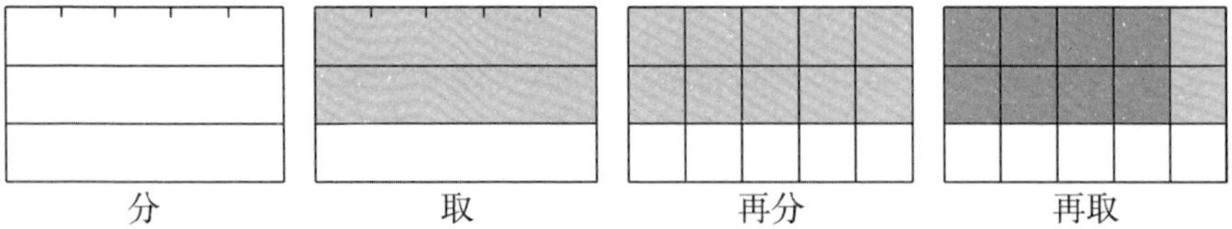

图4－57

进而他将分母相乘解释为“因为分了再分”，将分子相乘解释为“因为取了再取”。分数乘法的运算法则得到了生动、鲜活的诠释。

为什么现在的学生中这种质朴的意义建构不见了？恐怕与问题情境、教学技术夺人眼球，分散了孩子们的注意力不无关系。

更为重要的是，这种本土化的、学生几乎可以不教自明的教学处理被我们抛弃了！

不可否认，传统并非都是精华。这里之所以翻出陈年老谱，就是想大声疾呼：请珍视富有民族特色的数学教育方式！

多年来，分数乘除法的教学一直是公认的教学难点，我们苦苦寻觅破解良方，希望能让学生通过自己的探究有所发现、有所感悟，没想到破解“秘籍”就在我国传统的“分数意义”之中。原来，学生只要理解“几分之几”的含义，就能发现和掌握分数乘除法的计算“诀窍”。

多年来，我们不断探索数学教学的整体性、结构化，却忘了朴实的基本概念才是整体建构的源头活水。没想到“老掉牙”的分数意义，竟然具有如此可观的穿透力和贯通度。

从教材编排的视角来看，上述教学过程摒弃了“分数÷整数→整数÷分数→分数÷分数”的套路，因为“一个数÷整数＝一个数×$\frac{1}{\text{整数}}$”$\left(\text{如 }12\div2=12\times\frac{1}{2}\right)$在分数乘法的算理解释中已经涉及；由“先求一份、再求几份”的思路导出颠倒相乘，与被除数无关，小学生也能理解。因为它的可视化图示非常直观，内含一般性。例如，把一个长方形看作单位“1”(图 4 - 58)。

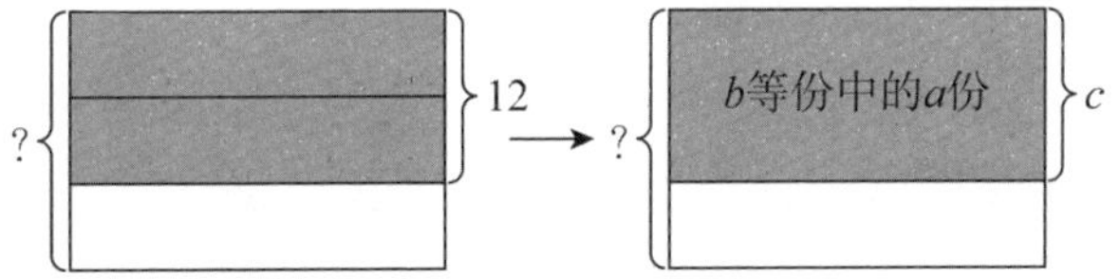

图 4 - 58

深入剖析，这里已知一个数的几分之几是多少，可以用“多少÷分子×分母”求出一个数。学生的常识性、经验性理解替代了如下形式化推演：

设 $x\times\frac{a}{b}=c(a、b\neq0)$，则 $x=c\div\frac{a}{b}=c\div(a\div b)=c\div a\times b$。

相比之下，若依据除法的“包含”意义导出分数除法，就彻底丧失了“与被除数无关”的优势，且要求计算结果是整数，由此势必增添“讲道理”的困难。

例如，等分 4 个水果，由每人 2 个，到每人$\frac{1}{2}$个、$\frac{1}{3}$个、$\frac{1}{4}$个，求可以分给几人。学生根据生活经验还能理解，如 $4\div\frac{1}{2}=4\times2$，多数学生理解为“每人半个，1 个可分 2 人，4 个可分 8 人”，以此类推。接下去“4 米长的彩带，每$\frac{2}{3}$米剪一段，可以剪成多少段”，为什么 $4\div\frac{2}{3}=4\times\frac{3}{2}$，教学难度陡增，令教师为难，只能求助于直观操作，画图分的结果是 6。而后的分数除以分数，更难继续由“包含”解释颠倒相乘，同样只好借助商是整数的特殊数据$\left(\frac{9}{10}\right.$升果汁，每杯$\frac{3}{10}$升，能倒满几杯$\left.\right)$，直观确认商“应该是 3”。

一次有幸观摩“倒果汁”教学，学生凭借数感直接将分子相除“9÷3”，即得“能倒满 3 杯”，进而纷纷质疑“为什么还要颠倒相乘”。教师改变数据，说明当分母不同、分子非倍数关系时，只能颠倒相乘。学生不依不饶：那干吗要教这道题（指倒果汁的例题）？课后与学生交谈，一位学生说“我知道颠倒相乘是对的，但不知道颠倒相乘是什么意思”。毕竟是六年级学生，选择特殊数据展开类比、猜想、验证，难以满足他们知其所以然的求知欲。

从四十多年前“理解了意思，怎么算还用教吗”，进而顺理成章地展开推导，到现在教材取巧、教师为难、学生困惑，我们应该警醒、反思！

还有必要再指出三点。

其一，一课教学分数乘除法的案例告诉我们，中国孩子只要理解了“几分之几”的含义，分数乘除法的计算法则是能够无师自通的。

西方的数学教育理论将分数乘法解释为“算子”，但不同语言的读写习惯（汉语：先读写分母、后读写分子；英语：先读写分子、后读写分母）导致“中国的算子”是先平均分（求出一份）、再取这样的若干份，“西方的算子”是先扩大、再缩小。两者在数学上是等价的，但联系实际的解释及其对学生理解的影响，高下立分。

其二，介绍上述案例，绝非提倡“浓缩”“快进”式教学，完全可以将一课三环节分解成三课（环节二、三的顺序也可交换），让教与学都轻轻松松，让巩固练习更加充分。顺便说一句，恢复当堂巩固的传统，也是减轻家长焦虑，挤压校外补习、辅导市场的需要。

由此不难发现，算法的内在逻辑，决定了分数乘除法的探究顺序具有一定

的灵活性,前述“通常总是先学完分数乘法,再开始分数除法的教学”并非不可突破。比如,从一开始就可将分数乘法、除法并列:

分数×整数(同数加:分子×整数)	整数×分数(÷分母×分子)	分数×分数
分数÷整数(平均分:分母×整数)	整数÷分数(÷分子×分母)	

其三,上述教学过程还提醒我们,我国传统的称为“归一问题”的算术应用题,它的解题思路具有一定的应用价值。例如,无论是分数乘法还是分数除法,“先求一份”的计算思路与“归一”一脉相通。因此,学习“归一问题”是学生能够自行推导分数乘除运算法则的基础,也是成年人解决实际问题时普遍采用的算法。例如:

(1) 水果店运来60箱梨,运来的桃是梨的$\frac{4}{5}$。运来多少箱桃?

(2) 水果店运来60箱梨,是运来桃的$\frac{4}{5}$。运来多少箱桃?

从实用视角看,面对现实问题,两题通常的心算过程无疑都是“归一”,即$60\div5\times4$与$60\div4\times5$。其他各种算法可谓“纸上谈兵”,是满足进一步学习需要的数学操练。

事实上,即便是对分数乘除法运算意义“讳莫如深”的教材,也在解决实际问题时介绍“先求几分之一是多少”的解题思路。

植根于民族文化的这一切是如此的和谐统一,它为小学生学习数学提供了得天独厚的条件,我们没有理由弃之不用!

第三节　运算错误的分析与防治

分析学生的运算错误,探讨防治措施,是提高运算教学质量的一项重要研究课题,相关问题常使不少教师感到棘手、困惑。国际上极负盛名的荷兰数学家和数学教育家弗赖登塔尔(H. Freudenthal)曾指出:对学生数学错误的研究,是数学教育中正式研究的第一个课题[1]。

---

[1] 弗赖登塔尔.数学教育再探——在中国的讲学[M].刘意竹,杨刚,译.上海:上海教育出版社,1998:215.

一、关于“错误”的讨论

所谓“错误”，词语释义：不正确，与正确答案及客观事实相反。有研究认为，错误可以指不正确的认识、观念，也可以指不正确的行为、结果，它的一般意义与哲学层面、教学层面的界定并不一致。对本书的研究于一线教师来说，这些深究是多余的。

由于运算问题一般都有确定的答案，使得教师判断正确与否似乎并不困难。问题在于运算“答案”包括“结果”与“过程”，结果不对当然错了，过程呢？

教师往往以“标准”答案为评判准则，当学生的作答过程与“标准过程”不一致时，就判定学生出现了错误。这是值得商榷的。举一个最简单的例子：9＋82＝91，答案无疑是对的，竖式(图 4－59)明显不合常规。但判错，合适吗？

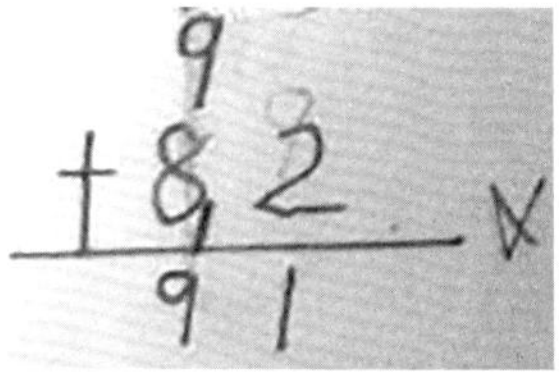

图 4－59

前面多次指出，竖式的本质是一种合理、简便的笔算书写形式，从数学应用视角看，无异于“草稿”。因此，大可不必规定“标准形式”。

数学上对了，就应批“√”；书写不合理，可在旁边注“?”。

通常，运算结果的对错一目了然，运算过程的正误常常需要仔细评估。

案例 4－13　运算过程错误的发现

① $0.25\times1.8+0.2\times0.25-0.2$
$=0.25\times(1.8+0.2-0.2)$
$=0.25\times1.8$
$=0.25\times2-0.2$
$=0.3$

② $36\div(4x)=9$
解：$9x=9$
$x=1$
验：左边$=36\div(4\times1)=9$
右边$=9$

第①题第一、三两步都错了，而且是乘法对加法的分配律左右两个方向运用的典型错误，应该打“×”。之所以最后结果对上了，是因为：第一步将-0.2变成了-0.2×0.25，第三步将-0.2×0.25变成了-0.2，正巧抵消。

第②题的过程无误。因为第一步根据等式性质 2，两边同乘 x，可得 $9=9x$，等式具有对称性，习惯上写成 $9x=9$“无懈可击”。但教师凭经验估测学生

是将原方程看作 $36\div4\times x=9$,“歪打正着”。

那么,作业或试卷上该打“√”还是“×”呢?

如今,很多家长介入了教育的内卷,教师评判正误时往往忌惮家长的较真。事实上,计较分数的家长愿意看到“√”,真正为孩子学习进步着想的家长认同批“×”。也就是说,无论“√”“×”,都有可能带来麻烦。

正确的处置,应该抛开顾虑,基于数学,给“√”。这并不妨碍教师的教学跟进行为。

为了确认进而矫正学生的错误,只需更换原题中的已知数,如改为 $36\div(4x)=18$,则正解 $x=0.5$,误解 $x=2$,代入检验立见真伪。

由此,不妨扼要给出运算错误的界定:学生的运算中出现与数学相悖的结果或过程。

一般地,数据可能存在“巧合”,若非有意为之,如期望引起学生的兴趣与关注,通过辨析,明晰对错,那就应当尽可能避免。如果说第①题的误打误撞难以预料,那么第②题的“碰巧”则比较明显,也容易修改。

有必要指出,小学数学即便按照《课标 2011 年版》,也应回避 $36\div(4x)=9$ 这样的方程,尤其不应出现 $36\div4x=9$(容易产生歧义:理解为 36 除以 4 再乘 x,或 36 除以 4 与 x 的积)。理由:除数或分母含未知数的方程本质上是分式方程,应写成 $\frac{36}{4x}=9$,且求解还应验根;如果 $36\div4$ 作为 x 的系数,则添加括号写成 $(36\div4)x=9$ 就能免除节外生枝。

总之,数学的错误:评判坚持数学标准,对错分明;处置重视学生认知,容错化错。

二、运算错误的分类与归因

1. 运算错误分类的研究综述

(1) 数学错误。

数学错误的分类仁者见仁,智者见智。

影响较大的:从问题解决视角把中小学生的数学错误分为知识性错误、策略性错误、逻辑性错误以及心理性错误四类[1]。数学学习错误千差万别，归为四类有较强的概括性，也比较简洁。但由于分类标准不一致，因此每一类都需要各自界定。不尽理想之处：一是数学知识与逻辑相依共存，很难剥离分开；二是任何错误都必然存在心理原因。

也有研究者秉承建构主义的相对知识观，将数学概念错误分为过程性错误、合理性错误[2]。问题是，不仅分类标准不一，而且缺乏操作性。也难怪作者本人反复重申：两类错误相互交织难以区分，一个概念的错误可以从多个角度获得解释，许多错误是由多种因素共同造成的；很难将某种类型的错误定为“合理”与“不合理”。尽管如此，值得借鉴的内核在于：过程性错误具有短暂性、外显性，是可以“预防”与“避免”的；而合理性错误则具有隐蔽性、长期性，带有“合理性”“规律性”“不可避免性”。例如，认知惯性与思维“恋旧”的表现，认为$-a$是负数。这种错误是多数初学者有过的经历。

(2) 运算错误。

运算错误的分类同样五花八门，大体可归为以下几种。

一是按运算内容分类。这是多数研究的思路，如分别从整数、小数、分数、四则混合运算等方面对容易产生的错误进行归纳[3]。其优点是方便教师对号入座，教学该内容时直接参照。

二是按错误原因分类。较常见的，如按知识性错误、认知性错误两类加以展开[4]。与众不同的，如梳理学生计算出错的主要心理负效应：①首印效应错误（即第一印象的偏差），②月晕效应错误（指以偏概全的倾向），③定势效应错误（即思维定势的负迁移），④情绪效应错误（指畏难、厌恶情绪及意志不坚定、缺乏韧性等情况），⑤习惯效应错误（指不良习惯）[5]。

三是按错误发生频率分类。主要分为偶发性错误（类似于随机性错误）、经常性错误。

四是按错误表现分类。这是按运算内容分类的细化。例如，有研究者参照国

---

[1] 罗增儒. 数学解题学引论[M]. 西安：陕西师范大学出版社，1997：283－301.
[2] 李善良. 数学概念学习中的错误分析[J]. 数学教育学报，2002，(03)：6－11.
[3] 邱学华. 小学生计算错误的研究[M]. 南京：江苏人民出版社，1979：1－2.
[4] 王巍. 小学生数学错误的类型及对策[J]. 课程·教材·教法，2014，34(07)：83－86.
[5] 黄丽华. 小学生计算出错的心理负效应及对策[J]. 黑龙江教育，2002，(Z2)：72－73.

外的相关研究给出分类框架,对整数加法错误发生频率作出统计(表 4-1)[1]。

表 4-1　加法计算错误的分类*

错误	描述	例子	三年级出错率	二年级出错率
列式计算方向错误				
不考虑列的错误	在加法问题中,把所有数字都加在一起,不考虑列和数位的问题	476 + 17 = 25	0	1
左对齐进行计算	在列加法竖式时,左边一列对齐	54 +3 = 84	0	2
进位操作错误				
总向十位上进 1	在不该进位的时候向十位加上一个进位 1	46 + 3 = 59	11	1
进位进 10	在进位的时候,所进的不是 1 而是 10	25 +17 = 132	0	2
给每一列都进 2	不论是否需要,给除个位以外的每一位都进 2	271 +412 = 803	12	5
忽略进位	忽略所有的进位	345 + 76 = 311	16	4
忽略个位上的进位	若个位上两个数相加之和是两位数,则不向十位进位,其余都正确	345 + 76 = 411	34	9

[1] 范士青.小学生加减法计算错误的分类与认知分析[D].武汉:华中师范大学,2008.

（续表）

错误	描述	例子	三年级出错率	二年级出错率
不向有空位的一列进位	当需要进位时，若前一列有空位，则不进位	468 +　9 467	6	2
进位放置的位置不对	当需要进位的时候，被试把进位放在某个不恰当的位置上。例如，把来自个位的进位放在百位上	476 +　17 583	8	0
减去进位	从加数中减去进位，而不是把进位加在加数上	7 +89 76	5	3
进位正确但个位的答案总是0	当进位时，进位正确地加到前一位上，但个位上的结果写0	75 +18 90	1	1
空位错误				
残迹相加错误	在加法问题的竖式中有空位时，把下面行的最高位当加数	421 +　34 755	25	1
混淆运算符号错误				
用减法而不是加法	用减法来做加法题	15 +　2 13	40	3
计算模式错误				
N+N=N	两个相同的数相加，和还是其本身	32 +42 72	0	1

(续表)

错误	描述	例子	三年级出错率	二年级出错率
个位上多加1	个位上的计算结果比实际大1	14 +86 101	14	2
连续进位错误				
进位累加错误	当连续进位时,每次进的数都比前一次多1	438 +769 1307	9	0
进位只进一次	当连续进位时,只在第一个应该进位的地方进位,其余进位均省略	277 +845 1022	45	0

*二年级88名学生,总题数2288;三年级268名学生,总题数6700。

上表编码相当细致,却令多位坚持记录学生错误的资深教师产生怀疑"从未见过这样的错误"(表中加圈部分)。以第一种错误为例,把两个加数各数位上的数字依次相加,这在班级授课制的国内课堂上,确实难以想象在系统学习之后,会有学生如此异想天开地完成加法笔算(除非该生长期缺课,又自作聪明)。倒是几种常见的错误没有在表中列出。例如:

① $\begin{array}{r} 75 \\ +\ 68 \\ \hline 153 \end{array}$　　② $\begin{array}{r} 49 \\ +\ 16 \\ \hline 63 \end{array}$　　③ $\begin{array}{r} 573 \\ +\ 376 \\ \hline 958 \end{array}$

错例①是进位加法出错。当个位、十位都需进位时,十位出错频率更高。

错例②是个位上做成了减法,有时也会在其他数位上加算成了减。

错例③是学了乘法之后个位上3+6算成了3×6,有时百位上也会出现这种错误。

我们无从判断出现反差的原因,是否与国外的错误编码常常源于机器计算程序的模拟有关，即便是真实的学生作业研究，不同的国情与文化背景，学生表现也会有差异。国外的研究可以借鉴，不宜照搬。

当然，将内容分类做到极致，作为错例档案长期积累、整理，具有宝贵的教学参考、提示价值。

2. 便于教学跟进的错误分类

在肯定档案式错误编码具有资料价值的同时，又必须看到教学改进更需要跳出来，根据错误的共性提炼出简约的分类。

之所以迄今未有成功的分类，首先是因为学生的运算错误，无论是群体还是个体，都有丰富的多样性、偶然的波动性，当然也有相对的稳定性、规律性。换句话说，研究的挑战与希望同在。

其次，这种复杂现象的分类，很难按照严格的统一标准，因而各类别中或多或少存在相互嵌套的关系，你中有我、我中有你。

重要的是摆脱学术性分类讨论的羁绊，真正为方便教学实施着想给出可操作的分类。

第一学段主要学习口算，口算错误的研究相对比较简单。比如，早就有研究指出，一位数加减法，有关 7 的运算容易错[1]；表内乘除法，大数乘小数的错题略多于小数乘大数，商比除数小的错题多于商比除数大的题，用 7、8、9 的口诀计算的乘除法错题多于用其他口诀计算的乘除法题[2]。

因此，错误类别划分可以主要针对第二、三学段。为此，我们基于小学生数值运算的实际，将运算错误事实大致归为以下三类：

- 运算错误
  - 口算错误
  - 方法错误
    - 运算法则错误
    - 运算顺序错误
    - 简便运算错误
  - 其他错误

（1）口算错误。

指由于基本口算及其组合运用不够熟练造成的错误。这种错误大量地反

[1] 谢娟.有关“7”的计算为什么容易错[J].小学数学教师，1983(06)：42—43＋9.

[2] 徐斌.表内乘除法口算错误的分布研究[J].江苏教育，1995，(07)：16－17.

映在笔算基本环节的计算上。例如:

```
①      1 3 6            ②          9 3
    ×     ₅9              1.2 )1 1 7.6
    ─────────                  1 0 8     17－8 算错
      1 2 3 4                 ─────────
   3×9＋5 算错                     3 6
                                  3 6
                              ─────────
                                    0
```

有关调查统计资料表明,由于基本口算失误所造成的笔算错误数量相当可观,因此单列一类非常必要。

总的来说,表内乘法一般错得较少,错得较多的通常是需要进位的乘加两步运算和退位减法。从中能使我们看到口算练习的一些薄弱环节。自然,不同的班级,因教学情况不同会有差异。

对于中高年级学生来说,基本口算已进入长时记忆,即达到了所谓脱口而出的熟练程度,因而相当于运算事实的调用。也就是说,将口算错误单列相当于将运算事实错误单列。

(2) 方法错误。

为方便教学跟进,可以按教学内容主题进一步分为三个方面。其中,运算法则方面的错误,主要表现为不理解法则的内容或尚未正确掌握。在整数、小数四则运算中,有许多这方面的错误与运算中出现了数字 0 有关。例如:

```
①                 ②      7 8         ③     1.5 6
     7 0 0 4           ×   5 3             ×    3.5
  －   8 5 6           ────────           ──────────
  ───────────            2 3 4                 7 8 0
     5 1 4 8           3 5 4                 4 6 8
                       ────────           ──────────
                       3 7 7 4            0.5 4 6 0̸
```

错例①是被减数中间有 0 的退位减法,该生以为十位、百位都是 0,“借”了两次,是从千位“借”走了 2。

错例②五八四十应写 0 进 4,以为末尾的 0 可省略,把应进到百位上的 4 写在十位上。

错例③操作程序不合理,先划 0 再定小数点位置,把当作整数相乘的积视为小数处理。

显然,运算法则“程序性错误”背后都有“知识性错误”。错例①为不理解两次退一作十的变化,错例②为不理解对位的算理,错例③为不理解整数末尾用0占位的道理。这也正是运算错误分类不宜划分为程序性错误、知识性错误的主要论据。

此外，遇到因数中间或末尾有0的乘法、商中间或末尾有0的除法，错误更为多见。可见，学生执行运算法则时的共同性错误，与运算法则中的难点及运算中的特殊情况有着密切的联系。各种各样的“特殊情况”其实就是错误发生的“条件”。了解这一规律对于我们钻研教材和备课是很有帮助的。

运算顺序方面的错误，最常见的受算式中特殊数的干扰，自以为是地违背运算顺序。例如：

④ $3\frac{3}{8}-\frac{3}{8}\div\frac{1}{4}=3\div\frac{1}{4}$；⑤ $\frac{2}{3}\div16\times\frac{3}{4}=\frac{2}{3}\div12$。

两例都是以为可以“凑整”，错误地添加了括号。

发生这类错误的学生大多清楚运算顺序规定，主要是缺乏全面审题、仔细分析的习惯，凭第一印象轻率地与某些简便算法发生了联系，不假思索地付诸实施，导致错误。

简便运算方面的错误，主要表现为不理解算理，各种方法彼此混淆。或硬套形式，或只求“形似”。前面案例4-13中的第一题就是应用乘法对加法的分配律时最常见的错例。加减法的简便运算也有似是而非的现象。例如：

⑥ 计算3786－997，收集到的错误表现有以下四种：

3786－1000－7，3786－1000－3，3786－(1000＋7)，3786－(997＋3)。

看似都属恒等变形出错，实质都是没有真正理解“多减了要补上”。

(3) 其他错误。

指不属于上述两类的错误，如看错题目，写错、漏写数字或符号，等等。这些错误习惯上称为“粗心”，与学生的注意、感知、记忆、思维的品质有关。

有时，同一错误可能包含多种错误成分，通常的研究建议是采用所谓的“优势”原则来处理，即将它归入错误成分相对较大类别中[1]。当然，判断时主观性可能较大。

对一线教师来说，重要的不是某一错误归入哪一类更恰当，而是对症下药。发现横跨两类的错误，如相当常见的“方法、口算同时出错”，就应分别解决这两个问题。

---

[1] 张树东.小学生计算错误的原因分析及对策[J].教育研究与实验，2006，(05)：53-58.

3. 运算错误的归因分析

正如医生防治疾病,必须诊断病因才能对症下药,必须搞清发病的规律才能提出预防办法。同样道理,解决运算错误问题,必须做好归因分析。

(1) 归因分析的视角。

上面的分类主要是针对错误事实在运算方法、技能上的归属作出的,着眼点是找出错误在数学学科意义上的共性。事实上,学科意义上具有共性的错误,其致错原因常常多种多样,不仅复杂,还具有模糊性。

研究数学错误的致错原因,主要有学科知识、心理认知两种视角。目前,以前者居多。例如,有研究者指出:小学生在数学运算方面出现错误的原因十分复杂,职初教师往往认识到学生错误的表层原因,而教学经验丰富的教师能够发现学生错误背后的深层次原因。那么,深层次原因有哪些呢?该文的归因是“位值的理解”与“算理的理解”[1]。显然,仅停留在学科知识层面。

确实,教学经验丰富的教师大多能够较为全面地作出知识深层结构的错因分析。以前面提到的除法中商的位数增加错误为例,资深教师根据各自教学经历的积累,梳理出不同学生的不同致错原因。

```
      7 1 2
27 ) 2 2 1 4
     1 8 9
     ------
       3 2
       2 7
     ------
         5 4
         5 4
     ------
           0
```

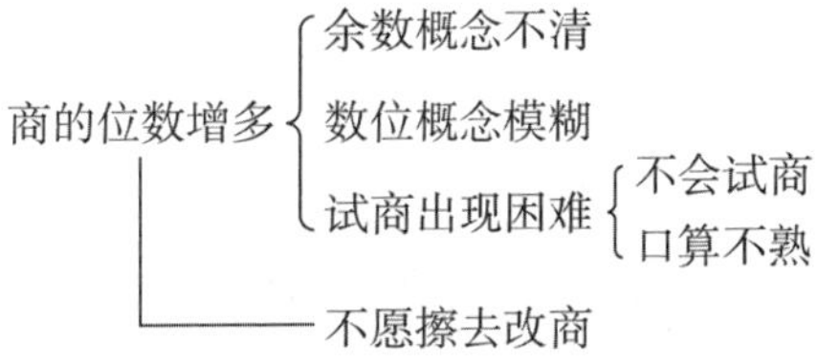

有的学生几方面的原因兼而有之。还有的学生既不是概念、方法出错,也不是口算问题,而是不愿擦去三行数字再试商、改商。

所以,还有必要进一步从心理学视角,探讨学生发生的错误事实背后更深层次的原因。

心理学视角的致错原因可用两分法,从智力、非智力两方面去分别深究。

---

[1] 孙兴华,马云鹏.小学数学教师如何处理学生计算错误的研究——以两位数乘两位数为例[J].数学教育学报,2016,25(05):38-44.

- 运算错误原因
  - 智力原因
    - 知识
    - 认知
  - 非智力原因
    - 习惯
    - 感情

其中，知识方面的原因主要是相关概念、算理的理解，这在前面各节已作深入讨论。当下的研究，大多也是从学科视角出发分析知识错因。

认知、习惯、情感方面的原因与心理因素直接相关，特别是事实分类中“其他错误”里的粗心现象，不作心理分析，难以解释其原因。

从心理活动角度看，学生进行四则运算，包括感知算式和开展思维操作两个环节，参与其间的认知因素除了感知和思维，还有记忆和注意(即感知和思维对算式及运算过程的指向或集中)。它们之间在运算过程中的联系大致如下图所示(图 4－60)。

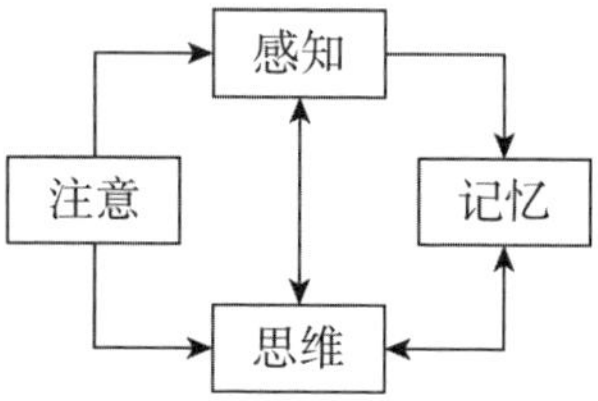

图 4－60

(2) 注意因素致错。

注意因素导致的错误，主要是由于小学生不善于分配和转移自己的注意力所造成的。以整数除法为例，有些学生只注意试商而未顾及观察余数是否比除数小；也有些学生由于口算不熟，注意集中于口算造成顾此失彼。尤其是在初学一种新的运算法则时，如果相应的基本口算未过关，不得不时时停顿下来在笔算之外再做“小笔算”，就会直接影响运算法则的掌握和对运算过程的理解。其实，即使掌握了法则，如果计算过程一再中断，也难免会使注意的分配和转移应接不暇而“丢三落四”。反过来，高度注意了运算法则的执行，又可能增加口算失误。因此，基本口算不熟练，再加上注意的分配及转移能力较差，势必错误频繁。

这些分析，都可以用认知负荷理论加以解释。之所以归结为“注意”，是因为它比“认知负荷”更通俗直白。

此外,不少因粗心所致的错误,也与注意因素有关。比如,有些学生在算完一题接着再算一题时,注意却还未转移,仍停留在上一题,以致“张冠李戴”,不是把前一题的数字或符号抄了下来,就是口算受到干扰。与此相反,也有个别学生的注意转移“迅速”(准确地说应为注意不稳定,亦即平常所说的“分心”),明明在做减法,突然听到同学说了声“加”,或自己想到加法的问题,于是错将减法做成了加法。容易分心的学生,心不在焉,错误自然就多了。

还有一类粗心的错误,是由于没有发挥注意的监督功能(即在注意活动结果的同时注意原定程序是否一一执行无误)造成的。比如,在草稿纸上计算出结果后忘了抄上本子或试卷;又如,完成混合运算时漏了后面一部分;等等。

(3) 记忆因素致错。

因记忆因素导致的错误,主要是由于计算过程中工作记忆的信息储存或输出出了差错。教学中我们经常发现,一些理解能力较强且法则掌握较好的学生,有时也会发生诸如下例的错误:

$\frac{7}{12}\times1\frac{1}{7}=\frac{7}{12}\times\frac{8}{7}=\frac{3}{4}$。

追询之下,学生的回答是:“明明想着 8 是 4 的 2 倍,12 是 4 的 3 倍,不知怎么搞的,写下了“$\frac{3}{4}$”。很明显,这一工作记忆输出差错的原因是 4 和 3 两个信号掩盖了 2。

类似情况,计算进位加法、退位减法时忘加或漏减 1 的错误,也与中间得数的储存和回忆不完整有关。

此外,在选择计算方法特别是选择简捷算法时,由于对有关的方法缺乏理解,没有建立起多层次的中介联系,造成长时记忆的再认或回忆时发生困惑。于是,出现生搬硬套、似是而非的错误。这种错误也与某些感知错觉或思维定势有关。

工作记忆出错,也可能是注意的分配能力弱,以及注意不稳定造成“粗枝大叶”。例如,$110+18\times5-48=110+90=200$。显然,算完 18×5,漏了 -48。

(4) 感知因素致错。

因为感知因素导致的错误,主要是由感知错觉引起的。小学生的感知特点之一是粗略、笼统而不精确,有时还容易产生视错觉(即视觉客观形态在头脑中产生与客观形态不一致的印象)。例如,$54\div9=5$,原因是将 54 看成了

45。同样原因,一些学生常把某个数字或运算符号写成与它相似的另一个数字或运算符号,而且写错了也往往检查不出。

有时,一道混合运算题,在个别学生手下,几经抄写搞得面目全非。这些错误,有些属于正常的感知错觉,多数由于书写马虎、潦草,计算态度不认真所致,个别是视觉—动作统合能力低下所致。

类似地,运算顺序以及简便运算方面的某些错误,也与观察不仔细,知觉笼统、粗糙和不善于辨别有关。例如,57+3－57+3=60－60=0。在数据特点的强刺激下,印象中的强成分"凑整先算"遮蔽了运算顺序观念,引起错觉。

这些错误,与教学中过于强调数据特点,没有及时辨析,没有通过对比练习凸显相似算式的区分,从而形成片面的思维定势有很大关系。

(5) 思维因素致错。

因为思维因素导致的错误,主要是受思维定势的干扰所引起的。思维的定势,是指人们按照已经习惯且比较固定的思路、方法去考虑问题,去寻求问题答案的思维惰性,是一种认知的"惯性"。思维定势有积极的一面,也有消极的一面。

在运算中,思维定势的积极作用主要是有助于简缩审题、决策以及程序执行过程。消极作用主要表现为旧知识、老方法干扰新法则,或已掌握的新法则"排挤"过去掌握得不熟练的旧法则。例如:

$$\begin{array}{r} 68 \\ 17 \\ +\ 39 \\ \hline 114 \end{array}$$

"满十进一"已形成定势(优势兴奋中心),将新刺激"进 2"吸引了过去,仍作进 1 处理。

又如,根据运算律进行简便运算:

原型题 25×9×4=25×4×9 →变式题(25+7)×4=25×4×7;

原型题 79×99+79=79×(99+1)→变式题 29×99+99=29×(99+1)。

第一题是乘法交换律、结合律的运用定势影响分配律的运用;第二题是乘法对加法的分配律的运用定势影响数据变式的正确运算。这里,25×4、99+1的凑整经历,滋生了非本质特征的泛化与错误的概括,成为促发思维定势的特殊条件。

一般来说,具有鲜明特征或多次单一重复练习所巩固起来的运算方法和计算习惯,有可能形成一种定势,对新情况、新条件或新要求起干扰作用。

以上的分类讨论,只是为了深入探讨和方便叙述,总体上这些认知因素常常同时在起作用,形成综合障碍。

小学生运算错误的心理原因除了智力因素,还有一些非智力因素,如学习态度不认真、计算兴趣不高、计算习惯不良等。

综上,小学生的运算错误可以归纳为口算不熟、方法不对、粗心大意三类。发生运算错误的原因,与运算本身的难点、与学生心理活动的特点、与教学上的纰漏有着密切的关系。把握了这些规律,就能进而探索相应的教学措施,获得防止和纠正错误的主动权。

三、运算错误的预防与矫正

国外学者关于错误的研究主要经历了两个阶段:系统诊断错误并分析原因及提出纠正措施阶段,发现错误的合理性并研究错误的教育功能阶段。国内的研究从解题角度分析到教育、心理角度分析,同样进入到承认错误的合理性并利用错误进行教学的阶段[1]。

客观地说,错误是学生学习过程自然出现的、不可避免的组成部分。教师正确看待学生的错误,至少可以减少他们的学习焦虑。研究与实践都表明,错误案例的正确运用能激发学生的元认知,并引起学生的自我解释、反思、探究以及批判性思考。“对”与“错”都是教学的资源,通过“不是什么”来说明“是什么”同样可以促进有意义的学习。

然而,肯定错误的教育功能与学习价值,并不意味着放任、期望学生出错,出错越多越好。不妨类比医学,“治未病”永远是上策,教学也应“防患未然”与“化错教学”并举,这是毋庸置疑的。当然,主张“防患未然”并不是把学生关在温室、无菌室里,而是谋求“防患于未然”与适度“经受挫折”之间的平衡。

1. 防患于未然

如同避免生病的根本举措是加强平时的锻炼,将消除运算错误的重点放

[1] 郜舒竹,薛涟霞.学生错误研究之文献综述[J].数学教育学报,2009,18(01):75-78.

在发生错误之前，尽可能避免错误发生的措施，就是从平时的教学抓起，从基础抓起。这在前面各章中已有系统探讨。

在此基础上，为了提出防微杜渐的有效措施，需要针对错误，深入考察，了解它的特点，在什么情况下、在哪些地方容易发生错误，析因溯源。

就常见的典型错误而言，往往具有一种稳定性。例如，计算 4200÷300，常有学生总是在正确的得数后面加写 0 得 1400。原来，运算时他们头脑中发生的联系系统是：

感知条件→改造条件舍去 0→演算两位数除以一位数→在得数后面加写 0。

中间两个环节是正确的，但由此所引出的第三个联系却是乘法法则系统中的一部分。学生之所以不能克服其他联系系统的干扰，是因为本联系系统的概念、算理、法则模糊不清。显然，这是一个具有普遍意义的原因。据此，以下几条已经长期检验的措施值得推介。

（1）重视首次感知。

心理学告诉我们，首次感知的材料准确、生动、鲜明，对于记忆保持和再现时的清晰程度具有重大影响。教学实践也使我们获得类似的经验，第一次感知的法则模糊，算理不清，很容易在使用过程中产生各种错误，而且事后再设法纠正，总是事倍功半，颇为费劲。因此，减少运算错误，防患于未然的根本性措施就是提高课堂教学特别是新授教学的效果，使先入为主的记忆优势为我所用。

要实现这一愿望，首先，必须最大限度地调动学生的学习积极性，使他们主动地参与法则的建立、算理的探究并创造条件让学生动手、动脑，用眼、用耳、用口，多种感知渠道协同进行综合性的信息传导，以收到强化信息的作用。

例如，前面课例 4－3 笔算除法竖式的导出，就是多感官协同活动的一个范例。这里再介绍该课的另一种教学实践。

课例 4－6　笔算除法的同课异构

（一）复习铺垫

7 棵小树苗，平均分给 2 个小队，每队分到几棵，还剩几棵？

学生完成竖式计算，请一名学生板演（竖式①）。

（二）由旧引新

7 捆（每捆 10 棵）小树苗，平均分给 2 个小队，每队分到几棵？

师：用 7 捆小棒表示小树苗，同桌合作操作，可以怎么分？

学生动手操作,交流。(略)

[评析]这里,如前面介绍的由 5÷2 过渡到 50÷2 一样,能非常自然地引出从高位算起。教师将 5、50 改成 7、70,意在避免除数与商出现相同数字。

师:把你们两次分的过程写成竖式(出示竖式②),再对照复习题,同桌说说 7 个一变成了 7 个十,竖式每一行的含义。

生:先把 7 个十平均分成 2 份,每份 3 个十,3 写在十位上。再把剩下的一个 10 也就是 10 个一平均分成 2 份,每份 5 个一。

生:7÷2 变成了 70÷2,所以要除两次。第一次得到 3 个十,第二次得到 5 个一。

师:先分几个十,再分几个一。

[评析]教师的引导语"7 个一变成了 7 个十"起到了启发学生用计数单位说明计算过程的作用。

(三) 教学例题

76 棵小树苗,平均分给 2 个小队,每队分到几棵?

师:先独立思考怎样算,再同桌交流、核对。

教师请一名学生板演(竖式③)。

①
$$\begin{array}{r} 3 \\ 2\overline{)7} \\ 6 \\ \hline 1 \end{array}$$

②
$$\begin{array}{r} 3\square \\ 2\overline{)70} \\ 6 \\ \hline 1\square \\ 1\square \\ \hline \square \end{array}$$

③
$$\begin{array}{r} 38 \\ 2\overline{)76} \\ 6 \\ \hline 16 \\ 16 \\ \hline 0 \end{array}$$

[评析]从 7÷2 的复习,到 70÷2 的过渡,再到教师自拟的例题 76÷2,无需讲解,学生拾级而上,无师自通,在理解的基础上初步掌握了计算过程。

(四) 引发质疑

师:请大家看教材(图 4-61),课前我们有同学是从个位算起,为什么课本要从十位除起,分两次除?

生:他先算个位,又没有分开来写,如果十位除不尽,就不好办了。

生:我认为可以,因为正好十位、个位除以 2 都没有余数,所以也对。

师:遇到这样的简单的特殊数据,口算就能解决问题,不必用竖式。同学们已经看懂了教材讲解的竖式,不管什么样的两位数都能这样算。

［评析］这一环节直指学生较为普遍的两个困惑“怎么从十位算起”“为什么分开写”，既使学生的看书阅读理解能力得到了锻炼，又使学生质疑问难，有效摆脱了加、减、乘法笔算都从个位算起的思维定势。

（四）巩固练习

……

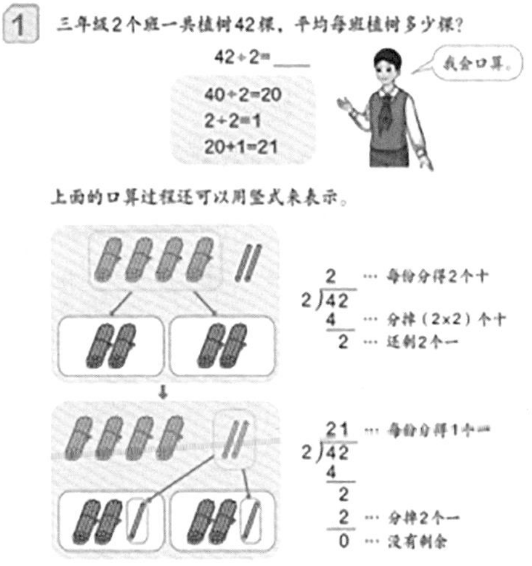

图 4－61

显然，本课与课例 4－3 的共同点都直面学生的困惑，都强化了首次感知先入为主的鲜明印象，增强了抵御错误的免疫力。

其次，针对学生的感知特点，教学时应突出学生容易忽略的成分，加强其刺激强度。例如，凸显进位或退位、强调小数点的处理、用色笔标示、开展专项练习，等等（这些在“运算法则”部分已有系列介绍）。促使学生一开始就刻下一个正确、鲜明的印象，并争取当堂巩固，从而避免或减少今后复现时的“失真”。

（2）加强比较辨析。

如前文所述，学生的运算错误有许多是由于新旧知识相互混淆产生的。因此，在平时的教学中，应该有意识地针对学生易生感知错觉和思维定势之处，指导他们把相似的概念、法则、算式进行比较辨析，促进新旧知识的精确分化。比如，当学生基本掌握了分数乘法的计算法则后，应及时引导学生将分数乘法与分数加减法加以对比，厘清它们的联系与区别（表 4－2），并通过适当的练习予以强化。

表 4－2

	计算过程	计算结果
分数加减法	要通分；带分数不化成假分数；不能约分；分母除通分外，不参加运算	能约分的要约分，是假分数的应化成带分数或整数
分数乘法	不通分；带分数化成假分数以后才能约分；分母要参加运算	

这样,两种运算的法则才能在学生的头脑里泾渭分明。

应该看到,四则运算各有相对独立的一面,又有相互联系的一面,教学时揭示它们之间的联系并使学生理解,同样有助于精确分化。因为学生在计算时之所以发生各种错误的联系,往往是由于不理解真正的联系。所以,辨析区别与揭示联系相辅相成。

除了不同运算、不同类型的比较辨析,还可以针对一些易错数据组织对比练习。例如,15×6,常有学生得80。将15×6与16×5加以对比,都是五六三十,区别在于10×6与10×5。学生清晰了两者的异同,就能引起警觉。

(3) 协调两对关系。

一是展开与简缩的关系。

运算法则以及简便算法的掌握,是从展开、详尽的思维活动过渡到压缩、省略思维活动的过程。展开是为了理解,以保证初期运算的正确性。离开了理解和准确,急于追求思维活动和运算过程的简缩,就会给各种错误意识以可乘之机。因此,在归纳法则后的初期练习时,学生的思维活动应该是展开的。

这一方面可以通过口述表达,另一方面可以通过运算过程的书写来反映。例如,计算8^3,学生很容易与8×3相混淆,所以初期的运算过程宜详细些:$8^3=8\times8\times8=512$,甚至可以写出$=64\times8$。这样既便于口算,直接写出得数,又有利于理解立方的意义,把它与其他运算区分开来。

二是思维与操作的关系。

在学生逐步简缩运算思维活动形成技巧的过程中,还需注意处理好思维与计算操作的关系,防止将笔算归结为数字的搬弄。否则,就会使学生对数与运算的"感受性"变得迟钝、麻木,从而不知不觉地产生各种各样的错误。

因此,对学生来说,防止运算错误的最佳措施就是自觉地用算理指导计算,随时清醒地意识到对什么样的数进行哪一种运算。为了培养这种自觉性和清醒的意识,应该经常向学生提些问题:这个算式的特点是什么?怎样算更简便?为什么可以这样算?为什么这个数字要写在这里?它的单位是什么?等等。

(4) 及时反馈强化。

所谓反馈,这里是指教师了解学生的学习情况和让学生知道自己的学习结果。心理学的有关研究指出,反馈对于技能的获得具有强化效应,反馈越及时,效果越显著。这是因为学生在练习之后,很自然地会产生一种迫切希望了解自己努力结果的心情。

因此，及时告知他们哪些对了，哪些错了，就会产生一种激励作用：一方面促进他们按照被肯定了的运算过程进行后继练习；另一方面错误的运算一经指出，也会引起警觉，促其反省。

及时订正是有效反馈极其必要的跟进举措。由于错误的运算过程还记忆犹新，因而比较容易意识到错误是如何发生的。从某种意义上讲，错了不改正比不做还不好。有关研究表明，学生自己订正解题错误乃是最有效的反馈强化。

所以说，及时反馈，强化运算过程中正确的联系系统，具有防止和纠正运算错误的双重意义。一般地，错误纠正得越及时，其“惰性”也就越小。

（5）加强心理训练。

要克服粗心的毛病，还要求教师懂得一点心理学，善于分析学生发生错误的心理因素，以便“确诊”和“对症下药”。在教学过程中，应有意识地渗入一些必要的心理素质训练。

一般而言，通过口算练习能训练学生的有意注意、分配注意的能力，以及短时记忆的能力。尤其是采用听算形式，能有效锻炼学生工作记忆的质与量。通过对比、辨析练习指导学生掌握观察、辨别算式的要点，提高感知算式的精确性。

例如，针对学生易受“同数相减得 0”“同数相除得 1”等强刺激的干扰，而忽视运算顺序的现象，在整数、小数、分数运算各教学阶段，有意识地分布、穿插相应的练习：

$$15-15\div3，23-7-7，192\div8\div8；2.3\times7-7，1.92\div0.8\div0.8；1\frac{3}{5}\div\frac{4}{7}\div\frac{4}{7}\cdots\cdots$$

适当“点缀”、再现这类“提醒练习”，或者与能改变运算顺序的简便运算题混合，既不加重负担，又能巩固、强化合理遵循运算顺序的观念。

（6）组织竞赛评比。

适当组织学习竞赛有利于提高学生的学习兴趣，培养责任心。为提高学生运算的准确性，可以开展一些百题无差错的竞赛和优秀作业的评比活动。通过这些活动，提高学生对作业质量的关注度，自觉总结运算正确的经验教训。

显然，这些措施对发展学生的元认知，以及克服粗心大意毛病，都有一定的帮助。

2. 化错教学

早在19世纪，桑代克"试误说"的研究假设，其实就是承认错误是无法避免的，是正常现象。该理论认为，学习的过程是不断尝试错误进而减少错误发生的过程。因此，要容许犯错，勇于去尝试错误，在探索如何修正错误的过程中发现问题、解决问题，最后减少差错的出现。

在化错教学方面，最具影响力的当推华应龙老师的"化错育人"研究。从教师温暖地"容"、智慧地"融"到学生自豪地"荣"，别开生面、独树一帜。

自然，前提是"化"自然发生的错误。刻意诱导出错，只能偶尔为之，决不能成为教学的常态。否则教师一开口、一出题，学生就会警觉"会不会又是陷阱"。长此以往，师生关系都会变异。

可操作的化错教学流程，无疑应从教师情感上悦纳善待开始，再到即时剖析归因、智慧化解，然后才有学生感悟提升、分享所得。

(1) 悦纳善待。

这是教师教书育人应有的情怀与态度。教者的这种心态能缓解学生的焦虑、平复学生的紧张，有时还可能收到意想不到的效果。

案例 4-14 分数四则运算

计算$1\frac{6}{7}-\frac{6}{7}\times\frac{2}{3}$，多数学生的计算过程是$1\frac{6}{7}-\frac{4}{7}=1\frac{2}{7}$。一位学生交流他的计算过程是$1+\frac{2}{7}=1\frac{2}{7}$。有同学认为他可能是$1\frac{6}{7}-\frac{6}{7}$得1，$\frac{6}{7}$与分母3约分得$\frac{2}{7}$，过程错得奇怪，得数碰巧对了。有人附和。

师：我们应该听听他说。

生：我想，减去$\frac{6}{7}\times\frac{2}{3}$，不如减去$\frac{6}{7}$，再补上$\frac{6}{7}$的$\frac{1}{3}$。

师：思路清晰，完全正确。

以为碰巧对了的同学忍不住赞美：哇！数学王子的巧妙算法。

又有一位学生说，我的算法也是$1+\frac{2}{7}$，但过程不一样。我是$1+\frac{6}{7}-\frac{6}{7}\times\frac{2}{3}=1+\frac{6}{7}\times\left(1-\frac{2}{3}\right)=1+\frac{2}{7}$。

师：他的过程对吗？（生齐声：对）依据是乘法的——（生齐声：分配律）不同的灵活运用，殊途同归。

“听听他说”让全班同学得到了一次领略运算策略多样化的学习机会。

（2）归谬知错。

这是教师剖析归因、化解错误最常用的有效策略。

案例 4－15 小数四则运算

计算：(4＋12.5)×(8＋2.5)。这是一道比较流行的“陷阱”题，而且错误表现往往非常一致：

(4＋12.5)×(8＋2.5)＝12.5×8＋4×2.5＝110。

致错原因主要是学生很容易被 2.5 和 4、12.5 和 8 两对所谓的“好朋友”吸引，不顾运算顺序，是似而非地“运用”乘法运算律。

为使学生“知错”，可以先让他们估算：(4＋12.5)估小成 16，(8＋2.5)估小成 10，则 16×10＝160，正确答案应该大于 160，因此 110 明显错了。

进一步，错在哪里呢？最简单的有效方法是与两位数乘两位数对照类比。例如：

23×14＝(20＋3)×(4＋10)≠20×4＋3×10，

(4＋12.5)×(8＋2.5)≠12.5×8＋4×2.5。

这里，又要用到前面反复强调的算理要点，多位数乘法转化为一位数乘法，两位数乘两位数，乘四次，用到四句乘法口诀。

有了这样的基础，学生就能恍然大悟：(2.5＋8)×(4＋12.5)要做四个乘法，算成 2.5×4＋8×12.5，少了两个积。少了哪两个积？采用表格式草稿或方格图（图 4－62），就能一目了然：

×	2.5	8
4	10	?
12.5	?	100

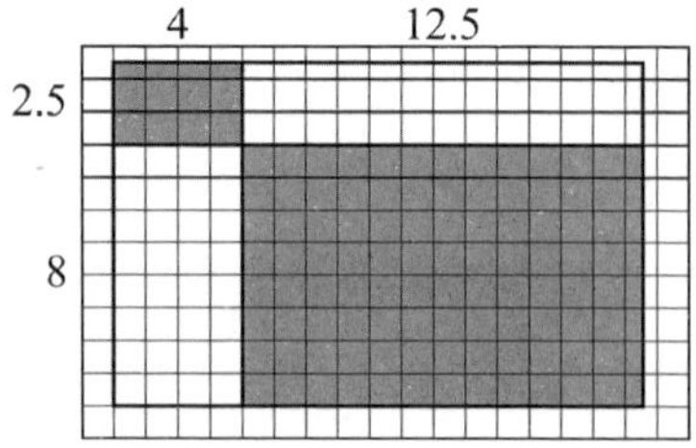

图 4－62

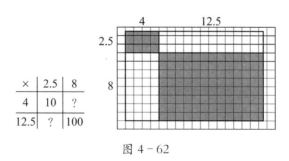

进一步，知错后怎样改正呢？是否只能按运算顺序规定演算呢？我们将

在第五章讨论。

透过上例,不难看出所谓“归谬”,就是联系学生的已有知识、几何直观或生活经验,让他们发现、认识错误的荒谬。它有别于逻辑学的归谬法(反证法),因此又可叫作“旁敲侧击知错”。

对于运算错误来讲,估算常常是使学生意识到“错了”的有效手段。例如,前面的错例⑥,计算 3786－997,把 997 估成 1000,就能知道正确答案应该大于 3786－1000。而四种错误的“简便”算法:

3786－1000－7,3786－1000－3,3786－(1000＋7),3786－(997＋3),

都小于或等于 3786－1000。

(3) 将错就错。

对数学来讲,错就是错,能按“将错就错”的本意“顺着错误继续下去”吗?请看一例。

案例 4－16　百以内减法

计算 94－22,有学生抄错了,算成 49－22＝27。教师灵机一动,编成一道思考题:

小马虎很粗心,做减法练习时把被减数 94 看成了 49,这样算出的结果是 27。正确的差是多少?

多数学生按常规思路,先求出减数 49－27＝22,再求正确的差是 94－22＝72。有学生发现:减数不变,被减数交换了两个数字的位置,差自然也会交换数字,于是直接写出正确的差是 72。

这样的教学处置,既具有强化刺激,正视、矫正粗心的功效,又使错误变为教学的资源,使学生在接受“看清数字,仔细抄写”教育的同时,获得了逆向思维、灵活思维的锻炼,一举多得。

(4) 变拙为巧。

为确保正确,常有教师提倡老老实实按部就班地运算,未尝不可。只不过,与此同时还应鼓励学生注意观察、反思,拙中见巧,从而提升运算的灵活性。

拙中见巧、变拙为巧的策略也可应用于化解错误。

案例 4－17 运算律在分数运算中的运用

计算 $7\times\left(\frac{4}{7}+\frac{2}{9}\right)\times9$，教师有意设计的数字巧合，会诱导学生出现错误运算：

$$7\times\left(\frac{4}{7}+\frac{2}{9}\right)\times9=7\times\frac{4}{7}+\frac{2}{9}\times9=6。$$

能自觉估算的学生自己也会发现，两个分数相加，和接近 1，乘 7、乘 9，怎么只有 6 呢？他们自发的改正方法常常是按运算顺序先通分求和，再三数相乘：

$$7\times\left(\frac{4}{7}+\frac{2}{9}\right)\times9=7\times\left(\frac{36}{63}+\frac{14}{63}\right)\times9=7\times\frac{50}{63}\times9=50。$$

教师趁机施加点拨：从中发现了什么？马上有学生回答：发现 7 和 9 都能与分母约分。于是“由拙生巧”，想到运用乘法交换律和结合律：

$$7\times\left(\frac{4}{7}+\frac{2}{9}\right)\times9=63\times\left(\frac{4}{7}+\frac{2}{9}\right)=36+14=50。$$

很明显，这样算比通分求和再约分更简便。在此基础上，教师再来启发学生明理就水到渠成了：

原题是求 63 个 $\frac{4}{7}$ 与 $\frac{2}{9}$ 的和，根据分配律可以转化为 63 个 $\frac{4}{7}$ 与 63 个 $\frac{2}{9}$ 的和。

显然，这比单纯抠分配律的字母表达式——7×9 相当于 $a\times(b+c)=a\times b+a\times c$ 中的 a——效果更好。因为对小学生来说，形式化的“对号入座”只是知其然，依据运算意义说明运用分配律的算理才是知其所以然。

可见，教师的化错智慧，在于顺其自然、因势利导，抓住契机出手干预。

（5）培养自觉检验习惯。

防止和纠正计算错误，还不能忽视非智力因素的培养，即加强思想教育，明确学习运算的意义，以激发学习动机和提高计算兴趣。

同时还应重视培养良好的计算习惯，包括认真审题的习惯、仔细计算的习惯、自觉检验的习惯和规范的书写习惯。

这方面，教师要严于律己，凡是要求学生做到的，教师在板演时都应作出示范，成为学生的楷模，并在学生练习时耐心教导，严格要求。

此外，还应不失时机地引导学生总结检验方法，如一估、二查、三验算。

这里的“估”除了估算，还包括依据一个数乘或除以大于、小于 1 的数，积或商的变化等已知规律,对运算结果作出估计。

所谓的“查”是指检查,包括核对原题、运算顺序、计算步骤,以及运算律、运算性质的运用是否正确。

“验”指验算。主要是根据加与减、乘与除之间的关系进行检验,有时还可以采用不同算法相互校对。学有余力的学生,也可课外自学“弃九法”。

为了提高学生验算的自觉性,教师应利用本班学生的典型错误揭示验算的必要性。

案例 4-18　验算觉察计算错误

小数除法的练习中出现了前面的口算错例②117.6÷1.2(图 4-63),其中退位减法错算成 3,接下去正巧能除尽,使错误得以隐蔽(否则出现除不尽就会引起警觉)。

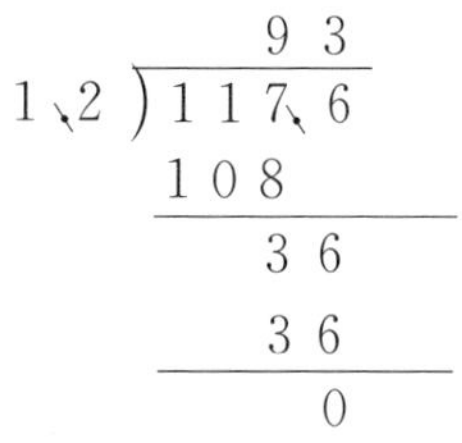

图 4-63

师:请检查我班一位同学的计算,你们的正确答案是 98,他的商是 93,错在哪里?

生:错在减法 17—8 等于 3 了。

师:怎样检验,容易发现错误?

生:这是我的计算。我检查了,还估了一下,把 117.6÷1.2 估成 1200÷12=100,估大了比 93 大,以为对了。

生:估算只能发现明显的错误,最好的办法是验算。

师:大家用自己喜欢的方法验算。

生:我用 93×1.2=111.6,说明商小了。

生:我用除法 117.6÷93 商 1.2 还有余数,可以肯定错了。

师:看来,根据运算之间的关系进行验算是比较可靠的方法,要自觉地运用。

利用个别学生的出错教育全班同学,正是化错教学的题中之义。

(6) “一人一处方”。

为了有效地纠正学生的运算错误,教师在批改作业时,有必要将运算错误分类记载下来,从中发现共同性错误并找出典型错例。积累这些第一手的资料既有利于改进教学,又便于教学中“对症下药”。比如,组织学生对典型错例,特别是因算理不清、法则模糊、方法不对所造成的错例,进行剖析溯源,然后针对共同性错误选择或自行设计必要的练习,进行大面积的“治疗”。对个别学生发生的错误,则应加强个别辅导,最好是一人一张“药方”,即根据他们的错误布置少量相应的练习,以收获最佳辅导效果。

(7) 用好“化错本”。

“化错本”也叫“摘错本”“纠错本”“改错本”,习惯上叫“错题本”。它是一种特殊的作业本,是学生在学习过程中,把自己做过的作业、试卷中的错题整理记录,便于找出个人的薄弱环节,凸显补习、复习重点,进而提高学习效率、学习成绩的作业本。

一般认为,错误是学习者构造了自己特有的概念与程式造成的,不是教材、教师教给的。因此,比教师善加利用更为有效的是引导学生自己善加利用本人的错误,让曾经的出错成为进步的阶梯。

各地教师长期的相关实践表明,在教师建立错题档案的同时,从中年级开始,指导部分小学生制作、使用错题本,具有积极的长远效应。

然而,好的教学,一定会使学生发生错误的概率变得很低;好的学生,错误是偶然的、不多的,是能够及时化解的,因而并不需要系统整理,一一刻骨铭记。

对教师来说,有效教学的重要标志就是学生的正确率。正常情况下,一个班级不会有很多学生需要制作、使用错题本。如果“刚需”超越一半,就应引起警觉、反思,并对教学进行改进。学生的错误永远是教师反省教学最好的镜子。

对学生来说,正视错误、记录错误、研究错误,也有利于提高学习能力和培养良好学习习惯。但凡学习好的学生,都有自己的一套吸取错误教训的经验。

错误相对较多的学生有了自己的错题本,便于回顾学习过程,重温教训与经验,也是一种非常高效的个性化复习方法。

常有部分学生觉得错题整理的过程繁琐,增加了自己的学习负担,产生抵触情绪。一方面觉得制作错题本耽误时间;另一方面觉得错题本不外乎是把错题重做一遍,没有多大意思。这就需要教师给予指导、帮助,让他们尝到甜头。

教师应当提醒学生,错题记录、分析立足平时,每天记录或每周整理,也可以单元复习时做一下回顾。特别是期中、期末的梳理和小结,看看这一阶段还存在哪些问题。

目前,各大电商平台销售的错题本五花八门,手机上各式错题整理软件也有不少选择。其实,错题本自制即可,不用图花哨,适合自己的最好。比如,选择大一点的本子,每页三折,左边抄错题,中间写正解,右边写原因及教训,也可记下时间、错题的出处。

整理错题要动脑筋,不能变成一种惯性操作,记流水账。例如,一次数学考试,分别错了试卷中的第 5、8、12 题,直接把这些题按顺序复制到错题本上。相对优化的是分类整理,如按照概念、计算、应用等分类,抄写在错题本的前、中、后部分。一段时间后,就能看出什么类型的题最容易栽跟头,应该着重去清理哪一块的知识点死角,这样的结构性分类有助于提高错题本的功效。

错题整理重要的是找到致错原因。如果仅仅是写上“粗心”“马虎”之类的表面原因,那就等于贴上标签“不是我的错”。错误的原因应该是关于“理解”“方法”“思路”等方面的不足。

学生一开始很难自己分析清楚致错原因,需要教师的引导。学生比较容易掌握的是三分法。

① 不会做的。原因:一是阅读与理解,条件不理解、隐藏条件没发现、问题不明确、问题想偏了等。二是思路与方法,思路卡在哪里,什么方法不会或不会变通等。

② 吃不准的。原因:概念混淆、判断不清、理解不透、记忆模糊等。

③ 会做却做错了的。原因:看错、抄错、写错、算错、跳步、漏写等。

教师还应提醒,错题本并非越厚越好。当错题本越来越厚时,一定要反思。上课认真听讲、积极思考,不懂就问,少出错的才是追求方向。

使用初期,错题越来越多,只要运用得当,后期自然会越来越少。错题本不是为了积累,而是自己的学习,头脑中知识结构的补充和完善。

诚然,防止和纠正学生的计算错误是一项长期的、细致的工作,其中某些错误的根源还有待于进一步的深入研究,各种方法、策略都非包治百病的灵丹妙药。不同的学生需要不同的对策。但只要我们求真务实,以科学的方法认真对待,那么“预防”“化解”和“根治”都是可能实现的。

第五章

运算能力及其培养研究

运算能力无疑是小学数学学科必须重点培养的关键能力。

在第一节中，从运算与运算能力的概念入手，着重论述运算能力的内涵，并结合实例解读，为深入研究运算能力奠定基础。

进而就运算能力结构问题阐述“理论演绎的架构”与基于长期教学探索的“实践归纳架构”，并借助三棱锥呈现我们研制的能力模型，以及生动、形象、传神的直观隐喻。

在第二节中，紧扣运算能力的结构要素，梳理、概括培育举措，提炼、总结历经反复实践检验的有效策略。从怎样夯实口算基础到如何促进算法与算理相融，特别是针对目前教学中的短板，展开如何加强合理选择算法教学的探讨。从估算、笔算、简算到问题解决中的算法选择，给出系列化的对策“四个重视与一个改造”，及其改进建议。

在第三节中，直面能力评价的难点，首先澄清评价的概念，举例说明其功能，然后在回顾现有相关研究的基础上，陈述我们的运算能力评价实践。从评价指标框架到测评工具开发，最后落脚试题的设计。通过大量的试题编制、修改案例，阐说编拟要点。

运算能力是数学的精确性、严谨性和应用广泛性的集中体现。

如前所述，从最初的小学堂算术到如今的小学数学，计算教学、运算教学一直是课程的主干，也是教学用时最多的内容。自20世纪60年代起，运算能力就稳居小学数学四大能力（中学数学三大能力）之首。事实上，小学数学各年级的学业水平测试，涉及运算的题目通常总超过80%。其合理性在于，无论是从“实用价值”还是“基础学力价值”来讲，“运算能力”当之无愧是小学数学学科应该重点培养的“关键能力”。

先就中小学生数学能力研究来看，基本上可分为两种。

一种是基于研究经验采用逻辑分析的方法探讨学生的数学能力构成。典型代表如苏联心理学家克鲁捷茨基(krutetskii)提出的数学能力九种成分，“能用数字和其他符号来进行运算的能力”位居第3(前两种是概括能力、形式化)，处在逻辑推理、简缩思维、逆转心理过程与思维灵活性之前[1]。又如，我国心理学家林崇德认为，中小学生的数学能力是以数学概括为基础，三种基本数学能力（运算能力、空间想象能力和逻辑思维能力）与五种思维品质（深刻性、灵活性、独创性、批判性和敏捷性）组成开放动态系统[2]。

另一种是采用定量研究的方法提炼数学能力结构。例如，通过因素分析，得出学生的数学能力由抽象概括能力、综合运算能力、思维转换能力和逻辑推理能力四因素构成。又如，有研究者对200名初一学生进行跟踪实验研究至初三，将中学数学能力分离出十一种成分，其中运算能力、概括能力和逻辑思维能力是诸能力的核心[3]。

再从心理学关于一般能力即智力的研究来看，美国著名心理计量学家瑟斯顿(Louis L. Thurstone)提出的群因素论，对56种测验结果进行统计分析，

---

[1] 克鲁捷茨基.中小学生数学能力心理学[M].李伯黍，等译校.上海：上海教育出版社，1983：112.

[2] 林崇德.学习与发展——中小学生心理能力发展与培养(修订版)[M].北京：北京师范大学出版社，2003：329.

[3] 徐有标，陶文中.试谈数学能力成分及其测试方法[J].课程·教材·教法，1990，(02)：16-18.

把智力归纳为7种基本的心理能力：语词理解、词的流畅性、计算、一般推理、联想记忆、空间关系和知觉速度。

因此，将运算能力确立为学科关键能力，既有长期且广泛的实践基础，又有众多理论研究的支持。

第一节　运算能力的内涵

一、运算与运算能力

1. 数学运算的内涵

数学作为一门科学，为了得到研究对象一般化的规律，追求高度抽象的形式化。由此，运算的本质是集合之间的映射。

在数学教育领域，为了便于教学实施，落实培养举措，通常将运算视为根据规则对具体对象进行变形得出结果的演绎过程。由此展开各类运算对象、运算根据、运算规则以及不同变形操作的教学研究。

从运算的内容来看，不仅包括数值运算，以及代数式、方程的变形，还包括集合、向量、逻辑等的演算和数据的某些处理（如排序）。

即便是小学数学，运算的内容也可分为数的运算与式的运算。

前者指整数、小数、分数的四则运算，除了两个数的运算与多个数的混合运算，精算与估算，还包括利用计算器探索简单规律等内容。

后者主要是用字母表示数、数量关系、计算公式等一般规律，以及公式变形，还包括依据逆运算关系或等式性质解简单的方程。

2. 运算能力的内涵

什么是运算能力，迄今众说纷纭。不同数学教育研究者有着各自的诠释。比较集中的见解：

一是认为运算能力并非完全独立的数学能力，而是一种综合能力。例如，有研究者认为“运算能力是运算技能与逻辑思维能力等的一种独特的结合”[1]。

又有研究者指出，“运算能力不是简单的加、减、乘、除的运算，而是与观察能力、记忆能力、理解能力、推理能力、表达能力及想象能力等有关的由低级到高级的综合能力”[2]。

确实如此，运算过程综合了多种心理活动。

案例 5-1 参与运算的心理因素

计算 6×54+36，有学生看到 6 和 54，联想到六九五十四，进而发现 6×54 是 9 个 36，于是根据乘法运算律将原运算变形为：

$6\times54+36=6\times6\times9+36=36\times10=360$。

显然，离开了敏锐的数据观察、良好的数学记忆与理解、推理，就不可能有如此灵活的刺激反应。

二是指出运算能力的主要表现。例如，有学者认为：运算能力主要表现在根据中学数学的法则、公式等进行数学运算中表现出来的正确、合理、灵活、熟练程度上；还表现在理解运算的算理，根据题目条件寻求最合理、最简捷运算途径的水平上[3]。

也有研究者指出，“运算能力主要表现在：使用数字和符号进行运算、对形式化结构进行变换的能力；选择适当运算方法的能力；对运算结果进行合理估计的能力等”[4]。

我们认为：小学生的运算能力是指学生能够在理解算理的基础上，正确、合理、灵活地完成整数、小数、分数四则运算的个性心理特征。

3. 课程标准的界定

《课标 2011 年版》中指出，“运算能力主要是指能够根据法则和运算律正确地进行运算的能力。培养运算能力有助于学生理解运算的算理，寻求合理

[1] 曹才翰.中国中学教学百科全书·数学卷[M].沈阳：沈阳出版社，1991：351.
[2] 徐有标，陶文中，刘治平.数学教学与智能发展[M].北京：光明日报出版社，1991：208.
[3] 章建跃，朱文芳.中学数学教学心理学[M].北京：北京教育出版社，2001：172.
[4] 史亚娟，华国栋.中小学生数学能力的结构及其培养[J].教育学报，2008，(03)：36-40.

简洁的运算途径解决问题。”

这两句话，实际上刻画了运算能力的三个主要表现特征：正确运算、理解算理、方法合理（运算途径简洁，是方法合理的自然结果）。也可以就字面意思解读为：运算能力主要是有根有据地正确运算的能力；它的作用是促进理解与应用。言下之意：运算能力的培养，主要依靠根据法则和运算律提高正确性，通过理解算理与灵活应用运算解决问题来发展能力[1]。

《课标2022年版》统一了核心素养主要表现（原来称“核心词”）的阐述格式——每个都是“界定”“表现（要求）”“意义（作用）”三句话。

首先，保留了运算能力的界定“主要是指根据法则和运算律进行正确运算的能力”。

接着，通过三个“能够”刻画运算能力的三个表现（要求）“能够明晰运算的对象和意义，理解算法与算理之间的关系；能够理解运算的问题，选择合理简洁的运算策略解决问题；能够通过运算促进数学推理能力的发展”。

最后，进一步点明培养意义“运算能力有助于形成规范化思考问题的品质，养成一丝不苟、严谨求实的科学态度”。

显然，三个“能够”强调了“理解”与“策略”，丰富了运算能力的内涵。

先剖析“理解”。实际上，“明晰运算的对象和意义”已经内含“理解运算的问题”。而且，小学数学中除了纯运算问题，其他具有背景内容的运算问题，无论是现实背景（如常见数量关系），还是几何背景（如图形测量）、统计背景（如求平均数），都会展开专题教学。因此，“运算理解”主要是明晰运算的对象和意义（包括问题）、理解算法与算理之间的关系。这里的“算法”应包括运算法则与简便运算。

再剖析“运算策略”。三个修饰词“合理”“简洁”“推理”各有侧重，提升了运算能力的思维品质。相比之下，运算能力的界定只强调“正确”显得比较单薄，不如改为“正确、灵活运算的能力”。

案例5-2 运算理解与运算策略的体现（以几何求积为例）

如图5-1，用空心圆锥和空心圆柱各一个，组成竖放的容器（从里面量，半

---

[1] 曹培英.跨越断层，走出误区：“数学课程标准”核心词的解读与实践研究[M].上海：上海教育出版社，2017：102.

径为 6 cm，高为 12 cm）。在这个容器内注入细沙，填满圆锥和部分圆柱，圆柱部分的细沙高 2 cm。若将这个容器的上面封住并倒立，细沙的高度是多少厘米？

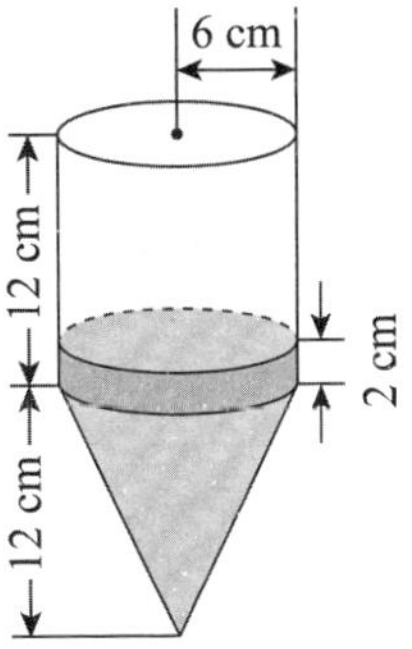

图 5－1

通常，教师拘于“课标”混合运算不超过三步的限制，指导学生分步列式（其实，求圆锥体积就已超过了三步）：

$3.14\times6^2\times2=226.08(\text{cm}^3)$，

$3.14\times6^2\times12\times\frac{1}{3}=452.16(\text{cm}^3)$，

$226.08+452.16=678.24(\text{cm}^3)$，

$678.24\div(3.14\times6^2)=6(\text{cm})$。

师：谁来介绍你的计算经验？

生：底面积 3.14×6^2 要算三次，我只算一次，后面就用得数 113.04，没有再重复计算了。

生：我 3.14×6^2 算了两次，验证底面积 113.04 计算正确，第三次就不算了。

师：很不错的经验，说明两位同学都能自觉看清运算的对象，理解它的含义，合理避免了重复计算。有没有谁发现了简便运算？

生：我发现倒来倒去圆柱、圆锥的底面积相同，列出综合算式，3.14×6^2 根本不用算出得数，可以约去：

$$\left(3.14\times6^2\times2+3.14\times6^2\times12\times\frac{1}{3}\right)\div(3.14\times6^2)$$

$$=3.14\times6^2\times(2+4)\div(3.14\times6^2)$$

$$=6(\text{cm})。$$

学生惊呼：“哇，只要算 2＋4。”

师：第一步是根据什么？第二步呢？

生：第一步是根据乘法对加法的分配律，第二步是根据商不变性质。

师：很好，能自觉根据运算律和运算性质进行简便运算。还有没有其他想法？

生：因为圆锥和圆柱的底面积相等，圆锥体积是圆柱的三分之一，所以只要 $2+12\div3$ 就行了。

学生的表现，充分诠释了什么是“正确、灵活运算的能力”。

由于初中数学除了有理数的四则运算、乘方与开方运算、指数运算，还有整式、分式、根式运算，以及解方程（组）、不等式（组）的运算等，因此特别提出“理解运算的问题”有其必要性。

小学数学则完全不同，由于数量关系、图形测量与运算分开教学，因此运算对象无非是整数、小数、分数的加、减、乘、除，以及最简单的方程与不等式。

透过案例 5－2，不难发现：

“明晰运算的对象和意义”，对小学生来说，除了字面所指，如关注到 3.14×6^2（底面积）出现了三次，还意味着清晰审视整个运算及其过程，犹如打开运算的监控（元认知）。

“理解算法与算理之间的关系”除了运算法则与它的算理，还包括简便算法与其依据（运算律或运算性质）间的联系，也就是运算过程中的推理。因此，运算策略与运算理解是水乳交融的有机体。

此外，义务教育阶段运算能力具有一定的层次性、发展性。从整数运算，到分数运算；从非负数运算，到有理数运算，再到实数运算；从整式运算，到分式、根式运算，再到初等超越运算；等等。运算能力随着知识面的逐步拓展、抽象程度的渐次提高而不断发展。

二、运算能力的结构

1. 理论演绎的架构

关于运算能力的构成，已有的研究主要有两类。一类以能力心理学的视角，分解运算能力的主要成分。较有代表性的，如：

① 对运算问题的最初定向；

② 对具体运算问题的抽象和概括能力；

③ 缩短推理过程和简化相应运算环节的能力；

④ 对运算方法的转换能力；

⑤ 优化运算过程和运算方法的能力；

⑥ 记忆能力[1]。

相近的见解，如运算能力由五种能力组成：①对题目信息的挖掘能力；

[1] 陆书环.略论数学运算能力的结构及其培养策略[J].数学教学研究，2000，(01)：2-3.

②定义、公式、法则和定理的运用能力;③运算方法的选择能力;④数学思想和方法的运用能力;⑤估算能力[1]。

又如,认为运算能力包括:概括化记忆有关运算的基本知识;是否善于弄清问题中的基本数量关系,对问题的核心、类型、解法有一个最初的定向;能否简缩运算过程、优化运算环节;灵活地变换各种运算方法等[2]。

这些研究的共同点,主要针对中学数学,并侧重应用运算解决问题的过程。但问题解决在小学数学中需要专题教学、专题研究,将它纳入运算能力培养框架,重点、难点较多,不利于突出教学重点。

另一类是以运算知识、过程、应用的视角,运用德尔菲法(专家咨询法),通过统计分析与定性研究给出数学运算素养的结构,比较典型的指标体系几乎涵盖小学数学的大部分内容。

2. 实践归纳的架构

理论演绎的架构侧重学理,实践归纳的架构侧重操作。为使能力结构的刻画便于一线教师据此实施运算能力培养的有效举措,我们基于小学数学教学长期的摸索,通过运算能力培养的经验筛选、要素提炼与实践检验等方式,归纳总结出小学数学运算能力的四要素结构(图 5－2)[3]。

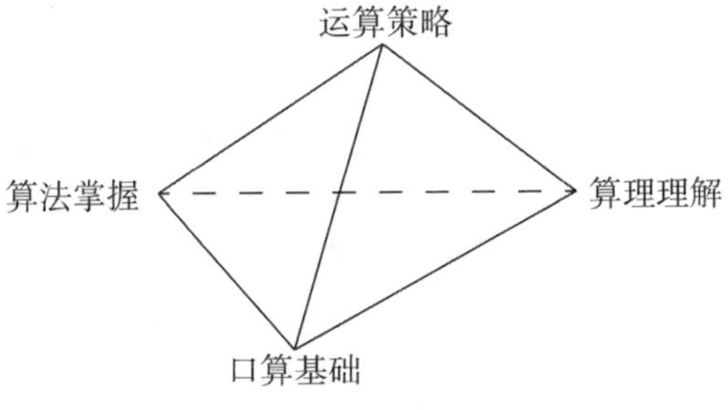

图 5－2

---

[1] 简洪权.高中数学运算能力的组成及培养策略[J].中学数学教学参考,2000(Z1):35－37.

[2] 章建跃.解析几何的思想、内容和意义——“中学数学中的解析几何”之一[J].中学数学教学参考,2007,(13):1－3＋16.

[3] 曹培英.跨越断层,走出误区:“数学课程标准”核心词的实践解读之六——运算能力(上)[J].小学数学教师,2014,(03):8－15.

算法掌握与算理理解相辅相成，历来是运算能力培养最主要的着力点。尤其是在小学数学中，两者相得益彰，不可偏废。道理很简单，不掌握算法就无法确保实现运算能力的最低要求“正确”；只知怎样算，不知为什么这样算，充其量只是搬弄数字的操作技能。

运算策略是指运算信息的挖掘与运算问题的定向，以及运算方法的选择与运算过程的简化及其自觉评价。它表现在解决单纯的运算问题中，也表现在解决实际问题分析、列式（包括方程）后的运算决策与实施过程中。运算策略与其他三个要素相互关联，运算策略水平是鉴别运算能力的敏感因素。

除了这三个与两版“课程标准”大体一致的要素，还必须补充基本口算这一不可或缺的要素。

口算基础包括基本口算与笔算过程中必不可少的其他口算。基本口算主要是一位数加法与相应的减法、表内乘除法。它是其他口算和任何笔算、估算不可须臾离的运算反应。无论是多位数四则运算还是小数、分数四则运算，即使理解了算理、掌握了算法，缺失口算基础，常常算错，那就谈不上运算能力，更别提“养成一丝不苟、严谨求实的科学态度”。因此，提高学生运算能力必须从口算抓起。

曾经几次听到研究数学教育的家长反思：原以为小学数学学习重在理解，无须扎实练习，孩子进入中学老是出错才悔不当初。

有鉴于此，是否应该换个视角思考：在信息技术如此发达的今天，还要不要守住计算正确的底线？能不能听任部分学生延续“一听就懂、一做就错”的态势发展下去？

事实上，学习口算，不仅仅是为了满足日常生活之需，更为重要的它是数学思维的工具，无论是实际问题的数学化，还是数学问题的推理，都常常伴随口算。

对于小学生来说，口算反应与进一步的算法、算理共同构成运算能力的底部。运算能力的提高必须建筑在这一基础上。

有评论认为：这一 2014 年建构的模型“适合运用于教学实践，后续有不少研究者基于此构建小学生运算能力测评试卷，以了解学生对运算能力各维度的掌握情况”[1]。

---

[1] 淳丹，相冰冰.课程改革以来小学生数学运算能力研究综述[J].基础教育研究，2022，(05)：28－30.

这一借助三棱锥 4 个顶点来表达的运算能力架构，不妨更形象地看作一架飞机：算法、算理是它的一体两翼，口算基础是动力，运算策略（算法选择及其评价意识）就是控制系统。

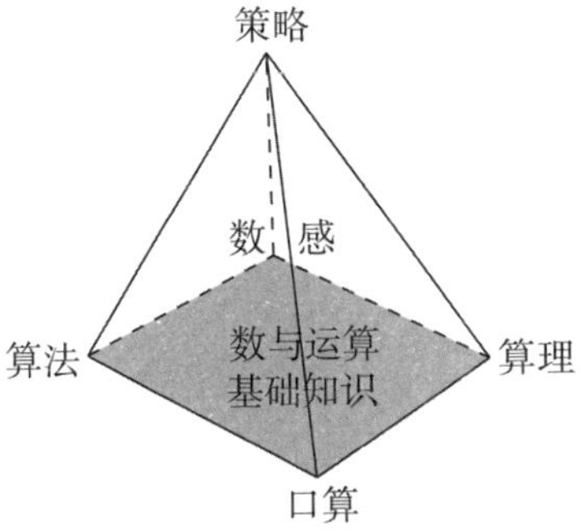

图 5－3

诚然，运算能力的形成离不开数与运算的基础知识，以及与数值运算密切相关的数感（图 5－3）。但鉴于本书的专题结构，数概念的教学与数感（其实还有符号意识）的培养超出了探讨范围，运算基础知识前面已作详尽讨论，所以立足于小学数学教学实际，下面按四要素架构展开运算能力培养的研讨。

第二节　运算能力的培养

一、夯实口算基础

所谓口算，其实质应理解为口述心算（心理计算）结果。由于教学上的需要，口算也会采用笔录心算结果即直接写出得数的形式进行。因此，口算与笔算的区别在于：笔算需要用笔记下运算过程中的许多细节，也就是把整个运算过程分解为若干局部的心算，并依靠笔记的形式（如竖式、递等式）将各部分的心算得数连接起来，汇成最后的结果；而口算的整个运算过程完全是在头脑内部直接完成的，口述或笔录是为了表达最后的结果。所以，在绝大多数场合，口算已成为心算的代名词。

确切地说，口算是一种不借助计算工具，直接通过思维算出结果的运算方式。

1. 口算的作用

在小学，重视口算教学，注意培养学生的口算习惯和口算能力，具有十分重要的意义。对此，前面已有概要阐释，这里再作较为全面的论述。

(1) 口算是基础学力。

首先，口算是笔算的基础，抓好口算是提高运算能力的根本性措施。

剖析笔算的运算过程可以看到，无论是整数、小数的四则运算，还是分数的四则运算，都是一系列口算的综合与记录。比如，739×68 的计算过程，分解出来便是 9×8，3×8，24+7……这样近二十道基本口算题。又如，$\frac{5}{6}-\frac{3}{4}$的运算过程，从通分到分子相减，实际上是通过 6×2，5×2，4×3，3×3，10−9 等基本口算逐步完成的。其中任何一道口算题的失误都将导致笔算结果出错。可谓"一着不慎，全盘皆输"。而且，口算的快慢也直接影响笔算的速度。因此，口算(尤其是基本口算)的准确率与熟练程度直接制约着笔算的准确与速度。有关调查研究的统计分析表明，基本口算与笔算有着非常显著的正相关(相关系数高达 0.723 以上[1])。可见，定性分析与定量分析得出的结论是一致的。所以，从加强口算基本功的训练着手，提高学生的运算能力符合数学教学的客观规律。

其次，口算属于智力技能，口算训练也是提高思维品质的有效途径之一。

有关对比研究告诉我们，那些口算训练有素的孩子对算式的反应速度及识记能力明显地优于没有经过训练的学生。这是因为，学生在进行口算时，需要集中注意力，看清或听清运算种类及数据，立即作出反应。这对锻炼学生的有意注意、有意识记，培养思维的敏捷性都很有帮助。

与此同时，为了迅速得出正确的答案，就必须凭借自己的数学知识和机智，尽快地选择一种比较合理、简便的算法，合乎逻辑地完成运算思维。这对发展思维的逻辑性、灵活性也是大有裨益的。所以，学生的注意力、记忆力及

---

[1] 邱学华.邱学华教育实验研究[M].上海：华东师范大学出版社，2018：1－8.

思维品质都能在练习口算的同时得到发展。

再次，部分学生上课跟不上节奏，原因之一就是卡在运算上。例如，解决问题有多个步骤，口算能力弱的学生，其中学习认真的常常因计算卡住而影响听课，学习不认真的干脆不计算、不思考，久而久之养成不求甚解的习惯。

（2）人人每天都需要口算。

口算在现实生活中有着广泛的应用，人们在每天的生活、工作中都会有意识或潜意识进行口算。学生掌握了口算的技能、技巧，无疑有利于解决日常生活和生产劳动中经常都能遇到的某些运算问题。在未来的生活中，尽管有电脑、有手机（计算器），口算仍不失为一种日常生活必备的基本数学技能。

最简单的例子，如超市购物时比较某种商品两种包装哪种更划算，最便捷的无疑是口算。后面将要讨论的估算，其实也是先估（对数据作出近似处理）再口算。

（3）重视口算教学是中国特色。

口算能力一直是中国学生的强项。

前几年上海每年都有一批教师到英国各地上展示课，对方大多要求我们展示数与运算的教学，希望能够弥补他们的短板。有一个典型例子，一位记者问英国某个领导人“9×8 是多少”，当场回答不出来。

确实，不背乘法口诀，当场口算 9 个 8、8 个 9 都是相当困难的。但如果运算能力还可以的话，很自然会想到 8 个 10 或 10 个 8 减 8。有趣的是，这位英国领导人尴尬了不到半秒钟，立刻神气起来了，他的回答相当机智、幽默：“经验告诉我，面对媒体记者回答数学问题是不明智的。”这就是西方教育的特点，想成为领袖人物，数学不好没问题，有人给你算，但你必须练就出众的口才，哪怕回答不出也有道理可讲。

但是，普通的大众如果不具备一定的运算能力，那么从事第三产业的工作也会有困难。因此，英国政府希望吸取中国的经验，用 5 年的时间使他们的孩子都能熟记“12×12”以内的乘法。为什么如此重视 12 的乘法？因为他们有一个特殊的计量单位“一打等于 12 个”。英国记者觉得这个计划很难实现，在采访教育大臣的过程中问道：“打住打住，你要学生熟记‘12×12’，我就先只问你一个问题，‘11×12’等于多少？”教育大臣同样回答不出。我们的儿童怎么口算“11×12”？10 个 12 加 1 个 12，“120＋12”轻而易举就能说出结果。这也是中国的孩子无须熟记 12 的乘法的论据。

举这些例证是想说明，我们应该珍惜自己的强项，保持自己的优势。

2. 口算的内容

由于口算对思维的要求较高，有它自己的作用和适用范围，因此根据运算和应用的需要，根据学生的年龄特点，明确口算的具体内容和适当的要求是搞好口算教学的前提。

小学数学中的口算内容大致可以分为四类。

（1）基本口算。

20 以内数的加减法（即一位数加法与相应的减法）和表内乘除法（即一位数乘法与相应的除法）是最基本的口算内容。它们不仅是笔算的基础，也是其他口算的基础。这些相当于数学“基本事实”的口算，必须要求全体学生通过各种有效的练习，逐步简化思维过程，最后达到看（或听）到式题，不假思索立即写（或说）出正确得数的“自动化”程度。

基本口算是学习笔算的基础，应在一定的阶段内达成教学要求，以利于笔算教学的顺利开展。例如，在教学 100 以内数的加减法之前，应要求 20 以内数的加减法基本做到脱口而出。在教学一位数乘多位数以前，要求表内乘法基本实现“自动化”。

此外，100 以内数的四则运算，即两位数加减一位数、两位数加减两位数，以及一位数乘除两位数，也曾经被列为基本口算的内容。不妨称之为“扩展的基本口算”。

扩展的理由主要是这些口算不仅是进一步学习多位数笔算的基础，而且具有很大的实用价值。但其中有些内容难度较大，如需要进位或退位的两位数加减两位数，需要进位的一位数乘两位数，被除数十位上有余数的一位数除两位数。它们的口算思维过程比较复杂，对注意力的分配（如算前位，顾后位）和工作记忆（如不忘进一、退一）的要求较高。因此，在学生尚未正确掌握算法，大脑皮层尚未留下深刻痕迹时，不能急于追求口算速度。如果部分学生习惯于在头脑中重现笔算竖式再作心算，也应允许。换句话说，对于这些难度较大的基本口算内容，可以只要求正确、熟练，不必追求不假思索、脱口而出的“自动化”程度。

（2）一般口算。

一般口算指可以归结为百以内数的口算的整数四则运算（如 3700－

2800,4200÷3 等),以及简单的小数计算(如 0.37－0.28,0.42÷0.3 等)、分数四则运算(如同分母分数相加减,两个真分数相乘等)。这些运算可以充分利用基本口算的训练成果,直接求出得数。通常只要求正确,可不作速度要求。

(3) 两步口算。

前两类都是一步运算的口算。两步运算的口算主要指 10 以内数的连加、连减、加减混合的口算,以及整数、小数乘除法笔算中出现频率极高的乘加两步口算。

前面已经多次指出,10 以内数的三数连加、连减、加减混合的口算,是为学习一位数进位加法和相应的退位减法奠定基础。学生如果不能将 8＋2＋4 第一步的口算结果存入工作记忆,继续第二步的口算时就难以采用“凑十法”完成 8＋6 的口算。因而各套教材都非常重视。掌握之后,诸如 8＋2＋4 的两步口算就可不再专门练习。

类似地,乘加(特指表内乘法加一位数)两步口算是多位数乘除法笔算不可或缺的基础。例如:

$$\begin{array}{rl} 38 & \\ \times\ 96 & \\ \hline 228 & \cdots 3\times6+4=22 \\ 342 & \cdots 3\times9+7=34 \\ \hline \end{array}$$

$$\begin{array}{r} 80\\78 \end{array}\begin{array}{r} 7\\ \overline{)628}\\ 546\\ \hline 82 \end{array}\begin{array}{l} \\ \\ \cdots 7\times7+5=54 \\ \\ \end{array} \xrightarrow{\text{改商}} 78\begin{array}{r} 8\\ \overline{)628}\\ 624\\ \hline \end{array}\cdots 7\times8+6=62$$

这些笔算中的两次乘加口算,只要一次出错就前功尽弃。

统计表明,学生掌握了算法之后,出错率相对较高的就是后乘的积加上前面进上来的数又要进位的情况,如上面的 3×6＋4 等。

有研究者认为,学生主要错在两位数加一位数的进位加法口算上,如上面的 18＋4、27＋7、56＋6,因此只需加强进位加法的口算练习。殊不知,进位加法练熟之后,乘加两步口算仍然会错。因为小学生的注意力不稳定,注意范围有限,要求他们在同一时间内把注意分配到两个或两个以上的对象时,往往顾此失彼。例如,单独口算 6×8 和 48＋7,大部分学生能算准确。但将两题合起来算 6×8＋7,学生往往忘记进位而得 45,或者干脆将十位丢掉得 15。又如,有教师发现,学生口算 8×7＋6,口中念叨七八五十六加六,却得 61(个位算成了 5＋6)。显然,对小学生来说,乘加两步口算的分别完成与连贯完成并不是一回事(思维过程与工作记忆要求更高)。

所以，重视乘加两步口算的练习是完全必要的。然而，现行的各套教材中，这类口算已销声匿迹多年。

（4）特殊口算。

主要是根据运算性质或运算律采用简便方法速算。例如，278－97、236＋78＋64、4200÷5÷2 等。这类口算一般只要求视算正确，并允许有困难的学生口述过程或笔录中间得数。

（5）其他口算。

指配合其他数学知识的教学采用口算形式进行的练习。

一是运算教学所需的其他口算，如约分、通分的口算。约分可以先口算分子、分母的最大公因数，再一次约成最简分数，也可以用分子、分母的公因数逐次完成。通分则需要先口算分母的最小公倍数，再口算出等值分数。例如：

$\frac{5}{6}+\frac{2}{9}=\frac{15}{18}+\frac{4}{18}$。

像这样的通分过程一般都要求学生边口算、边书写。虽说这里只用到了乘法口诀，但得出 6 和 9 的最小公倍数，进而将异分母分数转化为同分母分数的口算过程，具有较大的综合性，适当操练是必要的。

二是其他内容领域教学中的口算练习。例如，计量单位的化聚、换算，简单的几何计算，应用问题的口算等。这些练习的数据一般都比较简单，主要是利用口算基本功加大课堂练习的密度，提高教学效率，以利当堂巩固所学内容。

3. 口算的要求

首先，上述后三项口算内容是通常情况下的一般要求，不必限制过死。因为学生的口算才能是有差异的。有些学生对于一些要求笔算的题目，也能正确迅速地口算出来，应给予鼓励。但不能因为个别学生能达到而随意扩大口算范围，特别是不能把“脱口而出”当作所有口算的统一要求。

与把握好口算要求有关的另一个问题是，如何对待正确与迅速的关系。我们说，正确是迅速的前提，不能保证正确性的迅速是毫无意义的。反过来，如果只求正确不求迅速，那么学习口算的价值也就失去了一半。

其次，明确了口算教学的内容范围和具体要求之后，还有必要根据教材的编排体系作出长计划、短安排,分门别类地落实训练内容。因此,教师必须具有教学系统观,抓住口算之间的关联,形成结构化的练习系列。以 6+7、6×7 为例:

$$6+7 \longrightarrow 600+700 \longrightarrow 0.6+0.7 \longrightarrow 60\%+70\%$$

$$6\times7 \longrightarrow 600\times700 \longrightarrow 0.6\times0.7 \longrightarrow 60\%\times70\%$$

$$\left.\begin{matrix}6+7\\6\times7\end{matrix}\right\}\ \frac{1}{6}+\frac{1}{7}=\frac{7+6}{6\times7}$$

切忌随意而为,想到什么练什么,否则只能事倍功半,收效甚微。

比如,教学有余数除法时,不顾学生基础,要求口算。事实上,不少学生对 63÷8 之类的题目,初学时立即口算是有困难的。因为用口诀试商与用减法求余数合二为一,起初需要依靠竖式完成。再者,两位数减两位数的退位减法口算(如 63－56),通常安排在万以内数的加减法中学习。所以,在教学有余数除法时,要求学生口算试商与口算余数一气呵成,超出了本阶段的教学要求。如果把大量时间花在这上面,势必加重学生的负担,欲速而不达。

4. 口算的方法

两步口算是一步口算的综合,一步口算的方法与笔算的方法不尽相同。由于口算要求算得迅速,直接说出或写出结果,因此口算的方法必须易于思考,便于记忆。

口算方法的算理与笔算方法的算理基本相同。但口算通常从高位算起,与读数、写数的顺序一致,因此便于直接得出结果。

20 以内数的加减法基本上是以口算形式进行教学的。其方法在讨论运算法则的教学时已经谈到,这里就不再重复。表内乘除法的口算都是利用乘法口诀直接求出结果。因此,这里择要讨论以下几类口算的方法。

(1) 100 以内数的加减法。

主要有两种口算方法。

一种是把第二加数或减数分拆成几十和几,先加减整十数,再加减一位数。例如,43－27 的口算思考过程是先减 20,再减 7。用横式表示:

$$43-27=43-20-7=16。$$

另一种方法的要点是算前位、顾后位。即个位相加满十先进一,个位不够减先退一。例如,43－27 的口算思考过程是先算 30 减 20,再加上 13 减 7 的差。用横式表示：

$$43-27=(30-20)+(13-7)=16。$$

显然，对于不进位或不退位的加减法，两种方法都差不多。但当要进位或退位时，后一种方法便于直接得出结果，而前一种方法则更容易掌握。

（2）两位数乘一位数。

口算方法主要有三种。

第一种是把两位数分拆成几十和几，然后根据乘法对加法的分配律先乘十位数，再加上与个位相乘的积。例如，27×3 的口算思考过程是先算 20 乘 3，再加上 7 乘 3 的积。用横式表示：

$$27\times3=20\times3+7\times3=81。$$

第二种是按照乘法笔算的顺序进行口算。例如，27×3，先算 7 乘 3，再加上 20 乘 3 的积。

对于数据较大的题目，不妨先指导学生看着横式边口算边写得数（从个位写起），熟练以后也可以直接写出得数（从高位写起）。这种方法学生易于接受。

第三种方法是根据乘法计算的进位规律进行口算。例如，乘 2，用“满五先进一”的规律，乘 3，用“超三先进一”“超六先进二”的规律，如此等等。其实，只要做到算前位、顾后位，根本不用记忆这些规律。例如，27×3，算前位，二三得 6，顾后位，三七 21，进 2，积的十位记 8，个位写 1，即 81。

（3）两位数除以一位数。

通常是按照除法笔算的顺序进行口算。教学时可以在学生掌握了笔算的基础上向口算发展。例如，76÷4：

$$\begin{array}{r} 19 \\ 4\overline{)76} \\ 4 \\ \hline 36 \\ 36 \\ \hline 0 \end{array} \xrightarrow[\text{边书写}]{\text{边口算}} 76\div4=19$$

一位数除多位数也可以这样口算。可见，口算是笔算的基础；反过来，笔算也能促进口算能力的提高。因此，这类所谓的“笔算式口算”值得肯定，特别是除法，口算、笔算都从高位算起。

(4) 加减的简捷算法。

口算的简捷算法通常也称为速算法。其方法种类很多,但都是根据数据的特点,运用某些运算性质或代数公式进行运算。其中,绝大部分是将笔算的简便运算方法应用于口算。

加减的简捷算法主要指加减接近整十、整百数的简便算法,及其推广运用。例如:

34+58=34+60-2→3.4+5.8=3.4+6-0.2(根据和的变化规律"加整减零");

720-98=720-100+2→7.2-0.98=7.2-1+0.02(根据差的变化规律"减整加零")。

其中的算理解释可参考前面第三章第二节的探讨。

(5) 乘除的简捷算法。

过去的小学算术教材及其教学,曾经介绍过多种乘法速算。例如,十几乘以十几的乘法(以 18×19 为例):

算法:十几加上几→后面添个 0→个位乘个位→一加便成功。

举例:18+9=27　　270　　8×9=72　　270+72=342

这是因为:

$$\begin{aligned}(10+a)\times(10+b)&=100+10a+10b+ab\\&=10\times(10+a+b)+ab\end{aligned}$$

(十几加几后面添 0,再加个位乘个位的积)。

这类速算法名目繁多,比较适合看横式直接写出得数,但方法的推导需要具备多项式乘法的代数知识。在以往的教学中,通常不讲算理,靠死记算法进行速算,因此意义不大。至于如何借助几何直观导出算法,使学生知其所以然,将在后面讨论。

其实,本着"教为主导,学为主体"的思想,我们完全可以启发学生根据运算意义和对数的理解,主动探索一些运算规律,积累运算经验,总结简捷算法。

案例 5-3　乘法简捷算法

先让学生口算 28×10 与 28×5,36×10 与 36×5。

师:比较两个积,发现了什么?

生:一个数乘 10 是这个数乘 5 的 2 倍。

师：从中有没有发现一个数乘 5 的简便算法？

生：280÷2 就是 28×5 的积，360÷2 就是 36×5 的积。

生：一个数乘 5，只要在这个数末尾添一个 0，再除以 2。

师：我国民间早就总结了这种简便算法，叫作“添 0 折半”。你能说明其中的算理吗？

生：添 0 就是把这个数乘 10，折半就是除以 2，结果和乘 5 相等。

生：一个数的 5 倍等于这个数的 10 倍的一半。

师：用 a 表示大于 0 的数，由 $a\times5=a\times10\div2$，能不能类推一个数乘 25、乘 125 可以怎么算？

生：一个数乘 25 可以在这个数末尾添上两个 0，再除以 4。

生：一个数乘 125 可以给这个数末尾添三个 0，再除以 8。

教师板书：

$$a\times\begin{cases}5=a\times10\div2\\25=a\times100\div4\\125=a\times1000\div8\end{cases}$$

至此，轻轻松松，由此及彼，引导学生由一个数乘 5 类推出乘 25、125 的简便算法。

事实上，后继学了小数乘法，还可继续类推。例如：

$$a\times\begin{cases}0.5=a\div2\\1.5=a\times3\div2\text{（3 倍的一半）}\\2.5=a\times10\div4\\3.5=a\times7\div2\\\cdots\cdots\end{cases}$$

显然，也可以酌情类推至除法。例如：

$$a\div\begin{cases}5=a\times2\div10\\25=a\times4\div100\\125=a\times8\div1000\\1.5=a\times2\div3\\\cdots\cdots\end{cases}$$

这些简捷算法，可以利用积、商的变化规律加以说明。例如：

$a\div5=(a\times2)\div(5\times2)$（商不变规律）。

也可以利用分数知识加以说明，如 $a\times2.5=a\times\frac{10}{4}$（数据变形，渗透等量代换思想）。

可见，只要循循善诱，巧妙启发，一旦学生开了窍，举一反三、闻一知十都是可能的。做到了这一步，就能使运算能力与思维能力尤其是推理能力相互促进，同步发展。

上面介绍的这些方法，都是比较基本的方法。事实上，同样一道口算题，往往存在多种不同的口算方法。对于学生自己想出来的方法，应给予适当的评价。同时应当允许学生根据自己的特点选用合理的口算方法，不必强求一致。在教学口算的简捷算法时更应如此。

5. 口算的练习

前面谈到，各类运算错误以口算错误居多数。进一步的分析又表明，部分方法上的错误也是由于口算不够熟练以致顾此失彼造成的。如果再深入观察，还能发现，同一名学生在同一基本口算题上的错误往往是不稳定的，甚至可能与正确的答案交替出现。可见，对待口算错误，光指出错在何处，在一般情况下是不解决问题的。只有扎扎实实地练好基本功，才能保证口算的正确和迅速。

（1）口算练习的设计。

要提高口算教学的成效，充分发挥口算训练对笔算教学的促进作用，还应针对学生的具体情况和教学的实际需要，编选或设计好口算题。这里着重阐述两点。

其一，口算练习题组的设计。

原来小学数学教材每册最后有口算练习的附页，集中了本学期应掌握的口算练习题。有学校自己制作条形口算“卡片”供学生使用。例如，一年级下学期的 100 以内数的加减法口算，加法、减法单列各一条，加减混合两条就已足够。以加法这一条为例（图 5－4）：从两位数加一位数不进位到进位，从两位数加整十数到两位数加两位数，包括不进位与进位，以及和是整十数等，尽可能覆盖各种类型。

32＋5 ＝
42＋8 ＝
36＋9 ＝
4＋34＝
7＋79＝
62＋20＝
50＋42＝
33＋56＝
73＋17＝
27＋55＝

图 5－4

学生只需将白纸放在等号右边看算式写得数，不仅练习效率高，而且还能反复使用。每周练习几次，达成熟练。这种传统的方式在电子技术发达的今天，仍有一定的可取之处。例如，有助于降低学生长时间凝视电子屏对视力的影响。

其二，口算练习题数据的选择。

例如，乘加两步口算本应在教学两、三位数乘、除以一位数时就开始练习。但若盲目出题，则很可能不解决问题。比如，4×6＋9、7×2＋8 之类的计算，在多位数乘法中是不可能遇到的。因为一个数和 6 相乘，进到十位上的数最多是 5(六九五十四)。同理，一个数和 7 相乘，进到十位上的数不可能超过 6 (七九六十三)。早就有教师把乘法计算中要用到积是两位数加一位数的进位加法口算题全部排列出来，一共只有 49 道。而且，其中加 8、加 7 的无须多练(因为只有九九八十一、八九七十二各一种情况)。如果把这些口算题练好，那么多位数乘法上的难关也就过去了。

前面的有关分析还提醒我们，基本口算范围内的错误具有一定的集中性。因此，要提高练习的有效性，必须及时统计学生的错误反应，找出口算的薄弱环节，有针对性地设计练习。这对防止笔算错误具有重要意义。

此外，练习的时机也需要通盘考虑，统筹安排。

以乘加两步口算练习为例。从教学两位数乘一位数起，就应安排视算(看算式直接写出得数)。到学习两位数乘两位数时，改为听算(教师报算式，学生写得数)，以训练学生的工作记忆。

在此基础上，到学习两位数除多位数时，有必要练习两位数乘一位数的视算，可以只要求看算式边算边写得数。目的是为除法试商的顺利进行扫清障碍。如前所述，试商、改商的过程对小学生的口算及其认知负荷，构成极大的挑战。

事实上，哪怕是无须改商的除法笔算，也离不开两、三位数乘一位数的口算。例如，计算 116÷23，15.7÷3.14(已知圆周长求直径)。

$$\begin{array}{r} 5 \\ 23\overline{)116} \\ 115 \\ \hline 1 \end{array} \qquad \begin{array}{r} 5 \\ 3.14\overline{)15.70} \\ 15\ 70 \\ \hline 0 \end{array}$$

需要口算 23×5＝115　　需要口算 314×5＝1570

可见，笔算除法都是转化为口算乘法，两、三位数乘一位数的口算练习是绕不过的坎。所以，尽管三版“课程标准”均无这一口算要求，有经验的教师还是会给予必要的重视。

（2）口算练习的方式。

口算练习的方式，主要是视算和听算。通常视算用得比较多，而听算往往得不到应有的重视。其实，作为笔算的基础，视算固然重要，听算也不能不练。为说明这一点，让我们先考察一下学生笔算时常见的现象。

例如，计算 67×8，当算到六八四十八加进位的 5 时，那些明明能够口算两位数加一位数的学生出现了三种反应：一是在草稿纸上列出竖式计算 48＋5；二是用手势表示 5 再口算 6×8；三是在竖式上写进位的 5 再继续算，这种方式在计算两、三位数乘两位数时，书写就很困难了。

原来，这些学生只会看着数目算，缺乏在头脑中进行默算的能力。这与我们平时只注意训练学生看着式子算，不注意训练用耳朵听算有关。由于学生大脑内的有关区域得不到锻炼，因而不善于临时存储、调用数目。

遗憾的是，如今不仅乘加两步口算大多不见了踪影，先“视算”、再“听算”的训练进阶也已失传。而乘除法的竖式计算依然是人人必须掌握的基本技能，构成这一技能的工作记忆淡出了教学的视野，任其自生自灭。口口声声的“儿童立场”，却忘了为儿童着想。

事实上，听算不仅是笔算的需要，也是日常生活与工作中经常用到的计算方式，很多场合需要对听到的数据立即作出计算应答。因此，听算的形式不能弃之不用。换句话说，口算练习应使学生的眼、手、耳、口都得到锻炼。

一般来说，初学一种口算时，宜进行视算。这一方面是因为，同样一道题目，视算的难度较低。另一方面是因为，视算便于与口述计算方法及思考过程相结合。初学一种口算方法时，详尽地展开计算的思维过程，训练学生有根据、有条理地加以口述，有助于加深对算理的理解，提高运用口算方法的自觉性和正确性。

再者，能否及时反馈，纠错于萌芽状态，于形成正确、熟练的口算技能具有重要意义。特别是对于那些尚未真正掌握方法和那些经常表现为算得快但错误多的学生，更有必要通过口述及时查明并设法消除障碍。在此基础上，才能有效地压缩思维过程，省略中间步骤，迅速得出计算结果。这一由展开、详尽到压缩、省略的训练过程，无论是对于笔算还是口算，都是必不可少的。

待学生视算比较熟练以后，就可酌情开展一些听算练习，以训练学生的工作记忆。

有时，也可以采取视算与听算相结合的方式进行训练。比如，练习乘加两步口算时，教师先出示写有算式（如 3×9）的卡片，再提问：加上 8 得多少？

又如，有余数除法的口算练习，先出示 $45\div6$ 的卡片，问商是多少，再追问 $45-6\times7$ 得多少。这种练习方式接近笔算的实际需要，有助于训练学生分配好自己的注意力，协调多种感官投入计算活动。

到了高年级，对于基础较弱的班级，可以采用“对折口算卡”逐步提高口算要求。例如，异分母分数加减法的口算，先出示左半部分题目，待学生口算通分后再出示右半部分（图 5-5）：

$\frac{3}{8}+\frac{1}{6}=$	$\longrightarrow$	$\frac{3}{8}+\frac{1}{6}=$	$\frac{9}{24}+\frac{4}{24}=$

图 5-5

显然，口算练习的课件也可作类似分步出示处理，以训练学生的注意力分配与瞬时记忆力。

（3）游戏性口算练习。

我们知道。口算技能非一日之功，毕其功于一役或三天打鱼两天晒网是难以做到娴熟的。因此，口算练习重在平时，持之以恒方见成效。但如果方法单调，时间一长学生就会感到乏味。为了避免厌倦效应，提高学生练习兴趣的方法很多，各地教师都有自己的“招数”。比较常见的如口算图形、口算练习器、过关游戏、积分奖励等。

进入第二学段，还可逐步开展用扑克牌算 24 点的游戏练习。即从三张牌算 24 点（参见案例 3-14）的两步运算入手，到四张牌的三步运算。

不少学校的实践表明，算 24 点的扑克牌游戏，有助于调动学生的无意注意，不仅能有效提高学生运算反应的敏捷性，还可以通过将结果为 24 的算法列成综合算式，增强学生列综合算式的能力。特别是学校数学节举办算 24 点竞赛，效果更加明显。

事实上，算 24 点对于提高学生运算思维的灵活性也有裨益。一方面，很多数据组合有多解；另一方面，有些数据的运算还可能用上小数、分数。

案例 5-4 利用小数、分数算 24 点

(1) 2、2、5、10。

除了常规的整数运算(10−2)×(5−2),(5+2)×2+10,(10×5−2)÷2,还有(2+2÷5)×10,即 2.4×10。

(2) 2、3、5、8。

可以用整数解 2×8+3+5,(3+5)×2+8,其实都是“三八二十四”的思路。也能用分数解 8÷(2−5÷3),即 $8\div\frac{1}{3}$。

诸如此类的练习,其思维的挑战性可由教师调控,运算与益智兼容,学生越算越活。

6. 口算的习惯

由于口算有速度要求,容易导致急于求成心理。情感上希望能尽快算出结果,在加快思维运转的同时,常常影响全面精细地感知运算对象。当数目小、算式简单时,易生“轻敌”思想;而当数目大、运算复杂时,又表现出不耐心,产生厌烦情绪。进而滋生题目未看清就匆匆动笔,以及做完不检查等陋习。

鉴此,进行口算练习,每当提出速度要求时,应提醒学生仔细看题,看清楚运算符号与数据,正确合理地选择口算方法。完成视算练习后,应及时检查,不放过任何差错。

可以认为,小学教育是一种养成教育。口算是初学数学阶段的主要运算方式,为“养成一丝不苟、严谨求实的科学态度”,从一开始就注意细心、认真的习惯培养,对于形成良好学习习惯,以致终身受用,也有重要意义。

二、促进算法与算理相融

算法与算理,作为运算能力的一体两翼,促进两者相辅相成是运算教学最主要的教学方略。如果将前面第四章浓缩成一句话,那就是“算法与算理相融的教学”。在此基础上,这里再进一步强调两个要点。

1. 循理入法，以理驭法

也就是依据、遵循算理，探究、发现、归纳法则，依靠理解来驾驭法则。“循理入法，以理驭法”是 20 世纪 80 年代初小学数学计算教学的经验的提炼[1]，如今已成为很多教师运算教学总结时的高频标题。

（1）必要性。

实施这条策略的必要性在于理解是切实掌握的需要，增强记忆效果的需要，也是灵活运用的需要。

首先，提高小学生的运算能力，应当靠理解原理而不仅仅是靠牢记算法来保证正确性；靠巧思活用而不仅仅是靠不费思索的“自动化”（20 以内数的加减法与表内乘除法例外）来达到一定的熟练程度[2]。离开了理解，单纯训练学生掌握算法，充其量只是获得了一种操作技能。

其次，理解是一种有意义学习，促进掌握与记忆，人所共知，能促进灵活运用吗？以两位数进位加法为例，前面给出的课例 4－2，让学生通过：

操作小棒，探究算法→交流算法，异中求同→理解算理、归纳算法。

这样的过程，比教师一讲到底费时、费力，有何效能？

案例 5－5 加法算理的灵活应用

教师出示动脑筋思考题（图 5－6），让学生独立思考后交流。

$$\begin{array}{r} 4\ \square \\ +\ \square\ 3 \\ \hline 7\ 1 \end{array}$$

图 5－6

$$\begin{array}{r} 4\ 3 \\ +\ \square\ \square \\ \hline 7\ 1 \end{array}$$

图 5－7

生：先看个位，1 比 3 小，肯定向十位进了一，8 加 3 得 11，所以个位上面的方框里填 8。再看十位，4 加一个数加进位的 1 是 7，这个数是 2，所以十位下面的方框里填 2。

师：讲得很清楚，有不同意见吗？（没有）有不同思考方法吗？

生：我把 3 和上面的方框交换位置（图 5－7），就可以直接用 71 减去 43

---

[1] 曹培英. 计算教学[M]. 南昌：江西教育出版社，1986：20.
[2] 同[1].

得 28。

师：大家听明白了吗？非常巧妙的方法，你是怎么想到的？

生：我在摆小棒时发现，反正是根和根合并，上下交换和不变。

……

真所谓“磨刀不误砍柴工”，让学生操作探究，讲清算理，产生了意想不到的收获。

其实，理解的标志不仅是“看得明，说得清”，还表现为“用得活”。特别是原理的理解，具有广泛的迁移价值。

（2）可行性。

实施这条策略的可行性，首先在于算法其实是运算操作的一种合理、简约的流程，具有内涵丰富的逻辑思维，可以说是逻辑推理的规范化和程序化，因而理论上必定是可行的。

例如，两位数乘一位数的笔算竖式的形成：

$$\begin{aligned}&3\times18\\=&3\times10+3\times8\\=&30+24\\=&54\end{aligned}\longrightarrow\begin{array}{r}18\\\times\ 3\\\hline 24\\30\\\hline 54\end{array}\longrightarrow\begin{array}{r}18\\\times\ 3\\\hline 54\end{array}$$

很明显，右面的竖式实质上是一种经过了简化的推理记录形式。

其次，它的可能性还在于恰如其分的算理解释符合小学生的认知特点。儿童心理学的研究表明，小学生的思维正处在由形象思维向抽象思维过渡的阶段，亦即抽象思维逐步发展阶段。皮亚杰的理论对此作了更细致的刻画：小学生的思维发展处在从具体运算阶段（7～11 岁）到形式运算阶段（12～15 岁）。皮亚杰认为，进入具体运算阶段的儿童获得了较系统的逻辑思维能力，包括思维的可逆性与守恒性，分类、顺序排列与对应能力，能在运算水平上掌握数的概念。这里的“运算”即“心理运算”，是指有守恒性前提、可逆的、有逻辑结构、内化了的心理动作。因此，小学儿童，特别是小学高年级学生，他们能够借助直观或借助现实情境，通过具体的实例来理解抽象的算法。

长期的教学实践持续不断地实证了小学数学所教的算法，总能找到浅显的表征方式使学生理解其算理，算法与适当的算理解释是相容的。

再说，我们从来就没有指望每一名小学儿童都能理解所学的每一种运算的算理；但放弃努力意味着放弃教育的公平，放弃让每一名儿童都能获得适合自己的发展。

（3）补充案例。

在追求“为理解而教”的过程中，一线教师还会生成自己独到的、优化的算理解释。试举一例。

案例 5－6　连续退位的“另类”说理[1]

有教师将连续“两次”退位过程简化为“一次”。以“301－145”为例：

	·	9	10
	3	0	1
－	1	4	5

	2	9	10
	3	0	1
－	1	4	5

即将百位退 1、十位退 1 的两次退位，看作“30”减 1 成“29”的一次退位。作为运算“法则”，显然更为简捷。退位过程的算理“1 个百化成 9 个十和 10 个一”也简化为“1 个十化成 10 个一”。只是需要将前两位数看作一个整体减 1，好在到了万以内数的学习阶段，30－1 是一般学生都能立即反应的口算。

这样的一次退位对于更多位数同样适用，如 3001－145，退位过程看作 300－1 得 299，则千、百、十位上的数一清二楚。

至于四则运算从加减到乘除，如何“循理入法，以理驭法”，已在第四章中作出几乎全覆盖的系统探讨，这里仅补充一些算法与算理相融的趣味练习。

案例 5－7　融入算理的趣味问题

1. 加减法的趣味题

① 小马虎计算两数相加，他把一个加数十位上的 5 抄成了 3，结果是 782，正确答案是多少？

② 在图 5－8 的□里填上适当的数，使算式成立。

		□	3	□
＋		4	□	2
	□	□	□	□
－		□	□	□
				1

图 5－8

［评析］可作为万以内数的加减法的思考题。第①题旨在启发学生运用计数单位进行思考，十位上的 5 抄成了 3，少加了 2 个 10，所以正确答案是 782＋20＝802。

第②题涉及进位加、退位减，看似已知数字只有 1、2、3、

［1］ 本案例由厦门市同安区小学数学教研员王冬晖老师提供。

4,未知数字却有10个之多,但只要找到突破口,即四位数减三位数的差是1只有1000—999,问题就能迎刃而解。

2. 乘除法的趣味题

③ 小马虎计算两数相乘,他把一个因数个位上的5抄成了3,结果是782。老师说,正确答案是850。你能写出这道乘法题吗?

④ 在图5－9的□里填上适当的数,使算式成立。

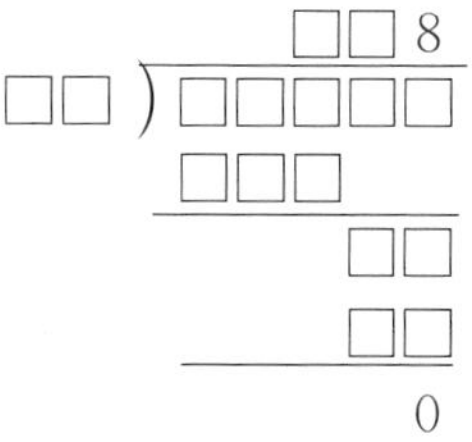

图5－9

[评析] 可作为多位数乘除法的思考题。第③题的意图与第①题类似,学生只要理解一个因数减少2,积就减少另一个因数的2倍,就能先后求出两个因数。

第④题被戏称为“孤独的8”,突破口在于观察算式发现商中间有0,商的首位比8大,只能是9。进而根据8乘除数积是两位数,9乘除数积是三位数,就不难通过试探(8×13是三位数,9×11是两位数),确定除数只能是12。

显然,这样的练习能促进学生在理解算理、算法的基础上进一步理解运算过程的内在机制。同时也是“通过运算促进数学推理能力发展”的生动体现。

2. 凸显一般算法的实质

在四则运算的各种算法中,与只适合特殊数的特殊算法相对,具有一定普适性的算法谓之一般算法,亦即通用算法(习惯上简称通法)。

例如,两位数相乘:转化为两位数乘一位数的积,局限性很大,属于特殊算法;而转化为两位数乘整十数、一位数的和,适合所有两位数,为一般算法。

又如,分数除法:被除数与除数的分子相除、分母相除,只适合两个分子、分母成倍数关系的特殊情况;被除数乘除数的倒数是一般算法。

一般算法所遵循的基本思路、基本原理,亦即通法的“通性”。

例如,两位数相乘:一般算法的基本思路是归结为(2×2)次一位数相乘和4个积的和,基本原理是依据乘法对加法的分配律。

又如,分数除法:一般算法的基本思路是转化为分数乘法,基本原理主要是根据分数概念与除法意义的扩展,或者依据等式的基本性质导出。

（1）必要性。

掌握一般算法即通法的必要性不言而喻。谁都希望自己学会的算法，具有尽可能广的适用性。理解一般算法的实质有助于“通过运算促进数学推理能力的发展”，是运算教学的固本之策。

其实，早在多年前，大洋彼岸的美国研究者就曾指出：不对标准算法及其原理进行学习、理解和练习的儿童，在开始学习代数Ⅰ时就遇到困难。他们所说的标准算法，基本等同于这里的一般算法。

（2）可行性。

一般算法较之特殊算法，大多更易被学生接受与掌握，其思路、原理的教学也有行之有效的对策。概括地说，除了用活已有知识展开推导，还常常可以借助几何直观或调动学生的相关生活经验，帮助理解或作出解释。这在前面第三、四章已有较为详尽的多侧面探讨。

需要进一步指出的是，在一定条件下特殊与一般可以相互转化。而且，算法的一般化始终是数学的追求。即便是寻找所谓的“运算规律”，也应当酌情启发学生尽可能将特殊算法加以一般化。

（3）典型课例。

例如，《课标2022年版》附录的例12：

“利用计算器计算 $15\times15,25\times25,\cdots,95\times95$，并探索规律”[1]。

这在传统的小学算术教学中曾经是“速算”的一个典型教学内容。

因为 $(10a+5)^2=100a^2+100a+25=100a(a+1)+25$，所以计算几十五的平方：“十位数加1，再乘十位数，后面接着写五五二十五”便是结果[2]。

使用苏教版小学数学教材的教师发现，该规律就是三年级下册“有趣的乘法计算”中“头同尾合十”的特例。教师们总结[3]：

两个两位数：十位数相同（头同）；个位数的和是10（尾合十）。

积：末两位数＝因数个位数的积（尾乘尾，放末尾），位数不够用0补位；

[1] 中华人民共和国教育部.义务教育数学课程标准(2022年版)[S].北京：北京师范大学出版社，2022：104－105.

[2] 曹培英.计算教学[M].南昌：江西教育出版社，1986：76.

[3] 曹培英，顾文.跨越断层，走出误区：小学数学深度学习教学研究[M].上海：上海教育出版社，2022：139.

末两位前的数＝十位数×（十位数＋1）（头乘头加 1 的和，放前面）。

显然，“头同尾合十”的两位数乘法，包括个位是 5 的两位数平方。

“有趣的乘法计算”教学实践表明，由一般到特殊，无须多费口舌，几十五的平方作为练习即可。反过来，按《课标 2022 年版》给出的实例教学，由特殊到一般，也值得尝试。

课例 5－1　有趣的乘法

（一）探索规律一

① 用计算器计算出前三题，填空，找出规律，完成后两题的填空。

15×15＝________＝1×2×100＋5×5，

25×25＝________＝2×3×100＋5×5，

35×35＝________＝________×________×100＋5×5，

……

85×85＝________×________×100＋5×5＝________，

95×95＝________×________×100＋5×5＝________。

你能用自己的话总结积的规律吗？同桌校对，并相互说一说。

［评析］**填空的设计，内含启发与诱导，便于学生发现规律、应用规律。**

② 全班交流（填空的答案与意思相近的交流略，下同）。

生：个位是 5 的两位数自己乘自己，积是两部分的和，一部分都是 25，还有一部分是整百数。比如，十位是 3 就 3 乘 4，等于 12 个百。

生：积的规律，前面是十位数乘十位数加 1 的和，后面是 25，两部分连起来写就是完整的积。

师：有不同意见吗？（没有）他们用自己的话讲清楚了积的规律，能理解吗？（能）老师把它改编成口诀，尾乘尾放末尾，头乘头加 1 的和放前面。听得懂吗？请以 65×65 为例，说说怎样按规律写出积。

生：先尾乘尾，写 25，再头乘头加 1 的和，也就是 6×（6＋1）＝42，在 25 前面写 42。

师：42 末尾有几个 0，其实是多少乘多少的积？

生：42 末尾有两个 0，其实是 60×70 的积。

师：完全正确。因为是 60×70，积是整百数，末尾有两个 0，所以才能后面接着写 25。

[评析]教师的设问“42 末尾有几个 0,其实是多少乘多少的积”,切中肯綮,有效地启发学生完整地发现并掌握了计算规律。

③ 给出直观解释。

师:我们以 25×25 为例,用圆点表示数。(出示图 5-10)还记得吗,这种点子图什么时候见过?

生:学两位数乘两位数的时候见过。

师:当时主要用来表示两位数乘两位数要乘 4 次,现在这个图是 25×25,尾乘尾在哪里?怎样才能一目了然地表示头乘头加 1 的和,也就是 20×30 的积?

学生先独立思考,再小组讨论,然后全班交流。

生:尾乘尾得 25,在右下角,头乘头加 1 的和,要把左边 5 个 20 转一下,移到下面来,正好组成 20 乘 30 得 600。

生:也可以把下面的 5 个 20 转一转,放到上面右边,组成 30 乘 20。

教师按照学生的发言进行演示(图 5-11)。

师:真聪明,老师也看懂了,原来尾和尾正好凑成十,头乘头加 1 的和得整百数,得整百数(末尾两个零),正好写在 25 前面。

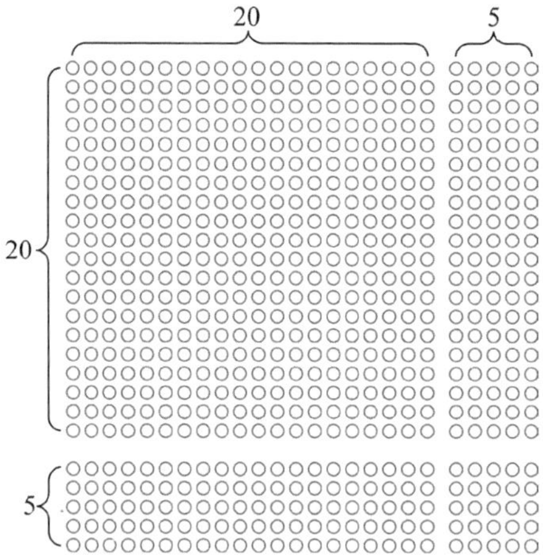

图 5-10

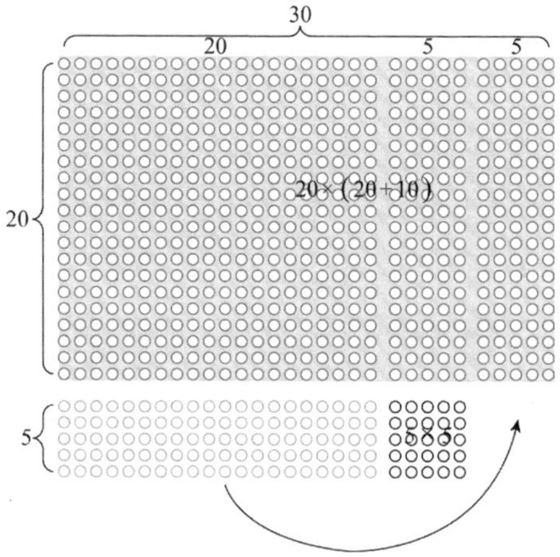

图 5-11

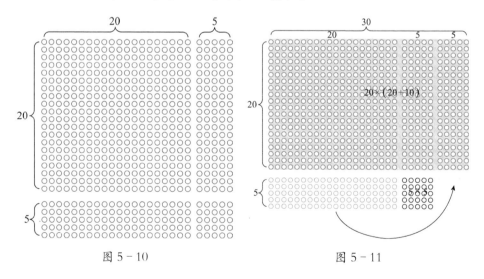

[评析]精心设计的点子图发挥了良好的直观效果,学生很快利用图示,对“头乘头加 1 的和”作出说明。这是规律的几何解释,有助于学生加深对算理的理解,增强确信感。教师画龙点睛的小结为引出“头同尾合十”的探究埋

下伏笔。

（二）探索规律二

① 下面各题有什么共同特点？用计算器算，看看积有什么规律。完成填空。

75×75=　　27×23=　　42×48=　　81×89-

两个因数的特点：____。

积：末两位是____；

　　末两位前的数是______________________________________。

［评析］由“头同尾是5”，引出较一般的情况“头同尾合十”，引导学生探究发现。

② 全班交流。

生：两个因数的共同点是十位数相同，两个个位数正好凑成十。

师：简单地说，头同尾——

生：头同尾凑十。

师：好，头同尾凑十。积呢？

生：积的最后两位是因数个位数的积，积的最后两位前面是十位数乘十位数加1的和。

生：我有补充，十位数乘十位数加1的和，积是整百数，后面有两个0，所以个位数的积要占两位，如果只有一位，要补一个0。比如，81×89就是这种情况，积是7209。

生：我来编顺口溜，头乘头加1的和写前面，尾乘尾写后面，只有一位补个0。

师：真好！简单明了又好记。

［评析］学生对两个因数特征的概括“头同尾凑十”，不同于习惯用语“头同尾合十”，教师给予肯定。学生习惯说“凑十”，就没有必要改成“合十”。

③ 让学生画直观图示。

师：前面，十位数相同且个位是5的两位数相乘，我们用点子图展现了算理。头同尾凑十的两位数相乘，你们能用方格纸画图说明算法吗？我们以27×23为例，参考老师画的点子图（指图5-12），试着画一画。

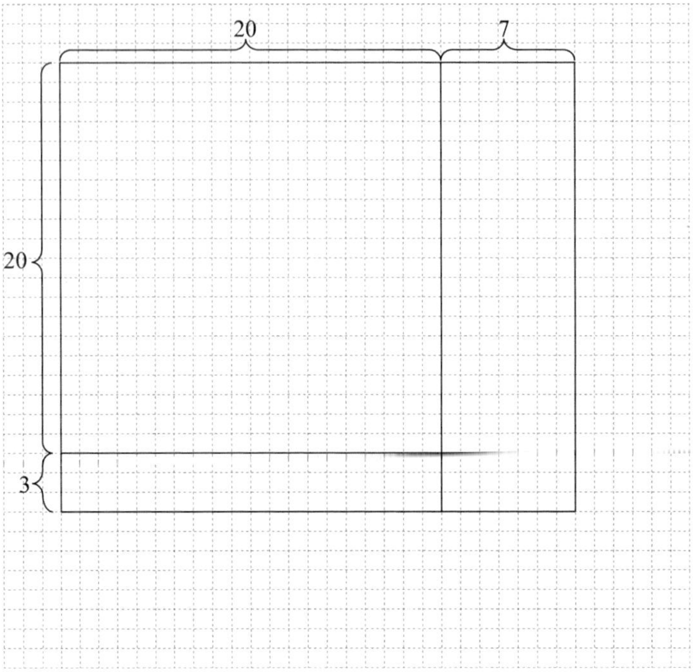

图 5-12

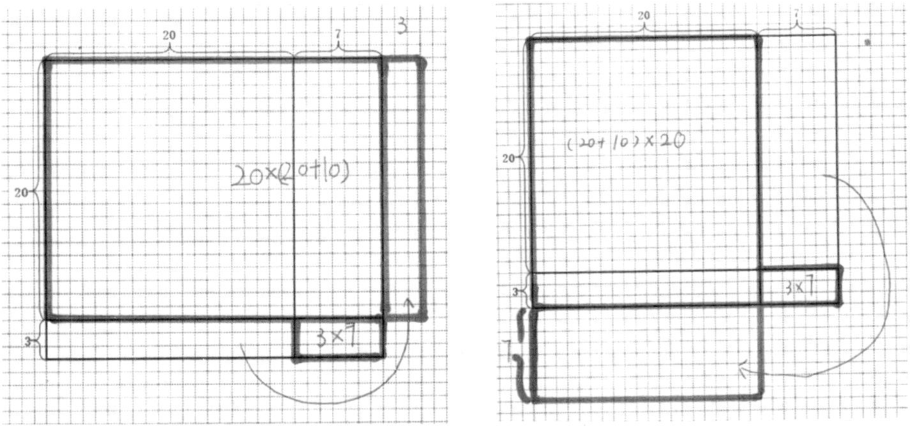

图 5-13

展现学生的两幅图(图 5-13)。

师：说说你是怎么想的。

生：我是把底下 3×20 那部分转到上面，组成 20×(20+10)，右边下面那块就是 3×7。

生：我是把右面 7×20 那部分转到下面，组成(20+10)×20，也就是头加 1 的和乘头的积，右下那块是尾乘尾。

师：评价一下，两位同学画得怎么样？你看懂了吗？

生：他们都画对了，我都能看懂。

[评析] 由点子图到方格图，为今后进一步抽象出面积图作过渡。学生仿照点子图的标识，准确地移植到了方格图上，对"头同尾合十"算法的算理作出了几何解释。

（三）探索规律三

① 导出问题。

师：前面我们探究了十位数相同且个位是 5 的两位数相乘的计算规律，那么任意两位数与自己相乘，有没有特别的算法与规律呢？你想怎样探究？

生：我想用方格图把 27×23 改成 23×23 进行探究。

生：我打算举一些例子，比如 23×23、51×51 等，用计算器算出积，再找规律。

师：好，就按照你们各自的想法试一试。

[评析] 由引导到放手，让学生先明确探究方向，并思考采用什么方法，再进行探究。这种由扶到放，突出探究定向的教学策略值得推介。

由于尚未引入"平方"的概念，给叙述带来了一定的困难，因此只能用"同数相乘""自乘"，或者用儿童语言"自己乘自己""与自己相乘"替代。

② 学生尝试。

③ 全班交流。

生：我在方格纸上画了 24×24 的正方形，发现积的四部分，两个是一大一小的正方形，一个 20×20，一个 4×4，还有两个一样的长方形，都是20×4。

生：我有补充，头乘头接着写尾乘尾，要注意尾乘尾的积是一位数的话，要补一个 0。

师：了不起，都是小小数学家。老师以 26×26 为例，也画了方格图（图 5－14）。

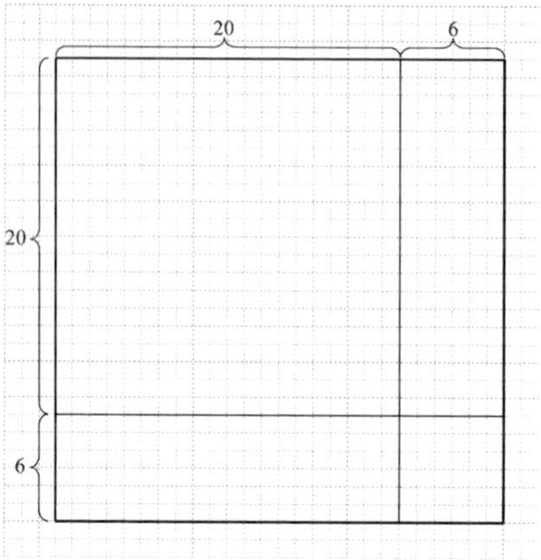

图 5－14

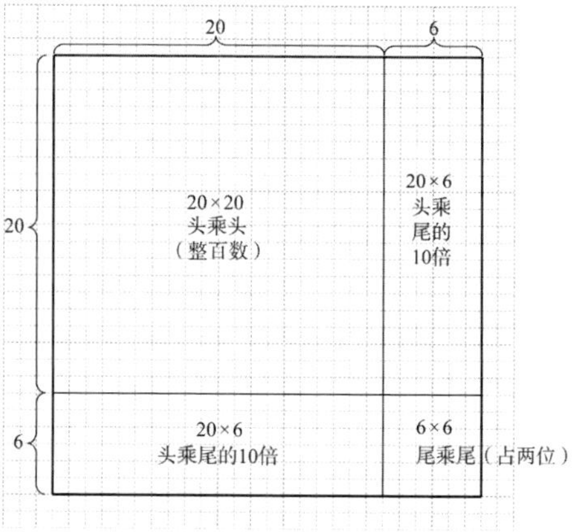

图 5－15

师：画图探究的同学，发现这样的两位数相乘，乘 4 次的积分别是两个一大一小的正方形和两个完全相同的长方形，没画图的同学说一说，分别是什么？

生：大正方形是头乘头，20×20，小正方形是尾乘尾，6×6，两个长方形都是 6×20。

生：两个长方形合起来是 6×20×2，可以改成 2×6×20，就是头乘尾的 20 倍。所以，我总结的计算方法是头乘头接着写尾乘尾，再加上头乘尾的 20 倍。

随着学生的交流，教师逐步出示标注（图 5－15）。

师：也就是 26×26＝20×20＋6×6 再加——

生：再加 2×6×20。

师：刚才我们同学总结的计算方法"首乘首、尾乘尾，再加首乘尾的 20 倍"怎么样？

生：又对又快，向他学习。

［评析］实践表明，相当部分的学生能仿照教师提供的样例，利用方格图探索并发现计算规律。不难发现，去掉方格，就是初等代数中完全平方公式的几何模型。本课的这一设计，为我们提供了一个算式呼应代数的成功样例。

师：采用举例计算的同学有没有发现什么？

生：我没有发现规律，但我的举例有 24×24＝576，26×26＝676，验证了你们的简便算法是对的。

生：我先用竖式算出积，把两位数乘两位数的四次乘法写成乘加算式，比

如 $23\times23=529=2\times2\times100+3\times3+2\times3\times10\times2$，但我没有总结出口诀。

师：很好，应该养成自觉验算的习惯。两种探究方法相比较，画图的方法更直观，比较容易发现规律。

[评析] 鉴于采用举例探究的学生更多，教师让他们参与交流很有必要。通过对比，使学生看到并体会数形结合的优势。

（四）巩固练习（略）

（五）全课总结

师：说说这节课有哪些收获。

生：这节课使我知道了十位数相同、个位是 5 的两位数相乘有简便算法，它是两位数头同尾凑十乘法的一种情况，还知道了两个相同两位数相乘也有简便算法。

生：我学会了画图探究，如果能画图的话，画个图发现规律更方便。

……

[评析] 本课对《课标 2022 年版》提供的案例作了两个方向的推广。一是将个位是 5 的两位数的平方推广至头同尾合十，二是推广至任意两位数的平方。教师的创意最突出的是关注不同探究方法的引导、启发，特别是引进面积图的雏形，提升了探索效能，较为有效地落实了"四能""三会"的课程目标。

这个课例充分说明，一旦教师成为有心人，即使面对小学生，也能恰如其分地凸显一般算法的实质。所谓的"一般算法"，既指四则运算的常规通用算法，也包括某些特定条件下特殊算法的拓展推广。

关键在于教师的专业素养，一是自身的数学功底，二是对学生"跳一跳，够得着"的最近发展区的把握。

三、加强合理选择算法的教学

最后，我们讨论、落实运算能力"策略"要素的培养。这是我们目前所缺失的，所以重点加以展开阐述。

1. 重视算法选择的思路

全美数学教师理事会在美国十几个全国组织（如美国数学会、工业与应用数学协会等）支持下，从 1986 年起，经过几年通力协作制定的《美国学校数学课程与评价标准》认为："当某人为了求得一个问题的答案而需要进行计算时，他应该意识到选择方法（图 5－16）。"[1]

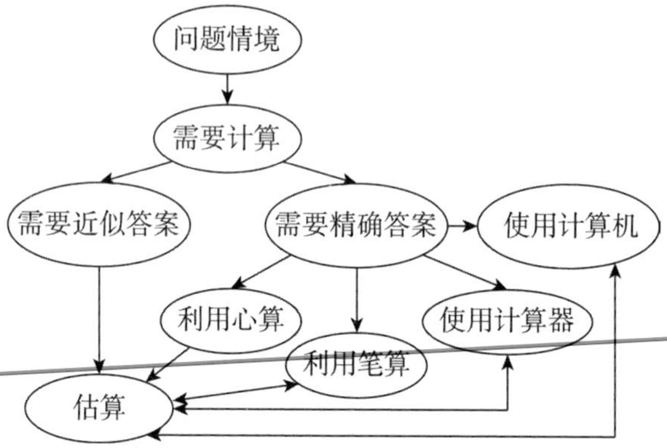

图 5－16

不难看出，崇尚实用主义的美国人看重的是从实际需要出发，选用适当的计算方式。他们强调的是计算方式的多样化，与我国目前流行的运算方法多样化具有实质性的差异。

如果将这一计算方式选择图套用于我国现在的小学数学教学，那么应该再加几个"箭头"（图 5－17）：

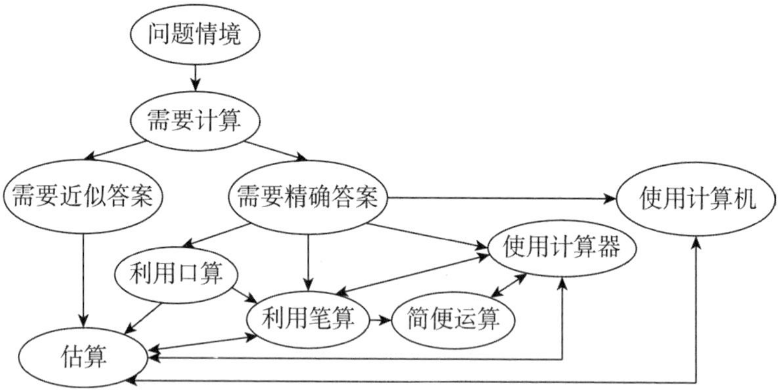

图 5－17

[1] 全美数学教师理事会.美国学校数学课程与评价标准[M].人民教育出版社数学室，译.北京：人民教育出版社，1994:7.

因为我们是在掌握基本口算的基础上学习笔算的，我们的笔算是名副其实的口算（心算）笔记；迄今仍非常重视对某些笔算实施简便运算；计算器主要用来检验计算结果正确与否。

这是广义的算法选择，包括计算方式、工具的选用，以及运算方法、策略择优。近年来，在我们的教材、教学中也已有所体现，较早的如青岛版教材六年级总复习（图 5－18）[1]：

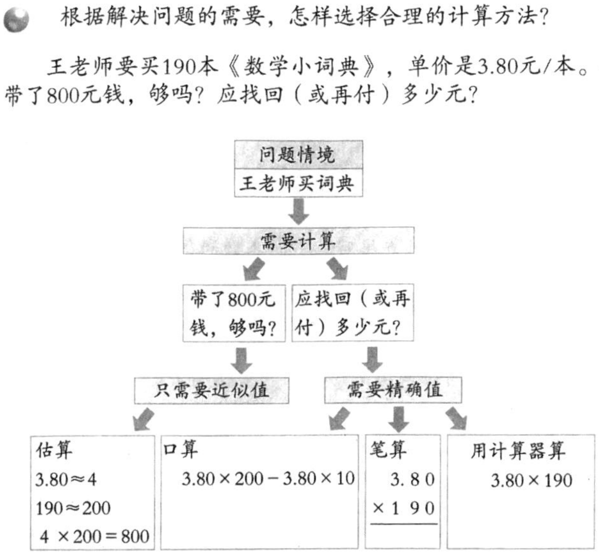

图 5－18

其实，这样的算法选择在中高年级的新授教学中就应该出现，以帮助学生明确使用运算的整体思路，这也是培养算法选择意识的重要内涵。

2. 重视笔算的方法选择

合理选择算法正确运算本是“笔算”的题中之义。之所以强调，是因为存在着由来已久的教学误区。

（1）厘清认知偏差。

在小学数学中，长期以来笔算似乎仅指一步运算，意味着列竖式、打草稿。

[1] 展涛，徐云鸿.义务教育教科书·数学（六年级下册）[M].青岛：青岛出版社，2015：89.

多步运算叫作递等计算、脱式计算。

顾名思义，笔算与口算相对，意味着动笔记录过程（口算练习也会用笔记录得数）。因此，笔算应该包括一步运算与多步运算（递等计算）。

与此同时，与递等计算并列，还有简便运算。不同的名称，被解读成不同的答题指导语：递等计算指示按运算顺序进行运算，简便运算提示根据运算律或其他运算性质改变运算顺序，使运算简便。于是，只有简便运算才需要审题，才需要选择算法。这是一个长期存在的、明显的教学误区。

与此相关，口口声声的“一致性”却忘了竖式与横式的一致性。例如，“35×22”的笔算竖式，2 个 35 加 20 个 35，与所谓的简便运算“35×22＝35×20＋35×2”本质上是一回事。区别只是书写的形式，一个竖式一个横式。因此，割裂“笔算”与简便运算是没有道理的。

如果说基本口算相当于数学基本事实，必须进入长时记忆，形成“条件反射”，那么其他口算、所有笔算，无论一步、多步，都应当重视审题，合理选择算法。

(2) 加强审题教学。

首先，必须澄清认识，审题是数学问题解决的必经步骤。

无论是实际应用题，还是数值计算题，都应认真、仔细审题。这是合理选择算法的必要条件。

其次，必须克服数值运算只看数据特点的习惯。

我们知道，感知具有强度律。儿童的数学知觉易被强成分左右。研究表明，观察对象的刺激强度具有相对性、特殊性。通常，感知几何图形，整体（形状、大小）是强成分，细节是弱成分；而感知算式，则数据细节是强成分，算式整体是弱成分。学生视、听知觉的选择性受信息强弱程度的制约，进而影响他们的思考。

因此，教学中过分强化数据的“凑整”特征，迎合了儿童的感知特点，恰恰助长了审题的思维定势。例如，学生看到 125 和 8，就反应出 1000。有教师出示口算题时，故意板书 125＋8，果不其然，多数学生报出得数 1000，甚至有学生质疑“老师，你抄错了”。

怎样矫正？基本对策是帮助学生养成正确的审题习惯：先看算式特点，再看数据特点。所谓算式特点，包括运算符号和多步运算的结构。

例如，口算 15－15÷3，笔算 7.2－7.2×0.8。学生之所以错算成 0，并非忘了“先乘除后加减”的顺序，而是被“同数相减得 0”这类强信息干扰。因为首先映入眼帘的是“15－15”“7.2－7.2”，这种强刺激容易掩盖、减弱其他信息的识别与接受。类似的现象也表现在同级运算中，如口算 100－98＋2＝0，笔算 15÷0.25×4＝15。出错原因是“凑整”信息的强刺激屏蔽了记忆中“从左往右依次计算”的运算顺序规定。

对此，审题教学可让学生用自己的语言正确叙述算式特点，并联系相关知识说出运算注意点。

案例 5－8　数值运算的审题（整数）

（一）改错

① 93＋7×8＝800　② 25×4÷25×4＝1　③ 125×(8＋4)×25＝1100

（二）分析

师：这是我们同学的常见错误，请思考原因，寻找对策。

生：第①题是乘加，要先算乘法，再算加法，93＋56＝149。不能看到 93 和 7 可以凑整，就不看运算符号，不管运算顺序了。

生：对，能凑整的数可不可以“交朋友”，还要看运算符号“答不答应”。

［评析］儿童的语言生动、形象地道出了运算与数据的关联，为教师启发总结审题要点提供了有益的感性经验。

生：第②题也是这样，看到 25 和 4 马上得出 100，这道题是除以 25，不是除以 25 与 4 的积。它不是连乘算式，不可以把能凑整的数结合起来。

生：第②题可以带着符号搬家，先算 25÷25，再乘 16，正确的结果是 16。

生：第②题按照运算顺序算也挺简便，25 乘 4 得 100，再除以 25 得 4，四四十六。

［评析］以往校外补习机构的老师会总结同级运算“带着符号搬家”的性质，教材一般不作概括，是因为后面学了分数除法，乘除可以统一成乘，到中学学了代数和，加减可以统一成加，所以加法、乘法的交换律和结合律才是必须掌握的数学基础知识。

生：第③题有乘法和加法两种运算，可以用乘法对加法的分配律，但不能看到 125 与 8 可以凑整，4 与 25 可以凑整，就随便分配。

生：第③题应该把 125 乘 25 的积看作一个数，题目是求 12 个 125 乘 25

的积，用乘法运算律应该是 $125\times25\times8+125\times25\times4=125\times8\times25+125\times(25\times4)=25000+12500=37500$。

（三）总结

生：两、三步计算题，不能看到能凑整的数就先凑了。

师：是的，计算题的审题要先看什么再看什么呢？

生：应该先看整个算式的特点，是几步什么运算，再看数的特点。如果是连加、连乘，才能交换、结合，否则即使有“好朋友”也不能随便凑整。

师：很好，先看算式整体的特点，弄清先算什么，再算什么。连加连乘，可用交换律、结合律；乘法对加法的分配律里含有乘法和加法两级运算。再进一步看数据的特点，决定要不要用运算律。

以上是在整数四则运算教学阶段基于纠错的审题教学。到了小数、分数四则运算教学阶段，还可进一步采用“改错”的练习形式，启发学生积累审题经验。

案例 5-9 数值运算的审题（小数、分数）

（一）改错

① $3.8-3.8\times0.9=0$　　② $\frac{3}{7}\times\frac{5}{6}\div\frac{3}{7}\times\frac{5}{6}=1$

（二）分析

师：还有个别同学被数据忽悠出错，说说原因和对策。

生：第①题是乘减两步计算，根据运算顺序要先算乘法，根据乘法对加法的分配律可以改写成 $3.8\times(1-0.9)$，就能直接算出得数 0.38。

师：很好，先看清算式特点，再根据数据特点合理选择算法。

生：第②题乘除混合运算，可以带着符号搬家，先算 $\frac{3}{7}\div\frac{3}{7}$。

生：可以把除转化为乘，先约分再相乘，和带着符号搬家一样简便。

师：是的，现在乘除可以统一成连乘，以后加减可以统一成连加，就能运用交换律、结合律进行运算。

[评析] 这样的画龙点睛很有必要。

（3）改进练习设计。

目前的现状，只有面对有“简便运算”要求的题目，学生才会考虑选择算法。对此，为了培养自觉的审题习惯和运算策略意识，有必要设计、安排一些灵活运算的练习。

案例 5－10　笔算中的巧算

① 整数乘法笔算练习中穿插：56×9，56×63。

56×9＝560－56＝504（9个56等于10个56减1个56），

56×63＝504×7＝3528（一个因数不变，另一个因数乘7，积也乘7）。

② 小数乘除法练习中穿插：1.8×3.5，1.8÷4.5。

1.8×3.5＝0.9×7＝6.3（一个因数除以2，另一个因数乘2，积不变），

1.8÷4.5＝3.6÷9＝0.4（被除数、除数都乘2，商不变）。

③ 分数乘除法练习中穿插：$\frac{7}{8}\times9$，$1.6\times\frac{5}{8}$，$\frac{8}{9}\div\frac{2}{3}$。

$\frac{7}{8}\times9=\frac{7}{8}\times8+\frac{7}{8}=7\frac{7}{8}$（9个$\frac{7}{8}$等于8个$\frac{7}{8}$加1个$\frac{7}{8}$），

$1.6\times\frac{5}{8}=0.2\times5=1$（1.6看作分母是1的分数，与分母8约分），

$\frac{8}{9}\div\frac{2}{3}=\frac{8\div2}{9\div3}=\frac{4}{3}$（参见案例3－3）。

练习时，应允许学生采用常规算法（如将1.6化成分数），通过交流、点评或启发、讲解，使全体学生感悟：认真审题，看清算式、数据特点，灵活选择合理的算法，可以事半功倍。

其中的56×63，即使没有想到利用前一题的计算结果递推，而是按照习惯用竖式计算，那么先算“3×56”得168，再算“6×56”还要重新算吗？就是168的2倍。

显然，这样精心设计的穿插，有助于将学生从不假思索的演算操作中拉回来，增强算法选择、策略评价意识。

3. 重视估算的方法选择

估算（computational estimation）的本意是“计算的估计”。它是指个体知道什么情况不必准确计算，并未经精算而只借助原有知识给出近似答案的推算，是数概念、口算和四则运算法则之间相互作用的结果。

（1）估算教学的意义。

在日常生活中，客观条件的限制使得人们常常无法或者没必要进行精确的运算和判断，这时估算便是适宜的方式。例如，计划家庭开支，无法精确计算，只能预估；买菜购物估算价格、行车走路估算时间、出差旅游估算费用等，无须精确，因为情况总会出现变化。可以说，生活场景中使用估算的机会远多于精算。

借助现代计算工具能够进行高效、便捷、高精度的运算，但随之而来的问题是数据输入的手工操作是否有误、运算过程的选择是否合理、得到的结果是否正确等，这时估算也能派上用场。

估算反映了数学的另一面，诸如"大约""接近""之间""比……略大或略小"等用语说明了数学不仅仅是精确的，也可以是大约的。随着科技进步与计算工具的日益普及，改变了人们计算的方式与观念，估算能力已成为衡量个体数学运算能力高低的一个重要方面。

自全美数学教师理事会在 1980 年与 1990 年的改革计划中明确提出将估算能力培养作为数学教育的重要目标与考查标准以来，加强估算已成为各国数学课改的共同趋势。

理论与实践都已表明，估算与数感相辅相成。较之精算，估算看似将问题简单化，但要经历对数量大小和关系的思考处理过程，实际更为复杂，方法更为多样，因而开展估算教学有助于培养学生猜测、推理、判断的能力，发展思维的深刻性、灵活性，同时也可以提高学生对事物具有综合性和概括性认识的能力。

（2）估算教学的误区。

在我国，将估算列入教学要求始于 1988 年《九年制义务教育全日制小学数学教学大纲（初审稿）》，正式提出"学会乘除的简单估算"。1992 年《九年制义务教育全日制小学数学教学大纲（试用）》将"乘除计算的简单估算"列为选学内容。

尽管如此，教材中最初的估算例题就以现实情境为载体。例如（图 5-19）[1]：

---

[1] 课程教材研究所，小学数学教材研究实验组.小学实验课本·数学（第五册）[M].北京：人民教育出版社，1987：19.

例10 王老师骑自行车1分钟行了295米，从家到学校用了9分钟。王老师家离学校大约有多少米？

估算时，先求出1分钟所行的路程的近似数。

想：295≈300
⋮
十位上的数满5，把百位后面的尾数略去后，向百位进1。

295×9≈2700(米)

答：王老师家离学校大约有2700米。

图 5 - 19

然而，实际教学时，往往沿用笔算归纳法则的套路，引导学生概括“先估再算（口算）”的要领，并针对难点“估”，总结“加减法与乘法估算，保留首位；除法估算，保留首位或前两位”。例如：

估算下面各题：	解答：
① 567＋439	567＋439≈600＋400
② 945－761	945－761≈900－800
③ 78×54	78×54≈80×50
④ 784÷36	784÷36≈800÷40
⑤ 2350÷36	2350÷36≈2400÷40

这就将本来不拘一格的估算演变为统一的近似计算，加上平时的检测题也常常不设情境，以单纯数值题面目现身，以致部分学生自发总结了相应的估算对策：“先用竖式笔算，再把结果四舍五入”。

对此，肯定者认为，教学应当尊重学生，此法可取；否定者认为，这不是估算，估算是不同于笔算的单独的计算方式。

确实如此，估算相对于精算而言，虽然不同学者对估算的界定各不相同，但共同点是强调“未经精确计算”“有别于精确计算”。因此，用笔算替代，有违引进估算的初衷。学生总结先笔算再取整的对策，是教学导致的应试反应，并非儿童与生俱来的。只要引导得当，让学生明白“为什么要估算”“何时要估算”,就不难让他们舍弃“笔算—取整”的估算套路。

一般地,使学生明确估算的必要性、合理性也是走出“为估算而估算”“老师让估才估”误区的必要举措。否则,学生体验不到“估算”的优点与适用场景,不知道“为什么要估”“何时估算何时精算”,面对问题势必茫然,无从独立作出正确选择。

与此相关的争议:估算是否一定要以实际问题为载体?肯定者指出,国外教材的估算都有实际问题情境,脱离现实背景的估算是没有意义的;否定者指出,估算也可以用于数值计算的检验,或估计运算结果的取值范围。

实践告诉我们:估算新授教学宜以解决实际问题为主;数值运算结果的估计,以及用估算检验,本质上都是解决问题,可以联系也可以脱离现实情境,两种情况都很常见。

例如,张叔叔 45 分钟跑 5400 米,照这样计算,1 小时能跑多少米?学生列式计算:5400÷0.75=720(米)。联系实际,能够发现速度太慢;离开情境,除以小于 1 的数,商应该比被除数大。两种检验都是有效的。

因此,估算的应用练习不加情境,完全针对数值运算,如先估再算或先算再估,以及用估算检验等,都是可取的。

(3) 估算的难点。

当解决实际问题需要进行估算时,学生最大的困惑是数据的处理,到底选择放大还是缩小?这也是教师普遍感觉棘手的难点。

对此,《课标 2022 年版》在第三学段提出了要求“能在解决实际问题中运用恰当的方法进行估算,并能描述估算的过程”,并给出了一个案例:

“例 18　估算的上界和下界

李阿姨去商店购物,带了 100 元,她买了 2 袋面,每袋 30.4 元;又买了 1 块牛肉,用了 19.4 元。她还想买 1 条鱼,大一些的每条 25.2 元,小一些的每条 15.8 元。请帮助李阿姨估算一下,她此时剩余的钱够不够买小鱼?够不够买大鱼?

【说明】对于给定的数量,许多估算问题是为了得到上界或者下界。为此,需要对给定的数量进行适当放大或缩小,凑整计算。此例中两个问题的核心都是估计用 100 元购物后的剩余金额,但两种估计方法有所不同。

第一问,‘够不够买小鱼’需要估计剩余金额的下界(至少剩余多少元),如果下界超过15.8元，就够买小鱼。对于估计下界的问题，购物金额要适当地放大。例如，买1袋面不超过31元，买2袋面不超过62元；买牛肉不超过20元；总共不超过62＋20＝82(元)，至少还剩100－82＝18(元)。所以，李阿姨剩余的钱买1条小鱼是够用的。

第二问，'够不够买大鱼'需要估计剩余金额的上界(至多剩余多少元)，如果上界不到25.2元，就不够买大鱼。对于估计上界的问题，购物金额要适当地缩小。例如，买1袋面至少要30元，买2袋面至少要60元；买牛肉至少要19元；总共至少要60＋19＝79(元)，至多还剩100－79＝21(元)。所以，李阿姨剩余的钱不够买1条大鱼。"

相当详尽的说明，却令教师为难。不仅鱼的单价以条为单位，且保留小数，有点不切实际，两个数学专有名词"上界""下界"更是费解，根本不适合教学使用。数学上，某个集合若存在上界、下界，则不一定唯一，上确界、下确界才是唯一的。引入这样的术语，就是对小学数学教师来说也显"小题大做"。

当然，我们可以翻译成更通俗、更实用的说法"估大""估小"，但仍需要回答"何时要估大""何时要估小"的问题。

有教师试图归纳估大、估小的适用范围，几番努力，发现很难浅显、达意且一般化，只能具体问题具体分析。主要有三种情况：

一是为了保证"够"，应估大(估大了够，肯定够)；

二是为了说明"不够"，应估小(估小还不够，肯定不够)；

三是求"大约"多少，可以四舍五入(正式教学四舍五入前，用"估成最接近的整十数、整百数……"代替)。

必须指出，小学数学的估算教学只是初步的、典型的，并不是任何数据都适合估算。例如：

88位同学去公园，门票每人9元，带800元够吗？

为确保够，估大，可是估成90×9＝810(元)，或88×10＝880(元)，都不足以得出"不够"的判断。显然，对大多数小学生来说，这样的数据宜采用精算88×9＝792(元)，而不是估算。

(4) 估算的教学。

一般而言，在整数四则运算教学阶段就应引进估算。然而，根据《课标2022年版》的安排，第一学段完成整数加减法的教学，第二学段才开始估算教学,要求是"在解决实际问题的过程中,能结合具体情境,选择合适的单位进行简单估算,体会估算在生活中的作用(例 11)"。

"例 11　现实生活中的估算

学校组织 987 名学生去公园游玩。如果公园的门票每张 8 元,8000 元够不够?

【说明】在日常生活中,许多问题并不需要精确的答案。这个例子可以让学生了解在什么样的情境中需要估算,认识到能结合具体情境选择适当的单位是估算的关键。例如,在此例中把 987 人看成 1000 人,8000 元是够的,这里适当的单位是'1000 人'。"

说明中将"1000 人"说成"单位"明显不适合小学教学实际。不仅教师感到"突兀",更与学生的认知产生冲突。他们认为"人"才是单位,"1000 人"这个具体数量怎么变成单位了呢?实在没有必要为了让小学生接受、认同这一新的数量单位而节外生枝,徒费口舌。

显然,《课标 2022 年版》的估算教学设想是先学习"选择合适的单位",再"运用恰当的方法"(指得到上界、下界)进行估算。

但事实上,解决实际问题的估算从一开始就会涉及上界、下界问题。就拿"估计门票"问题来说,只要将人数由 987 换成 1003,同样的估算方法与过程,答案就由"够"变成了"不够"。显然,前者是估大得到"上界",后者是估小得到"下界"。

教学实践表明,用估算解决问题教学的适宜起点,是在整数加减法教学的后期。即在万以内数的认识单元引入"准确数""近似数"概念,然后在万以内数的加减法单元教学用加减法解决估算问题。它比延后至教学两、三位数乘一位数单元开始估算教学具有明显的优势:参与运算的两个数都要估,具有一般性,而不是只估一个数;教学容易展开,学生也容易接受。

课例 5-2　估算问题 1

(一) 复习概念

① 举例说明什么是准确数、近似数。

生:三年级共 356 人是准确数,操场上约 800 人在做广播操是近似数。

② 与 564 最接近的整百数、整十数各是多少?

生:与 564 最接近的整百数是 600,最接近的整十数是 560。

［评析］针对新授复习准确数、近似数的概念，并练习对同一个三位数以不同的计数单位取整，为学习估算解决问题做好铺垫。

（二）出示问题

买右面两种电器（图 5－20）：

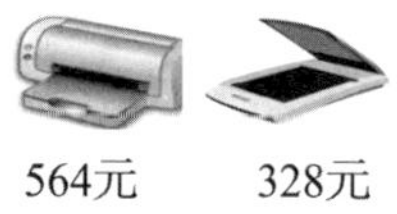

图 5－20

① 爸爸带了 800 元，够吗？

想：________________，够□，不够□。

② 爸爸共带 1000 元，够吗？

想：________________，够□，不够□。

③ 购物满 1000 元可抽奖，买这两件电器能抽奖吗？

想：________________，能□，不能□。

④ 大约用去多少元？

想：________________，大约用去______元。

⑤ 营业员应收多少元？

想：________________，应收____元。

［评析］同一情境的问题串包括估大、估小、估接近与精算，便于学生比较、辨析异同。

（三）独立思考

（四）小组交流

（五）全班交流

生：第①问我把 564 估成 500，把 328 估成 300，两个钱数都估小了，和是 800，爸爸带 800 元肯定不够。

生：第②问我把 564 估成 600，把 328 估成 400，和是 1000，两个钱数都估大，正好是 1000，肯定够了。

生：第③问我把 564 估成 600，把 328 估成 350，和是 950，两个钱数都估大了，还不到 1000，不能抽奖。

生：第④问我把 564 估成 600，把 328 估成 300，大约用去 900 元，一个估大、一个估小，更接近准确数。

生：第④问我也是一个估大、一个估小，但是我估成整十数 560 和 330，大约用去 890 元，比估成整百数更接近准确数。

生：第⑤问要计算准确数，营业员应收 564＋328＝892（元）。

师：计算结果说明第④问估成整百数、整十数都比较接近准确数。

生：估成整十数算比准确数小 2，估成整百数算比准确数大 8。估成整十数更接近准确数。

师：是的，不过两种方法差别不大，都是可以的。

［评析］从学生的表现可以看出，教师设计的数据比较典型，估大、估小、估接近都不难，而且估成整百数、整十数都是一个四舍、一个五入。

（六）小结归纳

师：请把这 5 个问题分分类。

生：我觉得可以分成两类。前面 4 问一类，都要求估算，最后一问一类，要求算出准确数。

生：我认为算近似数的 4 个估算问题还可以分成 3 类，第①问要估小，中间两问要估大，第④问要估比较接近。

师：有道理。通过解答我们发现，解决实际问题需要运算时，首先需要判断问题的具体要求，区别哪两种情况？

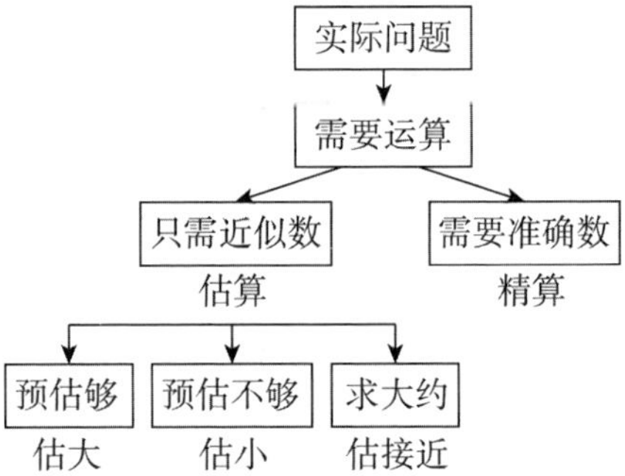

图 5－21

生：区分要求近似数用估算还是要求准确数用笔算。（教师根据学生的回答逐步出示框图，如图 5－21 所示）

师：对，实际生活中有不少问题只需要知道近似数，可以用估算解决，需要准确数的问题才用精算。用估算解决问题还要注意选择适当的方法，估大、估小或者估接近。你们是怎么判断应该用哪种估算方法的呢？

生：第①问一看就知道不够，所以估小，估小了还不够肯定不够。第③问也是这样想的。

生：第②问我也是先看一下大概够了，就估大，估大了够肯定够。

生：第④问要求大约用去多少，那就尽量估接近一些，估大、估小都可以。

［评析］问题解决思路、方法的总结是难点，教师采用启发学生分类的教法，化难为易。同时也说明教师预设的框图贴合学生的想法，有效地引起了他们的共鸣。

（七）巩固练习

① 看教材例 13[1]，回答例题下面“想一想”提出的问题。

② 如图 5－22，买一个电饭锅、一个微波炉。

339元　　645元

图 5－22

妈妈的微信钱包里有 1000 元，够吗？

买一个电饭锅比买一个微波炉大约便宜多少钱？

③ 家具店促销，满 500 减 60。爸爸想买其中两样（图 5－23），买哪两样合算？

192元　　248元　　263元

图 5－23

［评析］教材的例题让学生自己阅读，“想一想”作为巩固练习比较适宜。教师的补充题都略有变化。

第②题的前一问应估大，但提高了要求，得出正确判断应取最接近的整十数，假如估大成整百数，则 700＋400，就会得出可能不够的结论；后一问估成整百数、整十数均可，但改成了减法。

第③题回答“合算”问题，60 元是多余条件，但可用来引申出精算问题，如爸爸买两样实际花了多少元。

通过这几题的对比能有效地澄清“估算结果越接近准确数越好”的迷思，使学生认识到：估成接近整百还是整十的数，可以根据解决问题的需要来决定。

---

[1] 人民教育出版社，课程教材研究所，小学数学教材编委会.义务教育教科书·数学（二年级下册）[M].北京：人民教育出版社，2022：94.

上面的课例让我们看到，以整数加减法的应用为载体引进估算教学，便于选择小学生容易看出“够”或“不够”的典型数据，涵盖多种情况，也有利于学生入门，从一开始就获得估算解决实际问题的整体概貌。从而发挥首次感知的优势，开好估算教学的头。

到了小数四则运算学习阶段，可以适当加大综合性。

课例 5－3 估算问题 2

（一）复习

师：学习整数四则运算时，我们学过用估算解决问题。先来复习一下，看大家有没有遗忘。

① 电影院有 986 个座位，一、二、三年级包场坐得下吗？四、五、六年级包场呢？

年级	一年级	二年级	三年级	四年级	五年级	六年级
人数	246	263	332	342	356	361

因为__________________，所以一、二、三年级包场____________。

因为__________________，所以四、五、六年级包场____________。

为了保证坐得下，应该估________；为了说明坐不下，应该估________。

② 小牛 6 分钟跑 432 米，小象 8 分钟跑 544 米，你能用估算说明谁跑得快吗？

因为小牛每分钟超过______米，小象每分钟______米，所以______快。

学生独立完成。（交流、校对略）

[评析] 考虑到本课与上次教学估算的间隔时间较长，设置复习有一定的必要性。教师精心设计的复习题颇具新意，第①题既复习了估大、估小的策略，又涉及估成整百数、整十数。第②题应用除法估算，比较少见，为降低难度，给出提示“小牛每分钟超过”，意在启发 $432 \div 6 > 420 \div 6$，这样后面的填空（每分钟“不到 70”米）学生就比较容易答对。

（二）审题

师：默读例题（图 5－24），同桌交流“审题三问”。

8 妈妈带100元去超市购物。她买了2袋大米，每袋30.6元；还买了0.8 kg肉，每千克26.5元。剩下的钱还够买一盒10元的鸡蛋吗？还够买一盒20元的鸡蛋吗？

图 5－24

［评析］教材的例题源自《课标2011年版》的举例，改编后，比较切合实际。教师针对目前审题教学的短板，指导学生自问自答“审题三问”：什么事情？已知什么？要求什么？旨在引导学生首先搞清“事理”，在此基础上区分、理解条件与问题。实践表明，这样由“事理”到“数理”，对学生明确解题思路、合理选择估算策略具有明显的促进作用。

师：看懂了吗？

生：看懂了，妈妈带100元购买食品，买了大米、肉，还想买鸡蛋。已知大米、肉，鸡蛋的单价和数量，问题有两个，剩下的钱买一盒10元的鸡蛋够不够，买一盒20元的鸡蛋够不够。

生：两个问题都要我们估算，剩下的钱是不是大于10元、大于20元。

［评析］显然学生训练有素，都能用自己的语言简要地说清题意，概括已知条件，用数学语言说清两个问题，而不是照读题目。

（三）解答

师：理解了题意，请利用学习单独立思考，再小组讨论两问怎样估算，派代表交流你们的估算策略和过程。

物品	单价	数量	总价
大米	30.6	2	
肉	26.5	0.8	
鸡蛋	10	1	

物品	单价	数量	总价
大米	30.6	2	
肉	26.5	0.8	
鸡蛋	20	1	

生：我们猜想第一问钱够了，第二问钱不够，所以第一问估大，第二问估小。2袋大米每袋30.6元，估大点31×2＝62，肉算1千克27元，这样估大了还剩10元多，所以买一盒10元的鸡蛋钱够了。

师:有不同意见吗?再请一组代表讲第二问的分析与解答。

生:第二个问题我们是这样想的,从第一个问题的解答发现剩下的钱不多了,所以为了说明不够,估小。2袋大米算它60元,肉算它单价25元,25×0.8=20,算少了这么多正好还剩20元,肯定不够。

师:第二个问能不能估大确定不够?

生:不行,因为估大,剩下的钱就少,说明不够的理由不足,估小了还不够,那就肯定不够了。

[评析]很有必要的反问,促使学生深入思考,感悟选择估大、估小的理由,自觉纠错,积累估算经验。

师:哪个小组填写了学习单,请展示一下。

物品	单价	数量	总价	
大米	30.6	2	62	
肉	26.5	0.8	27	
鸡蛋	10	1	10	够

物品	单价	数量	总价	
大米	30.6	2	60	
肉	26.5	0.8	20	25×0.8
鸡蛋	20	1	20	不够

师:不错,简单明了。打开教材看看例题的解答。

生:教材的解答和我们的差不多,两个表格比我们的详细一点。

生:我觉得我们的填写比较简单,估大都用小于号,估小都用大于号,怪怪的,反而容易搞糊涂。

生:反过来写31>30.6,62>30.6×2,估大就都用大于号了。估小也可以反过来写,用小于号。

师:是的,以后我们要慢慢习惯正确使用大于号、小于号。

[评析]大于、小于这两个关系符号的灵活使用,对小学生来说确实是个难点。为减少学习估算的障碍(不少教师反映上例教学难度较大),这里可以不作一般要求,即提倡而不强求。

(四)练习(略)

(五)小结(略)

教学是一项系统工程。教学综合运用多种运算的估算问题,离不开前面运用单一运算估算的学习基础,进而才能有效化解难点。

综观两个估算课例,不难得出突破上界、下界难点的策略,从易于发现估大、估小的整数加法问题入手，从估成整百数即可解决问题，到需要估成整十数，再到将小数估成整数。这样逐步提高要求，帮助学生慢慢积累根据需要合理选择估大、估小的经验。

（5）估算意识的培养。

有研究者指出：随着对过去“精算能力定向”的数学教育所存在问题与不足的反思，估算能力开始成为国内外基础教育界在数学教育改革中高度关注与重视的一个重要问题[1]。

不可否认，小学数学一直是精算处于主导地位，不仅先入为主，而且反复强化。因此，要使学生形成一定的估算意识，单靠少数几道估算例题、习题显然是不够的。

好在小学数学教材中，估数、估测、估算系统已经初显端倪。

首先，在数的认识教学中，从一年级上册开始就有估数的练习（图 5－25）：

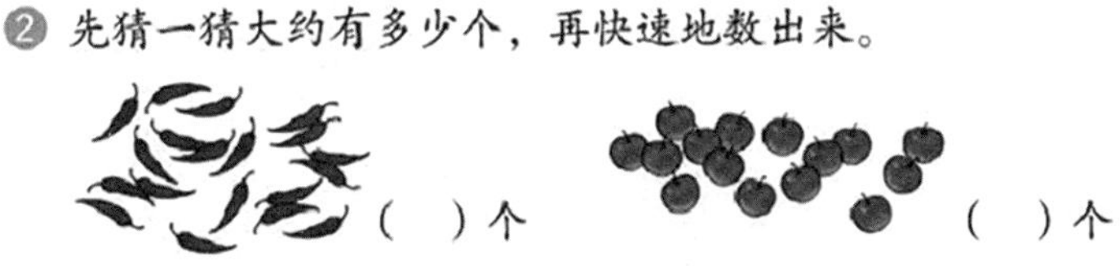
② 先猜一猜大约有多少个，再快速地数出来。
（ ）个
（ ）个

图 5－25

类似的旨在培养数感的估数问题，各年级教材都有所分布，大体上初步呈现“估数→估算”的雏形。

其次，在常用计量单位的教学中，时间、质量的估计早已是必备的练习内容。例如：

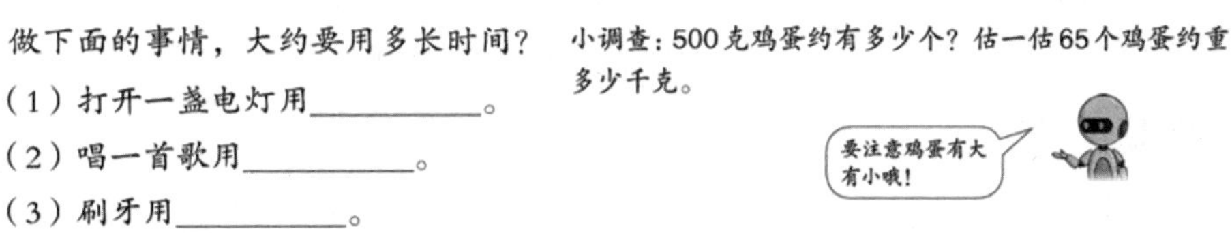
做下面的事情，大约要用多长时间？
（1）打开一盏电灯用＿＿＿＿＿＿。
（2）唱一首歌用＿＿＿＿＿＿。
（3）刷牙用＿＿＿＿＿＿。
小调查：500克鸡蛋约有多少个？估一估65个鸡蛋约重多少千克。
要注意鸡蛋有大有小哦！

图 5－26

---

[1] 董奇，张红川．估算能力与精算能力：脑与认知科学的研究成果及其对数学教育的启示[J]．教育研究，2002，(05)：46－51.

这些旨在培养量感的练习，在图形与几何的教学中，尤其是长度、面积、体积的估测，已是教师习以为常的习题配备。不仅如此，还有估测的特设例题（图 5－27）：

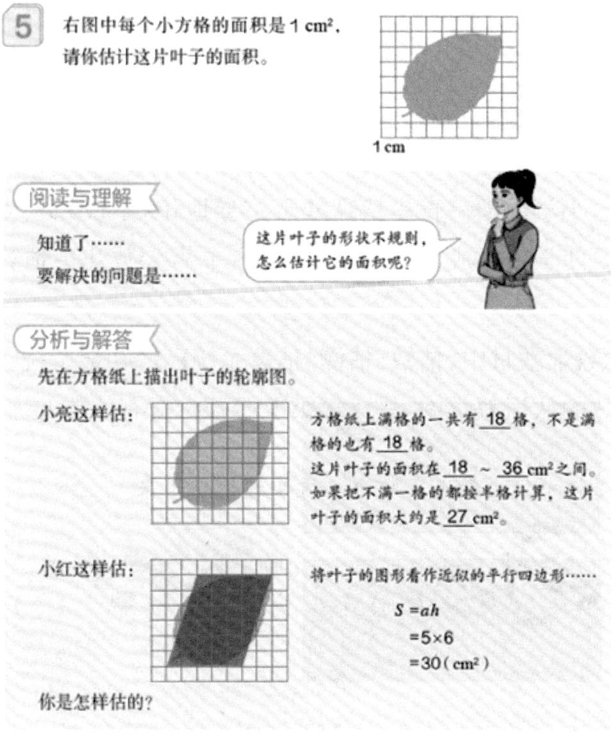

图 5－27

应该说，“估测→估算”的样态在图形与几何领域是比较明显的。比较而言，不足的是统计与概率领域，至今鲜见估计、估算的应用。

其实，只要教师做个有心人，则统计教学中也能比较自然地引进估算。

案例 5－11 统计中的估算

（一）一年级比五年级大约少（　　）人。

	（1）班	（2）班	（3）班	（4）班	（5）班	（6）班
一年级人数	35	33	36	38	37	32
五年级人数	44	42	45	46	48	46

你是这样估算的：____。

［评析］学生通过观察可以发现，与五年级相比，一年级每班都大约少 10 人左右，由此得出全年级大约少 10×6 人。

也可以分别估算一年级、五年级的总人数再求差。估算总人数的方法比较多样，多数学生想到把各班人数分别四舍五入再求和，也有想到估计平均每班人数乘班数，个别学生去尾相乘 30×6、40×6，理由是都估小相减误差会更小。

（二）牛奶糖每千克 36 元，花生糖每千克 30 元。将两种糖混在一起。

① 如果两种糖各一半，每千克多少元？

② 如果牛奶糖更多，请估计每千克的价钱。

［评析］第①题可列式计算(36＋30)÷2＝33(元)。第②题根据移多补少的思路可以估算出单价大于 33 元，小于 36 元。

两题都是统计时比较常用的估算。

此外，还有运算结果的估计。例如：

先估一估，再计算下面各题。

659+306	483+321	806+574
68+527	238+91	353+726

图 5－28

一般认为，精算前的估算有利于预知大致结果，给准确计算提供参考；精算后的估算有利于发现可能的错误，具有检验效果。两种时态的估算，都有助于“明晰运算的对象和意义”。

事实上，精算过程中也会用到估算，比如试商，不仅四舍五入法相当于估大、估小，口算灵活试商更是典型的估算。

目前较明显的不足是分数的估算成了多数教材的盲区。似乎只有根据“除数大于、小于 1，商小于、大于被除数”的规律进行估计的练习（图 5－29）：

③ 不用计算，你知道下面哪几道题的商大于被除数、哪几道题的商小于被除数吗？

$\frac{6}{7}\div 3$	$\frac{15}{8}\div 2$	$9\div\frac{3}{4}$	$6\div\frac{5}{4}$
$\frac{1}{2}\div\frac{2}{3}$	$\frac{14}{9}\div\frac{7}{30}$	$\frac{5}{7}\div\frac{5}{2}$	$\frac{4}{5}\div\frac{4}{5}$

图 5－29

实际上，适当补充一些有关小数、分数的估算练习是非常有益的。

案例 5-12 有关小数、分数的估算

① 估计 3.2×0.48 的积，小明通过估算作出下面三个回答，哪几个对了？你知道他是怎么估的吗？

A. 比较接近 1.5　　B. 大于 1.28　　C. 小于 1.6

[评析] 针对估算取近似值的常用方法设计：用四舍五入法省略两个因数的末位数即得 3×0.5=1.5，估小 3.2×0.4=1.28，估大 3.2×0.5=1.6（即 3.2×0.48 的积小于 3.2 的一半）。因此，三个答案都对。

② 6.5÷0.52，先估算，再计算，看看你估得怎样。

[评析] 数据设计相当精致：竖式计算 6.5÷0.52=12.5，属基本要求范畴；学生估算成 7÷0.5=14、6.5÷0.5=13、6÷0.5=12、6.6÷0.6=11，误差都是可接受的。

③ 在○里填>、<或=。

$\frac{2}{5}+\frac{3}{7}$○$\frac{5}{9}+\frac{1}{2}$　　$\frac{10}{9}+\frac{8}{7}$○2　　$\frac{17}{8}-\frac{1}{7}$○2

[评析] 旨在启发学生寻找合适的比较标准：第一小题可以$\frac{1}{2}$为标准，第二小题可以 1 为标准，第三小题可转化为$\frac{1}{8}$与$\frac{1}{7}$比较大小。

④ $36\times\frac{2}{5}>18$ 对吗？为什么？

[评析] 学生只要注意到 18 是 36 的一半，$\frac{2}{5}$小于$\frac{1}{2}$，就容易作出正确判断与解释。

⑤ 选做题：$64\times\frac{7}{9}$，先估算，再计算。

[评析] 估算方法较灵活，如将 64 看作 63，即 $63\times\frac{7}{9}=49$，也可将$\frac{7}{9}$看作$\frac{7}{8}$，即 $64\times\frac{7}{8}=56$，还可将$\frac{7}{9}$看作$\frac{7}{10}$，即 $64\times\frac{7}{10}=6.4\times7=44.8$，或直接将$\frac{7}{9}$化小数取近似值 0.8，得 64×0.8=51.2。

精算的方法也可以变通，如 $64\times\frac{7}{9}=63\times\frac{7}{9}+\frac{7}{9}=49\frac{7}{9}$。

这样的练习只要针对相关数与运算的基础知识，将难度控制在学生的最近发展区内，就能使学生在开拓思路、丰富估算方法的同时，促进他们更自觉地“明晰运算的对象和意义”，从整体上把握数与运算的取值关系。显然，在此过程中，数感与运算能力相辅相成，都能得到提升。

关于估算，脑科学的研究表明：它与精算任务联系的脑区主要与个体的语言区有较明显的重叠，同时在时间进程上也与语言加工类似(精算反应比估算更快)，而估算任务则和个体的空间运动与躯体运动(尤其是手指)知觉区域联系密切。这一结果验证了认知心理学实验的相关结论，即估算能力与精算能力可能分别使用了不同的内部编码[1]。

特别是更一般的估计，它是一种介于推理和猜想之间的心理活动。可以说估计是在一定的理论和实际背景下，综合推理、猜想、判断的一种思维活动，其推理具有跳跃性、猜想具有科学性、判断具有直觉性[2]。

这些理论研究提醒我们，在保证精算教学的同时，适度加强估算教学，重视估算、估计意识的培养，对于数学学科推进素质教育具有一定的积极意义。

之所以强调“适度”，是因为估计实乃人原始的本能反应，估算能力的发展在很大程度上依赖数与运算的理解和掌握水平。因此，估算能力与估计意识需要培养，但不应动摇也无法撼动精算教学的主体地位。

4. 改造传统的简便运算

小学数学中的简便运算是指根据算式与数据的特点，运用相关运算律、运算性质或运算规律，在不改变运算结果的前提下灵活处理运算顺序，选择运算方法，使较复杂的运算变得简便易算的过程。

(1) 简便运算的教学意义。

简算的特点是不受四则运算常规方法、运算顺序规定和按部就班运算步骤的束缚，采用简捷、合理的方法简化运算。它对审题、分析，对运算知识的理

---

[1] 董奇，张红川.估算能力与精算能力：脑与认知科学的研究成果及其对数学教育的启示[J].教育研究，2002，(05)：46－51.

[2] 鲍建生.估计——数学教育面临的新课题[J].教育研究，1997，(10)：69－72.

解、对发散思维等，都提出了更高的要求，是小学生通过数学学习应获得的思维能力。

因而，简便运算是培养学生细心观察、善于发现的数学眼光，灵活运用所学知识，发展思维的可逆性、变通性的必要手段，也是提高学生运算能力的重要方面。

同时，简便运算对培养学生的策略选择、策略评价意识，强化元认知的调控，也具有非常积极的意义。

进一步，追求“简”、追求“巧”，是数学思想、数学方法的至高境界，可以说，是从小学数学中的简算开始的。

(2) 简便运算的教学误区。

首先，一个相当普遍的现象是学生不喜欢简便运算。

日常教学中，每当教师布置计算练习，总有学生问“要不要简便运算”，一旦教师回答“要”，学生群体的反应往往是第三声的“啊”，甚至会有学生悄悄责怪询问的同学“就是你多嘴”。为什么“简便”反遭学生“讨厌”？值得我们反思。

一方面，简算并不简单。它比较灵活，思维含量更高，因而也更容易出错，所以部分学生畏难，感觉没把握。然而，这还不是大面积反感的根本原因。

另一方面，令大多数学生厌弃的主要原因是简便运算的书写要求过于繁琐。例如，89×1.01，本可以直接写出得数，即先算 89×1 写 89，再算 89×0.01 接着写.89。又如，89×98+89+89，明明一眼就能发现 100 个 89，从而直接写出结果 8900，但因为“看不出用了简便算法”而不被允许。常规要求是写出过程：

89×1.01	89×98+89+89
=89×(1+0.01)	=89×98+89×1+89×1
=89×1+89×0.01	=89×(98+1+1)
=89+0.89	=89×100
=89.89	=8900

调研表明，这是学生普遍生厌的真实原因。怨不得学生，实在太烦。

其次，简便运算的反复训练生成了不少负面效应。

例如，125×8÷125×8=1，这是大江南北各地小学生最常见的运算错误之一。曾请去香港“支教”的教师了解当地的学生会否这样出错，回复“不会”。进而咨询台湾地区来访同行，答曰“恐怕是大陆学生特有的反应”。为什么同是黑头发、黄皮肤的中国孩子，他们那里不见如此顽疾？因为我们的过度训练，练就了学生的条件反射，一看到125与8，哪怕是125＋8，也立马反应1000。

进一步探究，当下常见的运算题要求“下面各题，能简便运算的要用简便方法运算”本身就有问题。因为学生和教师公认“不能简便运算的就不要简便运算”（严格说来，应是“不要简便运算的是不能简便运算的”）。但是，要说一个算式能简便运算很容易，只要给出一种简便算法即可；但要断定一个算式不能施行简便运算却是相当困难的。例如，在一张区域性抽测试卷中，被判定为“不能简便运算”的38×68＋63×32，只要“强行”分拆，竟然是相当“经典”的“简便运算”。

案例 5－13 “强拆”的简算题

38×68＋63×32
＝38×68＋(38＋25)×32
＝38×68＋38×32＋25×32
＝38×(68＋32)＋25×4×8

还可以改动一个数字，让原题更“矫揉造作”：38×68＋63×31。留给有兴趣的读者“独立尝试”。

迄今为止，体现课程标准要求“寻求合理简洁的运算途径解决问题”的练习题、测试题，依然是“凤毛麟角”；运算律的应用，在小学几乎还是等价于“简便运算”；脱离现实背景的“简便运算”，照旧是小学数学的常规训练题型和常规检测项目[1]。

（3）简便运算的教学改进。

一是让学生产生简便运算的需要。

小学生通常更倾向于接纳“有用”的“巧算”。鉴此，教学中应有意识地设计一些简算优势明显的运算题，让学生切实感受简算的必要性，使简算方法由需要而产生。

现行教材中已有不少简便运算的例题与习题，但基本上都与运算律的学习或运算性质的渗透挂钩，比较滞后。教师可酌情在第一学段就插入一些典

---

[1] 曹培英.跨越断层，走出误区：“数学课程标准”核心词的解读与实践研究[M].上海：上海教育出版社，2017：108－109.

型问题,让学生初步感悟简算的意义。

案例 5-14 简算优势明显的实际问题

小宇一家去饭店吃饭,点了五个菜,分别是 43 元、79 元、57 元、40 元、21 元,服务员收费时说一共 280 元,小宇一看账单立即发现并指出算错在哪里。你知道小宇是怎样算的?

[评析] 创设现实情境,使学生从生活应用与数学运算两方面感悟简算的价值。学生容易发现菜价的五个两位数中,43 与 57、79 与 21 能凑成整百,总和是 240,服务员说 280,可能是 40 重复加了。

之后,不断强化。例如,前面的案例 5-2 就是六年级采用简便运算优势十分突出的实例。

同时,还应适时允许学生简化简便运算过程的书写。教师可指导学生写出主要步骤,使别人能看出你的方法即可。例如:

$89\times1.01=89+89\times0.01=89.89$,或 $89\times1.01=89+0.89=89.89$。

$89\times98+89+89=89\times(98+2)=8900$,或 $89\times98+89+89=89\times100=8900$。

二是让简便运算常态化。

为了培养学生的简算意识,应扭转题目指示简便运算的局面。从 21 世纪初开始,“用你喜欢的方法”已成为大多数小学数学教师的“口头禅”。既然如此,本应落实到平时的运算练习中去,让审视算式、选择算法成为常态。

前面案例 5-10 笔算中的巧算,介绍了一步运算中插入简算的实例,在此基础上,多步运算也应跟进。

案例 5-15 两、三步运算中的简算

① $98\times36+75$。

② $41\frac{1}{3}\times\frac{3}{4}+51\frac{1}{4}\times\frac{4}{5}$。

两题都是乘加运算,看似普通,却都能简算。

第①题的 75 比 2 个 36 多 3,原题可转化为 $36\times100+3$。

第②题的简算因素比较隐蔽:$\left(40+\frac{4}{3}\right)\times\frac{3}{4}+\left(50+\frac{5}{4}\right)\times\frac{4}{5}=30+1+40+1$。

进一步，其他领域的问题解决也应贯彻“怎样简便就怎样算”。

案例 5－16 统计、图形测量中的简算

① 小丽小组 6 人折纸鹤情况如下表，平均每人折了多少个？

序号	1	2	3	4	5	6
纸鹤/只	56	57	58	55	61	55

6 个数据都比较接近，在学习正负数之前，不妨启发学生以最小数为基础，加上多出部分的平均数，即 $55+(1+2+3+6)\div 6$。

② 求由 4 个半圆组成图形(图 5－30)的面积。(单位：厘米)

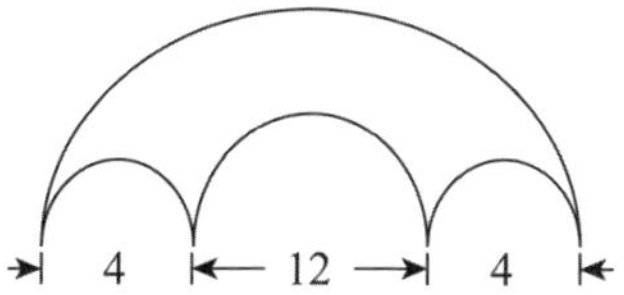

图 5－30

可列出算式后再简化运算：

$$3.14\times 10^2\times \frac{1}{2}-3.14\times 2^2-3.14\times 6^2\times \frac{1}{2}=3.14\times (50-4-18)。$$

这些较为典型的简算因素，有助于促使学生养成细致审视运算对象、自觉选择简便算法的良好习惯。

如前所述，由于小学不再教学三位数乘三位数的乘法与除数是三位数的除法，从而给解决有关圆的测量问题带来了困难。按教参建议让学生使用计算器，实施多有不便。一则计算器的配备问题，尚未有效统一解决；二来教师担心每位学生都有计算器后，必要的计算练习难以保证。如何解决这一两难问题？

事实上，已知圆周长求直径或半径的逆向问题，为数不多(因为无需多练)，只要控制圆周长的取值，将除以 3.14 的商控制在一位数内，一般六年级学生都能胜任。

但正向问题，半径控制在一位数内，往往不切实际，因此难免会出现半径超过 10 的问题。但完全可以将半径设置为整十数或不超出 15 的两位数。整十数的平方是整百数，归结为一位数乘 3.14。因此，有必要讨论 3.14×11^2 至 3.14×15^2 能否转化为“课程标准”限定的运算。

案例 5－17 有关圆周率的运算

① 常规算法

11 至 15 的平方，都能表示为 100、200 与一个两位数的和。例如，$3.14\times11^2=3.14\times121=3.14\times100+3.14\times21$（只要笔算三位数乘两位数）。

② 特殊算法

$3.14\times11^2=3.14\times121=3.14\times120+3.14$；

$3.14\times12^2=3.14\times144=3.14\times140+3.14\times4$；

$3.14\times13^2=3.14\times169=3.14\times170-3.14$；

$3.14\times14^2=3.14\times196=3.14\times200-3.14\times4$；

$3.14\times15^2=3.14\times225=3.14\times220+3.14\times5$ 或

$3.14\times15^2=3.14\times225=3.14\times450\div2=3.14\times900\div4$。

显然，这恰恰是简便运算常态化的题中之义。

三是加强算法选择与评价的训练。

前面陈述的一系列有关案例，几乎都涉及不同算法的选择与评价。这里再给出若干对比题组。

案例 5－18 怎样算简便的辨析

① 课桌每张 250 元，椅子每把 75 元，买 40 套课桌椅一共要多少元？

上衣每件 118 元，裤子每条 82 元，买 3 套衣裤一共要多少元？

求课桌椅总价，$250\times40+75\times40$ 比 $(250+75)\times40$ 运算更简便；求衣裤总价，$(118+82)\times3$ 比 $118\times3+82\times3$ 更易算。

② 计算 7.65×4 与 7.25×4。

两题放在一起对比，学生通常公认 7.65×4 按常规方法笔算，7.25×4 适合分拆算，即 $7.25\times4=7\times4+0.25\times4$。

③ 计算 $\frac{16}{3}\times20$ 与 $\frac{16}{3}\times15$。

同样是 $\frac{16}{3}$，前一题宜化成带分数用乘法对加法的分配律，即 $\frac{16}{3}\times20=5\times20+\frac{1}{3}\times20$，后一题直接约分更简便。

显然，整数、小数、分数四则运算各阶段都适时进行类似的题组对比，有助于算法选择与评价，即策略意识的培养落到实处。

此外，相当重要的就是简便运算紧密联系问题解决。

5. 重视问题解决的算法选择

(1) 运算能力与问题解决的关系。

如前指出，中学数学的运算能力侧重应用运算解决问题，小学数学由于问题解决与数量关系的教学关系密切而需要专题研究。但这并不意味着小学生运算能力的培养与问题解决教学无关。

诚然，小学问题解决的教学，分析数量关系无疑是重点，但当需要列式涉及多步运算时，合理选择算法同样应当引起重视。这是落实运算能力"策略"要素培养的难点，也是《课标 2022 年版》关于运算能力三个"能够"中后两个的要求的综合体现，同时又是改造简便运算的主要方向。

(2) 典型案例。

案例 5－19 解决实际问题中的简便运算

(一) 找回多少钱

东东去玩具店买了两支毛笔，一支 48 元，一支 47 元。他付 100 元，营业员应找回多少钱?

由常规算法 100－48－47，学生首先想到的是应用"连减两数等于减去两数和"的规律，即 100－(48＋47)。但又立即觉察并不简便，与连减差不多。

个别思维灵活的学生能想到(50－48)＋(50－47)才是真正的简便运算。

倘若学生都没想到，教师只要提示"如果东东付了两张 50 元，你会怎样算"，则多数学生立即就会有新的反应。因为这是日常生活中相当常见的"心算"，农村地区那些从未接受过简便运算训练的老人大多也会自发地如此快速算出应找回(3＋2)元。

(二) "四选三"怎么选

方方在书店看中 4 本书，价格分别是 56 元、31 元、19 元、24 元。可是自己只带了 100 元，她可以选购哪三本?

要想找出所有可能的组合，则"四选三"是学生学习"搭配"时尚未遇到过的新问题。正面突破，难度较大。必要时，教师可以启发逆向思考"反过来想，四本选三本，也就是四本去掉哪本"，则就会有学生想到将"四选三"转化为"四去一”。从而得到新的思路，先应用加法运算律求出四本书的总价：

$$56+31+19+24=(56+24)+(31+19)=130(\text{元})。$$

再去掉等于或大于30元的一本，显然，只有两种选择，即130－56和130－31。

（三）科考队考察时间

如图5－31，科学考察队3月1日早上从驻地出发，7月26日晚上回到驻地。一共历时多少天？

图5－31

为避免起止日要不要算的无谓争议，特意说明早上出发、晚上返回，并给出月历，以丰富已知信息，为学生选用不同算法提供条件。

学生想到的算法有31×2＋30×2＋26；(31＋30)×2＋26(用到了乘法对加法的分配律)；7×21＋1(即3月第一个周二至7月最后一个周一，共21个完整的星期再多1天)。

显然，三个都是落实“寻求合理简洁的运算途径解决问题”要求的可复制样例。从中我们不难发现，简便运算与问题解决相结合，走出简便运算只盯住几个特殊数据的误区，使运算律、运算性质的运用更加广泛，是完全可行的。简便运算教学的改造具有很大的潜在空间。

第三节　运算能力的评价

一、学习评价与运算能力评价

在教育的理论研究与实践研究中，“评价”始终是一个热点课题，且一直言人人殊，见仁见智。

理论工作者认为，评价的宗旨是为了促进教育教学的“增值”；然而在现实社会中，评价的“高利害”造成了几家欢喜几家愁。从教育管理的角度来看，评价一直是课程教学改革的瓶颈；对于学校来说，真的“想说爱你不容易”；在广大教师的心目中，热切期盼“让评价成为减负提质的杠杆”。正因为如此，有必要从澄清评价的概念与意义入手，探讨运算能力的评价。

1. 基本概念

粗略地说，学习评价，就是对学习效果、学业水平（学业成就）作出评定。

一说到学习评价，人们最自然的联想就是“考试”或者说“测验”“测试”。其实，不论是考试，还是改称考评、检测，都只是一种特殊的、高效的评价测量方式，并不是学习评价的全部。考试（测量）与评价的关系，大体上可用以下等式加以刻画：

学习评价＝测量（量）或非测量（质）＋价值判断。

学习评价是教育评价的重要组成部分。历史地看，教育评价是在教育测量基础上发展起来的。从表现来看，学习评价与教育评价一样有多种形式，考试只是它的一种形式。从内涵来看，评价关注的领域广泛，考试只侧重其中一部分；评价涉及发展的过程与结果；考试通常只涉及发展的结果，且只是发展结果的某一方面。

厘清概念间的关系，具有十分现实的意义。例如，大众对考试的批评，使用频率最高的证据是“高分低能”，但从教育评价视域来看，它可能是事实，但不是考试的错。因为考试涉及的内容领域各有所指：

考试（测量）
- 学业水平测试
- 智力水平测试
- 能力倾向测试
- ……

也就是说，大家所关注的考试本质上是学业水平测试，它只针对某一学科的一部分知识、技能，只评价学生对这部分双基的理解、掌握、应用情况，要它全面反映学生的智力水平、能力倾向，岂不勉为其难？

教育评价与学习评价的联系与区别，还可以从整个课程教学系统内部各环节的相应评价来理解：

课程教学系统
- 理想的课程：课标（政府制定）——课标评价
- 文本的课程：教材（专家编写）——教材评价
- 执行的课程：教学（教师实施）——教学评价
- 实效的课程：学习（学生获得）——学习评价

可见，学习评价处在课程教学系统的末端，它反映了学生学习的实际收获，也就是课程编制、课程实施的真实效果。学习评价的重要地位在于，发展是硬道理，实践才是检验真理的唯一标准，最后一关过不去，前面各环节的评价说得再好也无济于事。

本节所讨论的运算能力评价，无疑属于能力倾向测试，评价学生的学习获得。

2. 学习评价的若干分类

学习评价的分类，基于不同视角下的分类标准，具有多样性。这里仅介绍比较主要的几种分类。

（1）基于评价目的的分类。

从评价目的看，学习评价可分为达标性评价、选拔性评价、表现性评价。

达标性评价又可称为水平性评价，是比较典型的基于课程标准的"目标参照评价"。它的目的是反映学生达成课标规定要求的程度与状态。小学数学的学习评价包括运算能力评价，通常都是达标性评价。

选拔性评价为了达成甄别、遴选的目的，不可避免地具有淘汰性。人们经常指责升学考试造就了一批失败者，实质上是由评价目的决定的。与"目标参照评价"相对，就"区分高下"的特性而言，选拔性评价也可归为"常模参照评价"。小学作为义务教育的一个学段，它的运算能力评价目的不是选拔、淘汰，但可以具有常模参照性。

表现性评价又叫作"真实评定""实作评价"，目的是通过观察学生完成实际任务时的表现来评定他们的学习成就。虽说表现性任务的设计应当依据课标，但由于学生个体的表现极具个性化，很难划定达标水平，或给出常模，因此有理由将它与达标性、选拔性评价并列为第三类。

考虑到面向全体的团体测试很难观察每个学生的现场表现，因此通常采用美国教育评定技术处的界定“通过学生自己给出的问题答案和展示的作品来判断所获得的知识和技能”[1]。

例如，国际数学与科学教育成就趋势调查（TIMSS）表现性评价（1997）的如下试题[2]（略有改编）。

案例 5-20 运算能力的表现性评价

① 利用计算器计算下面的乘法算式。

34×34＝

334×334＝

3334×3334＝

② 从上面的算式和结果中，你得出了什么规律？

____

③ 利用上面得出的规律，不用计算器，写出下面算式的结果。

33334×33334＝

3333334×3333334＝

④ 小巧告诉小胖，她用计算器算得两个整数的积是455，但忘了这两个数，只记得：两个数都是两位数；两个数都小于50。

小胖说，我来用计算器找出这两个数，从7×64开始试。小巧说，7和64都不可能，小巧说出三个理由。

你认为小巧说的是哪三个理由？

______________；______________；______________。

你有办法很快找出这两个数吗？

____。

前三题与我们现行教材中利用计算器寻找算式规律的问题类似，第④题在目前的练习与学习评价中很少设计这类“解释题”与“探索题”，值得借鉴。

显然，小学生的运算能力评价兼具目标参照评价、常模参照评价的特质，也可以且需要一定的表现性任务评价，以反映学生综合运用相关知识技能的能力。

---

[1] 李永珺，张向众.新课程评价中的表现性评定[J].教育发展研究，2002，(12)：54-57.
[2] 顾非石，隋文静.做中学——TIMSS表现性评价简介[J].数学教学，2010，(01)：13-16.

（2）基于学习过程的分类。

就学习过程看，学习评价又可分为配置性评价、形成性评价、终结性评价。

配置性评价即我们平时所说的摸底测试，一般在学年、学期开始前或开始时施行，是旨在了解学生已有知识、技能基础，即准备状态的评价。

形成性评价等同于过程性评价，顾名思义是在教学过程中进行的评价，它能及时向师生反馈教与学的进展信息，发现存在的问题和不足。

自20世纪90年代中期以来，形成性评价又发展形成了"学习性评价"。即在日常教学过程中，兼顾获取信息与促进学习的非正式评价[1]。由此，评价主旨从"刻画学习"演变为"促进学习"，成为有效学习的一个有机组成部分。

终结性评价又称总结性评价，即实际教学中的单元测验、期中测试、期末测试，通常指一个单元、一个阶段、一个学期或学年的教学结束后对学生学习成效进行的评价。

从实施时段来看，三类评价说白了就是教学前、中、后的评价。

从评价理论上讲，终结性评价是"对"学习的评价，配置性评价和形成性评价就是"为"学习的评价。

从教学实际来说，三类评价常常融合为一。例如，单元测试既是一个单元的终结性评价，又是整个学期的形成性评价，还可能是下一单元学习的配置性评价，即诊断性评价[2]。

不难发现，运算能力评价可以看作终结性评价，也可以发挥配置性评价、形成性评价的功能。

此外，还可根据实施的主体将评价分为他人评价与自我评价，根据评价的判断方式分为定量评价与定性评价（质性评价），等等。

3. 学习评价的功能

各种评价，其本质都是对事物的价值判断，学习评价也不例外。判断的目的是促进学习的提质，为了教育、教学的"增值"。具体地说，学习评价主要有以下几方面的功能。

---

[1] 丁邦平.学习性评价：涵义、方法及原理[J].比较教育研究，2006，(02)：1－6.

[2] 曹培英，顾文.跨越断层，走出误区：小学数学深度学习教学研究[M].上海：上海教育出版社，2022：345.

(1) 导向。

人们常常把考试视为“指挥棒”,这恰恰反映了学习评价对实际教学工作具有定向和引导的功能。事实上,评价的内容、方式与评分标准,都能在相当程度上左右教师教、学生学的努力方向。

评价的导向既有比较宏观的引领,也有局部细节上的引导。这都要求评价传递正确的教学方向信息,避免误导。

较为宏观的引领,如评价试题整体上倾向数学的理解与应用,势必使教学较之前更加重视理解,加强应用。

运算能力评价的局部引导,以估算为例。

案例 5-21 估算评价题的不同取向

过往的估算试题,题型常常与笔算相同。例如,“估算:32×18≈______”。起初,标准答案是唯一的“600”,即只允许将两个因数分别四舍五入,然后口算30×20。后来,允许算法多样,认同32×20、30×18等,答案不再唯一。

如前所述,无现实情境的单纯估算,很容易使教师误以为估算也能像笔算那样归纳统一的计算法则。例如,加、减、乘的估算,两数一概保留首位(即已知数据精确到最高位)。与此同时,学生也会积累相应的答题经验,总结应对策略。例如,部分学生遇到估算,先用竖式笔算,再把结果四舍五入。这就使得估算学习出现了异化。

为传递估算教学正确方向的信息,将纯数值的估算题改成实际应用问题,并要求写出思考过程:

报告厅有18排,每排31个座位,有500名同学来听课,能坐得下吗?

算式与估算过程是:________≈________=________。

因为:________,所以________。

显然,估小才能作出正确判断,估大或两因数分别四舍五入,得出“能坐得下”的结论都是不合适的。当然,评分细则可以从宽,如算式与估算过程对,判断武断,评分酌情扣分。

一般来说,教研员与一线教师对试题的价值取向总是相当敏感的,因而评价设计必须审慎。

(2) 诊断。

学习评价能使教师对教学的进展与成效、问题与不足作出基于证据的判断。如同医院相关仪器的检测数据，是医生诊断出病灶、开出药方的依据。既然是诊断，就应避免误诊、漏诊，力求确诊。

遗憾的是，教育发展至今，几乎没有任何检测仪器可供学习诊断。甚至不如中医，有“望、闻、问、切”四招。我们只能通过一些试题以及提问施加刺激，根据学生的解答反应作出是否理解、掌握的判断。因此，问题设计直接影响诊断的正确性。

以除数是两位数的除法笔算为例。

案例 5－22　评价除法试商的试题

① 用竖式计算：75÷24＝　　　　608÷19＝

两题分别商一位、两位，分别四舍、五入试商，且有余数、能整除（余数为0）。问题在于，两题三次试商几乎都能一次成功无须改商，说“几乎”，是因为608÷19十位上商3，余数是38，理论上38÷19看作20试商是要调商的，但由于数据小便于口算，以致绝大多数四年级学生都能立即反应商2。而且两题的三次试商中，两次商3，一次商2，都过小，且没有出现被除数前两位不够除，看前三位试商的情况。

可见，两题能考查学生是否掌握除法竖式的计算过程与商的对位，涉及最简单的四舍五入试商法，但无从诊断学生遇到初商过大、过小能否调商的能力。

当然，两题可以作为考查用两位数除时试商的初级技能，再补充其他试题诊断是否学会了调商。例如：

② 用竖式计算：85÷24＝　　　　1534÷26＝

前一题将75改为85，则四舍试商自然就要调商。

后一题商是两位数，不仅两次遇到被除数前两位不够除，看前三位试商的情况，而且后一次要改商，初商7，调整为9，加大了难度。如果学生积累了“同头无除商8、9”的试商经验，那么可能一次试商成功。

若还想兼顾考查商末尾、中间有0的除法，则两题可改为：

③ 用竖式计算：8653÷24＝　　　　13236÷26＝

这样一来，前一题商末尾有0，后一题商中间有0，且两题不仅都要试商两次，每一次都要改商。这两题加大了诊断试商情况的覆盖面，但难点过于集中，不利于适应不同发展水平的学生。

以上分析提醒我们，应注意诊断性测试与能力评价测试的区别。为提高鉴别力，前者可以酌情“浓缩”，以减少试题数量；后者需要适当增加试题数量，以覆盖不同学业水平。一般地，能力测试作为一种“量表”，必须保证无重复的足够试题，在涵盖各种能力表现的同时，形成较宽的水平梯度。

（3）反馈。

反馈原本是物理学的一个基本概念，后被应用于控制论，指一个系统的输出被返回到输入端并以某种方式改变输入，从而影响该系统功能的过程。增强系统输出的反馈叫作正反馈，减弱系统输出的反馈就称作负反馈。

心理学早就借用反馈概念，用来说明学生对学习结果的了解，从而能对学习产生强化、促进作用。这一心理现象称作“反馈效应”。随着学习理论的发展，人们对反馈的研究逐渐深化与综合化。

学习评价所获得的结果提供了学习过程的各种信息，可以有效调节和控制学习过程的各个环节(包括目标设定)，所以评价的反馈功能又称为调节功能。

学习评价的反馈、调节具有两个方面的效应。获得解答正确的信息，对教与学的成功经验产生强化作用；接受解答错误的信息，只要找出原因并引发矫正行为，同样可以促进学习。即使是小学低年级学生，也会有“自我调节修正”的反应。这就要求学习评价的反馈必须准确、鲜明，并注意消除干扰。

小学数学历来有测验讲评课，就是发挥评价反馈功能的典型实例。

（4）激励。

任何学生都有得到好评的愿望，这是人类普遍的心理趋向。因此，合理运用学习评价，有助于激发和维持学生学习的内驱力。通过评价，一方面能使学生得到学习付出的肯定，看到学习的进展、成效，获得心理上的满足。另一方面发现学习中存在的问题、不足，也可能转化为继续努力的动力，提高学习的主动性，这就要求教师变批评、指责为鼓励、辅导。

评价的激励功能是给出成绩(分数或等第)的必然结果。注重教育策略与艺术的教师还会通过讲评课放大这一功能，有关的经验之谈很多，如表扬不是恩赐，而是真诚的赞赏；批评不能挖苦，而是善意的帮助。

一般认为，等第制评价能扩大成绩优秀的群体，有利于降低攀比分数的内卷。但它又是一把“双刃剑”，因为存在一两分之差降一等级的情况。因此，无论采用哪种评分方式，教师都应因势利导，消解焦虑，鼓励进取，从而发挥评价激励功能的积极效应。

（5）促进。

作为教学的有机组成部分，学习评价能促进学生重视练习与复习巩固，切实理解、掌握所学知识。自然，利用评价促进学习必须适度，避免加重学生的学习负担。

有必要指出，学生参与评价的过程，无疑是一种完全独立思考的学习过程。也正因为如此，一些有经验的教师常常将处在学生最近发展区内的巧妙题目留待测验时才拿出来让学生经历挑战。

案例 5－23　举出反例的否定问题

如图 5－32，下面两句话对吗？请你举例说明。

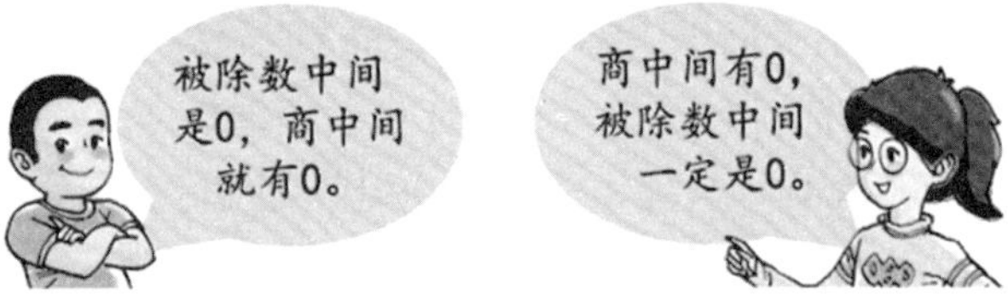

图 5－32

两个问题都针对除法的计算过程，都要求学生根据条件、结论的要点举出反例，都可以从被除数或商入手，简单的，如 $306\div2=153$，$216\div2=108$，等等。

作平时练习用，学生可以相互讨论，甚至请家长帮助。用作评价试题，在短时间内当堂尝试构造，能反映学生的思维水平，即对三位数除以一位数的理解是否通透。

当然，两个问题，可以一个用来练习，一个用于评价。

（6）研究功能。

学习评价无论是量化的、质性的，都可能成为教学改进、教学研究的有力证据，从而提升教学改进的精准性，增强教学研究的实证性。

所谓基于证据的教学研究与改进，就是将学习评价及其分析与教学研究、教学改进融为一体，使数据、实例与经验相得益彰。在此过程中，正确解读数据，揭示数据背后的真实原因，至关重要。

案例 5-24 评价数据的解读与跟进

有研究者撰文“为了说明重视算理教学的重要性”，引用了 2009 年对三年级学生的一次测试，在全国随机抽取 1664 份样本，如下两题学生的得分率分别是 70.10%和 43.09%[1]。

试题 1：计算 42×25。

试题 2：在 34×12 的竖式中（图 5-33），箭头所指的这一步表示的是（　　）。

A. 10 个 34 的和　　B. 12 个 34 的和

C. 1 个 34 的和　　D. 2 个 34 的和

$$\begin{array}{r} 34 \\ \times\ 12 \\ \hline 68 \\ \boxed{3_1 40} \leftarrow \\ \hline 4\ 08 \end{array}$$

图 5-33

又有学者以“可否说得更全面些——谈关于‘算理’的教学”为题，对两位数乘法的错误率高达 29.90%表达深切忧虑：“至少要让 90%以上的孩子都会做，而且做对，正是数学教育要关注的重点”[2]。

2009 年，上海市有 8 个区参加了“建立中小学生学业质量分析、反馈与指导系统”项目组的测试，小学数学试卷中恰有上面两题。项目组给每个参测学校分别编制的“学校报告”显示，上海 8 区两题的得分率为 84.1%和 70%。但校际、班际差异较大，引发教师反思自己的教学，得出了有别于上述“笔战”的看法[3]。

试题 1：得分率偏低的学校，教研组研讨认为：致错的主因是数据“误导”。由于试卷当时就被收走，为验证自己的经验推断，老师们变动一个因数，改为 42×26，或者保留原数据，将横式改成竖式，两种改动后各班得分率都高于 90%，个别班全对。

看来，命题者与“笔战”双方皆忽略了小学生对“25”与“4”的独特“敏感性”，数据选择失当影响了试题的效度。由此而来的“忧虑”，实在是不了解学情导致的数据误读。

有必要指出，老师们将算式改为 42×26 或以竖式形式呈现，依旧只是对

[1] 张丹.以数的运算为例谈整体把握小学数学课程[J].小学教学(数学版)，2010，(Z1)：4-9.

[2] 张奠宙.可否说得更全面些——谈关于“算理”的教学[J].小学教学(数学版)，2010，(10)：16-18.

[3] 曹培英.整数乘法教学的反思性实践研究——兼及儿童立场[J].小学数学教育，2021，(17)：4-9.

算法的考查,仍然忽略了影响学生正确计算两位数乘法的重要口算因素。事实上,有学校将两个因数稍改大为36和69,各班的正确率就下降5至10个百分点。究其原因,计算过程中乘加两步口算3×9+5、3×6+3都是容易出错的进位加法。

试题2:班得分率悬殊(97.3%~67.6%)的学校,教研组研讨发现,得分率处于末端的两个班,恰是特别强调多种算法的老师所教。据此分析:致错的主因是算法多样化导致算理解释多样化,笔算竖式的理解不如过去那样单一、凸显。

鉴于试题2近年来的影响力,已然成为测评算理的试题样板,由此引发反思:既然鼓励学生选用自己喜欢的、适合自己的算法,算理的考查也应相应改进。

笔者所在区的全体四年级学生于2009学年初(实际上是三年级水平)参加了"建立中小学生学业质量分析、反馈与指导系统"项目组的测试。全区试题2的得分率是72.8%。

为什么有近三成的学生不理解如此简单的算理?我们发动教师从教材、教学、学生等方面查找原因,经过反思,改进了教学。

2010学年又一届学生接受该项目组测试,上述试题2(数据改为43×12)全区得分率提高到90.1%。

进一步,我们对乘法算理的学习迁移展开了研究,学生理解了两位数乘法的算理,能否迁移到整数除法、小数乘法以及小数除法中呢?跟踪调研的数据,给出了肯定的回答:

如图5-34,在326.4÷16的竖式中,箭头所指的这一步表示的是(　　)。

A. 20个16的和　　　B. 20.4个16的和

C. 2个16的和　　　D. 2.4个16的和

该题得分率为92.6%,说明大多数学生能将乘法算理迁移至小数除法[1]。

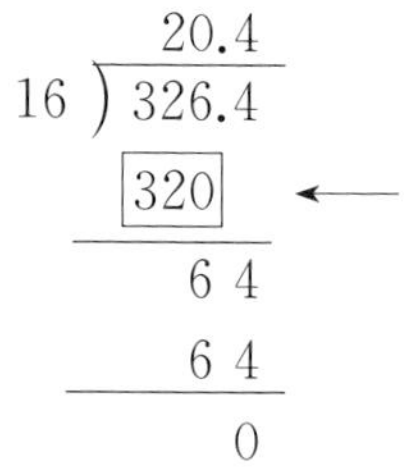

图5-34

这一案例充分说明:要基于实际解读统计数据,揭示背后的真实原因;要用好学习评价信息,使教学研究、改进有的放矢,持续改进。

此外,学生家长大多关切孩子的学习评价,这是他们的知情权。因此,评

[1] 曹培英.跨越断层,走出误区:"数学课程标准"核心词的解读与实践研究[M].上海:上海教育出版社,2017:108.

价结果应以适当的方式反馈家长，不明就里的内卷更加可怕。也就是说，学习评价还具有一定的社会功能，能使家长更好地配合、监督学校教育。

综上，学习评价的各项功能可作如下梳理：

导向：导教，导学→正确，偏颇
诊断：问题，原因→准确，偏差
反馈：成功，不足→保持，改进
促进：复习，练习→巩固，负担　}旨在教与学的增值
激励：动机，进取→动力，焦虑
研究：量化，检验→客观，误读
社会：配合，监督→和谐，内卷

不难理解，上述学习评价的各项功能，常常是“你中有我，我中有你”综合体现的。

二、运算能力评价的研究现状

运算能力的评价由来已久，文献检索显示，大体呈现“计算技能测评→运算能力评价框架研制→运算能力评价实操”的过程。

1. 计算技能的测评

较具代表性的，如张奠宙先生主持的数学教育高级研讨班(2002)报告了对浙江奉化锦屏镇小学学生计算能力的调查。测试内容为：一年级，50 道 100 以内数的加减法，10 道计算接龙(40 个填空)。三年级，20 道一步计算乘除法，10 道整数四则运算[1]。

区域性的大样本测查，如张晓霞等人进行的四川省六年级小学生数学基本计算技能调查(2004)，A 卷 35 题，B 卷 70 题(测试时间均为 10 分钟)，内容为整数、小数、分数的口算、竖式计算、混合计算、解方程等[2]。

[1] 张奠宙，李士锜.关于“运算能力”的调查研究——2002 数学教育高级研讨班研讨成果[J].数学教育学报，2003，(02)：46 - 49.

[2] 张晓霞，何立新，郑大明.四川省六年级小学生数学基本计算技能的调查报告[J].数学教育学报，2009，18(04)：42 - 45.

研制成量表的，如吴汉荣等人在引进《德国海德堡大学小学生数学基本能力测试量表》(2002)基础上修订的《中国小学生数学基本能力测试量表》。其中的数学运算领域分量表(2003)由加法、减法、乘法、除法、填空、大小比较6个分测试组成[1]。

这些测试均为客观题，只评判对错，因此主要评价学生运算的正确性及运算速度，缺失对算理理解，以及算法选择策略表现的考查。

2. 运算能力评价框架的研制

较具代表性的，如徐厚燕的学位论文《小学数学运算素养指标体系构建研究》。采用文献分析、专家咨询、统计处理等方法，得到3个一级指标和13个二级指标(图5－35)[2]：

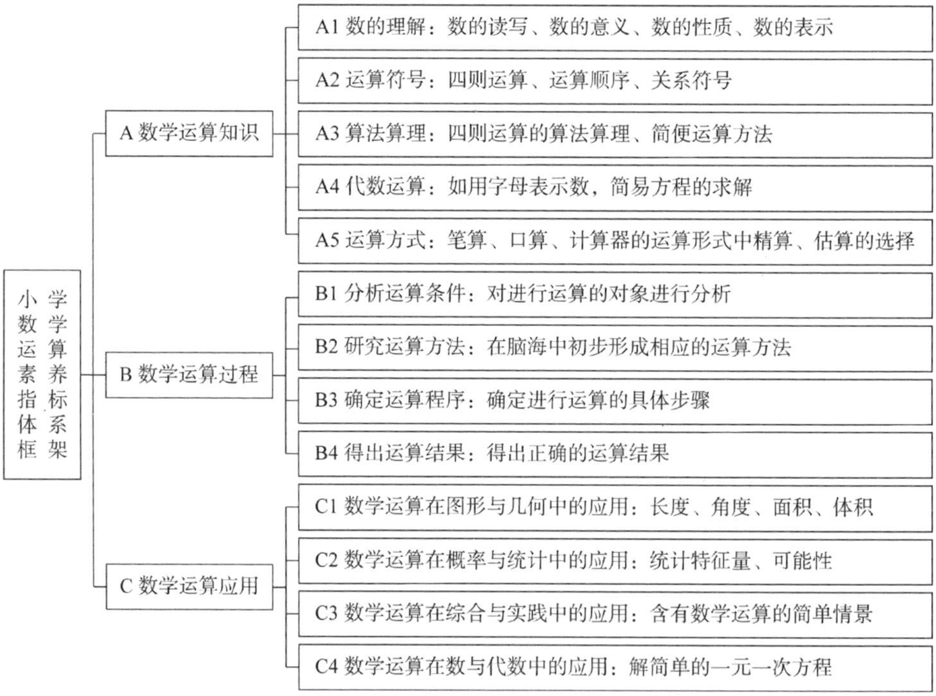

图5－35

[1] 吴汉荣，李丽.小学生数学能力测试量表的编制及信效度检验[J].中国公共卫生，2005，(04)：93－95.

[2] 徐厚燕.小学数学运算素养指标体系构建研究[D].重庆：西南大学，2018.

作为"素养"指标,"求全"无可厚非,但难免"泛化",给测评工具的开发与使用带来困难。

其一,"运算素养"差不多等同于"数与代数素养"值得商榷。尽管数的运算需要以"数的理解"为基础,也可以涉及"代数运算",但运算素养几乎覆盖小学阶段数与代数领域的主要内容,势必影响评价运算能力的指向性。

其二,将"数学运算过程"分解为分析运算条件、研究运算方法、确定运算程序、得出运算结果四个环节,理论上没错,但并不符合小学生的实际运算过程。因为运算问题的分析与研究、运算程序的确定是整合完成的,难以分别编制试题,分开测评。

其三,将数学运算在各个领域中的应用具体归纳为以上几个方面,同样不妥。一方面,小学数学运算应用最为广泛的数与代数领域不应局限于解简易方程;另一方面,数的运算在其他领域的应用主要取决于该领域知识的理解,运算所起作用处于次要地位。最简单的例子,求圆锥体积,底面积×高的运算正确,忘了除以 3,归咎于运算能力问题,意义不大。

其他一些仅限于"纸上谈兵"的运算能力测评框架研究,所用的研制方法、指标提取、水平划分等方面大多比较粗略,且存在诸多与实践脱节问题,因而参考价值不大。

3. 运算能力评价的实操

自《课标 2011 年版》重提"运算能力"以来,一些研究生以小学数学运算能力研究为主题的论文,有不少涉及运算能力测评的实施,但基本上拘于在校生教学实践的水平。除此之外,较具代表性的是小学数学教研员的两项实操研究。

其一,潘小福(2015)构建了六类型的测评框架(表 5-1)[1]。进而从建立基本口算(类型 1)和笔算(类型 2)的(区域或学校)常模、分析学生灵活运算的能力水平、分析算理的理解与表达以及算法抽象过程中思维能力的发展程度、分析在实际情境中设计合理算法并采用简捷的算法的能力状况四个方面,刻画学生的运算能力。

[1] 潘小福.学科关键能力的厘定、评价及培养——以小学数学为例[J].上海教育科研,2015,(11):57-59.

表 5－1

	类型	内容	测试方法	所占百分比
1	基本的口算能力	选取苏教版教材中的口算内容	任选 20 道题，按顺序口算出结果，并在算式后面用铅笔书写出结果	20%
2	基本的笔算能力	以苏教版教材为蓝本，以本年段学习的笔算为主	任选不同类型的 4 道笔算题，能用竖式计算，计算出结果	12%
3	灵活选择算法的能力	(1) 在任何需要计算的时候都能自觉使用简便方法，使计算简捷 (2) 掌握一些常用的简便计算的策略和方法	(1) 给出不同类型的式题(包括四则运算、混合运算)，学生选择合适的方法计算 (2) 在解决问题的过程中(包括生活中的实际问题)自觉选用灵活的方法运算	18%
4	必要的算理理解能力	以苏教版教材为蓝本，以本年段学习的计算类型的算理理解为主	(1) 直接说明算法的理由 (2) 能说出关键步骤表示的含义	10%
5	在解决问题的过程中选择或创新算法的能力	(1) 能在解决问题的过程中，选择合理的算法使计算简捷 (2) 能根据解决问题的需要创新更为简捷的算法。	(1) 给出问题解决的常用方法，让学生找到更为简捷的方法 (2) 让学生挖掘运算信息，寻求合理的问题解决方法	10%
6	对计算结果合理性自觉判断的能力	(1) 能根据实际的问题解决，对计算结果的合理性进行判断 (2) 掌握几种对计算结果进行正误判断的方法	(1) 给出学生在实际计算过程中出现的差误，让学生判断是否正确、合理 (2) 在计算前或后判断计算结果的范围或是接近多少	30%

各能力要素给出了具体的测试方法，具有一定的可操作性。同时，还尝试关注班、校整体水平的分析。例如，六年级综合评测题“1＋3＋5＋7＋9＋11＋

13+15+17+19”，分析时，一要看学生总体是否呈现出方法的多样化，二要看选择不同算法的学生的百分率，从而反映学生群体灵活运算能力的总体水平[1]。

其二，宋煜阳(2020)研制了三维九个指标的测评框架(图 5-36)[2]。

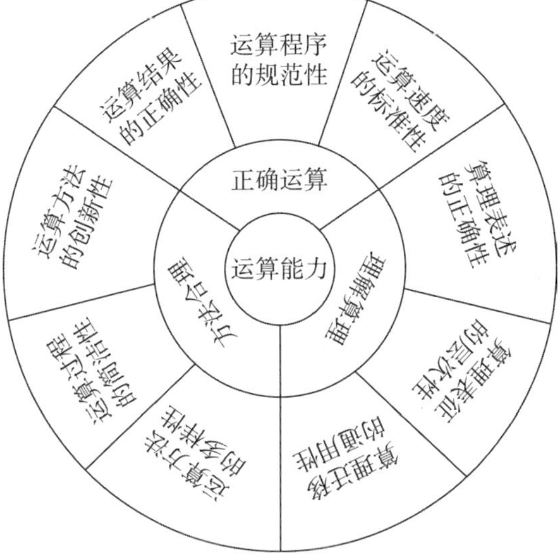

图 5-36

其中，“正确运算”采用专项测试，主要涉及正确率与速度；“理解算理”“方法合理”采用综合测试，采用组卷的方式进行，涉及算理算法、估算简算、运算顺序等。

二级指标“运算程序的规范性”与“运算方法的多样性、创造性”并列，意味着考查“正确运算”的试题，不要求根据运算对象的特点选择算法。

从研究者对指标的诠释看，“运算方法的多样性”主要指口算、笔算起始课教学中的表现，“运算方法的创新性”主要指后续教学中的表现，也就是说运算能力测评也可用作形成性评价。

有待商榷的：

一是“算理表征的层次性”主要反映表征的“抽象程度”。研究者以一位数

[1] 潘小福.学科关键能力的厘定、评价及培养——以小学数学为例[J].上海教育科研，2015,(11):57-59.

[2] 宋煜阳.运算能力评价指标体系构建与测评方法[J].教学月刊·小学版(数学)2020,(Z2):4-8.

加法中的“满十进一”为例，认为用计数器拨珠说明比用小棒图呈现的层次性更高。但在实际教学中，教材及教师为避免手段堆砌造成“喧宾夺主”，常常选用一种表征方式说明算理，无疑也是可以的。

二是“算理迁移的通用性”表现为面对尚未学习的后续计算题，能够根据已经掌握的算理对算法加以尝试说明。例如，“学完‘9＋4’后给出‘19＋4’，让学生尝试算一算、写一写和画一画算的过程”。这对超前学习且学生较多的班级来说，反映的是记忆而不是迁移，从而降低评价的“效度”。

尽管存在瑕疵，该测评还是取得了一些值得借鉴的结果。例如，“区域测查数据显示，‘20以内退位减法’运算速度合格水平区域常模为‘14～16题/分’，全国常模为‘8～10题/分’；‘20内进位加法’中，‘7加几’的错误率最高，‘7＋6’‘6＋7’为典型错误题型；相应地，‘在20以内退位减法’中，‘13减几’错误率很高，加减法之间在‘正确运算’维度呈现了关联性”[1]。

三、运算能力评价的实践

1. 评价框架的研制

基于前述运算能力结构要素的分析，我们建立了小学生运算能力的评价框架及一级、二级指标体系（表5－2）。

表5－2

一级指标	二级指标	具体标准
口算	准确	能正确进行口算
	熟练	能较熟练地进行口算，速度达标
算法	方法正确	能正确进行加、减、乘除一步运算的笔算
	过程合理	能根据运算顺序、运算律得出多步运算的合理过程与正确结果

[1] 宋煜阳.运算能力评价指标体系构建与测评方法[J].教学月刊·小学版(数学)，2020，(Z2)：4－8.

（续表）

一级指标	二级指标	具体标准
算理	算理解释	能正确解释(表征)算法的算理与过程
	依据说明	能明晰运算的对象，正确说明运算过程所依据的运算顺序、运算律及运算性质
运算策略	方式恰当	能根据实际问题的需求，选择适当的运算方式(估算、口算、笔算或使用计算器)
运算策略	方法灵活	能根据运算问题和条件，选择较优的运算方法和运算过程，得出正确结果
	概括并运用运算规律	能根据算例探究、概括运算规律并正确运用

一级指标针对小学生运算能力结构的四个要素，二级指标是各要素的主要表现。

“口算”的两个指标为“正确率”“速度”，与一般的计算技能测试相同，切合《课标 2022 年版》对运算能力“正确”与“一丝不苟、严谨求实”的要求。

“算法”与“算理”各自的两个指标分别对应整数、小数、分数一步运算的笔算与多步运算的递等过程。

“策略”的三个指标：“方式合理”针对估算、精算的辨别与运算方式的选择；“方法灵活”针对纯数值的运算、解决实际问题的运算，考查学生的算法选择能力与策略评价意识；“概括运用运算规律”针对运算规律的探究，其内涵可以认为突破了单纯运算能力的范畴，是一个颇有争议的指标。

显然，《课标 2022 年版》关于运算能力的三个“能够”，特别是“算法与算理之间的关系”“运算策略”“促进数学推理”，都已经在二级指标中得到了体现。

2. 测评工具的开发

根据教学的实际需要，测评工具分为两类：一类针对某一年级具体的运算教学内容，如整数乘法运算、分数乘除法运算；另一类针对某一数集的运算，如小数四则运算、分数四则运算。

开发测评工具是一项相当专业的工作，通常需要区域教学研究、评估相关人员会同试点学校协同研制。

例如，上海市嘉定区组织课题组，根据运算能力的评价指标和小学数学教材开展试题编制工作。经组内讨论、修改、组卷，将四年级试卷（整数四则运算）、五年级试卷（小数四则运算），分别在两个年级各3个班进行试测。汇总试测的分析结果，听取专家指导意见，对学生反映不佳（如题意理解有歧义）或统计指标数据不佳（信度、区分度等）的题目作了删减或调整。

案例 5-25 评价试题基于试测的修改

题1：在横式上填数：768＋592的笔算过程是（8＋____）＋（____＋____）＋（____＋500）。

试测后发现有相当部分学生按自己的理解，将两个加数分拆。例如，写成：（8＋700）＋（60＋2）＋（90＋500）。类似的等价形式偏离了测评目标，考虑到在考查整数乘除法算理时也涉及“相同计数单位”的理解，因此淘汰。

题2：用喜欢的方法递等计算，写出计算过程：6.4×99＋6.4。

试测统计数据显示，上题区分度为－0.016，高分组得分率为98.41%，低分组得分率为100%，显然不能较客观反映不同层次学生在灵活运算方面的能力差异。将该题修改为1.2×77＋11×1.6，区分度由负转正。

修改、调整后，两份试卷的统计指标都能接受，且都达到了各检测项的预定权重（表5-3）。

表 5-3

一级指标	二级指标	分值	权重
口算	准确	20	20%
	熟练	计时	
算法	方法正确	20	20%
	过程合理		
算理	算理解释	20	20%
	依据说明		

（续表）

一级指标	二级指标	分值	权重
运算策略	方式恰当	40	40%
	方法灵活		
	概括运用运算规律		

3. 教学评的一致性

近年来，“教学评一致性”成了一个热点话题。但就教学与评价的实质来说，又是它们的题中之义。

首先，教学的本意是“教学生学”，评价的本意是“促进教与学”。所以，教与学要一致，评价与教要一致，评价与学要一致，本是常识。

之所以要重提，是因为确实存在较为普遍的教脱离学，教不顾学，不考虑评的现象。

其次，每一单元的学习评价，尤其是每一课时的学习评价，充其量只能评价“双基”是否达标、情感是否积极，难以评价“素养”有否提升。后者是目前专业工作者都极其头痛的难点，要一线教师做到，勉为其难。常识告诉我们，一般地讲，“素养”哪怕是“核心素养”，不是一个单元，更不是一个课时，就能外显，就能测出发展变化的。

话又说回来，无知必无能，无能也就谈不上素养。关键能力、必备品格以及情感态度价值观都以知识、技能为基础。知识转化为能力，能力构成素养，正是在这一意义上，我们回归教学与评价的本来面目，追求教学评的一致性，研究运算能力评价在日常教学中的实施。

4. 评价试题的设计

为方便探讨与叙述，按照上述框架，对口算、算法、算理以及运算策略的评价试题，分别有所侧重地展开讨论各自的设计要点。

试题的要求，概括地说：必须依“标”靠“本”，紧扣目标，精准针对核心素养，在确保效度的前提下，力求难度适中，信度、区分度良好。这些要求说起来容易，真正做到并不容易。例如，控制了难度，区分度就会受到影响。要各项指标都令人满意，常常十分烧脑。

同样不容易的是，试题还要力求原创。套用陈题，缺乏新意，意味着“公平性”的丧失。道理很简单，现成的、变化一眼就能识破的题目，做过的学生轻易就能上手，没见过的学生自然更费思索。所以，“原创”才能一视同仁。

（1）口算评价题。

口算题无所谓新意，重要的是覆盖各种类型，以利测评学生是否过关。例如，最简单的10以内数的加法口算，会有“类型”遗漏吗？请看下列10题：

9＋1＝	6＋3＝	8＋2＝	5＋2＝	7＋3＝
5＋3＝	7＋2＝	6＋4＝	4＋3＝	5＋5＝

没有重复，但明显缺失“小数”加“大数”的类型，如2＋3，4＋5等；且同数相加偏少（只有5＋5），没有和是6的加法。

类似地，表内乘法口算，积相同（如4×4与2×8）与积的两位数交换数字顺序（如4×6＝24与6×7＝42），这两种类型要注意覆盖。

前已指出，10以内的数，有关7的加减法错误率相对较高，因此4＋3、3＋4、7－4、7－3等应出全。类似地，20以内数的进位加法也是7加几错误率偏高，20以内数的退位减法则是13减几错误率更高，应予以关注。

一般来说，作为基本口算的量表（要有用时记录），除了加、减、乘、除以1，同数相减、相除不宜重复过多，其他各题应尽可能覆盖。

多位数与小数的四则口算，以归结为百以内的整数运算（参见本章第二节的第一部分）为主，分数的四则口算，分子、分母的取值不超过20。通常不作速度要求，习惯上用“看算式直接写出得数”作答题指导语。

此外，两位数与一位数相乘，直接影响笔算乘除法的正确率，必要时，也可通过“看算式直接写出得数”的形式加以测评。

（2）算法评价题。

考查学生是否掌握整数、小数四则算法的试题，过去的指导语明确“用竖式计算”，现在大多简化为“计算”，亦即不规定算法。例如，两位数乘两位数，学生用横式、表格式，乃至“铺地锦”，都是可以的。简化的好处是与分数运算的指导语相一致。事实上，分数四则运算的试题从来就不指定何种形式。

考查运算顺序最常用的有效题型是“用递等式计算”，但也不是只有一种方式。例如，前面第三章第三节“改变运算顺序的练习”两种形式都能变换成有效试题。

案例5-26 考查运算顺序的评价题

其一：根据指定的运算顺序给算式添上括号（注意：不添可有可无的括号）。

整数四则运算：360÷40－4×2

① 先减，再除，最后乘。　　答案：360÷(40－4)×2

② 先除，再减，最后乘。　　答案：(360÷40－4)×2

③ 先减，再乘，最后除。　　答案：360÷[(40－4)×2]

小数四则运算：6.4－0.4＋1.2÷0.5

① 先加，再除，最后减。　　答案：6.4－(0.4＋1.2)÷0.5

② 先除，再加，最后减。　　答案：6.4－(0.4＋1.2÷0.5)

③ 先加，再减，最后除。　　答案：[6.4－(0.4＋1.2)]÷0.5

分数四则运算：$\frac{9}{10}\div\frac{2}{5}+\frac{1}{5}\times\frac{1}{2}$

① 先加，再除，最后乘。　　答案：$\frac{9}{10}\div\left(\frac{2}{5}+\frac{1}{5}\right)\times\frac{1}{2}$

② 先除，再加，最后乘。　　答案：$\left(\frac{9}{10}\div\frac{2}{5}+\frac{1}{5}\right)\times\frac{1}{2}$

③ 先加，再乘，最后除。　　答案：$\frac{9}{10}\div\left[\left(\frac{2}{5}+\frac{1}{5}\right)\times\frac{1}{2}\right]$

很明显，学生只要掌握四则运算顺序的规定，无须试算就能作出正确解答。指导语中强调“不添可有可无的括号”是必要的。否则本应先算的，添上小括号、中括号，就失去了考查运算顺序规定的意义。更重要的是，这样要求才能测出学生是否真正掌握“先乘除，后加减”的规定。

设计时，既要选择三种不同运算，以免运算顺序的叙述出现重复，又要顾及确实需要用上括号。

其二：给算式添上括号，使等式成立（注意：不添可有可无的括号）。

整数四则运算：

① 15＋30÷5×3＝3　　答案：(15＋30)÷(5×3)＝3

② 15＋30÷5×3＝63　　答案：(15＋30÷5)×3＝63

小数四则运算：

① $1.6 \div 0.2 + 0.6 \div 0.4 = 5$ 答案：$1.6 \div (0.2 + 0.6) \div 0.4 = 5$

② $1.6 \div 0.2 + 0.6 \div 0.4 = 21.5$ 答案：$(1.6 \div 0.2 + 0.6) \div 0.4 = 21.5$

③ $1.6 \div 0.2 + 0.6 \div 0.4 = 0.8$ 答案：$1.6 \div [(0.2 + 0.6) \div 0.4] = 0.8$

分数四则运算：

① $\frac{1}{4} \times \frac{5}{6} - \frac{1}{3} + \frac{1}{2} = \frac{5}{8}$ 答案：$\frac{1}{4} \times \left(\frac{5}{6} - \frac{1}{3}\right) + \frac{1}{2} = \frac{5}{8}$

② $\frac{1}{4} \times \frac{5}{6} - \frac{1}{3} + \frac{1}{2} = \frac{1}{4}$ 答案：$\frac{1}{4} \times \left(\frac{5}{6} - \frac{1}{3} + \frac{1}{2}\right) = \frac{1}{4}$

③ $\frac{1}{4} \times \frac{5}{6} - \frac{1}{3} + \frac{1}{2} = 0$ 答案：$\frac{1}{4} \times \left[\frac{5}{6} - \left(\frac{1}{3} + \frac{1}{2}\right)\right] = 0$

要使算式添上括号后等于指定的结果，试算是免不了的。而要确保测试意图得以实现，就应当尽可能降低试探的运算量。不然，学生答不出或答错，有可能是运算问题而不是运算顺序掌握问题。据此，小数四则运算的第②题，要凑出21.5，计算量偏大。而分数四则运算的第②③两题，利用了1与0的运算特性，使计算量大为降低，提高了试题评价运算顺序的效度。

一般来说，试题的信度、区分度、难度，比较容易用计算机进行统计处理。相比之下，试题的效度依靠计算机按公式计算，往往并不能真实反映“测其所测”的程度，通常采用专家审定的方法给出评定，实际上是根据专业经验做出判断。

（3）算理评价题。

前面多次指出，采用笔算竖式考查算理的方式不尽合理。事实上，即便是整数乘法的笔算，考查算理的方式也可以多种多样。

$$\begin{array}{r} 36 \\ \times\ 27 \\ \hline 252 \\ 72 \\ \hline 972 \end{array}$$

例如，苏联算术教学法研究者曾做过实验研究（1948）：出示右面的竖式，问学生：竖式里两个部分的乘积哪个大？有学生答：252大。苏联另一位算术教学心理学学者敏钦斯卡娅认为原因是数的“感受性”迟钝了[1]。她的建议是：将学生从不假思索的操作中拉回来。

原中央教科所教育心理研究室在20世纪80年代组织的小学生数学能力

[1] 敏钦斯卡娅.算术教学心理学[M].孙经灏，吴倜，张文洸，译.北京：人民教育出版社，1962:296-297.

测评中也有类似的试题：

在下列乘除法竖式中，比较箭头所指的乘积谁大谁小，在括号里填上“大”或“小”。

```
    54                  17
 ×  15             5 ) 85
 ─────                  5  ←—(   )
   270 ←—(   )        ───
    54 ←—(   )         35
 ─────                 35  ←—(   )
   810                ───
                        0
```

命题意图：“考查学生是运用数字进行纯技术性的运算还是运用数来运算的实质差别”[1]。

近年来，我们编制了一系列检测算理的试题，其中大部分信度、区分度等统计指标都不错。

案例 5-27 考查乘除法算理的评价题

① 36×24=(　　)+120+120+600。

显然，两位数乘两位数笔算的 4 次乘法中任何一个积都可留白，也可以适当组合或改变形式。例如：

② 136×21=136+120+600+(　　)。

③ 计算 34×65。

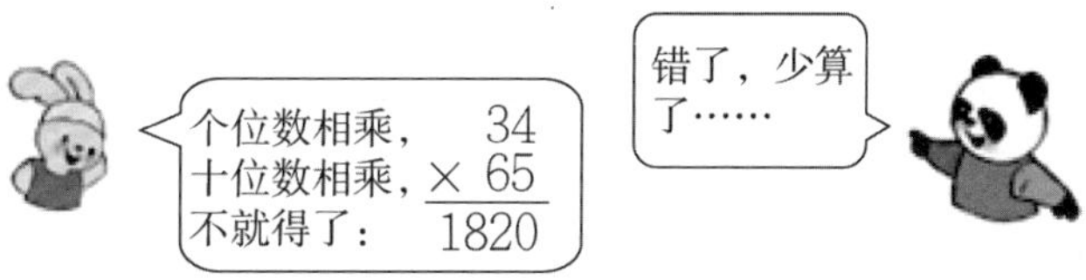

小兔少算了什么？______________________________

试测发现，很多学生词不达意，陈述不清，自然也给评卷带来麻烦。于是，改为选择题。

小兔少算了(　　)。

A. 4×5 和 30×5　　　　B. 60×4 和 60×30

C. 30×5 和 60×30　　　D. 30×5 和 60×4

[1] 赵裕春.小学生数学能力的测查与评价(中年级)[M].北京：教育科学出版社，1989：16.

理解了“两位数乘两位数乘四次”的学生，一般都能正确回答。还可以更简单地采用写出所用口诀的方式。例如：

④ 计算 34×65，用到了“四五二十”，还用到了哪几句乘法口诀？

答：____

考虑到目前教学中很少有这种写口诀的练习，所以题干中给出一句口诀以作提示，同时也能减少学生的书写量。

事实上，“填出竖式中空缺的数字”同样具有检查学生是否掌握算法的评价效果。例如：

⑤
$$\begin{array}{r} \square\square\square \\ \times \quad\quad 6 \\ \hline \square 3\ 0 \end{array}$$

解答第⑤题只需检索 6 的乘法口诀，其中只有“五六三十”积的个位是 0，只有“一六得六”积才是一位数。所以，答案是 105×6＝630。显然，作出正确解答除了回忆口诀，起主要作用的还是对三位数乘一位数运算过程的理解。

⑥ 计算三位数除以一位数 6)★4▲，要使商是整十数，百位上★最大是（　　），个位上▲最大是（　　）。

解答第⑥题除了涉及若干基本的数概念之外，主要还是对三位数除以一位数算法及其过程的理解。

⑦ 张老师用 500 元买单价 40 元的跳绳，小明用竖式计算，产生了疑问，到底是买了几根还剩几元呢？（　　）

$$\begin{array}{r} 12 \\ 4\not{0}\,\overline{)\,50\not{0}} \\ 4 \\ \hline 10 \\ 8 \\ \hline 2 \end{array}$$

A. 买了 12 根还剩 2 元　　B. 买了 120 根还剩 20 元

C. 买了 12 根还剩 20 元　　D. 买了 120 根还剩 2 元

⑧ 张虹用计算器算 38×49，发现按键“4”坏了，下面按法不能得到正确答案的是（　　）。

A. 38×50－38　　B. 38×7×7

C. 38×30＋19　　D. 19×100－38

诸如此类的试题，能让小学生感觉数学还是蛮有趣、蛮好玩的，从而有利于激发学生参与测试的积极性。

也有一些试题涉及似是而非的概念，应引起注意。例如：

① 3.65×0.4 的积是（　　）位小数。

② 2.45÷0.3，商取整数，余数是(　　)。

第①题 3.65×0.4 的积是 1.460 还是 1.46？如同最小的一位数是 0 还是 1，一直有人争论不休。可以说是名副其实的“小学问题”，一进入中学，就没人再去深究。因为中学数学引进了有效数字的概念；代数学习不需要追问最小的一位数是几。既然这些问题一离开小学就失去了价值，再也无人问津，大可不必列为考查内容，为难学生和教师。

第②题的争议前面第四章第二节中已有说明，去除歧义的简单处理，一是“余数”加引号，二是改为“还余”。

(4) 指向运算策略“方式合理”的评价题。

运算策略的二级指标“方式合理”主要指根据问题情境判别估算、精算。若是估算，选择估大、估小或四舍五入；若是精算，选择口算、笔算或用计算器算。

为此，可设计如下试题。

案例 5－28　考查合理选择计算方式方法的评价题

图 5－37

(1) 老师买 190 本练习册，每本 3.9 元。

问题 1：带 800 元够吗？

问题 2：营业员应收多少元？

问题 3：800 元最多能买多少本？还剩多少元？

解决问题________只需近似值；用上面的计算器算 800÷190 能显示还剩多少元吗？________________________

解决问题 1，你的过程________________________

解决问题 2，你的过程________________________

解决问题 3，你的过程________________________

放上插图(图 5－37)，意在排除可编程的计算器，普通计算器输入 800÷19 只显示商是小数，不能读出还剩多少。

(2) 小明和妈妈去超市买厨房家电，微波炉每台 378 元，榨汁机每台 534 元。请写出解答下面问题的过程。

问题 1：妈妈出门时考虑带 1000 元，够不够？

____

问题 2：购物累计满 800 元可参加超市抽奖，妈妈能参加抽奖吗？

____

问题3：付款时小明估计大约是910元，他是怎样估算的？

____

问题4：妈妈估计后给了营业员920元，她是怎样估算的？

____

问题5：营业员应找给妈妈多少元？

____

第(2)题有较宽的覆盖面，涉及精算和估算，估大、估小和四舍五入。此外，评价估算能力也可以适当综合其他数学知识。

试题设计成同一题材的问题串，优点是便于比较辨析，提高答题效率。尤其是能使学生体会估算的大部分场合"也可以准确计算"，但为了简捷而有意放弃精算，因为不精确的结果就能满足要求。当然，同题材问题串也有不足，主要是应用场景单一。因此，也可以选用不同的情境组成问题系列。例如：

(3) 解决下面的问题，分别需要估算、精算，适合口算、笔算，还是用计算器算？请先作出选择，再解答。

① 学校礼堂有21排座位，每排25座。500人观看演出，能坐下吗？

② 一种包装箱最多能装18个血压计，21个包装箱最多能装下多少个血压计？

③ 一个足球场能容纳2万人，一场足球赛的上座率接近80%，大约有多少人观看这场比赛？

④ 据第七次全国人口普查统计，北京全市常住人口为2189.3万人，同第六次全国人口普查相比，十年共增长11.6%，十年共增加多少万常住人口？

这组题情境各异，第①题适合估算，后三题可分别采用笔算、口算、用计算器算出结果。其中，第③题的两个已知条件都是近似数，属于无法或难以精确的"大约"，$2\times80\%$是很简单的口算，不必再处理数据估算。

(4) 估算下面的时间长短，和你的年龄比较接近的是(　　)。

A. 120个星期　　B. 120个月　　C. 1200天　　D. 1200个月

(5) 妈妈买了14个橘子，共重2.1千克。估算一下，买这样的橘子12千克，大约有(　　)。

A. 不到70个　　B. 80多个　　C. 91个　　D. 100个以上

(6) 4瓶同样的红酒，分别剩整瓶的$\frac{2}{5}$、$\frac{3}{7}$、$\frac{4}{9}$、$\frac{5}{11}$，合起来满2瓶吗？你是

怎样估算的？

（7）下面三道题是一名学生的作业，不计算，请你把错的找出来，并说明你是怎样看出来的。

① $\frac{4}{9}+\frac{5}{10}=1\frac{5}{90}$　　② $\frac{5}{8}+\frac{4}{7}-\frac{8}{15}$　　③ $\frac{8}{15}+\frac{1}{10}=1\frac{1}{12}$

第(4)题综合了年、月、日的知识，源自一项国际比较研究，原题是：

你大约已经生活了（　　）天。

A. 500　　B. 5000　　C. 50000　　D. 300000

数据显示，美国和澳大利亚的学生中，只有不到一半的14岁学生选择了一个较为合理的答案，而超过10%的学生选择了300000，这相当于800年，是一个难以理解的答案。但是，对同年龄的中国学生来说，似乎要作出一个正确的选择并不是一件难事，有95%的学生给出了正确答案[1]。

第(5)题综合了“归一”的解题思路，区分度较大。

第(6)题综合了分数概念及大小比较。学生只要从四个分数发现剩下的酒都不到半瓶，就能作出正确判断。

第(7)题综合了分数加减法，评价对象是学了异分母加法的高年级学生。此题改编自一项估算意识的研究。原题是：

下面三道题是一名学生的作业，其中有两题错了，请你当一回老师，把错的找出来，并说明理由。

① $\frac{5}{9}+\frac{5}{10}=1\frac{5}{90}$　　② $\frac{5}{8}+\frac{4}{7}=\frac{8}{15}$　　③ $\frac{8}{15}+\frac{11}{10}=1\frac{1}{12}$

这项于2002年初进行的研究，数据表明，四至八年级选择正确率从32.7%到69.1%，七年级最高；理由正确率从8.3%到13.4%，六年级最高[2]。显然，高校的研究者不了解小学的教材，异分母加法是在五年级下学期教学的，年初的四、五年级学生只能凭三年级的分数初步认识作出判断与说明。而且三题都可以算出结果作出判断与说明，评价估算意识的效度偏低。

现改为“不计算”，旨在引导学生通过估算判断、说理。例如，第③题，学生

[1] 徐群飞.中美学生估算能力研究[J].数学教育学报，2012，21(01)：73-75.

[2] 徐群飞，李俊.中小学生估算意识及策略的调查研究[J].数学教育学报，2006，(03)：64-67.

的理由，除了“$\frac{8}{15}$比$\frac{1}{2}$大一点点，$\frac{1}{10}$比$\frac{1}{2}$小很多，加起来不满 1”，还有“公分母是 30，约分后分母不可能是 12”等。符合评价意图。

（5）指向运算策略“方法灵活”评价题。

运算策略的第二个二级指标“方法灵活”，主要指根据运算对象的特点灵活选择算法。运算对象可以是纯数值运算题，也可以是实际问题的运算，且数与代数、图形与几何、统计与概率领域的运算问题都在选择范围内。自然，也会内含数感、空间观念、数据意识，特别是推理意识等核心素养的表现。

小学数学简便运算的长期教学使一线教师积累了很多技巧性的纯数值运算题，尽管不断在推陈出新，但仍跳不出一些固有的套路。明显缺失的一是摆脱套路的纯数值运算题，二是将简便运算应用于解决有实际背景的问题。评价试题的设计同样存在这种状况。改进的设计如：

案例 5－29 考查方法灵活的评价题

用你认为简便的方法计算下面各题：

① $78\times99+78+78$

② 1.25×792

③ $7\frac{6}{7}\times\frac{5}{8}$

应允许学生简化过程。例如：

① $78\times99+78+78=78\times100+78=7878$

② $1.25\times792=1.25\times800-1.25\times8=990$

③ $7\frac{6}{7}\times\frac{7}{8}=\left(8-\frac{1}{7}\right)\times\frac{7}{8}=7-\frac{1}{8}=6\frac{7}{8}$

三道纯数值运算题虽然略有新意，但依然还有“套路”的痕迹。测评“灵活”的试题应力求“基本带灵活”，也就是既不加大技巧难度，又针对基本原理，同时又要不落俗套。例如：

根据算式填空：

④ $2500-78\times25=25\times(\quad)$

用你认为简便的方法计算下面各题：

⑤ $1.2+1.5+1.8+2.1+2.4$

⑥ 0.9+1.2+1.5+1.8+2.1+2.4

第④题采用填空形式，凸显启发性，诱导学生灵活应用乘法意义将2500看作100个25，问题迎刃而解。

第⑤⑥题为5项、6项的等差数列，同样内含启发。第⑤题比应用加法交换、结合律更简便的是灵活应用移多补少的思路，发现居中的1.8是五个加数的平均数，从而用乘法替代连加，即1.8×5=9。第⑥题的算法可以如法炮制，六数的平均数是对称位置上两数和的一半。更简便的算法是观察发现两题的异同，利用第⑤题的结果，9+0.9=9.9即为所求。

用简便算法解决下面的问题：

⑦ 小胖和小丁丁各有30元，每人各买了下面三本书中的两本(图5-38)，结果小胖余下的钱比小丁丁余下的多。小胖比小丁丁多余下多少元？

图5-38

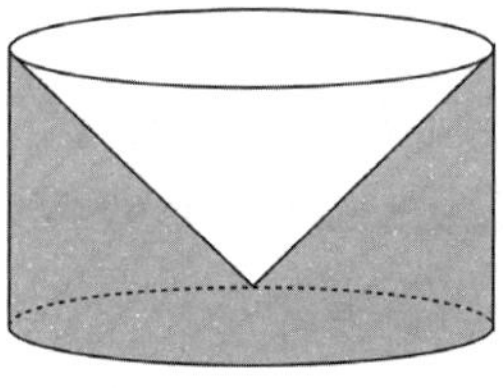

图5-39

⑧ 某钢材零件如图5-39所示，圆柱底面直径是20厘米，高是13厘米，上部削空的圆锥部分直径是20厘米，高是9厘米。求零件体积。

⑨ 科学课上，10名同学称量同一个物品，各人称量结果如图5-40所示(单位：克)。十个结果的平均值是多少克？

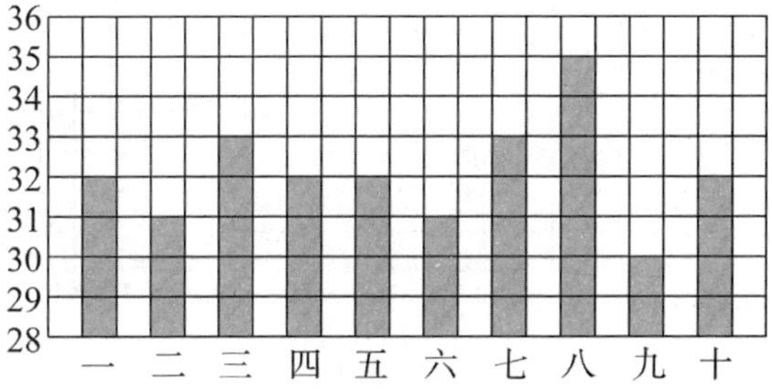

图5-40

这三道具有鲜明实际背景的典型应用问题皆为原创，堪称“基本带灵活”

的样例。

第⑦题需要首先判断两人分别买了哪两本书。根据已知条件“三选二”，有三种选法，通过估算 16.9＋15.6＞30，可以排除不可能买右面两本。然后刻板的算法是(30－12.4－15.6)－(30－12.4－16.9)＝2－0.7＝1.3(元)。

简便算法需要继续观察剩下两种选法的异同：都选了 12.4 元那本，相差的钱是 16.9 与 15.6 造成的。

学生往往“不敢”只列出一步算式 16.9－15.6＝1.3(元)，大多列出两本相加的算式，才发现可抵消：

12.4＋16.9－(12.4＋15.6)＝16.9－15.6＝1.3(元)。

这类解法需要经历思维的转换，因为被减数相同，所以：

较大的差－较小的差⇒较大的减数－较小的减数。

(余下多)　(余下少)　(较大书价)　(较小书价)

考虑到这一思维的转换是很多学生难以跨越的坎，为确保评价运算能力的主旨，不如将问题改为“小丁丁比小胖多用去多少元”。

第⑧题是简便运算应用于几何测量的典型实例。学生大多采用常规算法列式发现简便算法：

$3.14\times10^2\times13-3.14\times10^2\times9\div3=3.14\times10^2\times(13-3)=3140\ (cm^3)$。

第⑨题是简便运算应用于统计计算的典型实例。常规算法：数据和除以数据个数。同数连加转化为乘：(32×4＋31×2＋33×2＋35＋30)÷10。

条形图的直观性能使大多数学生想到移多补少，问题是：还多出“一格”如何处理？(图 5－41)

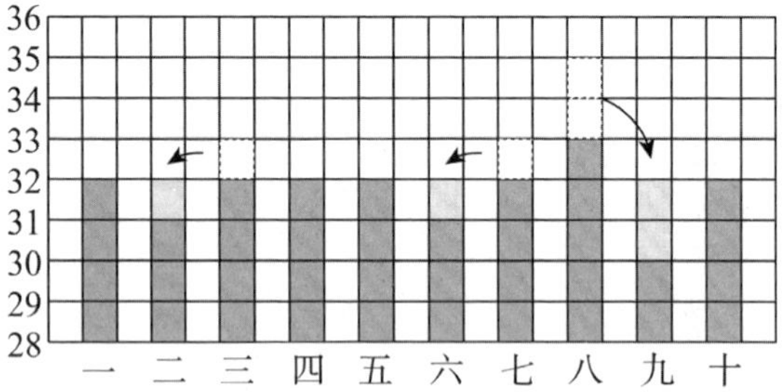

图 5－41

简便算法：32＋1÷10＝32.1(克)。

案例 5－29 告诉我们，无论是“算式题”还是“情境题”，对于运算能力的培养与评价，都还有可观的“贡献”余地。

（6）指向运算策略“概括运用运算规律”的评价题。

运算策略的第三个二级指标“概括运用运算规律”，主要指根据算理探究，发现并概括运算规律，并能加以运用。同时，也包括对规律的算理作出推理解释。

案例 5-30 考查概括并运用运算规律的评价题

① 小巧用一个两位数去乘 101，得到以下结果：

$11\times101=1111$

$12\times101=1212$

$13\times101=1313$

……

相信你已发现了规律，按规律写出下面两题的积：

$19\times101=$(　　)

$85\times101=$(　　)

以 99×101 为例，用乘法对加法的分配律说明为什么等于 9999：

$99\times101=$____________________

② 观察下面的算式：

$99\times99+199=100\times100$

$999\times999+1999=1000\times1000$

$9999\times9999+19999=$(　　　　)×(　　　　)

以 $99\times99+199$ 为例，用乘法对加法的分配律说明为什么等于 100×100：

$99\times99+199=$____________________

两题的说理正好构成 $a(b+c)=ab+ac$ 两个方向的应用。可用于学习运算律的评价，适合中等以上水平的学生展现自己的推理能力。

③ 我们知道，九宫格的规律是每行、每列以及两条对角线上三数之和相等。求右面九宫格里九个数的和（图 5-42），怎样算简便？写出你想到的最简便算式：____________________

22	7	10
1	13	25
16	19	4

图 5-42

不难发现，居中的 13 是每行、每列以及两条对角线上三数的平均数，所以求九数的和最简便的算法是 $13\times3\times3$。

④ 观察下列每组算式：

$9\times9-1=80$　　　$15\times15-1=224$　　　$23\times23-1=528$

$10\times8=80$　　　$16\times14=224$　　　$24\times22=528$

问题1：已知 $48\times48-1=2303$，那么 $49\times47=$ ________

问题2：你能举出一个类似的例子吗？

____

问题3：从以上过程中，你发现了什么规律？写出这个规律。

____

问题4：用字母表示这个规律。$a^2-1=$ ________________

本是揭示了两数平方差的特例 $a^2-1=(a+1)\times(a-1)$。学生回答四个问题的过程，也就是从特殊到一般、从具体到抽象的过程。

⑤ 计算 $1\frac{1}{2}\times1\frac{1}{3}\times1\frac{1}{4}\times1\frac{1}{5}\times1\frac{1}{6}=($　　$)$，你一定会说“太简单了”。请利用你发现的规律直接写出下题的计算结果。

$1\frac{1}{2}\times1\frac{1}{3}\times1\frac{1}{4}\times\cdots\times1\frac{1}{99}=($　　$)$。

你还发现了什么规律：________________________

这是一道看似繁难，实际简单的运算题，六年级学生一般都能发现规律。不少学生还能发现随着因数从2个逐渐增加，积依次递增的规律：2、2.5、3、3.5、4、4.5……即积从2开始每次增加0.5（首项是2，公差是0.5的等差数列）。

前面已经提到，“概括并运用运算规律”是一个有争议的指标，因为它的内涵一定程度上突破了单纯运算能力的范畴。因此，相关的试题应以运算为主，不宜加大问题解决的思维难度与技巧，以免冲淡评价运算能力的主旨。例如，第③题可以减少已知数，留出较多的空格，如只剩三数（图5-43），即可由已知条件求出中间数。设右上角的数为 a，则 $a+$中间数$+16=a+25+4$。等式两边同减 $a+16$，就能求出中间数是13。余下空格内的数就容易逐一求出。现在给齐九数，使学生的注意力集中到利用规律求和的算法上，就能较好地保证试题对于检测运算能力的效度。

		25
16		4

图5-43

小学生运算能力评价的探讨目前还处在起步阶段，愿本节的探讨与介绍成为引玉之砖。

图书在版编目（CIP）数据
跨越断层，走出误区：小学数学运算教学研究 / 张晓芸，曹培英著. — 上海：上海教育出版社，2024.8.
（小学数学教学法）. — ISBN 978-7-5720-2951-6
Ⅰ. 623.502
中国国家版本馆CIP数据核字第2024P8G660号

策　　划　蒋徐巍
责任编辑　蒋徐巍
封面设计　王　捷

Kuayue Duanceng Zouchu Wuqu Xiaoxue Shuxue Yunsuan Jiaoxue Yanjiu
跨越断层，走出误区：小学数学运算教学研究
张晓芸　曹培英　著

出版发行　上海教育出版社有限公司
官　　网　www.seph.com.cn
地　　址　上海市闵行区号景路159弄C座
邮　　编　201101
印　　刷　上海颛辉印刷厂有限公司
开　　本　700×1000　1/16　印张 24.5　插页 3
字　　数　388 千字
版　　次　2024年8月第1版
印　　次　2024年8月第1次印刷
书　　号　ISBN 978-7-5720-2951-6/G·2611
定　　价　69.80 元